市场调查与预测（第二版）

Marketing Research and Forecasting

庄贵军 编著

U0837862

北京大学出版社
PEKING UNIVERSITY PRESS

图书在版编目(CIP)数据

市场调查与预测/庄贵军编著. —2版. —北京:北京大学出版社, 2014.2
(21世纪经济与管理规划教材·市场营销学系列)
ISBN 978-7-301-23766-3

Ⅰ.①市… Ⅱ.①庄… Ⅲ.①市场调查-高等学校-教材 ②市场预测-高等学校-教材
Ⅳ.①F713.5

中国版本图书馆CIP数据核字(2014)第011020号

书　　　　名:市场调查与预测(第二版)
著作责任者:庄贵军　编著
策 划 编 辑:刘　京
责 任 编 辑:刘誉阳
标 准 书 号:ISBN 978-7-301-23766-3/F·3836
出 版 发 行:北京大学出版社
地　　　　址:北京市海淀区成府路205号　100871
网　　　　址:http://www.pup.cn
电 子 信 箱:em@pup.cn
新 浪 微 博:@北京大学出版社　@北京大学出版社经管图书
电　　　　话:邮购部62752015　发行部62750672　编辑部62752926　出版部62754962
印　刷　者:北京飞达印刷有限责任公司
经　销　者:新华书店
787毫米×1092毫米　16开本　20印张　474千字
2007年12月第1版
2014年2月第2版　2020年8月第12次印刷
印　　　　数:74001—76500册
定　　　　价:42.00元

未经许可,不得以任何方式复制或抄袭本书之部分或全部内容。
版权所有,侵权必究
举报电话:010-62752024　电子信箱:fd@pup.pku.edu.cn

丛书出版前言

作为一家综合性的大学出版社，北京大学出版社始终坚持为教学科研服务，为人才培养服务。呈现在您面前的这套“21 世纪经济与管理规划教材”是由我国经济与管理领域颇具影响力和潜力的专家学者编写而成，力求结合中国实际，反映当前学科发展的前沿水平。

“21 世纪经济与管理规划教材”面向各高等院校经济与管理专业的本科生，不仅涵盖了经济与管理类传统课程的教材，还包括根据学科发展不断开发的新兴课程教材；在注重系统性和综合性的同时，注重与研究生教育接轨、与国际接轨，培养学生的综合素质，帮助学生打下扎实的专业基础和掌握最新的学科前沿知识，以满足高等院校培养精英人才的需要。

针对目前国内本科层次教材质量参差不齐、国外教材适用性不强的问题，本系列教材在保持相对一致的风格和体例的基础上，力求吸收国内外同类教材的优点，增加支持先进教学手段和多元化教学方法的内容，如增加课堂讨论素材以适应启发式教学，增加本土化案例及相关知识链接，在增强教材可读性的同时给学生进一步学习提供指引。

为帮助教师取得更好的教学效果，本系列教材以精品课程建设标准严格要求各教材的编写，努力配备丰富、多元的教辅材料，如电子课件、习题答案、案例分析要点等。

为了使本系列教材具有持续的生命力，我们将积极与作者沟通，争取三年左右对教材不断进行修订。无论您是教师还是学生，您在使用本系列教材的过程中，如果发现任何问题或者有任何意见或者建议，欢迎及时与我们联系（发送邮件至 em@ pup. cn）。我们会将您的宝贵意见或者建议及时反馈给作者，以便修订再版时进一步完善教材内容，更好地满足教师教学和学生学习的需要。

最后，感谢所有参与编写和为我们出谋划策提供帮助的专家学者，以及广大使用本系列教材的师生，希望本系列教材能够为我国高等院校经管专业教育贡献绵薄之力。

北京大学出版社

经济与管理图书事业部

2012 年 1 月

丛书序言

产生于美国，随后在西方发达国家风靡的营销学，大规模地引进到我国只有不到三十年的历史。然而这一学科的传播和发展速度，远远超出了人们当初的预料。现在，在中国，几乎每一所大学都开设有营销学的课程，或设有营销学专业、培养市场营销方面的专门人才。伴随社会对营销人才需求的增长和营销学科在我国的兴旺发展，有关市场营销的教材与教学参考资料不断涌现。最初的教材基本是侧重营销学的基本原理，而且以介绍、翻译为主。稍后，一些更富专业性的教材如消费者行为学、市场营销渠道、广告学、销售管理、品牌管理、服务营销等被逐步引进到我国，并在内容上部分融入了我国的实例与案例。

应当说，目前我国的营销教材品种繁多、令人目不暇接。这一方面反映需求的繁荣，但另一方面很多教材在内容与结构上大同小异，也是一个不争的事实。造成这种状况的原因，固然和营销学科介绍到我国的时间比较短，需要一个消化、吸收的过程有关，另一个重要的原因，是我国营销研究的学术水平与欧美国家相比，仍然有不小的距离。没有众多的研究支持，没有大量的学者在各自研究领域的长期积累，要写出既有深厚理论基础、又有浓郁本土特色的营销教材，确实是不容易的。

在这种背景下，北大出版社提出由我物色一些国内的优秀营销学者，编写一套兼具时代气息和本土特点的营销学系列教材，我也颇感犹豫、彷徨。但考虑到我国众多营销专业的学子既无法细读原汁原味的英文教材，又对中国的营销实践知之甚少，我个人觉得组织一批长期活跃在我国营销教学科研第一线，对西方营销理论有深入理解同时又谙熟中国市场特点的营销学者，编写一套适合本科生使用的教材，是一件很有意义的事情。

即将陆续出齐的这套教材涉及营销专业的主要课程，既有营销学原理、市场调研与消费者行为等专业基础课教材，也有广告学、营销渠道、销售管理、品牌管理、服务营销等专业课教材。总的指导思想是：每一本教材既要反映各自领域的最新研究成果，融入中国企业的营销实践，又要自成一体、形成富有逻辑性和连贯性的知识体系。从已经出版的几本教材看，这一思想应当说得到了较充分的体现。我要感谢这些作者，感谢他们的辛勤和努力，也期待后面即将出版的其他几本教材，同样体现这种思想。

教材质量的高低，最终需要经受读者的评判。我希望这套教材能受到采用单位的教师和同学的欢迎，能为我国营销专业的教材建设树立标杆、对我国营销教材质量的提升产生推动作用。每一本教材，都有一个不断完善和改进的过程，读者的反馈，尤其是中肯而尖锐的批评，更是使教材质量更上一层楼的促动力。我们衷心期待广大读者毫无保留地提出意见和建议，共同打造我们心目中的精品教材！

符国群

2006年7月于北京大学

第二版前言

本教材的第一版是“普通高等教育‘十一五’国家级规划教材”立项支持的项目，2007 年 12 月由北京大学出版社出版。自教材出版以来，不知不觉间，已经过去了五年。期间，本书获得过“西安交通大学第十一届优秀教材奖”评选的特等奖（2009 年），**“陕西省普通高等学校优秀教材**”评选的**二等奖（2009 年）**。根据出版社的信息，采用本教材的学校除了西安交通大学以外，还有华南理工大学、中山大学、湘潭大学、天津财经大学、陕西师范大学、广州大学、西南交通大学、陕西师范大学、西北工业大学、西南财经大学、西安财经学院和江西师范大学等国内二十多所高等院校。

使用本教材的一线教师反映：本教材结构合理、论述清晰、逻辑严密、资料翔实、教辅资料丰富；使用中国的本土案例，鼓励学生通过模仿设计调查方案，注重培养学生科学严谨的研究思维方法和实际的操作能力；是同类教材中一本很适合本科生教育的好教材。实际上，在我自己的教学中，我最初将其用在市场营销专业本科生的教学（市场本硕41、市场本硕 51）中。因为使用效果良好，我又将其应用在企业管理专业市场营销方向的硕士研究生培养中，讲解市场调查与预测的基本理论和方法，获得了不错的效果。

一位老师在使用了本书后，在网上给出了这样的评价：“……拿到书之后觉得作者思路严谨并且有深度，但是如果给本科生做教材用的话，需要指导他们应当看哪部分。作者的思路是比较有深度的。总之，对我这个既是教师又是调查人员来说受益匪浅。”

一个我不认识的学生在读了本书以后，给我写电子邮件：“……读了您的这本书，我感到受益匪浅。……以下是我的心得：（一）学习本书除了学习市场调查与预测，还可以学到做应用研究以及撰写论文的思想方法、原则和好的习惯，书本身的写作就是在教授如何写一本书，以及写出来应该是什么样的。（二）本书的第一章和第二章是学习市场调查与预测这门课的指南，同时也是一个精华的总结。开始学习之前要读，学习后面的每一章时要时时回顾，学习完所有章节之后总结时再重读，可以得到最多的收获。(三)读这本书可以感觉到是与作者本人在交流，而不是与书在交流……”尤其是他的最后一句话，让我很有感触：他读懂了，这正是我想追求的效果。

第二版与第一版在内容和结构上没有大的改变。最大的改变，是根据读者的要求，在第一章增加了一些决策方法的内容(见第二节“决策过程与方法”)。其次，在不改变原有意思的提前下，精简文字，压缩篇幅，重写了原版三分之一的内容。另外，对书中约一半的案例和示例进行了替换或更新，加入了一些新的材料；为了节省篇幅，把几个大一点儿的案例做成教材附件。最后，把书中用到的几个数据和SPSS的分析结果也做成教材附件，以便读者自己课后对照和练习。教材附件，授课老师在购书后可向出版社索取。

经过这样的修改，我自己觉得第二版比第一版在逻辑上更清晰，在语言上更精炼，重点更突出，更便于使用。当然，错误在所难免，欢迎各方面的批评和指教。

第二版能够出版，要感谢刘京编辑。她的催促和在编辑方面所给予的专业帮助，是这本书得以顺利出版的保证。

庄贵军　博士
西安交通大学管理学院
市场营销系教授、系主任
2013年8月25日
于古城西安

前　言

市场营销学在中国传播与推广已经有近三十年的历史了，越来越多的企业认识到：营销不是万能的，但没有营销是万万不能的。目前，在中国有很多的人在做营销，有些人还做得很好，但从整体上看，市场营销在中国基本上还处在艺术阶段——营销决策主要靠灵感，很少通过科学方法收集信息，并以此为依据做出营销决策和进行管理。违背营销规律的事情时有发生。企业进行营销活动需要科学的决策和管理，而科学的决策和管理需要信息，市场调查与预测就是为企业进行科学的营销决策和营销管理提供信息的理论、方法与活动。本书就是一本专门介绍市场调查与预测方法的教材。

在国外，此类教材数量众多，大多称为 Marketing Research，其中最著名的当属 Churchill 的那本 *Marketing Research: Methodological Foundations*。Churchill 的教材 1976 年出第一版，到 2007 年已经出到第九版。这本书内容丰富，讲解清楚，不但是国外很多大学的教材，而且也是许多研究者在做研究时经常引用的参考书。不过，用这本教材培养本科学生，有内容过深、过多之嫌。

相比较而言，国内同类书籍在内容的安排上更多地照顾到了本科学生的接受能力，以介绍市场调查的理论和方法为主，并简单地介绍一些数据分析方法和预测方法。不过，很多教材过多地讲一些作用、意义之类的话，而对于一些主要概念或方法的讲解则流于空泛。比如，在讲述市场调查的程序时，大家基本采用了相同的程序，但为什么采用这种程序而不是另外一种程序？很少有教材深究。再比如，在市场调查中都会出现哪些不同种类的误差？各种误差都应该怎样想办法控制？很多教材只考虑抽样误差，对于各种非抽样误差的处理则基本上没有涉及。此外，国内教材从总体上看，还缺乏实际案例的应用，不能很好地用于锻炼学生的动手能力。

本教材试图在国内外的教材之间走中间路线，内容比国外教材少一些，讲解比国内大多数教材深一些，不但让学生知道做什么，还要让他们知道为什么这样做。本教材将吸取和借鉴国内外市场调查与预测的最新研究成果,在理论上深入浅出,强调实用性和可操作性。

本书内容按照市场调查与预测的程序和逻辑关系分为五大部分共九章。

第一部分包括第一、二章。第一章是一个概述,从管理和营销决策的角度引出市场调查与预测这一主题,重点在于介绍市场调查与预测的内涵,市场调查、预测与营销决策的关系,市场调查与预测在营销管理中的地位和作用。第二章介绍市场调查与预测的内容、类型与程序以及方案策划。

第二部分包括第三至五章,介绍市场调查的方法论。第三章讲解数据和资料的收集方法,包括收集第二手数据和资料的方法、收集第一手数据的调查法、实验法和观察法。第四章讲解测量方法,包括测量的概念、问卷设计、态度量表的类型与设计、深度询问和投影法。第五章讲解抽样方法,包括抽样的概念、抽样方法的类型和样本容量的确定。

第三部分只有第六章,介绍市场调查的实施过程和数据整理方法,包括调查实施过程中应注意的问题、数据整理的内容和方法以及应用 SPSS 软件进行数据输入。

第四部分包括第七、八章,讲解数据分析和市场预测方法。第七章讲解数据分析的主要方法,包括单变量、双变量和多变量数据分析,以及描述性分析与推断性分析。第八章介绍市场预测方法,包括定性预测法、时间序列预测法、回归分析预测法和其他预测方法。

第五部分只有第九章,讲解市场调查与预测报告的编写和陈述,内容包括报告的构成、编写报告应注意的问题、口头陈述报告应注意的问题等。

本教材将采用中国本土的案例和现象讲解市场调查与预测的基本理论和方法,与市场上同类翻译教材相比,具有本土化的特点,更易于被中国人接受。同时,本教材将用严密的逻辑体系,形象的图表说明,深入浅出的语言风格,较强的可操作性,真实的调查数据和案例,增强其科学性和可读性。通过本教材的学习,我们希望学生能够胜任一般市场调研和预测工作。本教材有以下几个主要特色:

第一,强调体系感和可操作性,较少地说一些作用、意义之类的空话;

第二,用中国的案例与现象讲解,易于被中国人接受;

第三,附一些真实的调研数据(光盘或向出版社索取),可供练习;

第四,重视方法论的阐述,不仅告诉学生怎样做,还要告诉学生为什么,提高学生对于市场调查与预测方法论的认识。

本书适合大学本科学生、市场营销专业方向的研究生作为教材使用,也适合从事营销实践工作的专业人士作为自学参考书使用。本书尤其适合有志于从事营销理论研究的人士作为方法论的入门书使用。

庄贵军　博士
西安交通大学管理学院
市场营销系教授
2007 年 7 月 8 日
于古城西安

目　录

第一章

概　　述

【知识要求】

通过本章的学习，掌握以下要点：

- ◆ 管理与管理的职能；
- ◆ 管理与决策的关系；
- ◆ 决策与科学决策的内涵；
- ◆ 信息的内涵以及信息与决策的相互关系；
- ◆ 市场调查和市场预测的概念和内涵；
- ◆ 营销决策、营销信息与市场调查和预测的关系；
- ◆ 企业的营销管理系统与信息系统；
- ◆ 市场调查和预测在企业营销管理中的地位与作用。

【技能要求】

通过本章的学习，要求学生能够做到：

- ◆ 清楚描述管理与决策、决策与信息、信息与市场调查与预测的关系；
- ◆ 深刻了解信息的内涵和科学决策的特点；
- ◆ 用实际生活中的事例说明信息是如何降低决策不确定性的；
- ◆ 明确市场调查和市场预测的概念和内涵以及它们与营销决策的关系；
- ◆ 阐述企业信息系统的构成以及市场调查和预测的地位。

与其他管理活动相同,营销管理的职能也是计划、组织、领导和控制。营销决策虽然不属于其中的任何一个,但却贯穿于营销管理活动的始终。科学的营销决策,离不开市场信息。市场调查与预测的目的,就是为营销决策提供及时、准确、全面和可靠的市场信息,以降低决策的不确定性和决策风险。

本章首先对管理与决策加以概述;第二,讨论决策过程与方法;第三,介绍信息及其功能;第四,说明市场调查与预测在营销管理中的地位与作用;最后,给出本书的内容结构。

第一节 管理与决策

管理是指协调与整合他人的工作活动,与他人合作,有效力(effectively)和高效率(efficiently)地完成工作任务的程序。[1]它是一套程序或一个行为过程,涉及计划、组织、领导、控制和创新等活动;通过这些活动,人们不但要完成工作任务(有效),而且还要高效率地完成工作任务(效率)。[2]

有效力(effectiveness)和高效率(efficiency)是两个不同的概念。效率讲的是投入与产出之间的关系——如果一个企业用给定的投入生产出了更多的产出,或者用较少的投入生产出了同样多的产出,那么这个企业就有较高的效率。因为管理者管理的是稀缺的资源(人、财、物),所以他们需要考虑如何更节省地使用这些资源。效率所考虑的是"如何把事情做好",即不要浪费资源。但是仅高效率是不够的。管理者还要考虑"做应该做的事情",即进行那些能够帮助组织实现其目标的活动。这就是有效性问题。有效性强调结果,效率强调手段,二者相辅相成。

从本质上讲,只要一个人通过协调与整合他人的工作活动来完成组织的工作任务,那么他就是管理者。他可能管理着一个大的跨国公司,也可能管理着一个公司的一个小部门,还可能只是另外一个人的上级。有时,管理者可能负责一个由不同组织成员构成的一个临时小组,还可能只负责与其他组织的协调行动。

一、管理者的组织分层

根据在组织中所处的位置,管理者被分为高层管理者、中层管理者和基层管理者(图1-1)。高层管理者处于组织的最高层,对整个组织的活动负有全面的责任,主要职责是制定组织的总目标、总战略,掌握组织的大政方针并评价整个组织的绩效。中层管理者处于高层管理者和基层管理者之间的一个或若干个中间层次上。他们的主要职责是贯彻执行高层管理者所制定的重大决策,监督和协调基层管理者的工作。与高层管理者相比,中层管理者更注意日常的管理事务。基层管理者也叫第一线管理者(first-line managers),处于组织的最低层。他们所管辖的是作业人员,主要职责是给下属作业人员分派具体的工作任务,直接指挥和监督现场作业活动,以保证各项任务高效率地完成。

管理者还可以按他们所从事管理工作的范围和专业性质,分为综合管理者和专业管理者。综合管理者负责管理整个组织的全部活动,如公司总经理或一个公司某一事业部

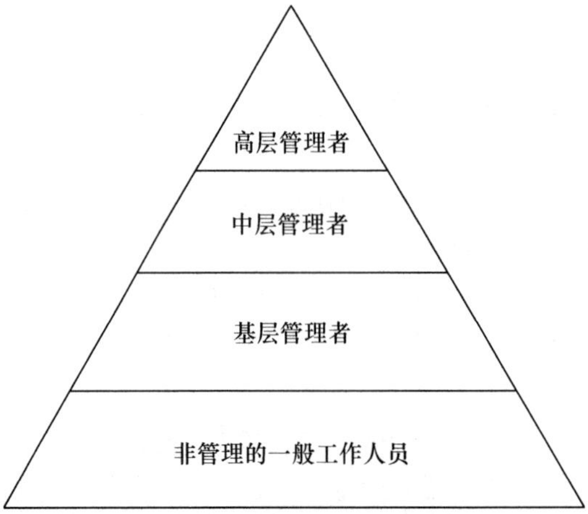

图 1-1　组织分层与管理者

的经理，需要统管包括生产、营销、人事、财务等各项活动。专业管理者则仅负责组织中某一类活动或职能的执行。在企业管理中，根据专业领域的不同，专业管理者可以具体划分为生产部门管理者、营销部门管理者、人事部门管理者、财务部门管理者以及研究开发部门管理者等。对于这些部门的管理者，可以泛称为生产经理、营销经理、人事经理、财务经理和研究开发经理等。

二、管理的职能

管理职能指管理者所从事的主要活动和发挥的基本作用。虽然不同的组织在目标、管理要求和管理方法上各有不同，但管理者所发挥的基本作用却是相对一致的，即他们都进行计划、组织、领导和控制的活动。[1]这四项基本活动与活动的过程，就是管理职能。

管理的四项职能是紧密联系、互相作用的，任何一个职能出现问题都会影响其他职能的发挥。在现实的管理工作中，四项职能交织在一起，你中有我，我中有你，不能截然分开。其中，计划是管理的首要职能。管理活动一般都从计划开始，先确定做什么（目标）和怎样做（行动方案），后按照计划的要求组织人力和各种资源，再指挥计划的执行与落实，并通过控制活动保证工作的结果符合计划的要求。

（一）计划职能

管理的计划职能，就是事前决定一个组织在未来某一特定时间内应达到的目标及达到目标的有效方式，也叫"规划"或"策划"。通常，计划的第一步是制定未来要实现的目标，第二步是制定与此有关的更具体的分阶段目标，第三步是确定、评估和选择实现目标的可行方案（也被称为战略或策略），第四步是执行计划。

（二）组织职能

管理的组织职能，指管理者通过组织结构设计而决定做什么、怎样做、谁去做和谁向谁负责等问题的程序。注意，这里的组织是一个动态过程，而不是一个静态集合——为了达到某个特定目标，经过分工合作，以及按不同的层次明确各个成员的权力与责任，所构成的一个群体。不过，两者密切相关，互为因果。一方面静态集合是动态过程的物化，另一方面组织职能也要通过一定的物化形式来实现。

（三）领导职能

管理的领导职能，是指管理者所发挥的对下属的指挥、协调与激励作用。领导绝不能被简单地看做职权，它还是一种技能：通过各种信息沟通方式，影响他人或群体在某种特定条件下实现目标的行为能力，也即影响力。

领导者的影响力主要来自两个方面：一个是职位权力，一个是个人权力。职位权力由领导者在组织中所处的位置决定，它由上级和组织赋予，人们因组织约束不得不服从。个人权力由领导者自身的某种特殊条件造就，如高尚的品德、丰富的经验、卓越的能力、良好的作风等。这种权力对人的影响是非强制性的，也是长远的。

（四）控制职能

管理的控制职能，是指利用信息反馈，及时将执行结果与计划目标进行比较，发现并分析差异，采取相应措施促使计划按既定目标实现的过程。它是对计划执行过程的控制。

一个组织在制订计划时，一般都会做认真的调查、分析和研究，考虑组织内外的各种因素，尽可能保证计划的可行性。但是，由于组织内外部环境充满变数，极为复杂，制订的计划在执行时常常发生偏差。为了使计划的执行不走样或少走样，组织需要对计划的执行过程进行监控，发现问题及时解决。

三、决策在管理中的地位

如前所述，管理包括计划、组织、领导和控制四大职能。决策虽然不属于其中的任何一个，但贯穿于这些职能活动之中。决策与管理之间的关系如此密切，以至于人们常常把它们当做同义词来使用。我们甚至可以这样说，管理就是有关管理问题的决策过程。表1-1以企业战略管理和营销管理为例，说明了管理与决策的关系。

表1-1 管理与决策的关系

管理职能	企业战略管理		企业营销管理	
	程序	相关的决策问题	程序	相关的决策问题
计划	战略分析和战略选择	企业的使命和战略目标是什么？企业应该选择什么战略实现企业的战略目标？	市场调研与营销策划	根据企业的使命和战略目标，企业的营销目标是什么？企业应该选择什么营销战略实现企业的战略目标？
组织	战略执行	谁，组织哪些人，在哪些约束条件下，完成什么任务？	营销战略的组织实施	谁，组织哪些人，在哪些约束条件下，完成什么任务？
领导	战略执行	针对哪些人，选择什么样的领导方式完成既定的任务？	营销战略的组织实施	针对哪些人，选择什么样的领导方式完成既定的任务？
控制	战略控制	如何评估？如何奖励和惩罚？出现偏差后，如何纠正？	营销控制	如何评估？如何奖励和惩罚？出现偏差后，如何纠正？

由表1-1可见，企业战略管理和营销管理的每一步都与一些决策问题相伴随。可以这样说，决策渗透到管理的各个职能中，各个职能部门的管理人员都会遇到大量的决策问题。不过，二者还是有区别的：决策注重的是判断与选择的过程；管理除了判断与选择以

外，更要注重执行，即行使计划、组织、领导和控制的职能。正因为在执行的过程中，每一步都会碰到判断与选择问题，所以人们才常常把决策看作管理。

当然，企业的绝大部分决策是对日常事务的处理，不确定性比较小，因此可以事前计划好，依计划行事就可以。对于这样一类决策，决策者可以根据自己的经验和判断做出，所以我们常常觉得决策者的决策很随意，并没有"在行动之前，对行动目标和手段进行探索、分析、评价"，也看不出决策过程的六个步骤。

不过，有一类决策与过去的经验几乎没有关系。决策者面临的问题以前从未遇到过或情况极为特殊，因此不能根据正常的决策方法进行处理。这一类决策问题虽不像第一类决策那样常见，但意义重大，它往往决定着一个组织的大政方针。对于这一类决策问题，就不能简单地根据决策者的经验和判断进行决策，而需要采用上面我们所提到的那套被称为科学决策的程序帮助决策。

第二节　决策过程与方法

通俗而言，决策就是为解决问题而"做出决定"的过程。这种说法虽然问题不大，但没有完整反映决策的确切含义。在运筹学中，决策被定义为针对某个问题，为了实现一个目标或一组目标，从可实现该目标的多个可替代的行动方案中，选择最佳方案的行为。这一定义将决策的外延定得过于狭隘，只将其看作决策过程中的行动方案选择行为。现代决策理论则认为，决策泛指人们在行动之前，对行动目标和手段进行探索、分析和评价，最终对行动方案做出抉择的过程。

一、决策过程

根据现代决策理论，决策是对行动目标和手段进行探索、分析和评价，并对行动方案做出选择的过程。因此，它包括三个大的阶段、七个主要步骤，如图 1-2 所示。[3]

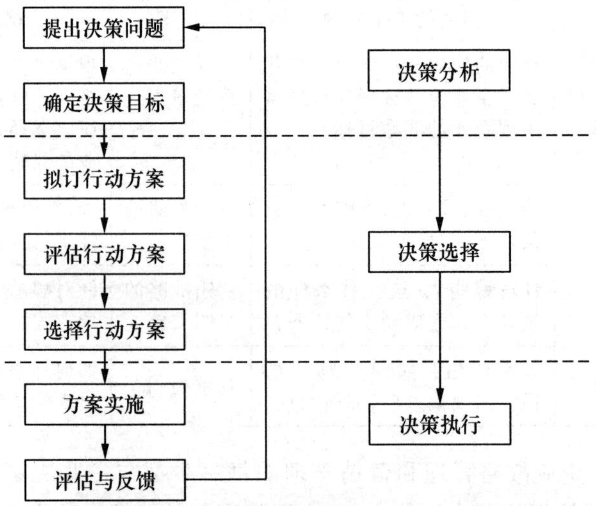

图 1-2　决策程序

（一）决策分析阶段

决策分析阶段由提出决策问题和确定决策目标两个步骤组成。

提出决策问题就是决策者根据他们对于决策环境的认识，发现、识别和明确提出需要解决的问题。决策需要解决的问题，可以是已经发生的期望状态和现实状态之间存在的差距，也可以是虽未发生但预计将来很可能会发生的问题。前者如企业营销中出现的销售额或利润额没有达到目标，或与竞争者相比有较大的差距，后者如企业发现了新的市场机会。发现、识别和明确提出需要解决的问题是决策过程的起点。没有需要解决的问题，决策就无从谈起；待决策问题不明确，说明决策者对于决策问题缺乏认识，要做的首先就是明确决策问题。

确定决策目标就是决策者根据决策的环境条件设定解决问题欲达到的状态。决策者一旦明确了决策问题，接下来就要了解解决决策问题的内外部条件。哪些条件有助于问题的解决？哪些是起限制作用的？针对同一个决策问题，内外部条件不同，选择的决策目标不同；决策目标不同，最终所选择并实施的决策方案也会大不一样。另外，一个决策问题所期望达到的决策目标往往不止一个。这时，还要根据决策问题的内外部条件，考虑决策目标的优先次序。

（二）决策选择阶段

决策选择阶段由拟订行动方案、评估行动方案和选择行动方案等步骤组成。

在确定了决策目标以后，决策者就需要拟订多个可能达到目标的行动方案，称为备选方案。在条件允许的情况下，拟订的备选方案越多，可供比较鉴别的范围也就越大，最终选出的方案也就可能越好。如果决策过程中只拟订出一个备选方案，没有选择余地，就谈不上决策。在决策过程中，要求决策者围绕着决策目标，根据决策的环境条件，列出尽可能多的可行方案。

备选方案拟订好以后，决策者还需要对各备选方案进行评估。采用的方法主要是对实施各方案可能产生的后果进行利弊分析，比较各方案的优缺点，权衡得失。此时，决策者要尽量做到客观公正，不要被自己的主观偏好所左右。

为了选出好的行动方案，决策者一要有合理的抉择标准，二要有科学的选择方法。决策方案的抉择标准，也称为决策的价值准则，是决策者实现决策目标所应遵循的基本原则和需要考虑的最重要的约束条件。它们是选择决策方案的依据或要求。为了确定恰当的价值准则，决策者需要：

- 把决策目标分解为若干方面的价值指标，如在企业的营销管理中，把决策目标分为利润额、销售额、品牌认知度和市场占有率等；
- 规定价值指标的主要次序和缓急，以及在相互之间发生矛盾时的取舍原则。如在企业营销管理的上述目标中，利润额是最主要的，当提高销售额、品牌认知度和市场占有率与提高利润额相矛盾时，应首先考虑利润额的提高；
- 指明实现指标的主要约束条件，如在实现企业营销管理的上述目标时，不打价格战，不以回扣方式进行销售，营销人员所采用的营销方式要有助于企业塑造品牌形象而不是相反。

所谓科学的选择方法,就是指决策者要在对各方案的实施后果进行评估的基础上,综合判断,从全局出发,全面地评价、比较各个可行方案合理程度的高低、优劣,权衡利弊得失,做出最后的决断。在这里,决策者的知识、经验、素质、性格、能力等起着决定性的作用。

(三) 决策执行阶段

决策执行阶段包括方案实施和对实施结果进行评估与反馈两个步骤。

决策方案选定以后,决策问题能否有效地解决,还要看决策方案是否被认真地执行或实施。在决策方案的实施过程中,决策者不仅需要准确地传达决策意图,还需要监视各项活动是否按照行动方案执行,以便及时纠正偏差。

另外,在决策实施过程中,决策者还需要经常评价决策的实施效果,如衡量实际绩效,将实际绩效与期望的决策目标进行比较。如果发现原来的问题依然存在,决策者则需要判断是执行不力,还是决策出了错。如果是执行不力,决策者就需要采取纠偏行动,如重新分配员工的工作,进行补救。如果是决策出了错,如原定决策目标不够现实,指标定得太高,那么决策者就需要考虑是否对原定决策方案进行修改和补充,甚至重新进行决策,再付诸实施。如果重新进行决策,那么整个决策程序就需要再运行一遍。这由图 1-2 中从“评估与反馈”到“提出决策问题”的连线表示。

二、决策风险

因为决策意味着选择,选择意味着不确定,不确定性又与风险密切相关,所以决策伴随着风险。举一个例子,假设你面前摆放着八只盒子。你被告知,这八只盒子中有一只里面放了一万元钱。你只有一次选择的机会,选中了这钱就归你了。你很想得到这笔钱,因此你必须就选择哪只盒子的问题做出决策。如果只有一只盒子,你就不用选择了,也不必就选择哪只盒子的问题做出决策。如果只有两只、三只甚至七只盒子,你的选择就会少一点,错选的可能性也就小一点。换句话说,决策的不确定性就小一点。

决策的不确定性与决策风险有如下这样一种关系[4]:

$$R = \sum_{i=1}^{n} U_i L_i \qquad \text{(公式 1-1)}$$

式中 R 表示风险,U_i 表示决策导致第 i 种损失的可能性(决策的不确定性),L_i 表示第 i 种损失的严重性(损失大小),n 表示决策可能导致损失的种类。套用到我们的例子中,$n=1$(此项决策只有金钱这一种损失),$U_i=7/8$,$L_i=10\,000$ 元(这需要假设决策者把这一万元钱已经看成是自己的了)。由此,我们可以得出,此问题的决策风险 $R=8\,750$ 元。

由公式 1-1 可知,人们对于决策风险的感知,是由决策损失的可能性(决策的不确定性)与决策损失的严重性共同决定的。因此,公式 1-1 隐含着决策风险的四种组合,如表 1-2 所示。

表 1-2 决策风险的四种组合

损失严重性	损失可能性	
	高	低
高	组合 S1:一些冒险运动	组合 S2:与坐汽车和火车相比,坐飞机旅行
低	组合 S3:消费者日常生活中尝试新产品的购买活动	组合 S4:消费者日常生活中经常性的购买活动

虽然不同的人对于风险的态度和风险的承受能力不同,但是对于任何人来讲,决策的不确定性与决策风险之间关系的性质却是相同的。二者成正比,即决策的不确定性越大,人们感受到的决策风险就越大;反之,则反是。

这里,我们通过选择和不确定性两个环节把决策和风险联系起来,使我们确信:有决策就有风险。然而,有时决策失误的损失不大,或决策失误的可能性很小,我们注意不到。比如,我们日常生活中的一些决策,像购买什么牌子的牙膏、吃什么饭、在家吃还是在外面吃等等,决策即使失误,也不会造成多大的损失。再比如,企业日常工作中的例行决策,像从哪里购进原材料、企业产品的月产出量、企业产品的销售渠道等等,也许决策失误造成的损失很大,但由于企业沿用老的一套做法,没有什么不确定性,所以决策失误的可能性很小。在这两种情况下,我们往往感觉不到决策中存在的风险。只有在决策失误的损失大到一定程度,并且决策失误的可能性比较大时,我们才会感觉到决策风险的存在。

三、决策方法

决策方法有很多类型。比如,根据决策影响的时间,可以把决策分为长期决策和短期决策;根据决策的重要性,可以把决策分为战略决策和战术决策;根据决策的参与主体,可以把决策分为集体决策和个人决策;根据决策目标能否量化,可以把决策分为定量决策和定性决策;根据决策目标的数量,可以把决策分为单一目标决策和多目标决策;根据决策环境的可控程度,可以把决策分为确定型决策、风险型决策和不确定型决策。[5][6] 这里仅介绍后面一种分类所得出的三种决策方法及其适用的情况。

(一) 确定型决策问题与决策方法

确定型决策问题具备以下三个条件:(1) 存在着决策者希望达到的一个目标;(2) 存在两个或两个以上的备选方案;(3) 决策执行的结果由决策者所采取的行动决定。示例 1-1 显示了一家企业的确定性决策问题。

示例 1-1

企业应该先进入哪个地区:确定型决策问题

一家企业希望将其产品销往甲、乙、丙三个地区。但是由于营销能力有限,一次只能进入一个地区。该企业进入各个地区的结果有所不同,如表 1-3 所示。如果企业希望先进入获利能力最强的地区,那么它应该先进入哪个地区呢? 如果企业希望先进入获利最多的地区，那么它又该如何选择呢？

表 1-3 某企业进入不同地区的结果

地区	销售额（万元）	销售利润率（%）	市场占有率（%）
甲	200	10	5
乙	150	15	10
丙	220	5	30

想想看，在以上两种情况下，企业的决策目标是什么？备选方案是什么？决策执行的结果是什么？根据决策目标，企业如何做才能找到最佳的方案？

如果情况变一下，企业希望先进入其产品最有竞争力的地区，那么它应该如何选择？

如果情况再变一下，这家企业可以同时进入两个市场，以上三种情况下，它又该如何决策呢？

此类确定型的决策问题不管如何变化，都可以计算出不同方案在确定状态下的损益值。损益值计算出来以后，根据决策目标选择就可以了。比如，对示例 1-1 的决策问题，在第一种情况下，决策目标是“获利能力最强”，而表 1-3 中销售利润率代表的就是企业的获利能力，因此不用计算，直接选择先进入乙地区就可以了。

在第二种情况下，决策目标变为“获利最多”，而在表 1-3 中没有提供这个数据，因此需要稍加计算，才能进行决策。将销售额与销售利润率相乘，就可得到企业进入各地区的获利，分别为 20 万元、22.5 万元和 11 万元。因此，第二种情况下，企业也应该选择先进入乙地区。

如果情况变为企业以“竞争力最强”为决策目标，那么企业就应该选择先进入丙地区，因为表 1-3 中的市场占有率往往用来衡量企业产品的竞争力。

当情况变为企业可以同时进入两个市场的时候，在以上三种情况下的决策，就不那么简单和直接了。首先，企业需要先确定有多少种备选方案。这是一个组合问题，有甲乙、甲丙和乙丙三种方案。其次，计算每一种方案的平均销售利润率、利润额和市场占有率。最后，采用与上面相同的方法根据决策目标选择方案。

当备选方案或决策目标很多时，决策者要从中选出最优方案就不那么容易了。例如，零售连锁企业在规划配送路线时，从一个城市到另外十个城市巡回一次，就有 $10\times 9\times 8\times\cdots\times 3\times 2\times 1=3\,628\,800$ 条路线。要从中选出最短的路线，仅凭直觉就比较困难。此时，需要运用线性规划或动态规划的数学方法帮助解决。

总之，确定型决策问题，约束条件明确，各个变量可以精确计量，变量之间的关系能用数学模型表达，可以采用优化、线性规划等方法求出最优解。之后，决策者简单地选择最优解就可以了。

（二）风险型决策问题与决策方法

风险型决策问题具备以下条件：(1) 存在着决策者希望达到的一个目标；(2) 存在两个或两个以上的备选方案；(3) 存在两个或两个以上决策者无法控制的自然状态，且每种自然状态发生的概率有较为精确的估计；(4) 知道不同自然状态下各方案的损益值。示例 1-2 是在示例 1-1 的基础上稍做修改而形成的一个风险型决策问题。

示例 1-2

企业应该先进入哪个地区:风险型决策问题

示例 1-1 中的这家企业以销售额的大小为其决策目标。未来的市场可能出现三种情况:较好、一般和较差。三种市场情况出现的概率分别是 0.5、0.3 和 0.2。在三种市场情况出现时,甲、乙、丙三个地区给企业带来的销售额有别,如表 1-4 所示。那么,它应该选择首先进入哪个地区呢?

表 1-4 某企业进入不同地区的销售额 单位:万元

市场情况	概率	地区		
		甲	乙	丙
较好	0.5	200	150	220
一般	0.3	150	140	160
较差	0.2	100	120	80

对于风险型决策问题,最常用的方法就是以期望值为标准的决策方法。首先,以损益值矩阵为依据,分别计算各方案的期望值,计算公式为:

$$E(d_i) = \sum_{j=1}^{m} X_{ij}P(\theta_j) \qquad \text{(公式 1-2)}$$

式中,$E(d_i)$表示第 i 个方案的期望值,X_{ij}表示采取第 i 个方案出现第 j 种状态时的损益值,$P(\theta_j)$ 表示第 j 种状态发生的概率,m 表示可能出现的状态数量。由此,可以计算出示例 1-2 中企业在各地区销售额的期望值。

$$E(\text{甲}) = 200 \times 0.5 + 150 \times 0.3 + 100 \times 0.2 = 165(\text{万元})$$

$$E(\text{乙}) = 150 \times 0.5 + 140 \times 0.3 + 120 \times 0.2 = 141(\text{万元})$$

$$E(\text{丙}) = 220 \times 0.5 + 160 \times 0.3 + 80 \times 0.2 = 174(\text{万元})$$

然后,选择其中期望收益值最大或期望损失值最小的方案作为最优方案。因为企业以销售额的大小为其决策目标,所以企业应该选择首先进入丙地区。

即使各个地区出现某种市场情况(即自然状态)的概率不同,应用公式 1-2 也可以计算出各个方案的期望值。只要计算出各个方案的期望值,决策就容易了,只是根据期望值的大小进行选择而已。

(三)不确定型决策问题与决策方法

不确定型决策问题与风险型决策问题的最大区别,是决策者无法确定未来各种自然状态发生的概率。不确定型决策有以下不同的决策准则:悲观决策准则、乐观决策准则、最小最大后悔值准则和等概率准则。

悲观决策准则适合于前景不乐观或决策者对未来不看好的情况。此时,为了避免最坏的结果，决策者首先要确定每一可选方案的最小收益值或者最大损失值，然后从中选出收益值最大或损失值最小的方案。比如，在示例 1-2 中，在决策者无法确知三种情况出现的概率时，如果以悲观决策准则进行决策，那么决策者需要先找出每一种方案中的最小收益值，即 100 万元、120 万元、80 万元。然后从中选出收益值最大的方案，即 120 万元所对应的方案二——企业应该选择首先进入乙地区。以此准则进行决策，实际上就是“差中取好”的方法。

乐观决策准则适合于前景乐观或决策者对未来充满信心的情况。此时，为了获得最好的结果，决策者首先要确定每一可选方案的最大收益值或者最小损失值，然后从中选出收益值最大或损失值最小的方案。比如，在示例 1-2 中，如果以乐观决策准则进行决策，那么决策者需要先找出每一种方案中的最大收益值，即 200 万元、150 万元、220 万元。然后从中选出收益值最大的方案，即 220 万元所对应的方案三——企业应该选择首先进入丙地区。以此准则进行决策，实际上就是“好中取好”的方法。由于根据这种准则决策也可能得到有最大亏损的结果，因而也称之为冒险决策准则。

使用最小最大后悔值准则进行决策，目的在于避免较大的机会损失。此时，决策者首先需要将损益矩阵转变为后悔值（机会损失）矩阵；然后，确定每一方案的最大后悔值；最后，选择其中后悔值最小的方案。某一方案在某种状态下的后悔值，等于各个方案在该状态下的最大收益值减去该方案在该状态下的收益值。表 1-5 是根据表 1-4 所计算的某企业进入不同地区销售的后悔值矩阵和最大后悔值。那么，根据最小最大后悔值准则进行决策，决策者应该选择最大后悔值为最小的方案，即最大后悔值为 20 万元的方案——企业应该选择首先进入乙地区。

表 1-5　某企业进入不同地区的后悔值　　单位：万元

市场情况	后悔值			最大后悔值
	甲	乙	丙	
较好	20	70	0	70
一般	10	20	0	20
较差	20	0	40	40

等概率准则假定各种状态发生的可能性相同，然后按照风险型决策的方法计算各个方案的期望值，并根据决策目标，选择期望值最大或最小的一个方案。比如，有 n 种自然状态，那么就可以假定每种自然状态发生的概率均为 $1/n$，然后求出各方案的期望损益值并进行选择。

四、科学决策的特点

以上决策方法只说明决策问题的特点以及决策者的选择倾向，它们本身并无所谓科学或不科学之分。在日常生活的决策中，我们常常会自觉或者不自觉地使用以上方法决策。比如，在不确知未来会出现哪种情况且不确知各种情况出现的概率时，有人倾向于用悲观决策准则决策，“差中取好”——只要不是最差就可以接受；而有人则倾向于用乐观决策准则决策，“好中取好”——一定要想办法做到最好。

实际上，科学决策与日常决策并没有本质区别。它们都是为解决问题而“做出决定”

的过程，都需要在多种可能的行为中做出选择，都存在不确定性和风险。而且，科学决策并不意味正确，日常决策也不意味着错误。二者的区别主要在于：

- 科学决策有一套科学的程序，要遵循一系列基本原则；日常决策则有着较大的随意性，比较灵活。
- 科学决策通过信息的收集、加工、处理和分析，有意识地降低和控制风险；日常决策对于信息的收集、加工、处理和分析主要是通过决策者个人的经验积累完成并通过直觉表现出来，主观色彩较浓。
- 科学决策一旦失误，通过反馈系统会很快反馈回来，并及时得到纠正；日常决策则无此特性，一般只有当结果出现后才能被察觉，损失很难挽回。
- 科学决策依靠科学的决策程序，遵循科学的决策原则，正确的可能性一般大于日常决策；换言之，对于同一个决策问题，科学决策失误的可能性一般小于日常决策，因此决策风险也小于日常决策。

总之，科学决策虽然也是为解决问题而"做出决定"的过程，但是它通过"对行动目标和手段进行探索、分析和评价"，能够降低决策的不确定性，并进而降低决策风险。一般而言，关系企业前途命运的重大决策，决策失误的损失和可能性都比较大，因此决策风险也比较大。为了减少决策失误带来的损失，关系企业前途命运的重大决策需要进行风险控制，实施科学决策。

第三节 信息及其功能

科学决策的目的在于降低决策风险。那么，科学决策如何降低决策风险呢？依靠信息。那么，信息怎样降低决策风险呢？通过减少决策的不确定性。

一、信息的内涵

长久以来，人们一直在自觉或不自觉地利用信息进行决策。不过，直到 20 世纪 20 年代，人们才开始科学和系统地研究它。美国的奈奎斯特和哈特莱最早研究了通信系统传输信息的能力、可靠性和度量系统的信息容量等。而后，1948 年美国贝尔电话研究所的数学家申农发表了两篇关于信源、信道、信宿和编码问题的论文，引起了人们的普遍关注，奠定了信息论的基础。与此同时，美国人维纳又提出了滤波理论、信号预测和信息量的数学公式，为信息论的发展做出了重要贡献。70 年代以后，由于电脑的广泛运用，使信息的传输能力大为提高，信息这一概念无论在理论上，还是在实际应用上都取得了重大进展。信息的重要性日益为人们所认识，它已经成为除材料和能源之外的第三大战略性资源。

然而，由于人们从各自的特定需要出发去研究和使用信息，所以对于什么是信息的问题至今没有一个统一的认识。比如，控制论认为："信息是我们在适应外部世界，并且使这种适应反作用于外部世界的过程中，同外部世界进行交换的内容的名称。"信息论认为："信息是可以获取、交换、传递、处理、识别和利用的一般对象，它能为实现目标排除意外性，增加有效性。"系统论认为："信息反映一个系统的组织程度。"类似这样的定义，我们还可以举出很多。

对于决策与管理来说，信息的定义不宜过宽。否则什么都是信息，什么都要收集，什么都要提供给决策者，在当今这个“信息爆炸”的时代，决策者非被信息湮没不可。从决策者的角度看，信息的功能在于降低不确定性，进而降低决策风险，因此信息被定义为：能降低不确定性的消息、知识、数据和资料的总和。

首先，信息是消息、知识、数据和资料，但又不是一般的消息、知识、数据和资料，而是能够降低不确定性或决策风险的消息、知识、数据和资料。如上所述，要决策就有风险；风险来自于决策失误的损失和决策失误的可能性（也称不确定性）。信息通过降低决策的不确定性，降低决策风险。因此，从本质上讲，那些不能降低决策不确定性的消息、知识、数据和资料都不是信息。

其次，信息必须与决策相联系，无决策信息就失去了存在的意义。比如，在我国传统的计划经济体制下，企业根本无意主动收集信息，这是为什么呢？因为它没有决策权。上边计划得好好的，指令下来按照干就行了。随着经济体制改革的不断深化，企业的自主权越来越大，日益成为一个独立的决策主体，信息也就越来越重要。同是市场需求方面的消息，过去只是随便谈一谈的话题，现在却成为影响企业生产经营活动的一个重要因素；过去人们谈一谈就算了，不会增加什么，也不会减少什么，现在却成为可能给企业带来收益的资源。因此，从哲学的角度虽然可以说“信息是物质的一种存在形式”，但从决策者角度看，这种说法没有任何意义。如果我们向决策者提供的都是与决策问题无关的“信息”，那么信息收集、加工和处理工作还有什么意义呢？

最后，决策问题不同，信息的取舍不同。同一条消息，对于具有不同决策问题的决策者来讲意义可能是不同的。比如皮鞋市场的产销状况，对于皮鞋的生产者可能是一条非常重要的信息，而对于电冰箱的生产者来说则是一条无关紧要的消息了。

二、信息如何降低决策风险？

信息必须能够降低决策风险。信息降低决策风险的途径，是降低决策的不确定性或决策失误的可能性。那么信息如何降低决策的不确定性或决策失误的可能性呢？

让我们再用前面“八只盒子”的例子来说明。其他条件一样，现在我们只是假设摆在你面前的八只盒子，四只是红的，四只是黄的。那么，你应该怎样来选择呢？

最简单的方法，就是抓阄，随机从中抽取一只，这样你得到这一万元钱的可能性是1/8，选择失误或决策失误的可能性是7/8。相反，在你做出选择之前，经过多方打听（相当于企业进行市场调查）得知，放钱的盒子是一只红色的。这时，相信你一定会从红色盒子中选择一只。如果你打听到的消息是真实的，那么你得到这笔钱的可能性就上升为1/4，决策失误的可能性就下降为3/4。由此可见，“放钱的盒子是一只红色的”是一条可以降低决策不确定性从而降低决策风险的信息。如果你打听到“这些盒子是金属做成的”，由于与你的决策问题没有任何关系，对于你的决策不能提供任何帮助，所以这一消息只是消息而不是信息。决策者是不希望得到这样的“信息”的。

想一想，在以上所介绍的三种决策方法中，信息如何降低决策风险呢？

在企业的管理与决策活动中，我们经常听到决策者这样抱怨市场调研部门：“你们提供了太多的资料和数据，但是没有提供足够的信息。”言下之意，就是市场调查部门提供了太多的“这些盒子是金属做成的”之类的“信息”，而没有提供足够的“放钱的盒子是一只红色的”之类的“信息”。

决策者的这种抱怨可能出自两方面的原因：一方面可能确实是市场调研部门提供的“信息”与决策无关；另外一方面可能是受知识、眼光的限制，决策者一时看不清市场调研部门提供的“信息”与决策问题的关系。不管这种抱怨出自哪个方面的原因，要解决这个问题，都要求决策者（信息的使用者）和调研者（信息的提供者）之间加强沟通；只有加强沟通，决策者才能让调研者知道他们应该提供什么，调研者才能更有效地提供信息而不是一般的消息和数据。由此，我们得到下述三点结论：

- 信息能够降低决策的不确定性或决策失误的可能性，并由此降低决策风险；
- 随着信息量的增加，决策的不确定性或决策失误的可能性会越来越小，从而决策风险越来越小；
- 市场调研部门不仅要收集资料与数据，更重要的是要收集信息，即围绕着决策问题收集资料与数据，将收集来的资料和数据与决策问题相联系，以期最大限度地降低决策的不确定性，从而降低决策风险。

三、信息的计量

在定量描述信息时，信息论所依据的原则是：信息的功能在于消除不确定性。所以，一条信息的信息量，就是这条信息能够消除事物不确定性的程度。[7]

假设某事物有 n 种独立的可能结果，也即状态 $x_1, x_2, \cdots, x_n$。每一状态出现的概率分别为 $p(x_1), p(x_2), \cdots, p(x_n)$，且有 $\sum p(x_i) = 1$。那么，该事物所具有的不确定性 $H(x)$ 就为

$$H(x) = -\sum_{i=1}^{n} p(x_i)\log p(x_i) \qquad \text{（公式 1-3）}$$

当对数底取为 2 时，$H(x)$ 的单位为比特。因为，公式 1-3 与统计热力学中的熵公式相同，所以信息论也把 $H(x)$ 称为熵。在统计热力学中，熵用来描述热力学系统的无组织性，与不确定性的意义相通，因此可以用它来描述信息的量。

在通信场合，如果在通信之前接收者对某事物存在的不确定性熵值为 $H(x)$，在接收到一条信息之后这个事物存在的不确定性熵值变为 $H(x/y)$，那么这条信息的信息量 I 为

$$I = H(x) - H(x/y) \qquad \text{（公式 1-4）}$$

这就是前面所说的，一条信息的信息量等于这条信息能够消除事物不确定性的程度，或它能够导致的熵的减少量。任何一个事件，包括决策问题，只要知道它的各个可能独立状态的概率分布，就可以求出它的熵值，从而根据一条信息能够减少熵值的大小，求出它所包含的信息量。

根据公式 1-4，一条信息的信息量有以下几种可能：

- I 大于 0，说明收到的消息使你对问题的知识增加了；
- I 等于 0，说明收到的消息对你解决问题没有任何帮助，同废话差不多；

- I小于0,说明收到消息后不仅没有增加你的知识,反而使你对问题更加糊涂了,比如谣言对于相信它的人所起的作用。

这个公式也说明,只有使I大于0的消息、数据和资料才可能称得上信息。

四、田忌赛马与不完全信息

在中国古代有一个田忌赛马的故事,讲的是田忌的谋士孙膑如何运用计谋帮助田忌以弱胜强战胜齐威王。传说齐威王经常要大将田忌与他赛马,赛马规则是这样的:每次双方各出三匹马,一对一比赛三场,每一场的输方要赔一千斤铜给赢方。齐威王的三匹马和田忌的三匹马按实力都可分为上、中、下三等。由于齐威王的上、中、下三匹马都分别比田忌的上、中、下三匹马略胜一筹,因此田忌每次都是连输三场。实际上,田忌的上马虽不如齐威王的上马,却比齐威王的中马和下马好,中马则比齐威王的下马要好一些。后来,田忌的谋士孙膑给田忌出了一个主意,让田忌不要用自己的上马去对抗齐威王的上马,而用下马去对抗齐威王的上马,上马则去对抗齐威王的中马,中马去对抗齐威王的下马。这样,虽然第一场田忌必输无疑,但后两场田忌却都能赢,因此两胜一负,田忌反而能赢齐威王一千斤铜。

这个故事生动地告诉我们巧用策略进行决策的重要性:在实力、条件一定的情况下,对己方力量和有利条件的巧妙调度和运用会起到意想不到的效果。

不过,这个故事还可以进行下去,因为齐威王也可以像田忌一样,对己方资源进行不同的调度,运用计谋,想办法赢得比赛。一旦双方都使用计谋,那么除了齐威王出上马比赛时齐威王必赢以外,其他情况下谁会赢就不好说了。在这种情况下,无论是谁,只要能获得对方出马顺序的完全信息,就一定能在三赛两胜中赢得比赛。但是,这可能吗?

这与企业在市场竞争中的决策情境是相似的。在双方或多方都试图运用计谋赢得竞争时,要想得到对方决策的完全信息即使不是完全不可能的(如用间谍),也是非常困难的。因此,在市场竞争中,即使一个企业非常注意收集市场信息,它也很难得到完全的信息,完全消除决策的不确定性。

第四节　市场调查与预测的地位与作用

一、企业的营销管理系统

企业的营销管理系统由管理、营销和信息三个子系统构成,如图1-3所示。[8]前面第一节和第二节,我们都是在讲管理系统。管理从形式上看,体现为计划、组织、领导和控制等职能活动,决策则贯穿于这些职能活动之中。决策更偏重于选择,职能更偏重于执行。没有选择,谈不上执行;没有执行或执行不力,即使选择正确,也不能保证企业能够达到目标。

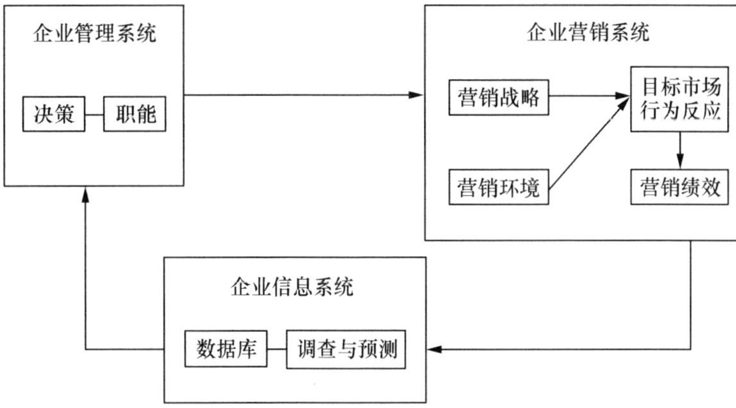

图 1-3 企业的营销管理系统

企业的营销管理就是企业针对自己的营销活动进行决策和发挥职能作用的过程。它是企业整个管理系统的一个组成部分,从属于企业的战略管理,与企业的生产管理、人事管理和财务管理等相平行。不过,企业营销管理的内容则体现在企业的营销系统之中。换言之,企业营销管理针对什么问题进行决策,针对谁和哪些行为发挥管理职能,取决于企业营销系统中的活动。

企业的营销系统有四大环节,即企业的营销战略、企业的营销环境、目标市场的行为反应、企业的营销绩效。良好的营销绩效是企业从事营销活动的目的,通过销售额、市场占有率、成本、利润、收益率以及企业和产品形象等指标体现出来。目标市场消费者的态度和行为决定着企业的营销绩效,受来自两个方面因素的影响:一个是企业可控因素,即企业的营销战略和营销组合策略;另一个是企业不可控因素,即企业的营销环境。

企业营销管理的任务,就是企业根据不可控因素的变化,通过目标市场的选择(营销战略)和对企业可控因素的动态组合(营销组合策略),为目标市场创造价值,促成与顾客的交换,实现企业的营销目标。[9]

企业虽然不能控制环境因素的影响,但是却可以通过改变其营销战略和营销组合策略使消费者形成对企业有利的态度,做出对企业有利的行为。因此,目标市场消费者的行为和行为反应怎样,进而企业的营销绩效怎样,就在很大程度上取决于企业营销决策的质量和管理职能的执行状况。为了保证企业营销决策的质量,需要企业的信息系统提供高质量的决策信息。

企业的信息系统由数据库和调查与预测两大环节组成,其作用在于收集和贮存有关数据、资料,随时或需要时把其加工成信息,输送给管理人员,帮助他们决策和执行。它是企业营销系统和企业管理系统的中间环节,一方面从企业营销系统获取数据和资料,另一方面把加工好的数据和资料传送给企业管理系统,成为可以降低营销决策不确定性的营销信息,以便营销管理人员进行决策和执行决策时使用。

在企业的营销管理系统中,信息系统将营销系统和管理系统按顺时针方向连接起来,从而使三者构成一个大的闭环系统,有了反馈机制。三者的这种关系,使得企业的营销管理系统中任何一个子系统发生变化,其余的三个系统都会跟着变化。因为营销系统中的营销环境因素最不稳定,所以变化常常是从它开始的。企业的信息系统需要特别注意营销环境因素的变化,将其及时提供给企业的管理系统,然后由管理系统做出决策,并通过企业的营销系统变为企业的营销行为。

二、企业信息系统和市场调查与预测的地位

信息系统是现代企业管理的一个重要组成部分。它是企业管理(包括营销管理)过程中负责为企业决策者与管理者(包括营销决策者和营销管理者)收集和提供信息流的人、机和程序的组合。这意味着:第一,信息系统是由人、电脑和程序组成的;第二,信息系统的目的,是为企业的决策者与管理者提供必要的信息;第三,信息系统达到目的的方式,是以一种流的方式收集和提供信息。因此,信息系统实际上就是企业系统地和连续地收集和分析资料,为决策者提供信息的专门程序。

企业信息系统由数据输入、会计、情报、统计、数据库、信息输出和与此平行的市场调查与预测等一系列环节相互交织而成。图1-4是图1-3中企业信息系统的放大,它直观地显示了企业信息系统的构成。[8]

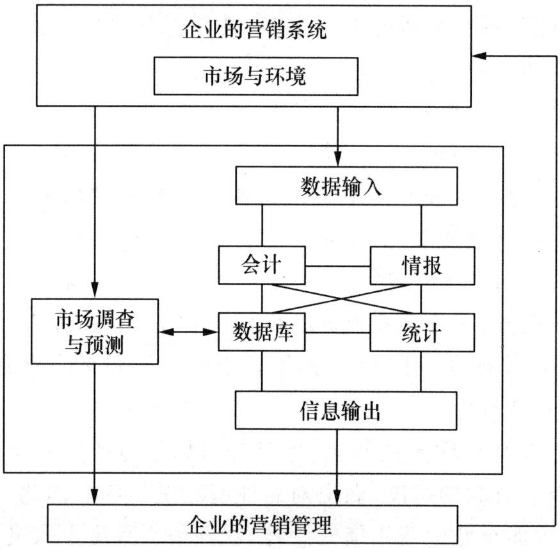

图1-4　企业的信息系统

由图1-4可见,数据库是企业信息系统的中心。它把其他环节提供的数据与资料储存起来以备检索;企业信息系统正因为有了它,才被连接为一个彼此沟通的网络。会计部门和情报系统除了彼此交换资料外,更重要的是向数据库和统计部门提供数据和资料。统计部门的数据和资料一部分来自会计部门和情报系统,另一部分来自数据库。统计部门对于数据和资料的处理结果,作为信息传递给管理人员,作为数据资料存入数据库。另外,管理人员还可以直接从数据库中获取信息。市场调查与预测作为管理人员的第二个信息来源与以上环节所组成的数据收集、加工和信息传送程序相并列。市场调查与预测一方面从数据库中得到部分数据和资料,另一方面其研究结果在提供给管理人员以后,作

为数据资料存入数据库。

图 1-3 和图 1-4 清楚地表明了市场调查与预测在企业营销管理中的地位：首先，市场调查与预测属于企业营销管理系统中的一个子系统，即企业信息系统；其次，它是在企业信息系统中与其他环节所组成的程序相平行，并在数据库这一环节与其相联结的一个环节，是企业信息系统中企业管理者获取信息的一条重要途径；再次，市场调查与预测所需要的数据资料，一是来自于企业的营销系统（主要是企业的市场或目标市场），包括原始数据资料和二手的现成数据资料，二是来自市场信息系统的数据库，主要是二手的现成数据资料；最后，市场调查与预测所得的信息有两个去向，先以报告的形式输送给营销管理者，然后作为参考资料存放于数据库中。

三、市场调查与预测的内涵

从字面上看，市场调查与预测由市场、调查和预测三个词组合而成。因此，仅从字面意思上来理解，市场调查与预测就是以市场为对象，以科学的方法收集数据和资料，对市场变化趋势做出推断的活动。然而，市场调查与预测的内涵，并不如表面看起来那么容易把握。不同的人，出于不同的目的，基于对市场、调查和预测这些词汇的不同认识，对市场调查与预测的内涵有不同的理解。

（一）市场与营销

市场（market）有三个不同的含义：第一，指买卖双方聚在一起进行商品交换的地点或场所；第二，指社会再生产过程中商品交换关系的总和；第三，指人们对于某种商品的需求。对于企业的营销管理者而言，第三种意义的市场最重要，所以在市场营销理论中，人们主要用市场指称商品的消费者或消费需求量。比如，“目标市场”是指目标顾客或目标消费者；“某细分市场”是指某一个在消费需求上有共同特点的顾客群或消费者群；“某市场很大”，是指某种商品的现实需求或潜在需求量很大。

营销（marketing）也称为市场营销，从企业的角度看，就是指企业选择目标市场和综合运用各种因素实现企业营销目标的活动。其中，贯穿着企业针对营销行为进行的管理活动，因此营销与营销管理（marketing management）常常是等价的。

市场与营销虽然密切相关，但是二者在内涵上却有根本性的区别。市场（market）是名词，用来指称事物；营销（marketing）是动名词，用来指称活动。从企业的角度看，营销就是企业针对市场而从事的各种活动，而营销管理就是针对这种活动进行的计划、组织、领导和控制。

如果市场调查与预测只是针对市场，那么它就是对市场上的商品供求情况以及未来变化趋势进行的调查与预测。尽管商品供求信息对于企业的营销管理活动非常重要，但是远远不够。企业进行营销管理活动的目的，是想通过改变自己可以控制的因素，为消费者提供更多或更大的价值，并由此达成自己的目标。因此，企业的营销管理者希望市场调查与预测不只针对市场，还要针对企业的整个营销活动。市场调查与预测由此过渡为营销调查与预测。

这里要特别申明：虽然本书名为“市场调查与预测”，但是它的范围却涵盖了企业的整个营销活动。它的调查和预测对象，是与企业营销管理活动有关的所有问题或现象。

用“市场调查与预测”而不用“营销调查与预测”，是因为在中文中已经习惯了这样的说法。

（二）调查、预测与研究

在英文中，与调查（survey）和预测（forecast）密切相关的一个词是研究（research 或 study）。一般而言，研究是比调查或预测更宽泛的一个词，泛指为各种不同的目的而对有关问题或现象进行探求的整个过程。在研究的整个过程中，包括调查和分析两大环节。调查是收集数据的过程和方法，分析是对数据进行加工处理的过程和方法。在数据分析中，又有专为预测进行的分析。因此，调查和预测只是研究的一个部分或一个环节。从这个意义上讲，“市场调查与预测”的叫法不如“市场研究”、“市场调研”、“营销研究”或“营销调研”恰当。

然而，从另外一个角度看，“市场调查与预测”的叫法可能比其他的叫法更恰当。在营销理论的发展和实践过程中，有两种研究导向：一种以营销理论的发展为研究导向，注重探讨不同营销变量之间的关系，即我们通常所讲的学术研究；另一种以企业的营销实践为导向，注重为企业的营销决策提供信息，解决企业营销中的实际问题，即我们通常所讲的应用研究。

二者在研究方法上虽然没有本质区别，但是研究结果的适用范围和针对性却有很大差异。学术研究不针对具体的企业，即使在案例研究（case study）中以某一个企业为个案来研究，其主要目的也不是为这个企业服务，而是以研究结果作为证据支持某一个理论观点。因此，学术研究的结果具有普适性，即至少研究者希望它们能够应用到类似的情境中。应用研究则需要针对具体的企业，以解决企业的实际问题为目的，研究结果只适用于作为研究对象的企业，不具有普适性。

在中国，有这样一个倾向：强调学术研究的文章或书籍，倾向于用“研究”一词为题；强调应用研究的文章或书籍，则倾向于用“调查”或“预测”一词为题。本书所介绍的研究方法虽然也可以应用在学术研究中，但它是以应用研究为导向的。本书取名为“市场调查与预测”，意在强调它的主要目的是为应用研究提供方法论上的指导。

（三）市场调查与预测内涵的界定

本书对于市场调查与预测的内涵做下述界定：第一，市场调查与预测的对象不仅仅是市场，而是与营销管理（包括决策）相关的所有内容；第二，市场调查与预测中的方法和理论，不仅仅包括市场调查和市场预测，还包括市场分析；第三，市场调查与预测以应用研究为导向，为企业的营销决策和营销管理提供信息；第四，作为一门课程的市场调查与预测，主要是为市场调查、研究或咨询机构提供调查研究方法论方面的指导。

四、市场调查与预测的作用

总的来讲，市场调查与预测的作用就是为企业解决特定的营销决策问题而收集、加工和提供信息。具体而言，它的作用与营销决策的各种问题密切相关。

第一，市场调查与预测能够帮助企业确定和选择恰当的营销目标。企业营销活动的基本目标，一是满足目标市场的需求，二是企业的销售额与利润额。其他目标都在很大程度上取决于这两个目标的实现。不管是确定目标市场，还是确定企业的销售与利润目标，都需要可靠的信息做基础。市场调查与预测可以提供以下几个方面的信息，帮助企业确定和选择营销目标：

- 企业产品能够满足的欲望和需求是什么？
- 满足同种需求的竞争者都有谁？
- 它们能够提供什么产品或服务？
- 现有的和潜在的细分市场都有哪些？
- 各细分市场的潜在销售量有多大？
- 在哪些细分市场上企业可以获利？
- 在一特定的时间内以一特定的营销费用，企业在某个细分市场上所能得到的销售份额有多大？

第二，市场调查与预测能够帮助企业确定营销中存在的问题以及问题产生的根源。企业的营销业绩指标包括量化指标和非量化指标两种。量化指标，如销售业绩（产品、市场的销售量与销售额）、盈利能力（产品、市场的利润及利润率）、营销费用及费用率、增长潜力（产品、市场的销售增长率）、竞争能力（市场占有率）等。定性指标，如消费者或用户的满意度、与合作伙伴的关系互动、销售队伍的努力程度与成效以及渠道成员之间的关系发展等。市场调查与预测通过对于企业营销业绩进行测定、分析和预测，提供真实可靠的信息，帮助企业及时发现营销活动中存在的问题，找出问题存在的根源。这一过程，也被称为营销诊断，即通过市场调查与预测，发现企业营销中存在问题的表现形式，并透过现象看本质，找出问题产生的根源。

第三，市场调查与预测能够帮助企业制订和评估解决营销问题的决策方案。决策实际上就是选择的过程；要选择，就至少要有两套可供选择的可行方案。因此，在实际的选择之前，需要（1）制订达到目标的多个可行方案；（2）根据所要达到的目标和问题的性质，评价每一个可行方案。这就需要了解不同的营销因素（如产品、价格、分销和促销）会怎样影响企业的营销活动，不同的营销因素组合方式又会产生什么效果。市场调查与预测能够提供这样的信息。

第四，市场调查与预测能够帮助企业选择营销方案。比如，为了增加企业某一种产品的销售额，企业制订了两种营销方案：采用以降价为主的营销方案和采用以广告促销为主的营销方案。两种方案各有优劣：以降价为主的营销方案见效快，但可能会损害产品的品牌形象，甚至引发价格战；以广告促销为主的营销方案，有利于树立产品的品牌形象，不太会引发价格战，但是效果可能不会马上显现出来。那么，企业应该选择哪一个方案呢？这需要通过市场调查与预测提供信息，帮助营销管理者对不同营销方案的优劣进行综合评估，然后做出最终选择。

当然，市场调查与预测并不能帮助企业解决所有的营销问题。企业进行市场调查与预测有一个先决条件，那就是：市场调查与预测所提供信息的期望值大于获得这些信息的成本（第三章将详细说明）。否则，进行市场调查和预测就得不偿失了。

五、就业机会

从事市场调查与预测工作，有各种不同层次的就业机会。与市场调查与预测有关的组织机构,都需要这方面的人才。这些组织机构分为三种:使用者、使用者 + 研究者和研究者。[8]它们之间的关系如图 1-5 所示。

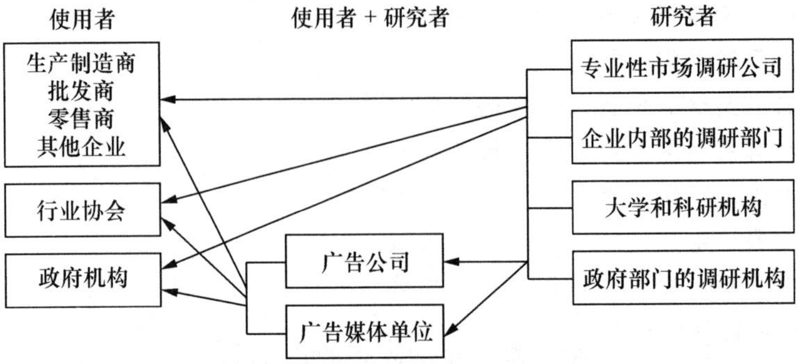

图 1-5　与市场调查与预测有关的组织机构分类

(一) 使用者

生产制造商、批发商、零售商、其他类型的企业以及行业协会和政府机构是市场调查与预测信息的使用者。这些企业或组织都面临某种形式的营销决策问题(行业协会和政府机构常常会面临非营利性组织的营销决策问题),所以它们都需要市场调查与预测为其提供决策信息,以降低不确定性和风险。其中有一些企业,自己不做市场调查与预测,完全依靠外部的研究机构为自己提供信息;另有一些企业,虽然做一些市场调查与预测工作,但主要使用外部的研究机构为自己提供信息。

(二) 使用者 + 研究者

广告公司和广告媒体单位既是市场调查与预测信息的使用者,也是市场调查与预测信息的采集和提供者(这里称为研究者)。广告公司一方面针对自己的决策问题进行市场调查和预测,另一方面为其客户做市场调查与预测工作。后者的费用由作为客户的组织或企业提供。大部分广告公司都设有自己的调查或研究部,但是它们有时也使用外部机构提供信息。

广告媒体单位需要向其客户提供有关观众、听众、读者的数量和内部构成的信息,因此需要就这些信息自己进行调查和预测。有时,为了增加可信度,广告媒体单位也会聘请外部的研究机构进行调查。

(三) 研究者

研究者是受部门或企业委托,从事市场调查与预测的企业或组织单位。它们进行市场调查与预测的主要目的,是为其他的企业或组织提供需要的信息。研究者可以再分为专业性市场调研公司、企业内部的调研部门、大学和科研机构、政府部门的调研机构等四种类型。

专业性市场调研公司包括市场调研公司和咨询公司。这类机构专门负责搜集、整理、分析和提供各种市场信息。有些公司提供全程式服务,负责市场调查、分析和预测程序的每一项工作,而有些公司只提供部分服务,如只负责数据分析工作。

企业内部的调研部门。许多企业都根据需要设立自己的市场调查与预测部门,使市场调查与预测成为企业经常性的工作。

大学的研究组织和一些科研机构也是研究者。大学的市场调查与预测有时根据一些企业的特殊要求进行，有时则面向公众，不收费。政府机构经常使用大学做某方面的研究。有时，有些教授以顾问的身份为一些公司做一些市场调查与预测工作。科研机构有附属于某一大学的，也有独立的。它们既为特定的企业提供信息，也以期刊的形式发布信息。

政府部门的调研机构。比如，在中国，最大的市场调查机构为国家统计部门，包括国家统计局、各级主管部门和地方统计机构。它们负责管理和发布统一的市场调查与预测信息，以便于企业了解市场环境的变化及发展，指导企业的生产经营活动。此外，为适应经济形势发展的需要，各级统计部门还下设了城市社会经济调查队、农村社会经济调查队、企业调查队和人口调查队等调查队伍。这些调查队所获得的数据和资料，可能对企业的营销决策有重要的指导作用。除统计机构以外，中央和地方的各级财政、银行、工商、税务等职能部门，也都设有各种形式的市场调查与研究机构。

以上这些组织机构，特别是那些从事专业市场调查与预测的市场调研公司和咨询公司，需要大量从事市场调查与预测的人员。示例 1-3 是根据 2010 年《中国信息协会市场研究分会会员名录》整理出的中国十大市场调研公司。

示例 1-3

2010 年中国十大市场调研公司

第一名，央视市场研究（CTR）。CTR 成立于 1995 年，2001 年改制成为股份制企业，主要股东为中国国际电视总公司和 TNS（北京特恩斯市场研究咨询有限公司）。2010 年营业额 55 000 万元，员工数量 500 人。

第二名，央视—索福瑞媒介研究（CSM）。CSM 是 CTR 和 TNS 合作成立的中外合资公司。拥有世界上最大的电视观众收视调查网络，提供独立的收视率调查数据，为中国内地和香港传媒行业提供可靠的、不间断的收视率调查服务。2010 年营业额 30 000 万元，员工数量 1 200 人。

第三名，上海尼尔森市场研究有限公司。全球首屈一指的媒介和资讯集团，尼尔森公司为私营公司，其业务遍布全球 100 多个国家，总部位于美国纽约。2010 年员工数量 2 000 人，营业额不详。

第四名，北京特恩斯市场研究咨询有限公司（TNS）。中国专项市场研究公司中的佼佼者，致力于为客户提供商业咨询，帮助客户进行商业决策。2010 年营业额 23 600 万元，员工数量 500 人。

第五名，北京益普索市场咨询有限公司。益普索（Ipsos）是全球领先的市场研究集团，1975 年成立于法国巴黎，1999 年在巴黎上市。2000 年进入中国，专注于营销研究、广告研究、满意度和忠诚度研究、公众事务研究等四大领域的市场研究服务。2010 年营业额 20 000 万元，员工数量 900 人。

第六名，新华信国际信息咨询（北京）有限公司。1992 年在北京成立，在中国开展市场研究咨询服务和商业信息咨询服务,为企业提供营销解决方案和信用解决方案。2010年营业额25 000万元,员工数量700人。

第七名,零点研究咨询集团。中国专业研究咨询市场的早期开拓者,旗下有"零点调查"(专项市场研究)、"前进策略"(转型管理咨询)、"指标数据"(共享性社会群体消费文化研究)和"远景投资"(规范的投资项目选择与运作管理服务)等业务,提供专业调查咨询服务。2010年营业额10 223万元,员工数量258人。

第八名,北京捷孚凯市场调查有限公司。总部位于德国纽伦堡的GfK集团,是全球五大市场研究集团之一,拥有80年的发展历史。业务涉及专项研究、医疗保健研究、消费电子零售研究业务、消费者追踪、媒介研究等五大领域。2010年营业额6 700万元,员工数量150人。

第九名,北京新生代市场监测机构有限公司。成立于1998年,2003年引进外资,成为中外合资企业。新生代从1998年开始持续跟踪和监测中国市场的变迁,提供市场和消费者变化的数据,协助客户进行商业决策。2010年营业额和员工数量不详。

第十名,慧聪邓白氏研究。前身为慧聪网旗下的慧聪研究院,成立于1993年,并于2003年随慧聪国际整体在香港上市。2010年营业额5 000万元,员工数量400人。

资料来源:新浪博客的相关报导,http://blog.sina.com.cn/s/blog_912461ef01011o41.html,2013年3月25日读取。

与市场调查与预测有关的工作职位,包括市场调研副总裁、调研总监、助理调研总监、项目经理、统计师或数据处理专家、高级分析师、分析师、初级分析师、现场经理和作业督导。示例1-4阐述了上述职位的职责。

示例1-4

市场调查与预测相关的工作职位的职责描述

一、市场调研副总裁

这是企业负责市场调查与预测工作的高级职务。负责制订本部门的工作计划与目标,全面负责企业的市场调查与预测工作,是企业最高管理层的成员。

二、调研总监

这是一个高级职务,负责企业所有市场调查与预测项目的制定与执行。

三、助理调研总监

此职位是调研总监的行政助手,负责指导与监督其他人员的工作。

四、项目经理

全面负责某一市场调查与预测项目的设计、执行和管理工作。

五、统计师或数据处理专家

此职位是统计技术、理论和应用的专家,职责包括实验设计、数据处理和分析。

六、高级分析师

参与项目的制定并指导所承担项目的执行，常与初级分析师和其他人员一起制订计划和收集数据，撰写最终的调研报告，控制项目进度与成本。

七、分析师

处理项目执行过程中的具体工作，负责问卷设计与测试，进行数据的初步分析。

八、初级分析师

完成日常工作，如分析二手数据，编辑问卷和对数据进行编码，进行简单的统计分析。

九、现场经理

负责调查员和其他现场工作人员的遴选、培训、监督和考核工作。

十、作业督导

负责现场调查、数据编辑和编码的监督与指导工作，有时也参与编程和数据分析。

资料来源：Malhotra, N. K.：《市场营销研究：应用导向（第4版）》，涂平译，北京：电子工业出版社，2006年版，第12页。

营销与管理专业的大学本科毕业生，最常见的工作起点是作业督导，负责现场调查、数据编辑和编码的监督与指导工作。具有工商管理硕士或同等学位的人，往往被聘为项目经理。初级分析师和分析师一般要接受专门训练，他们的工作包括核对数据、编辑问卷和对数据进行编码，为市场预测准备原始数据和二手数据。统计师也被称为数据处理专家，需要很强的统计学知识和数据分析背景。研究总监则需要管理其他人，因此要有更多的管理技能。

第五节 本书的内容结构

根据前面我们对于市场调查与预测内涵的界定（本章第三节），本书将“市场调查与预测”这门课程的性质表述如下：它是一门为企业的市场调查和预测提供方法论的课程。本书内容按照市场调查与预测的程序和逻辑关系分为五大部分共九章，具体安排如图1-6所示。

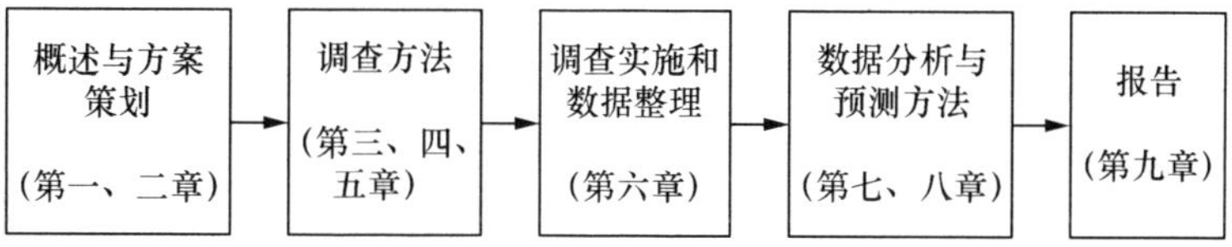

图1-6 本书的内容结构安排

第一部分有第一、二两章。第一章是一个概述，从管理和营销决策的角度引出市场调查与预测这一主题，重点在于介绍市场调查与预测的内涵，市场调查、预测与营销决策的关系，市场调查与预测在营销管理中的地位和作用。第二章介绍市场调查与预测的内容、类型与程序以及方案策划。

第二部分包括第三至五章，介绍市场调查方法。第三章讲解收集数据和资料的方法，包括二手数据和资料的收集方法、调查法、实验法和观察法。第四章讲解测量方法,包括测量的概念、问卷设计、态度量表的类型与设计、深度询问和投影法。第五章讲解抽样方法,包括抽样的概念、抽样方法的类型和样本容量的确定。

第三部分只有第六章,介绍市场调查的实施过程和数据整理方法,包括调查实施过程中应注意的问题、数据整理和应用 SPSS 软件输入数据。

第四部分包括第七、八章,讲解数据分析和市场预测方法。第七章讲解数据分析的主要方法,包括单变量、双变量和多变量数据分析,以及描述性分析与推断性分析。第八章介绍市场预测方法,包括定性预测法、时间序列预测法、回归分析预测法和其他预测方法。

第五部分只有第九章,讲解市场调查与预测报告,内容包括报告的构成、编写报告应注意的问题、口头陈述报告应注意的问题等。

本章小结

管理是协调与整合他人的工作活动,与他人合作,有效力和高效率地完成工作任务的程序。它涉及计划、组织、领导和控制等职能活动。

决策是指人们在行动之前,对行动目标和手段进行探索、分析和评价,最终对行动方案做出抉择的过程,包括提出决策问题、确定决策目标、拟订行动方案、评估行动方案、选择行动方案、方案实施和评估与反馈等七个步骤。这七个步骤可分为决策分析、决策选择和决策执行三个大的阶段。

决策与管理密切相关,它贯穿于管理的计划、组织、领导和控制等职能活动之中。

根据决策环境的可控程度,决策可以分为确定型决策、风险型决策和不确定型决策。关系企业前途命运的重大决策,决策风险比较大。为了减少此类决策失误带来的损失,需要实施科学决策。

科学决策有如下特点:第一,有一套科学的程序;第二,利用信息有意识地控制风险;第三,一旦失误,通过反馈系统能够及时发现并得到纠正;第四,失误的可能性较小。

信息是能降低不确定性的消息、知识、数据和资料的总和。从决策者的角度看,信息的功能在于降低决策的不确定性,进而降低决策风险。一条信息的信息量,就是这条信息能够消除事物不确定性的程度;用统计热力学中的熵公式来描述,就是它能够导致的熵的减少量。不过,在市场竞争中,即使一个企业非常注意收集市场信息,它也很难得到相关决策问题的完全信息,因此很难完全消除决策的不确定性。

企业的营销管理系统由管理、营销和信息三个子系统构成。企业的营销管理就是企业针对自己的营销活动进行决策和发挥职能作用的过程。它是企业整个管理系统的一个组成部分,从属于企业的战略管理,与企业的生产管理、人事管理和财务管理等相平行。企业营销管理的任务,就是企业根据不可控因素的变化,通过制订和执行企业的营销战略和营销组合策略,为目标市场创造价值,促成与顾客的交换,实现企业的营销目标。

市场调查与预测是为企业进行营销决策和营销管理提供信息的工作过程。它的对象不仅仅是市场,而是与营销管理与决策相关的所有内容;它的方法和理论,不仅仅包括市场调查和市场预测,还包括市场分析;它以应用研究为导向。

在企业信息系统中,市场调查与预测和数据输入、会计、情报、统计、数据库、信息输出等环节所组成的程序相平行,并在数据库这一环节与其相联结,是企业信息系统中管理者获取信息的一条重要途径。

总的来讲,市场调查与预测的作用就是为企业解决特定的营销决策问题而收集、加工和提供信息。具体而言,它的作用与营销决策的各种问题密切相关。它能够帮助企业确定和选择恰当的营销目标;确定营销中存在的问题以及问题产生的根源;制订和评估解决营销问题的决策方案;选择营销方案。

和市场调查与预测有关的组织机构分为使用者、使用者 + 研究者和研究者三种类型。和市场调查与预测有关的工作职位,包括市场调研副总裁、调研总监、助理调研总监、项目经理、统计师或数据处理专家、高级分析师、分析师、初级分析师、现场经理和作业督导等。作为一门课程的市场调查与预测,主要是为企业的市场调查和预测提供理论和方法论方面的指导。

参考文献

[1] Robbins, S. P. and Coulter, M. *Management* (10th edn.)[M], NJ: Prentice Hall, 2009, 6—9.

[2] 周三多、陈传明、鲁明泓:《管理学——原理与方法(第五版)》,上海:复旦大学出版社,2011 年版,第 12—15 页。

[3] 徐南荣、仲伟俊:《现代决策理论与方法》,南京:东南大学出版社,2001 年版,第 2—8 页。

[4] Cunningham, S. M. The Major Dimensions of Perceived Risk[A], In D. F., Cox (Ed.), *Risk Taking and Information Handling in Consumer Behavior*[C], Boston: Harvard University Press, 1967: 82—108.

[5] 李华、胡奇英:《预测与决策教程》,北京:机械工业出版社,2012 年版,第 205—207 页。

[6] 林齐宁:《决策分析教程》,北京:清华大学出版社,2013 年版,第 4—5 页。

[7] 钟义信:《信息的科学》,北京:光明日报出版社,1988 年版,第 8—15 页。

[8] Tull, D. S. and Hawkins, D. I. *Marketing Research: Measurement and Method*[M], NY: Macmillan Publishing Co., 1980.

[9] 庄贵军:《营销管理:营销机会的识别、界定与利用》,北京:中国人民大学出版社,2011 年版,第 8 页。

[10] Malhotra, N. K.:《市场营销研究:应用导向(第 4 版)》,涂平译,北京:电子工业出版社,2006 年版,第 8—12 页。

练习与思考

1. 什么是决策?科学决策有哪些特点?
2. 你认为管理与决策之间有怎样的关系?为什么?
3. 决策有哪几种类型?各有什么特点?
4. 你如何认识决策风险?决策风险、选项与不确定性有怎样的关系?
5. 什么是信息?你如何理解信息的内涵?为什么?

6. 有人说“信息是不确定性的负测度”，你如何理解这句话？
7. 市场信息与营销决策有怎样的关系？
8. 举例说明信息是如何降低决策不确定性的。
9. 企业的信息系统都由哪几部分组成？
10. 你怎样认识市场调查与预测的内涵？
11. 你怎样认识市场调查与预测这门课的性质？
12. 谈谈你对市场调查与预测在企业营销管理中的地位与作用的认识。

案例分析

案例 1-1 可口可乐也有马失前蹄的时候①

可口可乐公司(Coca-Cola Company)是全球最大的饮料公司，成立于1892年，总部设在美国佐治亚州的亚特兰大市。公司除了拥有全球最有价值的品牌可口可乐以外，还生产全球前5大饮料中的另外3个，包括健怡可口可乐、雪碧和芬达，以及大量其他种类的饮料，包括无糖饮料、水、果汁和果味饮料、茶、咖啡和运动饮料等。通过全球最大的分销系统，200多个国家的消费者每日享用超过17亿杯的可口可乐产品。

这是一家伟大的公司，它给投资者带来了丰厚的回报。2012年9月的一篇报道显示，太阳信托银行(SunTrust Banks)在1919年可口可乐上市时购买了该公司10万美元的股票，2012年通过出售这些股份，赚得大约20亿美元，93年的投资回报率为百分之两百万。

然而，伟大如斯，也有马失前蹄的时候。下面的事件，被认为是历史上最愚蠢的十个商业决策之一，也被认为是一个企业的白痴策略破坏伟大品牌的绝佳例子。

1985年，软饮料市场的变化和百事可乐的竞争使可口可乐的市场份额从1950年代的60%萎缩到了23%。迫于竞争压力，可口可乐公司做出了一项重要的决定：调整可口可乐的绝密配方，放弃90多年来一直不变的可乐口味，而代之以较甜的新型口味。

此项决策，绝非一时的头脑发热。进入1980年代，百事可乐向可口可乐发起了猛烈进攻。虽然可口可乐的市场领先地位没有动摇，但是其市场却被抢走了很大一部分。在整个市场上可口可乐依然处于优势，可在超级市场上，百事可乐的销量却超出了可口可乐两个百分点，这是可口可乐公司不能忍受的。于是，公司决定变换可口可乐配方，以扭转这种被动局面。

为了确定新配方，可口可乐公司进行了20万次的口味测试，耗时长达两年，耗资高达400万美元。新配方的测试结果令人振奋，公司上下充满信心。他们投入了大笔资金进行广告和大众宣传，雄心勃勃地推出了新口味可乐。

最初，新可乐的销售状况喜人，但好景不长，形势却急转直下。先是人们抢购老可乐，

① 根据本书作者发表在《现代企业》1993年第8期的文章《可口可乐公司失误在何处?》以及可口可乐公司中国官网(www.coca-cola.com.cn)的公开信息编写。

继而恼怒的公众给公司打电话、写信投诉,最后竟然有人成立了“老可乐爱好者联合会”,散发有抗议字样的T恤衫,并威胁说,若不恢复原有配方,他们将上诉法庭。一时间闹得沸沸扬扬,可口可乐公司穷于应付。两个月后,在公众的压力下,公司不得不重新生产老可乐,与新可乐一同出售,并通过大量推广活动挽救这场危机。两年后,老可乐再次成为公司的支柱产品,在美国软饮料市场上名列前茅,占有19%的市场份额,而新可乐的市场份额则只有2%。

一场计划周密的市场争夺战,为什么以惨败而告终?一项经过大规模测试并被普遍看好的产品,为什么在市场上却不被人们接受?

原因很多,如“市场调查的范围过窄”、“分析调查结果做出了错误的判断”等,但最重要的却是忽视了市场定位问题。所谓市场定位,是指企业为使自己的产品在顾客心里占据一个特定位置、留下一个特定印象而进行的各种营销活动。此概念由美国的里斯和特劳特在1970年代提出。经过大量研究,他们发现:在一个信息过多的社会里,要想改变消费者头脑中原有的看法,即使并非完全不可能,也是非常困难的。因为他们需要处理的信息太多,以至于不得不采取一些简单化的方法处理——只有在听到前所未闻的一些事情时,他们才凝神静听;不断重复的东西他们很少留心;而当听到他们错了的时候,简直不能容忍。所以,改变消费者的看法,是一条充满危险的道路。比较明智的做法,是在消费者心中占据一个位置,一旦位置确定,不要轻易改变。

在定位方面,一般市场领先者有很大优势。市场领先者通常能够把他的牌子固定在产品阶梯的最高一级上,即使不说,消费者也知道他的产品是一流的。然而,当一个领先者试图挤入其他位置空间时,在新的位置空间里它并无优势。

虽然在整个饮料市场上,可口可乐是老大,但是在“甜而柔”的饮料市场上,坐第一把交椅的却是百事可乐。可口可乐公司试图用新型可乐取代百事可乐的地位,让消费者改变已经固定了的印象,其难度可想而知。虽然在蒙眼测试中,新型可乐得分高于百事可乐,但一看到商标和包装,情况就大不相同了。对品味的研究并不能反映出品牌的力量。人们品尝到的,往往是他们期望品尝的。

最让“亲者痛,仇者快”的是,他们竟然放弃了原有市场的领先地位,甘当小字辈,与百事可乐争夺属于百事可乐的天下。

小组讨论

1. 在此案例中,可口可乐公司的营销决策是否科学?为什么?
2. 你认同案例中给出的失误原因吗?为什么?
3. 你如何理解市场定位?为什么说“对品味的研究并不能反映出品牌的力量”?
4. 从市场定位的角度讲,可口可乐公司要推出新可乐,比较稳妥的策略是什么?

案例1-2 朵而在山东的一次营销策划①

朵而(Duoer)是养生堂药业有限公司麾下的一个女性保健品品牌。养生堂药业有限

---

① 根据钱广良、张辉发表在《中国工商》2001年第7期的文章《公开朵而营销实战的秘密》以及养生堂官网(www.yst.com.cn)的公开信息改写。

公司于1993年在海南创立，现在总部位于杭州，是一家集科研、生产、销售为一体的大型药品保健品企业。截至2012年，公司拥有海口、杭州两个大型生产基地，15个销售大区和119个办事处。产品包括内服美容品、儿童营养品、健康养生品、水产品以及处方药等，拥有朵而、清嘴、农夫山泉、农夫果园、尖叫、母亲牌牛肉棒等品牌。公司的使命是“为生命健康提供产品与服务”，愿景是“她（即养生堂）将在人类健康的领域被承认是做得最好的”。

本案例介绍的是朵而山东分公司企划部的一次营销策划活动。

一、策划的目的

朵而品牌创立于1995年。秉承养生堂的研发理念，公司采用“纯植物萃取”方式生产多系列女性美容与化妆品，为女性提供“由内而外”的纯天然养护方案，“让女人像花朵般，由内而外绽放美丽”。品牌创立之初，在江苏、浙江和上海等地取得了不俗的销售业绩。1998年年底进入山东市场，与养生堂的水产品农夫山泉一同运作，虽然广告攻势甚大，但销售回款却不理想。截至1999年3月，在山东设了青岛、烟台和济南三个办事处，朵而产品的每月回款额也仅有50万元左右。

为了加强朵而在山东的营销工作，公司在1999年3月组建了山东分公司，下设企划部、综合部和财务部三个职能部门，独立于水产品进行单独运作。其中，企划部全权负责朵而产品的整体营销策划和管理。工作的第一步，就是了解市场状况。

二、朵而的市场状况

企划部首先组织相关人员，根据手头现有的数据和资料，分析朵而在山东的市场状况。得到了如下几个结论：第一，朵而在山东拥有一定的消费群，但相对目标市场而言比例较低，且忠诚性较差；第二，品牌具有较高的知名度，但是消费者对产品的记忆点不清晰；第三，消费者对于产品功能认知不足，大量的潜在消费者犹豫不决，消费欲望未被充分激发；第四，销售终端的销售氛围冷淡，产品在销售终端的陈列与竞争品（其他保健品）相比处于劣势，品牌优势未能在终端得到充分利用和体现。

对市场状况有了这样的认识之后，针对其中的问题，企划部又组织销售人员对山东市场进行了进一步的调查和分析。结果发现：

其一，山东市场对保健品的需求意识相对于江、浙、沪市场而言较弱。这主要与当地经济的发展水平较低有关。但是，山东市场消费者的保健意识正在逐渐提升。

其二，山东市场的保健品类，绝大多数没有长久的生命力，平均只有1—3年。这是因为多数保健品不重视品牌形象的建立和维护，导致了消费者的忠诚度不高。因此，朵而山东市场要想真正启动成功并能够保持增长，品牌形象的建立尤为重要。

其三，朵而的前期宣传为朵而品牌形象的建立奠定了良好的基础，但是对消费者潜在需求的刺激不足。大多数消费者仍将保健品视为药品，而不是“纯补养品”。改变这种观念，刺激消费者对于保健品的有效需求，是朵而营销成功的关键。这方面工作做得不到位，是前期山东市场没有打开的一个主要原因。

其四，朵而在山东市场的地面宣传力度较竞争品而言属于强势，但前期宣传中关于产品功效的引导不足。宣传面广，但力度不够，叫好不叫座。

三、工作重点

通过市场调查与分析，企划部明确了对山东市场的工作思路，确定了营销工作重点。

重点一，在继续强化朵而品牌形象的基础上，以软文广告和专题报告会为工具，从功能上加强对消费者购买欲望的引导。理由如下：前期朵而的品牌宣传，完成了启动市场的第一步，抓住了第一批冲动型购买者。但是，这部分消费者容易接受新品牌，流失率较高。为了吸引理性消费者加入，需要企业在进行营销宣传时充分将产品的功效与消费者的潜在需求相结合。用平面广告和电视广告已不能解决问题，软文广告和专题报告会较有针对性。

重点二，配合电视、报纸和电台等媒体宣传，以地面推广活动带动市场销售氛围。山东有较多的冲动型购买者。在氛围好的卖场里，很多冲动型购买者会购买；而在氛围不好的卖场里，消费者很容易被竞争品拉走。

四、策划与实施

根据两个营销重点，企划部决定“以点带面”开展营销工作。全省市场以青岛、济南、烟台为中心作为一类市场进行重点启动，其他地区作为二、三类市场进行辐射。

在媒体的投放上，配合在山东市场举行三个大型地面推广活动，将工作重心放在对主媒体补充手段的利用上，推出了“产品功效解答系列”、“夏季肌肤滋养系列”、“礼品情感引导系列”和“消费者对照效果表”等软文广告，以及“消费者座谈会”、“朵而商务代表的一天”等专题报告会，在很大程度上拓展了主媒体宣传的力度和深度。

在销售氛围的营造上，在第二、三季度连续推出“留住健康和美丽——朵而新妈妈大派送”(5—6 月份)、“吃朵而照镜子，看着皮肤好起来——皮肤是健康的镜子”(7—8 月份)、“朵而送到女人心里的礼物——朵而中秋有礼”等主题的地面推广活动。这些活动，在山东市场引起巨大反响，销售氛围得到了充分激活，强烈地刺激了消费群体的购买欲望。

另外，为配合地面推广活动的造势，企划部还推出了“龙头终端计划”，即树立一批有影响力的终端带动市场，在商业网点中树立良好的形象。朵而的一些竞争品牌(如龙宝蛇粉、太太口服液、隆力奇蛇粉、阿胶补血等)有力量深厚的销售终端，朵而暂时无法与之全面抗衡，因此只能选择重点，重点突破。此举效果良好。以青岛为例，中秋节期间朵而在三个商业区的龙头终端(中山路商业区中山百盛商业大厦、台东商业区南山百盛超市和东部商业区东泰佳世客)大获全胜，月销售额分别为 9 万元、5 万元和 7 万元，高于当地龙头保健品海尔采力 7 万元、3 万元和 5 万元的月销售额。

当年青岛、烟台、济南三个办事处的总回款为 1 200 万元，圆满完成了公司的任务。山东分公司由此获得养生堂的“总裁嘉奖令”。

小组讨论

1. 此案例中的营销决策问题是什么？
2. 为了解决这些问题，决策者需要哪些方面的信息？
3. 朵而企划部收集了哪几方面的信息？做了怎样的分析？得到了什么结论？
4. 朵而企划部的市场调查与预测有用吗？体现在哪里？

第二章

市场调查与预测的类型与方案策划

【知识要求】

通过本章的学习，掌握以下要点：

◆ 市场调查与预测的内容以及这些内容对企业从事营销活动的重要性；
◆ 根据目的要求划分的市场调查与预测的类型及其特点；
◆ 因果关系调研与预测性调研的联系与区别；
◆ 调查结果中的误差种类及其内涵；
◆ 处理调查误差的方法；
◆ 市场调查与预测的程序；
◆ 市场调查与预测的方案策划。

【技能要求】

通过本章的学习，要求学生能够做到：

◆ 根据营销策划的程序，说明市场调查与预测的内容及其作用；
◆ 用事例说明探测性调研、描述性调研、因果关系调研和预测性调研的特点；
◆ 了解市场调查与预测的其他分类方法；
◆ 用实际生活中的事例说明信息是如何降低决策不确定性的；
◆ 用实际生活中的事例说明调查结果中的误差；
◆ 了解处理调查误差的方法；
◆ 阐述市场调查和预测的程序；
◆ 大致了解正式调查方案的内容，并设计调查方案。

企业的市场营销活动,既有科学的成分,也有艺术的成分。其科学成分表现在,企业的营销管理者需要通过市场调查与预测获得准确、可靠、全面和客观的信息,以帮助他们做出主观的判断(或决策)。因此,市场调查与预测工作的好坏,直接决定着企业营销工作的科学与否。本章介绍市场调查与预测的内容、类型和程序。其中,特别强调了市场调查中可能出现的误差以及处理调查误差的思路。

第一节 市场调查与预测的内容

市场调查与预测的目的,在于为企业的营销决策收集和提供信息。而企业的营销决策,贯穿于企业营销管理活动的始终,集中体现于企业的营销策划之中。在企业营销策划的程序中,营销战略策划与营销战术策划是其核心内容。它们之间的关系可以概括为下面这样一个公式[1]:

$$STP + 4P + G \qquad (公式 2\text{-}1)$$

式中,S 指细分(segmenting),T 指确定目标市场(targeting),P 指定位(positioning),这三者是营销战略要素;4P 指产品(product)、价格(price)、分销(place)、促销(promotion),是一般意义上的营销战术要素;G 指关系(guanxi),这是现代营销越来越重视的一个因素,也是在中国进行营销活动需要特别关注的。

表 2-1 是企业营销战略与战术组合的一个分析框架[1]。它给出了确定企业营销战略与战术组合的基本思路以及企业营销战略与营销战术的内在联系。首先,企业需要确定自己的目标市场,具体内容就是 STP,即对市场进行细分(S)、确定目标市场(T)和进行市场定位(P)。为此,企业需要了解某类产品整个市场的情况,不同消费者或用户的不同需求,市场竞争情况,企业的优劣势,以及企业所处环境对企业营销活动可能产生的影响。

表 2-1 营销战略与战术组合

目标市场特点	营销战术组合					
	产品组合	价格组合	分销组合	促销组合	关系	其他
什么(What)						
谁(Who)						
为什么(Why)						
什么时候(When)						
在哪里(Where)						

在确定了目标市场之后,还需要对目标市场进行深入分析,了解消费者或用户的购买行为。作为分析的基本内容,可以采用“5W 分析法”回答以下五个方面的问题:

- What:企业的产品是什么?能够满足什么需求?具有什么特点?能为购买者

带来什么利益？购买者在产品上的追求有什么差异？

- Who：谁是购买者和使用者？他们具有什么特点？还有什么人会影响购买决策？
- Why：人们为何购买或不购买？为何买一个企业的产品而不买另一个企业的产品？为何买一个品牌而不买另一个品牌？他们在该产品的购买与消费中最看重什么？影响购买的因素都有哪些？
- When：人们何时购买？什么时候使用？购买在时间分布上有什么规律？
- Where：人们何地购买？在哪里使用？购买在分销渠道上的分布有什么规律？

再后，根据5W的分析结果，考虑如何选择和组合营销因素。换言之，企业的营销战术组合是根据企业目标市场的特点和确定的市场定位进行的。在表2-1中，实际上就是往每一个空格中填写内容。比如，当知道了企业某一种产品的五个W以后，那么根据这五个W，企业在产品、价格、分销、促销以及关系方面都可以和应该做些什么？为了回答这一问题，企业需要了解目标市场的特点、竞争者的营销战略与战术组合情况以及目标市场消费者或用户对不同营销战术因素的反应情况等。

最后，执行营销战略和战术组合，满足目标市场的需求，确立自己的市场地位。中间会涉及营销控制问题，企业需要相关信息（如进度、效果、市场上出现的意外情况及原因等）对企业的营销计划的执行适时做出调整。

概括而言，企业的营销决策（策划）和管理工作需要市场调查与预测提供以下几个方面的内容：市场需求信息、市场竞争信息、消费者或用户购买行为信息、企业内外部环境信息、企业营销因素影响情况的信息。

一、市场需求调查与预测

如第一章所述，企业的营销活动要始终围绕着企业的目标市场进行——了解目标市场需求是企业营销活动的始点，满足目标市场的需求是企业营销活动要达到的目标，企业的整个营销活动都要紧紧地围绕着目标市场需求进行。图2-1直观地表明了这一点。[2]

图中，目标市场指企业欲提供产品或服务满足、并从中获利的顾客或用户。它位于图的中央，是企业营销活动的中心。围绕着目标市场是产品、价格、分销、促销等四个营销战术要素（即4P）。对于这四个要素，企业可以根据自己的需要进行改变和组合（现代营销需要考虑关系因素）。在图2-1中，从内向外数第三个圆，是企业的管理系统，包括信息系统、组织系统、控制系统和计划系统。在整个营销战略和战术的（STP+4P）策划与执行过程中，它们为企业的营销管理提供信息、组织和控制等方面的支持。再向外，就是企业营销的外部环境，包括政治、经济、法律、社会文化、技术、生态等宏观环境和营销中介、公众、竞争者和供应者等经营环境。

为了提供市场需求方面的信息，市场调查与预测需要：(1) 了解和把握某一类或某一种商品或服务的市场需求总体情况和未来发展趋势；(2) 在对市场进行细分的基础上，了解和把握各细分市场的需求状况和未来发展趋势；(3) 在选择了目标市场以后，了解和把握目标市场的需求状况和未来发展趋势。

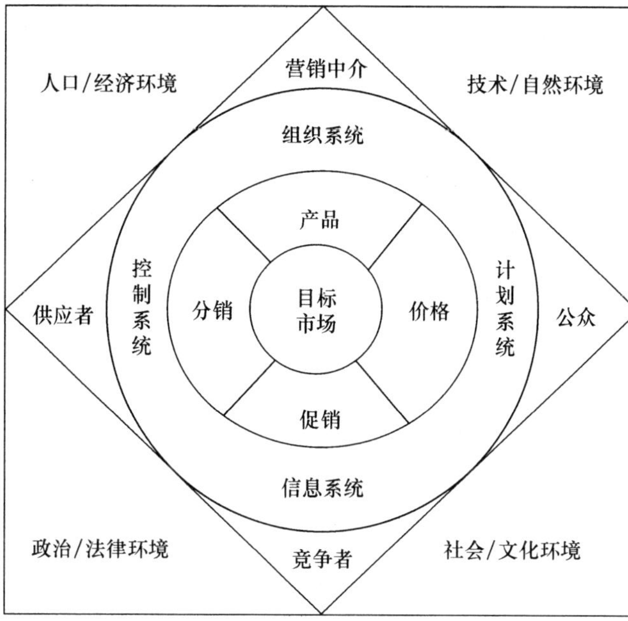

图 2-1　企业营销因素

二、市场竞争情况的调查与预测

企业进行市场营销活动需要一只眼睛盯着市场（消费者或用户），另一眼睛盯着竞争者。为什么呢？因为眼睛只盯着市场是不够的。企业通过市场营销活动，不仅仅要满足市场需求，还要比竞争对手更好地满足市场需求。只要这样，企业才具有竞争优势，才可能在激烈的市场竞争中生存下来。因此，现代营销理念强调企业、市场（顾客）和竞争者“3C”（company，customer，competitor）之间的互动。

企业的营销战略策划（即 STP），实际上就是要综合考虑市场因素、市场竞争因素以及其他的企业内外部环境因素，为企业的市场营销活动选择一个方向。这个方向以目标市场和市场定位的形式表现出来。企业所选择的目标市场，应该是企业相对具有竞争优势的领域。为了找到这样一个领域，除了要了解和把握某一类或某一种商品或服务的市场需求情况和未来发展趋势以外，还要了解和把握竞争者的情况。

市场竞争情况的调查与预测包括以下主要内容：第一，关于行业结构的调查、分析与预测，即通过采用五力模型[3]（见图 2-2），分析在影响行业结构的五种力量（新的进入者、供应者、购买者、替代者、业内竞争者）中，哪一种对行业盈利能力的影响最大，企业需要怎样去应对。

第二，分析业内竞争结构，可以从行业集中度、规模经济、产品差异化程度等几个方面分析。行业集中度显示一个行业被几家大型企业垄断的程度。规模经济是决定一个行业竞争强度的重要因素（一般而言，规模经济越大的行业，越会诱使业内竞争者抢占市场，以求扩大自己的规模，竞争也就越激烈）。产品差异化程度也称为产品特色化程

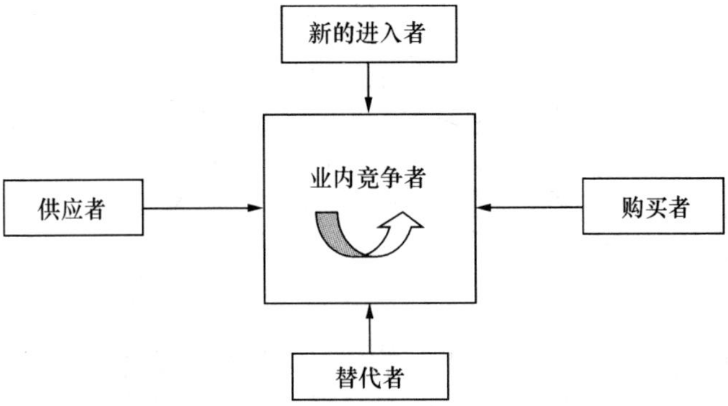

图 2-2　五力模型

度，由顾客认知的产品的差异化或特色化测量。一般而言，产品差异化程度会在一定程度上缓解行业内竞争的激烈程度。通过这样的分析，营销策划者将能够对一个行业的竞争强度、竞争对手及其地位有一个清晰的认识，从而正确地认识本企业在市场竞争中的地位。

第三，业内竞争者优劣势分析。确定现有和潜在的竞争者，弄清楚它们的优势和劣势所在，寻找企业与竞争者的竞合（竞争与合作）点。需要回答下述问题：其他企业怎样界定它们的市场？消费者从其他企业的产品或服务中所得的利益是否与我们提供的利益相同？其他企业投入本行业的程度如何？竞争者未来可能会采取什么竞争行为？为什么？本企业与哪些竞争者在哪些方面可以合作？

三、消费者或用户购买行为的调查与预测

如表 2-2 所显示的，企业营销的战术组合（4P + G）以营销战略策划（STP）中所选定目标市场的特点为依据。因此，在确定了目标市场之后，企业需要市场调查与预提供关于目标市场行为特色的信息。这就要求市场调研部门对目标市场进行深入的调查和分析，了解消费者或用户的购买行为特点。基本内容可以概括为前面所说的五个 W。

四、企业内外部环境的调查与预测

内部环境是营销管理者不能随意改变的企业内部因素，如企业的使命、目标、组织结构、营销资源和能力等。这些因素既可能促进，也可能限制企业的营销活动。企业需要把这些因素作为背景进行自己的营销活动。对于企业内部环境的调查与分析，包括调查和了解企业的公司战略、使命、资源状况、公司以前的业绩、业务关系、成功的关键要素等内容，如表 2-2 所示。

表 2-2 企业内部环境分析要点

公司使命 • 公司使命如何表述？ • 公司愿景是什么？ • 公司如何界定其经营范围？ • 公司如何说明其产品、市场、技术领域和价值观？ • 公司如何看待其他利益相关者？ • 公司使命对企业的营销活动有什么限制和影响？
公司的发展战略 • 公司的长期与近期发展目标是什么？ • 公司都有哪些业务？ • 各项业务的构成情况如何？ • 产品或业务组合与公司的使命和资源有怎样的关系？ • 公司的组织结构和权力结构如何？ • 对企业的营销活动有什么影响？
公司的资源状况 • 企业员工与管理人员的技术、能力和道德状况怎样？ • 公司的财务状况如何？ • 公司拥有或需要哪些营销信息？ • 公司会为营销活动提供怎样的支持？ • 公司的各种资源对企业的营销活动有怎样的影响？
公司的业绩表现 • 近几年的销售额与利润额是怎样变化的？ • 销售额与利润额在各项业务上的构成如何？ • 各项业务的市场占有情况有什么变化趋势？ • 营销活动都发挥了怎样的作用？ • 营销费用的投入与销售额、利润额有怎样的关系？ • 有什么成功的经验和失败的教训？ • 以前的业绩对企业的营销活动有怎样的影响？
在相关业务上的竞争战略 • 谁是主要竞争者？ • 哪一种力量是影响行业盈利能力的主要因素？ • 企业采用的是什么竞争战略？ • 企业的竞争地位如何？ • 企业竞争战略对营销有什么要求？

资料来源：庄贵军：《营销管理：营销机会的识别、界定与利用》，北京：中国人民大学出版社，2011 年版，第 171 页。

外部环境是营销管理者不能随意改变的企业外部因素，如经济、人口、社会、科技、政治、自然和文化以及包括消费者和竞争者在内的经营因素等。这些因素决定着企业的营销机会和威胁，可以分为宏观环境、行业环境和经营环境三个层次，如图 2-3 所示。[5] 对于企业外部环境的调查、分析和预测，可以按照这三个层次进行。

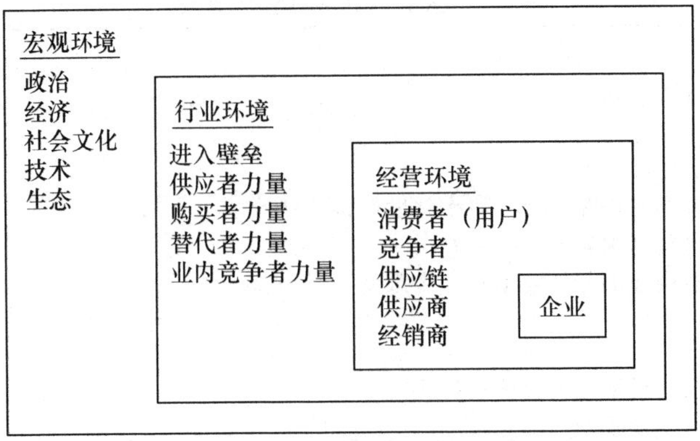

图 2-3　企业外部环境的三个层次

宏观环境包括政治、经济、社会文化、技术和生态等因素。在进行宏观环境调查与分析时，需要回答这样一些问题：某一环境因素的现状与未来发展趋势如何？对企业以及企业的营销活动有怎样的影响？会给企业带来哪些机会和威胁？

行业环境包括新的进入者及进入壁垒、供应者力量、购买者力量、替代者力量、业内竞争者力量等因素。对于行业结构进行调查与预测，就是了解影响行业结构的五种力量的现状与未来发展变化趋势。

经营环境包括消费者或用户、竞争者、供应链、供应商和经销商等因素。它们对企业营销活动的影响最直接，因此企业对于环境因素的调查与分析要把主要精力放在这里。其中，对于消费者（用户）和竞争者的调查与分析最为重要，我们前面已将其单独列出。对供应链的调查与分析，主要是了解在企业某一个产品的供应链上都有哪些参与者，他们都扮演什么角色，哪些力量会影响到整个链条的运作效率，以及企业在供应链上所处的位置以及重要性。对供应商和经销商的调查与分析，主要是了解供应商与经销商在质量、价格、声誉和服务等方面的竞争力以及企业与它们的互依关系和权力结构。

五、企业营销因素影响情况的调查与预测

企业的营销因素指企业用以实现其营销战略的可控要素，也即前面所说的营销战术要素。企业的营销战略能够实现，需要将其转变为可操作的营销战术。对于企业营销因素影响情况的调查与预测，主要是对企业采取的产品策略、定价策略、分销策略、促销策略、关系营销策略以及不同营销组合策略实施状况与效果的调查与分析。

第二节　市场调查与预测的类型

可以用不同的标准，对市场调查与预测进行分类。不过，最常见的是根据调查与预测的目的要求将其分为下述四种类型：探测性调研、描述性调研、因果关系调研和预测性调研。表 2-3 从特点、目的和资料来源等方面比较了四种类型的异同。

表 2-3　市场调查与预测的分类

类型	特点	目的	资料来源
探测性调研	初始阶段；情况不明；灵活；省时、省费用；非正式调研。	问题的表现与问题的根源；明确进一步调查的重点。	第二手资料；观察；访问有识之士。
描述性调研	对情况或事件进行描述；事物发展的过程及可能的原因；正式调研。	事情是怎样发生的；历史与现状；可能的原因。	第一手与第二手资料；定性研究。
因果关系调研	两个或多个变量之间的量化因果关系；正式调研。	一个因素会以怎样的方式影响另一个变量，以及影响的程度。	第一手与第二手资料；逻辑推理（三种证据：伴随变化、相继发生、没有其他因素影响）；统计分析。
预测性调研	应用理论模型，根据一个或几个变量的变化预测另一个变量的变化；正式调研。	如果一个变量改变到一定程度，另一个变量变化的程度。	第一手与第二手资料；理论模型。

一、探测性调研

探测性调研就是花费尽量少的时间和成本，对市场环境或其他相关因素进行初始调查与分析，以便确定营销中存在问题的表现和可能的原因。它具有灵活、省时和省费用的特点。虽然有时也规定大致的调研方向和步骤，但是一般没有一个固定的计划。这种调研不排斥任何收集和分析资料的方法，但是它倾向于应用第二手资料，采用任意或主观抽样，进行小范围的调查或简单的实验。此外，案例分析和主观估计也是常用的方法。

探测性调研适用于以下几种情况：第一，探寻潜在的问题或机会；第二，寻找有关的新观念或新假设；第三，确定企业所面临问题的表现与可能的影响因素。另外，在确定可行性方案时也可能使用探测性调研对某些方案进行小规模测试。

二、描述性调研

描述性调研的目的，在于准确地描述企业营销问题中的各个变量及其相互关系，如市场潜量的调查与分析、产品使用情况调查与分析、态度调查与分析、销售调查与分析、媒体研究、价格研究等都属于描述性调研。

在描述性调研中，我们一般假设在所考察的各变量之间存在着或暗含着一种函数或因果关系。随着我们对这种函数关系确信程度的降低，描述性调研的价值也就降低了。比如，如果一个地区的社会地理概况与零售商店的成功没有关系，那么提供给一个零售商有关这方面的描述性信息就没有太大的意义。

三、因果关系调研

因果关系调研的目的，是要深入了解两个或多个营销变量之间的因果关系。比如，广告效果研究就是要搞清楚一条广告对销售额或消费者态度的改变有无显著影响以及影响程度如何。进行因果关系调研实际上暗含着一个假设，即所考察的变量中一些变量的变化导致或影响了其他变量的变化。虽然在社会科学和行为科学中并不存在严格意义上的一一对应的函数关系,但是只要满足一定的条件,我们就可以确信在事物之间存在着一定的因果关系。我们可以使用三种证据来做出事物之间存在因果关系的推论,即伴随变化、相继发生和没有其他因素的干扰。

伴随变化是因果关系的基本特征。假定一个企业在几个地区投放不同的广告费用,然后测量每一个地区的销售额情况。如果广告费用支出多的地区销售额大,广告费用支出少的地区销售额小,我们就可以推论说:广告是影响销售额大小的一个重要原因。不过,这仅仅是一个推论,并不能证明广告费用支出的增加一定会导致销售额的增加。

相继发生也是确定因果关系的一个证据。因为一个事物导致另一个事物的发生,那么它必定是在后者出现之前就已经存在。在后的事物不可能导致在前的事物发生。事物发生次序的重要性,也可以在上面广告影响销售的例子中得到说明。假定进一步的调查显示,广告费用是根据前一个时期各地区销售额的大小分配的,那么二者的因果关系就应该倒过来,即销售额水平决定着广告费用的高低。

第三种确定因果关系的证据,是没有其他可能的因素干扰。如果能够想办法把导致一个结果出现的其他可能的影响因素排除掉,那么我们就找到这个结果的一个或多个原因(或导致这个结果出现的变量)。不过,这非常困难,因为在日常环境下,我们几乎不可能完全控制影响某一事物发生或变化的所有因素。

因果关系调研是营销理论研究的一种最常用的方法。它被用于检验或确定不同营销因素之间的内在联系,构建理论模型和理论体系。在营销实践中,它也常常被用于确定企业营销因素与营销目标的关系,回答为什么企业的营销目标没有实现的问题。进行这类的研究,实际上就是一个由大到小、不断聚焦或缩小范围的过程。

首先,进行初始调查,以便找出所有可能的原因。

其次,应用伴随变化和相继发生作为标准,对每一个可能的原因进行考察,减少可能原因的数目。先应用第二手资料、已知事实和逻辑推理删除一些因素;然后,收集和分析数据,在剩余的因素中删除那些影响不显著的因素。

最后,在剩下的因素中,通过实验将因果关系的范围进一步缩小。实验虽然不是确定因果关系的唯一方法,但它却是有效控制干扰因素的唯一方法。

经过这样的分析过程,我们就能够比较有把握地确定哪些因素影响了哪一个因素或哪一些因素发生了怎样的变化。

四、预测性调研

预测性调研的主要目的,是为预测未来一定时期内某一环境因素的变动趋势及其对企业市场营销活动的影响,如某产品市场需求预测、消费者对某种产品需求变化趋势预测、某产品供给量的变化趋势预测等。本书中"市场调查与预测"中的预测,主要指这种调研方式。

一般而言,预测性调研以因果关系调研的结果为基础。通过因果关系调研,我们建立起事物之间的因果关系或数学模型。预测性调研则是利用事物之间已知的因果关系或数学模型,用一个或数个事物的变化趋势推断另一个或另几个事物的变化趋势。

这种类型的市场调研是最受企业欢迎的。企业在制订营销战略时,需要了解某一市场的总体以及各细分市场的发展变化趋势。没有这种关于市场未来变化的信息做依据,企业制订的营销战略就失去了科学的基础。比如,一个企业需要投资进入一个新的行业,那么进入哪个行业呢?这就需要企业了解这行业未来发展变化的趋势。再比如,一个企业通过市场调研得知自己所处的市场可以被分为五个细分市场,那么选择哪一个或几个细分市场作为自己的目标市场呢?这就需要企业了解这五个细分市场未来发展变化的趋势。

可以这样讲,预测性调研所得到的结果是企业制订营销战略的前提。企业进入这个市场而不进入那个市场、选择这个细分市场而不选择那个细分市场、进行这种定位而不进行那种定位,都是有根据的。这些根据如果不是通过预测性调研得来,那就是通过别的方法得来,如决策者自己的主观判断。虽然这也并非不可以,但是预测性调研所提供的依据是相对全面、客观,也因此是比较科学的。

预测性调研是一种应用型研究,虽然对于理论发展的重要性不大,但是对于企业营销实践却极为重要。正因为如此,人们才习惯于把以应用性为导向的“市场调研”或“市场研究”称之为“市场调查与预测”,目的在于突出预测性调研的重要性。其实,市场调研与市场预测并不是并列的。市场预测也是一种调研,只不过它是一种以探讨某事物未来发展变化趋势为目的的调研。

五、定量研究与定性研究

另有一种重要的分类方法,是按照研究手段的量化程度,对市场调查与预测进行分类,分为定量研究与定性研究。

定量研究又称量化研究,是一种对事物特性以及事物特性之间的关系通过定量测量收集数据,并应用数理统计方法进行数据分析的调查研究方法。定量研究有一套比较完备的操作程序和方法,比如各种不同的随机抽样方法、数据资料的收集方法、数理统计方法以及定量预测方法等。研究基本步骤如下:第一,事先确定各种变量所具有的因果关系并建立假设;第二,通过一定的原则(如随机原则)选择样本,并使用标准化的测量工具和程序采集数据;第三,用数理统计工具对数据进行定量分析,建立不同变量之间的相关关系或因果关系,必要时使用实验干预手段对实验组和对照组进行对比,检验事前建立的理论假设。

定性研究又称为“质性研究”。它是这样一种研究活动或方法:“以研究者本人作为研究工具,在自然情境下采用多种资料收集方法对社会现象进行整体性探究,使用归纳法分析资料和形成理论,通过与研究对象互动对其行为和意义建构获得解释性理解。”[6]它与定量研究存在许多方面的区别,如表2-4所示。

表 2-4 定量研究与定性研究之间的区别

区别的方面	定量研究	定性研究
研究的目的	证实普遍情况,预测,寻求共识	解释性理解,寻求复杂性,提出新问题
对知识的定义	情境无涉	由社会文化所建构
价值与事实	分离	密不可分
研究的内容	事实,原因,影响,凝固的事物,变量	故事,事件,过程,意义,整体探究
研究的层面	宏观	微观
研究的问题	事先确定	在过程中产生
研究的设计	结构性的,事先确定的,比较具体	灵活的,演变的,比较宽泛
研究的手段	数字,计算,统计分析	语言,图像,描述分析
研究工具	量表,统计软件,问卷,计算机	研究者本人(身份,前设),录音机
抽样方法	随机抽样,样本较大	目的性抽样,样本较小
研究的情境	控制性,暂时性,抽象	自然性,整体性,具体
收集资料	封闭式问卷,统计表,实验,结构性观察	开放式访谈,参与观察,实物分析
资料特点	量化的资料,可操作的变量,统计数据	描述性资料,实地笔记,当事人引言等
分析框架	事先设定,加以验证	逐步形成
分析方式	演绎法,量化分析,收集资料之后	归纳法,寻找概念和主题,贯穿全过程
研究结论	概括性,普适性	独特性,地域性
结果的解释	文化客位,主客体对立	文化主位,互为主体
理论假设	在研究之前产生	在研究之后产生
理论来源	自上而下	自下而上
理论类型	大理论,普遍性规范理论	扎根理论,解释性理论,观点,看法
成文方式	抽象,概括,客观	描述为主,研究者的个人反省
作品评价	简洁、明快	杂乱,深描,多重声音
效度	固定的检测方法,证实	相关关系,证伪,可信性,严谨
信度	可以重复	不能重复
推广度	可控制,可推广到抽样总体	认同推广,理论推广,积累推广
伦理问题	不受重视	非常重视
研究者	客观的权威	反思的自我,互动的个体
研究者所受训练	理论的,定量统计的	人文的,人类学的,拼接和多面手的
研究者心态	明确	不确定,含糊,多样性
研究关系	相对分离,研究者独立于研究对象	密切接触,相互影响,变化,共情,信任
研究阶段	分明,事先设定	演化,变化,重叠交叉

资料来源:陈向明:《质的研究方法与社会科学研究》,北京:教育科学出版社,2000 年版,第 9—13 页。

概括而言,与定量研究相比,定性研究有以下几个方面的特点:第一,定性研究是在自然环境而非人工控制环境下进行的;第二,研究者本人是定性研究的工具,通过长期深入实地体验生活从事研究,因此研究者本人的素质对研究结果的真实性十分重要;第三,在定性研究中,收集资料采用多种不同的方法,如开放式的访谈、参与型和非参与型的观察以及实物分析等,一般不使用定量的测量工具;第四,定性研究使用归纳法,在资料的基础上自下而上地归纳出分析类别或理论假设;第五,在定性研究中,研究者与被研究者之间是互动的关系,研究者在研究中需要考虑研究者个人及其与被研究者的关系可能对研究产生的影响;第六,定性研究通过研究者与被研究者之间的沟通与互动而理解后者的行为及其意义。

示例 2-1 显示的是我们在青岛市进行一项案例研究(定性研究的一种)时收集资料的过程[7]。我们共对 9 家跨国零售企业进行了调查。这一收集资料的过程,在一定程度上体现了定性研究的特点。

示例 2-1

跨国零售企业在中国的经营战略研究:调查方法

本研究的资料来源主要有三个:第一,访问。征得对方同意后,我们对各门店的店长或主要管理人员进行走访。访问的内容包括在我们事先设计好的问题表内,涉及(1) 进入青岛的时间、方式与影响因素;(2) 网点的基本情况;(3) 企业经营战略与经营特点;以及(4) 本土化问题和商店的业绩表现。对于访问的内容除了做现场记录以外,我们还进行了录音。访问的时间一般持续 40 分钟到 1 小时 30 分钟。根据访问记录和录音整理的资料是我们进行分析的主要依据。

为了使被访者提供真实可靠的资料,我们一方面在问题表中尽量不问属于商业机密的问题,另一方面一再向他们保证:此调查只是为了进行学术研究,不会给企业或他们个人带来任何危害。除此之外,我们还允许他们拒绝回答任何他们认为会损害他们公司或个人利益的问题。从总的情况来看,除一人可能对情况不太了解而只提供了很少的信息以外,其他被访者都很配合。把他们提供的资料和我们实地观察以及网上查到的资料相比较和印证,我们觉得他们提供的信息是可靠的。

第二,实地观察。我们在访问各门店有关人员之前和之后,对各门店进行了实地观察和记录。观察内容包括店内与店外环境、商品摆放、店内促销和其他反映经营特色之处。观察的目的有三:一是在访问之前对调查对象有一个感性认识,这有利于访问的顺利展开;二是在访问之后对可观察内容进行证实,这有助于我们判断被访者所谈内容的真实可靠性;三是发现访谈难以涉及而观察又很容易看到的经营特色。

第三,网上查询。通过搜索引擎寻找和阅读相关的网址与网页,我们不仅搜集了很多反映公司总体情况的资料,而且还得到了一些反映被调查网点情况的资料。这些资料一方面补充了访谈和观察的内容,另一方面也与访谈和观察的内容相互印证。

资料来源:刘周平、庄贵军、周筱莲:《跨国零售企业在中国的经营战略研究》,《管理世界》,2004 年第 8 期,第 90—101 页。

定量研究和定性研究各有其优缺点。一般而言,定量研究比较适合于探索社会现象的一般状况,得出的结论更具有普遍意义;定性研究比较适合于描述和分析个别事物的细节和动态状况,得出的结论只是个例,不具有普遍性,但是细节更丰富,反映的问题也更深入。定量研究一般要求研究对象具有代表性,因此对样本的选择比较重视;定性研究主要探讨特殊现象,以求发现新问题或提出看问题的新视角,因此研究对象的典型性(问题体现的程度)更重要。定量研究将事物在某一时刻凝固起来,多采用截面数据,然后进行数量上的计算;定性研究在时间的流动中追踪事件的变化过程,使用语言和图像进行表述。定量研究要求研究者尽量做到价值中立,不要影响研究结果;定性研究要求研究者对自己的行为进行反思,思考自己对于研究过程和结果的影响及其意义。

实际上,定量研究和定性研究并非截然对立,二者可以混用,相互验证。一般而言,在研究的初期宜采用定性研究,确定问题的表现形式和初步探讨问题产生的根源;之后,需要根据定性研究提供的研究线索,通过定量研究,获得更具普遍意义和更加令人信服的结论。

六、其他分类方法

市场调查与预测除了按照目的要求分类,还可以按产品层次、空间层次和时间层次以及样本确定的方式来分类。

按产品的大类、小类、细目等不同层次,可以将市场调查与预测分为许多不同的类型。例如,按产品大类可将其分为农产品市场调查与预测,轻工产品市场调查与预测,家用电用产品市场调查与预测等;按产品小类或细目可将家用电器产品市场调查与预测分为彩电市场调查与预测、空调市场调查与预测、冰箱市场调查与预测、录音机市场调查与预测等。

按地域范围不同,市场调查与预测可分为国际市场调查与预测、全国性市场调查与预测、大经济区市场调查与预测和地区性(省内,县内)市场调查与预测。此外还可以分为城市市场调查与预测和农村市场调查与预测。

按时间层次的不同,市场调查与预测可分为经常性调查与预测、定期性调查与预测和临时性专题调查与预测等。

按样本确定的方式不同,市场调查可分为普查和抽样调查,抽样调查又分为随机抽样调查和非随机抽样调查,随机抽样调查和非随机抽样调查可再分为若干类。

从不同的角度、从不同的标志划分市场调查与预测的类型。目的是为了便于针对不同类型调查与预测的特点,提出不同的要求和选择相应的调查与预测方式和方法。上述各种类型的调查与预测,在实际工作中往往是相互渗透的。

第三节 调查结果中可能出现的误差及其处理

调查结果的准确与否决定着预测结果的准确与否,也在很大程度上影响着企业营销决策的质量。而调查结果的准确与否,则取决于调查结果中误差的大小。误差越大,结果越不准确;误差越小,结果越准确。在调查结果中,可能出现下述几种误差:替代误差、测量误差、实验误差、应答者选定误差、抽样框架误差、抽样误差、选择误差和未答误差。

一、替代误差

替代误差是指由于解决问题所需信息与调查所得信息不同但又要用调查所得信息代替解决问题所需信息而产生的误差。比如,价格与商品质量密切相关,但并不等同,否则“质次价高”就无从说起了。如果研究者用价格信息代替商品质量信息,即认为只要价格高,商品质量就好,并以此为决策依据,那么其中就存在替代误差。

在市场调查与预测时,我们常用消费者过去的行为资料代替消费者将来的行为,用消费者口头表述的态度来代替消费者真实的态度,因此替代误差是普遍存在的。根本消除它即使不是不可能也是非常困难的,我们只能设法尽量减少这种误差。

二、测量误差

测量误差是由测量工具或者测量程序导致的误差,可以分为两大类:一类叫系统误差,即在测量中出现的具有一致性的偏差;另一类叫随机误差,指在测量中除系统误差以外的所有误差。这是社会科学研究中最常见的误差。社会科学与自然科学的一个重要区别,是自然科学的测量比较客观,可重复;社会科学的测量比较主观,难以重复。自然科学测量的多是长度、重量、速度和温度等事物的客观属性,不管谁去测量,在哪个国家测量,大致可以得到相同的结果。社会科学测量的多是人的态度、感知和行为倾向等,不同的人去测量、测量不同的人、在不同的国家测量,往往会得到不同的结果。本书在第五章将专门介绍这种误差的本质及其检验方法。

三、实验误差

实验多被用来进行因果关系研究,即检验一个或多个变量(自变量)对另一个或多个变量(因变量)的影响。在进行社会科学研究时,大部分的实验都是在现实环境中进行的,很难排除其他因素的干扰。如果因变量的变化部分地由其他变量的变化引起而我们又没有控制这些变量,那么实验结果中就存在实验误差。比如,一家百货公司在它下属的一些分店中提高了某种商品的价格,而让另外一些分店的价格保持不变,以此来检验价格对于销售量的影响。但是,特殊的天气、竞争活动或地理位置会影响一些分店的销售量而不影响另一些分店的销售量。如果这家百货公司在实验中不考虑这些因素的影响,那么由此得出的实验结果可能在很大程度上反映的是实验环境的影响而不是价格的影响。

实验误差有很多种类,比如前期测量误差、生理条件误差、特殊事件误差、实验对象选择误差、消亡误差、相互作用误差等。第四章将对其详述。

四、应答者选定误差

由于选定的应答者不适当而产生的误差,叫应答者选定误差。比如,在调查有关婴幼儿用品购买及使用情况时,把调查对象定为未婚青年,就会产生应答者选定误差。因为他们中间大多数对婴幼儿用品购买及使用情况一无所知,他们的行为和态度不能代表婴幼儿用品购买者及使用者的行为和态度。

在社会学研究中,常使用一种被称为“滚雪球”的方法对那些比较难以接触或在人口中占比重较少的群体(如艾滋病患者)进行抽样。具体做法就是先通过各种方法找到一些被调查者,对他们调查之后,再让他们介绍其他与他们有相同特性的人。这样做的主要目的,就是为了避免应答者选择不当而造成的误差。

五、抽样框架误差

抽样框架(sampling frame)是指抽样总体所有元素的清单。理想的抽样框架要求总体中的每一元素都包括在总体中,并且每一元素只计一次。由于使用了不精确或不完整的抽样框架而产生的误差就是框架误差。比如,使用电话号码作为抽样框架选择样本,调查某地区居民对本地区公共设施的意见,就可能产生抽样框架误差,因为那些家中没有安装电话的居民对该问题的看法可能会极不相同。示例 2-2 是一个有名的例子,美国的《文摘》周刊曾经因此而大大地出了一次丑。

示例 2-2

难以捉摸的民意

1936 年,一份在美国发行量很广的杂志《文摘》周刊,向 1 000 万美国人发问卷调查民众的选举投票意向。调查结果显示,罗斯福将被兰登击败。不过,真正的选举结果却是:罗斯福赢得了压倒多数的历史性胜利。

为什么会出现这么大的误差呢?通过对整个调查过程进行分析,发现问题出在抽样框架上。调查的抽样框架是电话号码簿和汽车牌照。这一抽样框架把没有汽车和没有安装电话的人漏掉了。因此,调查结果只能反映相对比较富裕的人的态度,而不能代表穷人的态度。

资料来源:改写自 1989 年 12 月 5 日《中国青年报》佚名文章《难以捉摸的民意——美国民意测验点滴》一文。

六、抽样误差

选择调查对象有两种方法:一种是普查,即对调查对象的全部单位(总体)进行逐一的、无遗漏的调查;另一种是抽样调查,即只对调查对象的部分单位(样本)进行调查。由于很多因素(如时间、费用或调查的破坏性)的限制,研究者有时无法进行普查,而只能进行抽样调查。只要进行抽样调查,就存在样本不能完全代表总体的问题。样本不能完全代表总体而又要用抽样调查的结果推断总体,这时就产生了抽样误差。因此,只要进行抽样调查,抽样误差就是不可避免的。

抽样调查又分为随机抽样调查和非随机抽样调查。随机抽样调查可以对抽样误差的范围进行估计,非随机抽样调查则无法对其进行估计。关于随机抽样误差的计算问题,第五章有详细说明。

七、选择误差

选择误差是由非随机抽样所得样本代表总体而产生的误差。比如，一个怕狗的调查员，当被调查者可以由他任意选择时，他就会避免进入有狗的家庭调查。这就产生了选择误差。选择误差是非随机抽样调查的一个主要问题。

八、未答误差

在调查中，如果存在较多的未答（全部或部分）现象，而研究者又要用调查结果推断所有被调查者的行为或态度，就可能存在未答误差。未答有两种情况：第一，不能与一些样本成员接触；第二，接触到的一些样本成员没有回答所有或部分问题。那些接触比较困难或不愿合作的人，很可能与那些容易接触或愿意合作的人在某方面存在差异。当这些差异对所调查的问题有较大影响时，用调查结果推断所有被调查者的行为或态度，就会出现比较严重的未答误差。

九、对于调查误差的处理

对于调查误差有三种基本的处理方法：第一，通过有效的计划，尽量减少个别误差；第二，通过衡量个别误差的大小及消长，尽量减少总误差；第三，估计误差的大小和影响。

（一）减少个别误差

减少个别误差，要求调查人员按照调查程序对调查过程的每一步进行事前计划，根据调查的性质选择减少个别误差的调查技巧。本书从第三章到第七章的一些内容，就是关于如何减少个别误差的技巧。比如，在调查之前，清楚界定决策问题，并把决策问题转化为研究问题，以减少替代误差；认真设计调查问卷和量表，以减少测量误差；选择适当的抽样框架，以减少抽样框架误差；而要减少抽样误差，既可以加大样本容量，也可以改变抽样方法，如将简单随机抽样变为分层抽样。

（二）减少总误差

减少总误差的思路，就是在不同的调查方法、抽样方法以及样本容量之间做权衡，找出总误差相对较小的调查方案。比如，有一个研究者准备进行一个大样本邮寄调查。这个样本很大，因此抽样误差较小。但是，由于研究费用有限，只允许他进行一个轮次的再邮寄调查。根据以往的经验，第一次回答的人约占应答者总数的 50%，进行一次再邮寄调查后，这个比率可能上升为 75%。如果剩余 25% 未答者的态度与已答者的态度有很大差别，那么未答误差就会比较大。反过来，如果缩小样本，将节省下来的费用用于进行多轮次的再邮寄调查，这样固然可以减少未答误差，但是抽样误差则会增加。二者很难两全。解决这个问题的办法就是衡量两种误差的得失，以总误差最小为原则进行选择。

再比如，在上面所讲的八种误差中，只有抽样误差随着样本容量的增大而减小，其他误差则多会随着样本容量的增大而增大。图 2-4 表示了样本容量大小与抽样误差、非抽样误差和总误差的关系。普查虽然不存在抽样误差，但却存在非抽样误差。一般而言，需要调查的样本单位越多，组织工作就越困难，出现其他非抽样误差的机会也越大。因此，普查并不一定是误差最小的调查方式。在不考虑成本的情况下，样本容量为 S 的抽样调查是总误差最小的调查，它兼顾了抽样误差和非抽样误差。

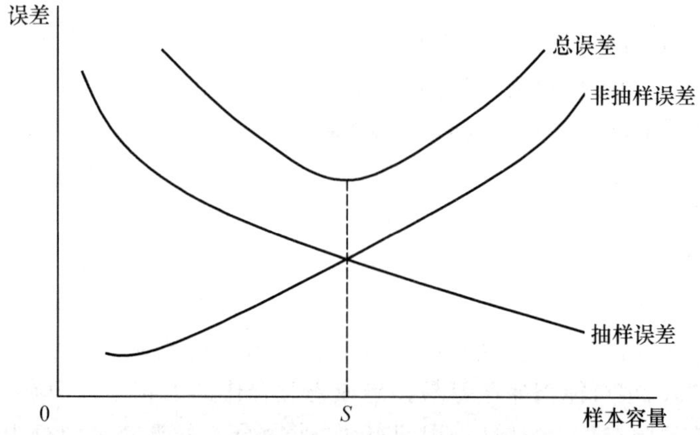

图 2-4　样本容量大小与调查误差的关系

（三）估计误差

我们不可能消除所有的误差。为此，统计学家发明了估计抽样误差的方法，即通过置信区间和置信水平估计抽样误差。但遗憾的是，在承认抽样误差不可避免和重视估计抽样误差的同时，人们却忽视了其他类型的误差。通过测量或估计其他类型的误差，设法把它们限制在一定的范围内，使它们对决策的正确性没有特别的影响。不过，到目前为止，除抽样误差以外，其他误差还没有很好的定量估计方法。

第四节　市场调查与预测的程序

为市场调查与预测建立一套系统的程序，有助于提高市场调查与预测工作的效率和质量。不同的调查，由于目的、范围、内容和要求不同，所以程序也不尽相同。但一般说来，可分为如图 2-5 所示的几个步骤。

一、弄清问题

弄清问题就是要把市场调查与预测的问题搞清楚。它实际上是把决策者面临的决策问题，转变为调查与预测问题（研究问题）的过程。人们一般认为决策者对问题总是有一个清晰的了解，主要的困难是研究者能否与决策者沟通并理解决策者。但是，实际的情况却并非如此，决策者经常是带着并不十分清楚的问题去寻求帮助。在这种情况下，研究者的首要任务就是帮助决策者搞清楚决策问题，以便相互了解和对问题有明确的界定。在此基础上，界定研究问题。研究问题界定不清，是替代误差的主要来源。

决策问题和研究问题是不同的。一个决策问题，往往有许多研究问题与之相关。比如，“是否上马某个新产品”，这是一个决策问题。对应于这个决策问题的研究问题是很多的，如“市场上对于这个新产品的需求状况如何？”“市场上都有哪些现实的和潜在的竞争对手？”“与竞争对手相比，我们的优势和劣势何在？”“上了这个新产品，我们的市场占有率、利润可望达到多少？”等等。

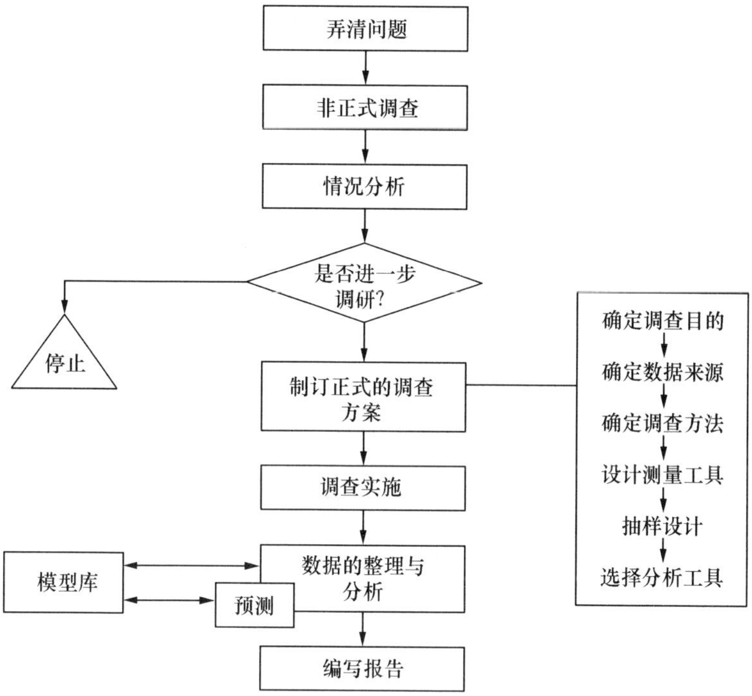

图 2-5　市场调查与预测的程序

市场调查与预测是根据研究问题进行的,而不是根据决策问题进行的。研究问题搞得越清楚,就越容易确定调查与预测的范围。这不仅会降低调查费用,还会增加调查与预测所得信息的适用性,也即减少替代误差。

二、非正式调查

在确定了研究问题之后、进行正式调查之前,应该先进行一项非正式调查,也就是前面所讲的探测性调研。这样做有两点好处:第一,非正式调查费用较省,如果非正式调查所得信息能够满足决策者对于信息的需要,就不必再进行正式调查了;第二,即使非正式调查所得信息不能满足决策者对于信息的要求,它也有助于更加深入地认识和理解决策问题和研究问题,进一步缩小研究的范围,节省费用。非正式调查一般通过收集第二手资料和访问有识之士进行。

三、情况分析

情况分析是研究人员利用自己所掌握的理论知识、现成的数据与资料以及非正式调查所得的数据与资料,对研究问题进行的一个大致分析。通过这样的分析,第一,可以进一步了解问题产生的内外部环境背景;第二,做出若干个问题产生根源的假设;第三,提出若干个解决问题的方案。

情况分析有可能提供充足的信息,解决企业的营销决策问题;也可能使企业发现,最初提出的决策问题,并非企业目前必须解决的问题。在这两种情况下,研究就没有继续下去的必要。只要当情况分析提供的信息不足且企业确信研究真正有价值时，才需要进行正式调查。

四、决定是否进行正式调查

在下述两种情况下停止调查：第一，当非正式调查所得信息已经满足决策者对信息的要求时；第二，当进一步调查所增加信息的成本大于所增加信息的价值时。

信息并不是越多越好。信息量增大，固然可以降低决策的不确定性，从而减少决策风险，但它也意味着收集信息的成本提高。并且随着信息量的增大，单位成本所带来的信息量是递减的。当收集信息的投入大于所得信息的产出时，再收集信息就得不偿失了。因此，收集信息的目的并不在于获得最准确全面的信息，而在于使信息所带来的收益与为获得信息所花费的成本之差最大。这是决定是否进行正式调查以及正式调查所需费用的基本原则。详细的内容，请参考本章后面的附录2-1。

五、制订正式的调查方案

当决定进行正式调查以后，就要制订正式的调查方案。正式的调查方案包括确定调查目的、确定数据来源、确定调查方法、设计测量工具和抽样设计等内容。本书第三章到第六章的内容与此相关。

（一）确定调查目的

确定调查目的就是要在设计正式的调查方案之前，明确界定研究问题以及研究问题与决策问题的联系。通常需要明确回答这样一些问题：第一，决策者需要解决什么决策问题？第二，与决策问题相关的研究问题都是什么？第三，本调查与预测针对什么问题进行？第四，搞清楚这些问题的意义何在。

确定调查目的在某种程度上讲就是研究者对于前面四个步骤探测性调研和分析的一个回顾。经过前面四个步骤，研究者已经明确了决策者面临的决策问题，并把决策问题转换成了调查与预测问题（研究问题）；通过非正式调查和初步分析，对问题产生的内外部环境有了较为深入的了解，有了寻找问题产生根源或解决问题的一些思路。这里，就是要把这些内容明确地表述出来。

市场调查与预测是以应用为导向的研究，因此提出值得研究的应用问题是研究项目成功的关键一环。好的开始，是成功的一半。如果研究项目是通过招标的方式获得，那么明确地提出值得研究的应用问题就是项目能否成立的一个关键。

（二）确定数据来源

用于解决研究问题的数据或资料很多，可以分为两大类：第一手数据和第二手数据。第一手数据是通过实地调查或实验取得的原始数据，因此也称为原始数据；第二手数据是为了解决其他问题，被别人收集并整理过的现成数据，因此也称为现成数据。由于收集第二手数据比较快，而且节省费用，所以一般通过收集第二手数据能够解决的问题，就不必再收集第一手数据了。只有当没有适用的第二手数据时，收集第一手数据才是必需的。

确定数据来源，不仅要确定是收集第一手数据还是收集第二手数据，或是两种数据都收集，而且还要进一步确定数据的具体来源。比如，第二手数据是来源于政府机关的有关数据,图书馆数据,大学、研究机构或行业协会的出版物,还是非盈利性组织的市场调查报告? 第一手数据是来源于企业,普通消费者,还是其他什么渠道?

(三) 确定调查方法

根据数据来源的不同,收集数据的方法也分为两大类:收集第二手数据的方法和收集第一手数据的方法。收集第二手数据可以在网上查询,也可以到相关部门征寻或求购,还可以在出版物中搜寻。收集第一手数据的方法则分为询问法、实验法和观察法。

询问法,指调查人员通过访问或让被调查者填写问卷的方法收集数据。根据调查人员和被调查者接触的方式,又可将其分为人员访问、电话调查、邮寄调查和网上调查四种。

实验法,指研究人员通过实验的方法收集数据。实验法有多种不同的设计,不同的设计可能控制不同的实验误差。

观察法,指研究人员在现场通过对有关情况进行直接观察记录的方法收集数据。观察法也有一些不同的操作方法。

研究人员需要根据研究问题、目的、费用、各种数据收集方法的特点和可能出现的误差等,确定数据的收集方法。在实际工作中,研究人员可以综合使用这几种方法收集数据。比如,为了帮助决策者做出是否推出一个新产品的决策,研究人员可以这样做:第一,考察过去同类产品推出时的有关情况记录(第二手数据的收集方法);第二,进行一次邮寄调查以便确定消费者对类似产品的态度(邮寄调查);第三,进行一次测试,看看不同的包装对消费者的影响(实验法)。第四章将详细说明各种调查方法如何操作以及适用的情况。

(四) 设计测量工具

测量就是根据规则用数字描述客观事物有关特性的程序。前面我们讲过,社会科学与自然科学的一个重要区别,是社会科学测量的多是人的态度、感知和行为倾向等,比较主观,难以重复。这使得社会科学的测量更加困难。

在市场调查中有三种基本的测量工具,即问卷、态度量表以及深度询问和投影技巧。

问卷是从应答者那里收集资料或数据的一套系统的问题表。它是市场调查中应用最广泛的一种测量工具,可以用来测量人的行为、人口统计特性、知识水平以及态度和意见。

态度量表是对态度进行测量的工具。因为态度是影响消费者或用户购买行为的一个重要因素,在企业营销活动中占有非常重要的地位,所以研究者们专门为测量人们的态度设计了一些便于操作的测量工具。

深度询问是探测人们本能倾向(如无意识的感情、需要、烦躁、害怕等)的测量技术。投影技巧则是通过被调查者解释或描述一个事件而测量他们对事物态度的测量方法。两种方法主要用于收集那些通过直接询问或观察无法得到的数据,比如消费者或用户的购买动机研究。

在测量技术的设计与选择时,研究者既要考虑数据的特点(如是否适合于直接询问或观察),也要考虑选用的调查方法与调查对象。比如,在电话调查中很难使用投影技术;让儿童填写复杂的问卷或量表也是不恰当的。此外,也要考虑将来在进行数据分析时所要采用的统计工具。比如,如果要使用比较高级的统计工具(如回归分析或结构方程)进行分析,就需要在量表中多使用等差量表或等比量表。第五章对此有详述。

（五）抽样设计

调查有普查和抽样调查之分。在企业的市场调查活动中，抽样调查应用得较为广泛。要进行抽样调查，就要进行抽样设计。抽样是否科学，对市场调查的准确性、费用和可行性有很大影响。

根据抽样遵循的原则，抽样设计可分为随机抽样和非随机抽样两大类。随机抽样是按照随机原则，从总体中抽取部分单位作为样本的抽样方法。所有不按照随机原则抽取样本的方法都是非随机抽样。常用的随机抽样有简单随机抽样、等距抽样、分层抽样和分群抽样；常用的非随机抽样有配额抽样、便利抽样和判断抽样。第六章将详细说明各种抽样方法如何操作。

六、调查实施

调查实施是调查方案的具体实施过程。调查费用的很大一部分，将花在这个阶段。调查结果的准确与否，进而预测的准确与否，很大程度上取决于这一阶段的工作质量。在这一阶段，调查工作的组织者需要对每一位调查人员严格要求，尽量使整个实施过程在严密的控制之下，努力杜绝虚假数据。第七章将详细介绍调查实施的具体内容。

七、数据的整理与分析

对于调查得到的数据，要及时进行整理和分析。

数据整理的主要工作分为校编、分类、编号、数据录入和分析等。数据分析的常用技巧，根据一次分析变量数目的多少，分为单变量、双变量和多变量三种形式；根据分析的目的，分为描述性分析和推断性分析。第七章和第八章对此有详细说明。

预测是数据分析的一个组成部分。它本身就是一种数据分析，是用某事物现有的数据推断这一事物或与其相关事物未来发展变化的一种数据分析。预测的方法多种多样，概括而言，有定性预测和定量预测两大类。常用的定性预测方法有个人直观判断法、集体经验判断法和专家判断法；常用的定量预测方法则有时间序列预测法和因果分析预测法。第八章将对这些预测方法有比较详细的介绍和说明。

数据分析（包括预测）需要模型库的支持。所谓模型库，就是数据分析与预测的统计工具和数学模型。模型库中的统计工具和数学模型主要来自于基础理论研究。另外，企业的数据分析或预测结果也是它的一个来源——企业使用过的数据分析方法和建立的数学模型，可以存入模型库，以备将来继续使用。

八、编写报告

市场调查和预测报告是市场调查与预测的最终成果。它需要针对研究问题，根据对调查数据的分析，给出结论性意见。一项调查和预测再有意义，组织得再好，如果没有好的报告，就等于好的零部件没有组装好。

研究者最后提供的报告，可以根据其侧重的内容分为调查报告或预测报告。二者的内容与结构基本相同，大致如下：（1）调查或预测的目的和范围；（2）使用的方法；（3）调查或预测结果及其分析；（4）提出建议；（5）必要的附件，如对调查或预测方法的详细说明，根据调查或预测结果所制成的图表。

第五节 市场调查与预测的方案策划

策划是一套为了提高做事成功的可能性而针对未来要发生的事情所做出的当前决策及其规划和辅助执行过程。它是一个人或一个组织为了达到自己的目标而进行构想→计划→执行→控制的全过程。[1]市场调查与预测的方案策划是指企业根据营销决策与管理活动的需要，精心设计和构思市场调查与预测行动方案的活动，也称为市场调查与预测策划或市场调查与预测的方案设计。

一、方案总体设计

市场调查与预测方案的总体设计，就是根据所需要的信息，考虑进行哪种类型的市场调查与预测。如前所述，市场调查与预测分为四种类型，即探测性调研、描述性调研、因果关系调研和预测性调研。其中探测性调研属于非正式调查或预测，其他几种都属于正式的市场调查或预测。

探测性调研比较灵活。一般来说，在设计探测性调研时，只规定大致方向和步骤，而不做详细计划。调查者搜集各种有助于决策的信息，以花尽量少的时间和费用为原则。探测性调研的信息主要来源于二手数据、询问有识之士和案例分析，有时也进行小规模的便利抽样调查或简单试验。由于探测性调研有省时间、省费用、灵活多变的特点，所以对于探测性调研能解决的问题，就不需要进行正式调查或预测。探测性调研往往是正式调查或预测的序幕。在调查与预测的初始阶段，常常采用探测性调研以明确问题和与之相关变量的总特性，并帮助判断是否应该进行正式的调查与预测。

探测性调研的设计比较简单，一般不需要表现为书面形式，做到心中大致有数就行。市场调查与预测策划不包括这种类型的方案设计，而专指正式调研的设计。

如果探测性调研不能满足决策者对于决策信息的要求，就需要考虑是否进行正式的市场调查与预测。虽然正式的市场调查与预测策划根据收集和分析数据的侧重点不同，分为描述性调研、因果关系调研和预测性调研三种类型，但它们的设计步骤、需要考虑的因素则是基本相同的。当决定了要进行正式的市场调查与预测以后，就要进行市场调查与预测的策划。

二、方案策划

市场调查与预测的方案策划实际上是一系列判断与选择的过程。为了解决某一特定的决策问题，它需要按照市场调查与预测的程序，一步一步地对收集和分析数据的方法加以选择和限定，大致如下：

第一步，尽量详细、全面地说明决策与调研问题以及二者之间的关系；

第二步，估计信息的成本和价值，说明进行市场调查与预测的必要性；

第三步，选择适宜的方法收集数据或资料；

第四步，选择适宜的测量工具和测量方法；

第五步,选择适宜的抽样方法;

第六步,选择适宜的数据分析方法;

第七步,以书面的形式提出市场调查与预测的计划。

市场调查与预测策划能够帮助决策者和研究者在一些基本的问题上达成共识,如决策问题和研究问题的限定、所要求的信息和调研方法的选择等。如果调查与预测是企业所属部门进行的,研究计划可以用于劝说上级主管部门做出调查与预测的决定。如果调查与预测是委托企业外部市场调研机构进行的,那么研究计划则是这些机构出售其产品(即信息服务)的促销手段。对于大多数企业来说,调查与预测的经费是相对稀缺的,所以,研究人员必须设法证明花钱从事某一项调查与预测要比把钱用到其他地方的收益更大。只有这样,才能说服有关人员做出进行某一项调查与预测的决定。

当然,这并不意味着调查与预测人员应该夸大市场调查与预测的作用,或为那些意义不大的调查与预测争取经费。这里我们要强调的是:一旦研究人员认为从事某一项调查与预测可以为企业带来更大的利益,他们就应该尽量清楚和有力地说明这一点。

三、计划书的基本内容

一般而言,调查与预测计划书应该包括以下基本内容。

第一,简要说明。简单说明每一个部分的要点,目的在于使有关人员不阅读全文,就能对调查与预测计划有一个基本的了解。

第二,背景。说明决策问题和影响它的因素。

第三,目的和意义。描述调查与预测所得信息的类型、这些信息与决策问题的关系以及进行此项调查与预测的必要性和可行性。

第四,调查方法。描述调查所要采用的数据收集方法、测量工具、抽样方法。

第五,分析与预测技巧。描述预测要使用的数据分析技巧和数学工具。

第六,时间和费用。说明调查与预测需要花费的时间和费用。

第七,用途。基于决策问题,说明所得信息可能的用途。

第八,附录。为了满足部分专业人员的需要,可以在附录中用技术性语言详细地描述调查与预测所要采用的方法和模型。

四、研究预算的确定方法

确定研究预算的方法有规范方法和描述方法两种。规范方法试图回答应该花多少钱的问题,而描述方法试图回答实际上需要花多少钱的问题。

(一)规范方法

规范方法应用经济学中边际分析的方法,来确定研究预算应该是多少。它的基本思路是:企业应该为某一项研究(调查或预测)提供资金,直到最后一单位货币所带来的边际利润与企业把钱花在其他方面所带的边际利润相等为止。换言之,这一点决定了给某一项研究项目分配多少资金才是对企业最有益的。但是,在实际工作中,没有企业这样来确定研究预算,因为企业在各方面投入(包括在市场调查与预测上的投入)所带来的边际利润是难以计算出来的。它只是从理论上说明了企业决定是否给某项研究提供资金以及提供多少等问题的思路或理论依据。实际上，人们总是根据自己的主观判断，自觉或不自觉地应用这个方法思考问题。

(二) 描述方法

描述方法根据企业的需要或某一项研究的具体情况，确定研究经费。根据企业的需要确定的研究预算，详细地说明下一财政年度企业需要从事的市场调查与预测活动(一般在市场调研部门的年度计划中)以及每一项活动需要的资金。预算一旦确定，它就成为市场调研部门的行动指南。

在企业所编制的各种预算中，研究预算是最需要灵活掌握的。因为市场情况千变万化，有时企业必须在很短的时间内做出是否进行市场调查与预测的决策，以便应付已经发生的不测事件。比如，竞争者的一种新型化妆品问世了，引起了化妆品行业的震动。这时，作为化妆品生产者的某公司，需要立刻对产品市场测试的情况进行调查，以便了解该产品的成功与否并对它的影响程度进行评估。进行这一调查的费用，可能在制定企业的研究预算时并没有考虑。因此，分配给市场调研部门的研究预算应该留有一定的余地，以保证企业市场调查与预测的灵活性。

研究预算通常由三种类型的成本构成：固定成本、半固定成本和变动成本。

- 固定成本主要包括研究人员的工资、仪器和设备等，它们在一定的时期内是基本固定的。
- 半固定成本虽然是正常情况下企业需要花费的，但是却可以变动而不影响整个部门的运作。比如，一个企业可能会认为某一大型商店的年度会计报表是企业的一个重要的信息来源，因此它花钱预订了这个商店的年度会计报表，那么花在这上面的费用就与固定成本没有什么区别。当然，企业也可以根据研究项目的要求，临时决定是否购买这个商店某一年度的会计报表。如果这样做，它又成为变动成本了。所以，它是介于固定成本和变动成本之间的一种成本。
- 变动成本随着企业对市场调研部门的信息要求而变动。需要市场调研部门提供大量信息的企业，比那些只需要市场调研部门提供少量信息的企业会花费更多的变动成本。

在确定研究预算之前，首先要对上一年度的预算和成本进行分析。这个分析是确定预算(特别是固定成本和半固定成本)的重要参考。然后，估计预算中各部分的变动情况，计算计划项目所要求的各种经费。最后，确定研究预算。如果研究预算比上一年度有较大的增加，预算编制人员需要解释原因或证明这样做是必要的。

本章小结

市场调查与预测的目的是为企业的营销决策收集和提供信息。根据企业营销决策和管理工作的需要，市场调查与预测的内容包括以下几个方面：市场需求情况、市场竞争情况、消费者或用户的购买行为、企业的内外部环境和企业营销因素的影响情况。

根据目的要求，市场调查与预测可以分为下述四种类型：探测性调研、描述性调研、因果关系调研和预测性调研。探测性调研就是花费尽量少的时间和成本,对市场环境或其他相关因素进行初始调查与分析,以便确定营销中存在问题的表现和可能的原因。描述性调研的目的,在于准确地描述企业营销问题中的各个变量及其相互关系。因果关系调研的目的,是深入了解两个或多个营销变量之间的因果关系,需要使用三种证据来做出事物之间存在因果关系的推论,即伴随变化、相继发生和没有其他因素的干扰。预测性调研的主要目的,是预测未来一定时期内某一环境因素的变动趋势及其对企业市场营销活动的影响。

按照研究手段的量化程度,市场调查与预测可以分为定量研究与定性研究。定量研究是一种对事物特性以及事物特性之间的关系,通过定量测量收集数据,并应用数理统计方法进行数据分析的调查研究方法。定性研究是以研究者本人作为研究工具,在自然情境下采用多种资料收集方法对社会现象进行整体性探究,使用归纳法分析资料和形成理论,通过与研究对象互动对其行为和意义建构,获得解释性理解的研究方法。

此外,市场调查与预测还可以按产品层次、空间层次和时间层次以及样本确定的方式来分类。

调查结果的准确与否取决于调查结果中误差的大小。在调查结果中,可能出现下述几种误差:替代误差、测量误差、实验误差、应答者选定误差、抽样框架误差、抽样误差和未答误差。对于调查误差的处理有三种基本方法:第一,通过有效的计划,尽量减少个别误差;第二,通过衡量个别误差的大小及消长,尽量减少总误差;第三,估计误差的大小和影响。

市场调查与预测的程序有助于规范市场调查与预测工作,提高市场调查与预测准确性。市场调查与预测的程序可分为以下几个步骤:(1) 弄清问题;(2) 非正式调查;(3) 情况分析;(4) 决定是否进行正式调查;(5) 制订正式的调查方案;(6) 调查实施;(7) 数据的整理与分析;(8) 编写调查报告。其中,制订正式调查方案又分为确定调查目的、确定数据来源、确定调查方法、设计测量工具和抽样设计等环节。

市场调查与预测的方案策划,是指企业根据营销决策与管理活动的需要,精心设计和构思市场调查与预测行动方案的活动。为了解决某一特定的决策问题,它需要按照市场调查与预测的程序,一步一步地对收集和分析数据的方法加以选择和限定,内容包括:(1) 详细、全面地说明决策与调研问题以及二者之间的关系;(2) 估计信息的成本和价值,说明进行市场调查与预测的必要性;(3) 选择适宜的方法收集数据或资料;(4) 选择适宜的测量工具和测量方法;(5) 选择适宜的抽样方法;(6) 选择适宜的数据分析方法;(7) 以书面的形式提出市场调查与预测的计划。

参考文献

[1] 庄贵军:《企业营销策划(第二版)》,北京:清华大学出版社,2012 年版,第 23—30 页。

[2] Kotler, P. and Keller, K. L. *Marketing Management* (12th edn.) [M], Beijing: Tsinghua University Press, 2009: 27.

[3] Porter, M. E. *Competitive Strategy: Techniques for Analysis Industries and Competitors*[M], NY: The

Free Press, 1980, 4.

[4] 庄贵军:《营销管理:营销机会的识别、界定与利用》,北京:中国人民大学出版社,2011 年版,第171 页。

[5] Pearce, J. A. and Robinson, R. B. *Strategic Management: Formulation, Implementation and Control* (4th edn.) [M], Boston: Irwin, 1991, 77.

[6] 陈向明:《质的研究方法与社会科学研究》,北京:教育科学出版社,2000 年版,第 9—13 页。

[7] 刘周平、庄贵军、周筱莲:《跨国零售企业在中国的经营战略研究》,《管理世界》,2004 年第 8 期,第 90—101 页。

练习与思考

1. 市场调查与预测的内容主要有哪些?
2. 根据目的要求,可以把市场调查与预测分为哪几种类型? 它们各有什么特点?
3. 市场调查与预测还可以根据什么分类?
4. 市场调查结果中可能出现哪几种误差? 如何控制这些误差?
5. 是否调查的规模越大,获得的信息越准确? 为什么?
6. 简述市场调查与预测的程序。
7. 正式的调查方案都包括哪些内容?
8. 请自己动手,为一家企业设计一个市场调研项目。

案例分析

案例 2-1　零点研究公司的特色服务①

零点研究咨询集团(Horizon)简称为“零点调查”,成立于 1992 年,由设立于北京、上海、广州、武汉的四个研究机构组成。四地机构都具备独立的研究能力,共享基于 INTRANET 的知识管理系统。零点调查是世界专业研究者协会(ESOMAR)和国际管理咨询机构协会(AMCF)在中国的代表机构。集中其在专业调研、策略咨询、背景数据方面的优势,零点调查组建了公共事务、IT 和电信、金融、汽车、房地产、家电、快速消费品、烟草、商业服务和电力研究中心等十多个专业研究事业部,依照国际惯例,为大中华市场的本土企业和国际化企业提供专业调查咨询服务。截至 2012 年年底,零点调查完成的业务项目涉及食品、饮料、医药、个人护理用品、服装、家电、IT、金融保险、媒体、房地产、建材、汽车、商业服务、娱乐、旅游等 30 多个行业。

零点调查根据项目需要形成了多元化的数据收集方法,定性研究与定量研究相结合。在实际的数据收集方法使用方面,零点调查根据具体客户的需要,量身定做,寻求研究方法规范性和针对性的平衡。借助于专项的研发投入、资源引进、共同开发等机制,零点调查在社会群体的消费文化研究、定性研究与分析技术、数量分析模型、策略工作模型、投资

① 根据零点研究咨询集团网站(http://www.horizon-china.com/,2013-7-4 读取)资料编写。

组合方法、投资选择程序等方面形成了一些卓有成效的特色服务。

特色服务1:零点CATI快车

零点CATI快车,是设立于上海的全国性计算机辅助电话调查系统。具备32线同时调查的能力,应用于快速民意测验和商务调查。

特色服务2:网上调查

零点调查开发了网上调查系统,一方面增强了公司在受访对象选择方面的控制力,变受访对象自由参与为调查公司按抽样条件有选择地挑选受访对象参与;另一方面使调查者能够根据项目需要对受访对象做出限制和筛选,并对其填写的问卷进行即时检查,保证调查数据的真实性和有效性。

特色服务3:多客户调查服务系统

多客户调查服务系统(Homnibus),也称为搭车调查。在一次调查中,一个客户通常只可加入少量问题,和其他客户一起分担调查费用。它可以帮助客户用最低的成本获得即时的信息。零点调查每年都开设约12轮Homnibus,内容涉及对全国城乡居民、大都市市民、农村居民、小镇居民、城乡中学生、大专院校学生、流动人口和商务人士等的调查。客户可以根据Homnibus的"时刻表",在需要时与零点调查联系获得这种服务。

特色服务4:调查结果发布服务

零点调查自1993年开始,不定期地以名为《第一手》的内部刊物形式,向传媒发布有关社会问题、市场动态、行业发展方面的调查结果。每周以传真、E-mail和网络三种形式向超过1 500组传媒和订户发送调查结果。另外,直接浏览网站(www. horizonkey. com)的网页可以了解最新公布的一些调查与研究结果。

特色服务5:企业内部培训

零点调查受邀为知名企业、长期客户和专业学术交流活动提供有关市场调查方法、分析技术、营销理念、品牌管理、组织转型、消费文化、投资管理、行业发展动态等方面的培训服务。这种培训可以是调查咨询的延伸,也可以是专项的培训服务。零点每年使用论坛、研讨会和沟通会的形式,为企业和社会组织提供专业技术信息和最新的管理理念。

特色服务6:多客户报告

零点调查每年投资进行多项自主版权的专项研究(Syndicate报告)。研究领域集中在群体消费文化和行业消费市场。当客户无力进行这类常规性调查时,零点的Syndicate研究报告可以弥补客户在这些方面的信息缺乏。当客户有意进入一个新的行业时,Syndicate报告可以帮助它们快速了解有关行业和消费群体的基本情况。Syndicate报告提供的信息,在群体消费文化方面包括数字化人群、城市青年女性、中学生、新男性、农村居民和流动人口等群体的消费文化和生活形态;在行业消费市场方面包括家用电脑、数字化产品、住房消费、空调、保健品、饮料品牌等行业的消费行为研究。

特色服务7:行业研究

零点调查通过与政府行业主管部门、研究院所建立长期的资源协作关系,为实地研究、策略咨询和投资判断提供行业信息支持。

小组讨论

1. 零点调查的主要内容有哪些?从企业营销对信息要求的角度如何为其分类?

2. 从市场调查与预测的类型上,你如何认识零点调查的特色服务?

3. 请浏览公司的网站(www.horizon.com),了解其多客户调查服务系统(Homnibus)是如何运行的?你对此有何看法?

案例2-2 WN地区消费者行为市场调查方案①

我们受WN烟草局的委托,拟在WN地区对消费者烟草购买与消费行为的基本情况进行调查,并在此基础上为WN烟草局的卷烟营销活动提出建议。

一、调查目的

本次调查有以下目的:

(1) 了解卷烟品牌的知名度情况;

(2) 探明消费者对各品牌卷烟的心理价位;

(3) 掌握消费者购买卷烟的影响因素。

二、调查方法

(1) 文献调查:利用国家有关部门、机构和网络的二手资料进行分析。

(2) 焦点组访谈:访谈对象为烟草的经营户、城镇消费者和乡村消费者各两组。

(3) 问卷调查:调查对象为城市和小城镇18岁至60岁常住男性居民,农村16岁至60岁常住男性居民。根据人口比例分城区配额抽样。

三、调查内容与预期结果

(一) 文献查阅、资料收集

(1) 对香烟销售与地区经济、人口数量等情况做比较分析;

(2) 了解主要香烟品牌、价格、销售情况,分析畅销香烟品牌及其地区性差异;

(3) 洋品牌的销售情况、变化趋势以及季节性差异;

(4) 高中低档香烟的销量在地区间的差异。

(二) 消费者焦点组访谈

(1) 消费者香烟品牌偏好、品牌认知度和品牌获知途径;

(2) 消费者香烟购买的影响因素;

(3) 消费者的消费习惯与购买行为,如洋烟、国产名牌、地方烟的评价比较与消费情况;购买渠道、购买方式和消费场所;品牌忠诚度。

(三) 消费者消费情况问卷调查

(1) 消费人群特征;

(2) 消费者的月人均香烟消费量及其香烟消费支出情况;

(3) 消费者香烟品牌偏好、品牌认知度和品牌获知途径;

(4) 消费者香烟购买的影响因素;

(5) 消费者的消费习惯与购买行为,如洋烟、国产名牌、地方烟的评价比较与消费情况;购买渠道、购买方式和消费场所;品牌忠诚度。

---

① 根据实际工作中使用过的市场调查方案改写。

四、时间安排

本次调查自2012年9月1日开始,2012年10月30日结束。时间安排如下:

(1) 文献资料收集与分析:9月1日至9月8日。

(2) 焦点组访谈与定性分析:9月8日至9月14日。

(3) 问卷编制以及发放:9月15日至9月25日。

(4) 数据录入与处理:9月23日至9月30日。

(5) 报告撰写:10月3日至10月30日。

(6) 汇报与检查验收:工作完成两周之内。

五、结果提供

(1) 调查报告与PPT(参见调查内容与预期结果部分);

(2) 统计结果与资料;

(3) 原始数据与资料;

(4) 原始调查问卷;

(5) 汇报与检查验收资料。

六、费用预算

本次调研的合同金额为11.5万元,调研地点为WN地区,计划派出人员100人次,调研实施约为60天。费用预算如下:

(一) 焦点组访谈费

(1) 经营户调研3 000元/组×2组=6 000元

(2) 消费者调研2 500元/组×4组=10 000元

小计:16 000元

(二) 问卷编制费

小计:10 000元

(三) 问卷印刷、调研员培训与调查组织、实施费

消费者问卷:10元/份×2 000份=20 000元

小计:20 000元

(四) 数据编码、录入和统计处理费

消费者问卷:5元/份×2 000份=10 000元

小计:10 000元

(五) 人员差旅费

交通费:40元/人×100人=4 000元

住宿费:80元/天×10天×20人=16 000元

餐饮补助:20元/天×10天×20人=4 000元

市内交通费:25元/天×10天×20人=5 000元

小计:29 000元

(六) 数据分析费

小计:10 000元

(七) 报告撰写、制图、制表、打印费

小计:15 000 元

(八)其他费用

小计:5 000 元

小组讨论

1. 你怎样评价上面的策划方案?有什么优缺点?
2. 你能比这做得更好吗?请找一个题目,自己设计一个市场调查与预测方案。

附录 2-1

市场调查与预测的价值分析[①]

正常情况下,管理者总是要依赖一些信息来进行决策。比如,现在有一个管理者需要决定:某新产品是否应该被推出?此管理者通常会根据过去处理同类问题的经验和其他一些来源得到的信息,形成初始判断。对于这个初始判断,决策者也不能说有十足的把握。如果这时在既不花钱又不费时的条件下,能够得到一些有助于决策的信息,他是不会拒绝的。但是,当增加这些信息需要花费金钱和时间的时候,他应该如何决定呢?

这就需要信息的价值(也即市场调查与预测的价值)进行分析。决定是否进行市场调查所依据的原则是:只有当欲求信息的期望值大于得到它的成本时,市场调查与预测才是可行的。

原则的表述很简单,但它的操作却很困难。一般而言,信息的成本还是比较好估算的,要估算信息的价值则十分困难。在本附录中,我们将用一个例子说明对信息价值(也即市场调查与预测的价值)进行分析的思路。

一、关于一个产品是否进行试销的决定

某公司产品部经理和市场部经理对于是否进行一项新产品的销售测试工作意见不一致。市场部经理主张,在决定是否正式推出新产品之前进行销售测试;产品部经理却认为,那是在浪费时间和费用。两人持对立的观点,争论很激烈。市场部经理认为,产品部经理一意孤行将会使公司决策失误。产品部经理则认为,市场部经理对新产品和环境不够了解,一旦错过时机,公司将会蒙受难以挽回的损失。等他们都冷静下来以后,他们同意将他们据以形成结论的依据写下来,如表 2-5 所示。

---

① 本附录中的内容,根据 Tull and Hawkins 教材中的相关内容翻译并改写(Tull, D. S. and Hawkins, D. I. *Marketing Research: Measurement and Method*, NY: Macmillan Publishing Co., 1980, 60—67)。

表 2-5 产品部经理和市场部经理的依据

	市场部经理	产品部经理
新产品盈亏分界点的销售量	500 000 单位	500 000 单位
销售量和利润的预测	“市场情况好”的可能性 70%;三年的销量在 500 000 单位与 800 000 单位之间,最可能的销量为 650 000 单位。650 000 单位的销量预计可得利润 265 万元 “市场情况一般”的可能性 30%;三年的销量在 300 000 单位与 500 000 单位之间,最可能的销量为 400 000 单位。400 000 单位的销量预计将亏损 212 万元	“市场情况好”的可能性 80%;三年的销量在 500 000 单位与 1 100 000 单位之间,最可能的销量为 800 000 单位。800 000 单位的销量预计可得利润 425 万元 “市场情况一般”的可能性 20%;三年的销量在 400 000 单位与 500 000 单位之间,最可能的销量为 450 000 单位。450 000 单位的销量预计将亏损 110 万元
测试成本	35 万元	35 万元
测试准确性估计	测试的可靠性为 85%	测试的可靠性为 85%
结论	在决定是否推出新产品之前,进行市场测试	在决定是否推出新产品之前,不用进行市场测试

就像我们看到的,二人的分歧是由他们对于出现各种市场情况可能性的大小和获利的多少不同引起的。市场部经理对于获利机会和获利数量的预期不像产品部经理那样乐观。对于盈亏分界点的销售量、测试的准确性和测试的成本估计,二人没有差别。

假设你是公司的总经理,你将做出怎样的决定呢?是进行市场测试还是不进行?要回答这个问题,实际上就是对市场测试所得信息的价值和成本进行估计和比较。价值大于成本,进行测试;价值小于成本,不进行测试。有两种方法可以用于价值和成本估计和比较:直观判断法和期望值法。

二、直观判断法

上面的案例中,市场部经理和产品部经理所采用的方法就是直观判断法。这种方法只是依据个人的主观判断做出估计,一般不对信息的价值和成本进行估计和比较。但是如表 2-5 所示,他们至少使用了下面几种信息作为他们的依据:

第一,几种相互可替代的行为。产品部经理和市场部经理都认为有三种可以相互替代的行为,一是马上就将产品推出,二是在决定是否推出新产品之前进行市场测试,三是新产品根本不推出。

第二,市场可能出现的各种情况。两人都认为新产品推出后可能出现两种市场情况:“市场情况好”和“市场情况一般”。

第三,每种市场情况出现的可能性或概率。两人都对新产品推出后每种市场情况出现的可能性做了估计。

第四,在每一市场情况下的得失。二人都对新产品推出后、各市场情况下公司的得失做了预测。

第五,市场测试提供准确信息的能力。二者都对市场测试的准确性做了估计。

第六,市场测试的成本。二人都估计了进行市场测试的费用。

使用直观判断法，市场部经理和产品部经理依据他们个人的主观判断和估计得到不同的结论。当然，他们各自的结论也受其对于风险的态度、对公司政策的理解、在公司的地位等因素的影响。

直观判断法在1960年代以前很盛行，至今仍是采用最普遍的方法。不过，由于主要依据个人的主观判断，所以结论难免带有个人的偏见。另外，对于两个截然相反的结论，使用这种方法也难以判定哪一个更有道理。

三、期望值法

从概念上讲，期望值法很简单。它所使用的信息与前面所讲的直观判断法完全一样。期望值法有这样几个特点：第一，对于各种结果出现可能性和调研所得信息准确性的判断用主观概率的形式表示；第二，计算每个调研项目所得信息的期望值；第三，将这个值与信息的成本相比较，决定项目的取舍。因此，期望值法就是指决策者根据发生各种情况的可能性和每种情况下可能的得失，通过计算信息的期望值并比较信息的期望值和信息的成本来决定是否进行市场调查与预测活动的决策方法。

（一）条件支付表

在使用期望值法解决前面的问题之前，需要先做一个条件支付表，归纳一下前面例子中所提供的数据。条件支付表给出了每一种市场情况下每一种行动方案得失的数据和每一种市场情况出现的主观概率。

在上面的例子中，因为市场部经理和产品部经理对每种方案的得失和每种市场情况出现的可能性有不同的估计，所以两人的条件支付表必须分别列出，见表2-6。

表2-6　条件支付表

行动方案	市场部经理				产品部经理			
	市场情况好（S_1）		市场情况一般（S_2）		市场情况好（S_1）		市场情况一般（S_2）	
	$P(S_1)$	V_1	$P(S_2)$	V_2	$P(S_1)$	V_1	$P(S_2)$	V_2
推出（A_1）	0.70	2 650 000	0.30	-2 120 000	0.80	4 250 000	0.20	-1 100 000
不推出（A_2）	0.70	0	0.30	0	0.80	0	0.20	0

（二）完全信息的期望值

首先，我们假设市场测试能够提供完全信息，即市场测试能够准确无误地告诉我们市场将会出现什么情况。实际上，这是不可能的。但是，这个假设却很有用，它可以使我们计算出市场测试可能得到信息的最大价值。企业不会为一个成本高于这个值的研究项目投资。

完全信息的期望值，用EVPI（expected value of perfect information）表示。它等于依靠完全信息进行决策的期望值（EVDPI—expected value of the decision with perfect information）减去不依靠任何附加信息进行决策的期望值（EVD—expected value of the decision with no additional information）。用公式表示为：

$$\text{EVPI} = \text{EVDPI} - \text{EVD} \qquad \text{（公式2-1）}$$

下面，让我们先计算一下产品部经理的EVPI。

第一步,先计算 EVD。过程如下:(1) 计算每一方案各市场情况下的利润额与相应市场情况出现的概率乘积之和,即 A_1 和 A_2 的期望值 EV(A_1) 和 EV(A_2);(2) 根据上面的计算结果数额最大的一个就是 EVD。这样,产品部经理的 EVD 为:

$$EV(A_1) = 0.8 \times 4\,250\,000 + 0.2 \times (-1\,100\,000) = 3\,180\,000(\text{元})$$

$$EV(A_2) = 0.8 \times 0 + 0.2 \times 0 = 0$$

$$EVD = 3\,180\,000(\text{元})$$

意即,如果不增加信息作为决策的依据,那么因为 A_1 的期望值比 A_2 的期望值大,所以决策者应选择方案 A_1——推出新产品。

第二步,计算 EVDPI。过程如下:(1) 选择每一种市场情况下各方案中利润额最大的一个;(2) 选出的每一个利润额与相应市场情况出现的概率相乘;(3) 乘积相加。因此,产品部经理的 EVDPI 为:

$$EVDPI = 0.8 \times 4\,250\,000 + 0.2 \times 0 = 3\,400\,000(\text{元})$$

意即,如果可以得到完全信息,那么产品部经理期望三年中这个新产品可得 3 400 000 元的利润。

第三步,计算 EVPI。根据公式 2-1,我们有

$$EVPI = 3\,400\,000 - 3\,180\,000 = 220\,000(\text{元})$$

计算出 EVPI 之后,将 EVPI 和信息的成本比较,我们发现:产品部经理的 EVPI(222 000 元)小于他所估计的信息成本(350 000 元),所以他主张不进行市场测试是有道理的。对于他来说,即使市场测试能得到完全的信息,也得不偿失。

用同样的方法,可以计算出市场部经理的 EVPI。结果如下:

$$EV(A_1) = 0.7 \times 2\,650\,000 + 0.3 \times (-2\,120\,000) = 1\,219\,000(\text{元})$$

$$EV(A_2) = 0.7 \times 0 + 0.3 \times 0 = 0$$

$$EVD = 1\,219\,000(\text{元})$$

$$EVDPI = 0.7 \times 2\,650\,000 + 0.3 \times 0 = 1\,855\,000(\text{元})$$

$$EVPI = 1\,855\,000 - 1\,219\,000 = 636\,000(\text{元})$$

因为市场部经理的 EVPI 大于他所估计的信息成本,所以对于他而言,进行市场测试可能是值得的。之所以说"可能",是由于市场测试不可能提供完全的信息。在我们的例子中,市场测试提供信息的准确性被认为只有 85%。为了判定市场部经理的决定是否有道理,我们还需要进一步计算不完全信息的期望值。

(三) 不完全信息的期望值

不完全信息的期望值,用 EVII(expected value of imperfect information)表示。它等于完全信息的期望值(EVPI)减去信息不准所导致决策错误的期望成本(ECE—expected cost of errors),即

$$EVII = EVPI - ECE \qquad (\text{公式 2-2})$$

因为 EVPI 已经知道,所以计算 EVII 的关键,是要计算出 ECE。在我们的例子中,企业可能由于决策不当犯两种错误:一是新产品不应推出时推出了;二是新产品该推出时又没有推出。错误 I 会造成直接可见的经济损失,错误 Ⅱ 则会造成机会损失——由于失掉了机会,使本应得到的利润没有得到。现在的问题是:如何计算出这两种错误的期望成本?

首先,假设管理者按照市场测试的结果进行决策,并令 T_1 表示市场测试结果为市场情况 S_1,T_2 表示市场测试结果为市场情况 S_2。则错误 I 发生的概率(α)和错误 Ⅱ 发生的概率(β)可以表示为:

$$\alpha = P(T_1/S_2)$$

$$\beta = P(T_2/S_1)$$

而错误 I 和错误 Ⅱ 的期望成本可以通过下述公式计算:

$$\text{ECE(I)} = \alpha \times P(S_2) \times |V_2| \quad \text{(公式 2-3)}$$

$$\text{ECE(II)} = \beta \times P(S_1) \times V_1 \quad \text{(公式 2-4)}$$

意即,一种错误的期望成本等于出现这种错误的概率乘以相应市场情况出现的概率,再乘以在这种市场情况下企业的盈利额或亏损额的绝对值。

因为市场部经理认为市场测试准确的概率为 85%,所以 $\alpha = \beta = 0.15$。根据公式 2-3 和 2-4,我们就可以计算出错误 I 和错误 Ⅱ 的期望成本以及总 ECE。计算结果如下:

$$\text{ECE(I)} = 0.15 \times 0.30 \times |-2\,120\,000| = 95\,400(\text{元})$$

$$\text{ECE(II)} = 0.15 \times 0.70 \times 2\,650\,000 = 278\,250(\text{元})$$

$$\text{ECE} = 95\,400 + 278\,250 = 373\,650(\text{元})$$

将计算结果代入公式 2-2,我们得到市场部经理的 EVPI 为:

$$\text{EVII} = 636\,000 - 373\,650 = 262\,350(\text{元})$$

因为市场部经理的 EVPI 小于市场测试的成本(350 000 元),所以即使按照他的估计,也应该立即推出这个新产品,而不是停下来先进行市场测试。

上面的例子中,只有两种可供选择的行动方案,非此即彼;只有两种市场情况,要么是有利,要么是不利。在实际工作中,事情不这么简单。企业往往有三种以上的方案可供选择,而且市场情况也不仅仅是两种,可能是三种或更多。不管问题多么复杂,思考这个问题的思路是一样的。

第三章

市场调查方法

【知识要求】

通过本章的学习，掌握以下要点：

- ◆ 市场调查的不同方法；
- ◆ 二手数据相关性和准确性的判断；
- ◆ 人员访问调查、邮寄调查、电话调查和网上调查的优劣分析以及选择方法；
- ◆ 固定样本调查的组织方法；
- ◆ 实验的本质与实验的内部效度和外部效度；
- ◆ 实验误差的类型和内涵；
- ◆ 实验设计的分类和组织方式；
- ◆ 观察调查法的特性与分类。

【技能要求】

通过本章的学习，要求学生能够做到：

- ◆ 清楚描述市场调查的不同方法；
- ◆ 在网上获取二手数据；
- ◆ 清楚了解人员访问调查、邮寄调查、电话调查和网上调查的优劣；
- ◆ 组织人员访问调查、邮寄调查、电话调查和网上调查；
- ◆ 举例说明各种类型的实验误差和内涵；
- ◆ 举例说明各种类型的实验设计和每一种实验能够控制的误差；
- ◆ 自己动手以在校大学生为对象进行小的实验；
- ◆ 知道如何进行科学观察。

市场调查是收集营销数据的行为过程。市场调查的方法根据数据来源可以分为两种:一种是收集二手数据的调查方法,一种是收集一手数据的调查方法。收集二手数据的调查方法比较简单,本章第一节将论述这种方法。收集一手数据的调查方法比较复杂,又可分为三种:询问调查法、实验调查法和观察调查法。本章第二节至第四节将分别对其加以介绍。

第一节　二手数据的收集方法

二手数据(secondary data)也叫现成数据,是为其他的目的而收集、并可以用于在研问题的数据。因为收集二手数据既快又省,所以在市场调查中得到广泛应用。一般而言,只要收集二手数据能够解决的问题,就不再去收集原始数据。不过,二手数据常常不适用或适用的二手数据常常不存在,因此研究者不得不去收集原始数据。

一、二手数据的相关性和准确性

在应用二手数据之前,研究者需要先判断二手数据的相关性和准确性。

二手数据的相关性,是指二手数据同市场调查与预测所需要信息的关联程度。可以从四个方面来判断或评估二手数据的相关性。第一,测量单位是否相同。由二手数据与所需数据在测量单位上的一致性判断。比如,一个零售商在做一项决策之前,需要了解某一区域内居民的特点。虽然关于一个市或一个县的二手数据可以找到,但是与零售商所要求的数据在范围上不同,因此二手数据缺乏相关性。

第二,是否有替代问题。比如,一家手表厂为了推出一款新型电子表,需要有关西安市前一年电子表销售量的信息。这时,如果它得到西安市销售额最大的十家零售商前一年电子表的销售数据,并用这个数据进行推测,那么就有替代问题,因为西安市出售电子表的绝非就是这么几家商店。

第三,分类是否相同。由二手数据与所需数据在分类上的一致性判断。比如,一个企业想专门为8—12岁的儿童生产一种新产品,因此需要了解他们的偏好,而这时却没有8—12岁儿童偏好的数据,只有5—9岁和10—14岁的数据。如果这个企业应用这些数据来进行推断或预测,相关性就存在问题。二手数据经常会在社会阶层、年龄、收入、公司大小等分类方面与所需数据的要求不一致。

第四,时间是否合适。绝大部分二手数据都是过去的,有时甚至是过去好几年的。这时,即使其他方面在相关性方面问题不大,但是在时间上也有问题。比如,几年以前关于中国零售业态的调查数据,就无法用来描述中国目前的零售业态状况,因为从2000年到2012年中国零售业态的变化非常大。

二手数据如果存在以上四个方面的问题,都会降低其相关性。这是在应用二手数据时需要特别注意的。

在应用二手数据之前,还要考虑数据的准确性。使用二手数据的一条基本原则是:如有可能,尽量使用最初报导的数据。这样做的道理有二:第一,通常最初报导的数据比转引的数据更全面,常常包括转引省略掉的警告、缺点和方法的详细说明。比如,国家统计局发布的数据都有关于误差的说明,而在这些数据被引用时,一般都不提误差。第二,使用最初报导的数据,使用者可以根据要求重新考察它们,从而能够更好地判断数据的相关性或适用性。

二、二手数据的来源

二手数据有两个来源,一个是企业内部,另一个是企业外部。

企业内部数据由企业内部有关部门提供。一般来说,为市场调查与预测提供数据的部门主要有企业的数据库、会计部门、统计部门和情报部门(参看本书第一章第三节)。企业的数据库存储着大量的二手数据,通常存放在电脑中,因此使用很方便。会计部门、统计部门和情报部门的许多数据以及以前市场调查和预测所得到的许多数据、情报或资料,都存储在数据库中,所以从数据库中可以得到的数据一般不用再麻烦其他部门。市场调查与预测所需要而数据库中又没有的数据或资料,只能从其他有关部门得到。企业内部相关部门提供的主要是涉及企业内部事务的数据或资料,比如企业的会计和统计数据以及市场调查部门掌握的企业经营数据。当然,也有部分数据或资料涉及企业外部事务,比如情报部门提供的一些数据或资料。

会计数据和统计数据详细记录了企业各项营销活动的成果和耗费,如果使用得当,可以帮助研究者确定盈利或不盈利的细分市场、市场区域以及产品线,明确企业在市场中的竞争地位和企业的营销战略方向,并帮助测定营销组合的效果。

企业外部数据是研究人员从外部获得的二手数据。各种数据的来源很多,主要有五类:政府机构、行业团体、专业调研机构、出版物和电子网络。

政府机构包括中央和地方的各级政府机构。中央政府机构如国家统计局、科技部、教育部、公安局等。地方各级政府机构如地方各级统计机构、各级经济管理部门、各地区公安局、派出所等。政府机构提供的数据主要有两类:第一类是人口统计数据,包括人口的总数、人口的年龄构成、人口的地区分布等;第二类是经济活动数据,包括工业、农业、商业、金融、运输等行业数据。

各行业团体经常公布一些行业销售情况、发展趋势和存在问题的分析报告。其中提供的数据或分析结果,有助于研究者弄清企业所属行业的特征、结构和竞争状况。有时,研究者还需要从所属行业团体中购买一些关于这个行业总体情况的数据。

专业调研机构,如在本书第一章示例 1-3 中提到的上海尼尔森市场研究有限公司、北京益普索市场咨询有限公司、新华信市场研究咨询有限公司和零点研究咨询集团公司等。这些专业调研机构不仅根据需要承担企业的市场调查与预测项目,也经常发布或有偿提供一些一般性的市场信息。

各类出版物如报纸、杂志和专著中有很多数据和资料可以利用。在中国,《经济日报》《中国商业报》《市场报》《经济参考报》以及各地的经济生活报刊都经常公布一些宏观经济数据或行业数据。只要带着问题去阅读和收集,研究者经常可以获得很多有用的数据和资料。

随着电子网络在全球的普及和广泛应用,电子网络成为越来越重要的一个信息来源。网上信息具有省时、省钱和快速便捷的特点,所以是研究者收集二手信息需要优先考虑的一个来源。实际上,越来越多的政府机构、行业团体和企业通过网站发布信息。进入这些网站进行搜寻,可以获得很多相关的二手数据。

第二节 询问调查法

如果二手数据不能为决策提供足够的信息,那么就需要收集原始数据。对应于二手数据,原始数据也叫一手数据。询问调查法是收集原始数据最常用的方法。它是指调查者通过口头或书面方式向被调查者提问以收集数据的方法。

一、询问调查法的类型

根据调查者与被调查者或应答者接触的方式,询问调查法可以分成四种:人员访问调查、邮寄调查、电话调查和网上调查。

(一) 人员访问调查

人员访问调查是最古老的一种调查方法。它是调查者在面对面的情况下,向被调查者提出问题,然后根据被调查者的回答,当场记录获得数据的方法。人员访问调查通常按照一套事先设计好的问卷询问,但也有采取自由交谈的形式询问的。具体采取什么方式,应根据调查目的而定。询问既可以在被调查者家中进行,也可以在调查者事先准备好的询问地点进行。

人员访问调查法有以下几个优点:

(1) 富有灵活性。在所有调查方法中,人员访问调查法最灵活。它可以采用任何一种问卷询问。如果应答者同意,还可以利用录音机记录应答者的意见。当发现应答者不符合样本条件时,可以立刻终止询问。

(2) 具有激励效果。因为人员访问是在面对面的情况下进行的,如果询问得当,往往会提高应答者回答问题的兴趣,使应答者更愿意合作,从而提高回答率。

(3) 可获得较多的数据。人员访问调查一般所费时间较长,因此对某些问题可以做深入询问。有些问题需要调查者进行解释才能明白,这样就可以减少答案不完整或答案欠缺的现象。另外,在询问中可能得到一些意想不到的数据,使调查者产生新的想法。邮寄调查询问的问题固定,电话调查所费时间又不能过长,所以这两种方法都不如人员访问调查法获得的数据多。

(4) 保持较为完整的样本。邮寄调查回收率较低,而电话调查样本又仅限于那些有电话的人,所以只有人员访问调查既能够选择欲选的人进行调查,又能提高回收率,保持一个较为完整的样本。

(5) 能控制问题的顺序。问题的顺序往往会影响应答者的答案,人员访问调查能够根据情况,按不同的顺序询问。

(6) 有观察的机会。在人员访问时,询问者可以观察应答者回答的一些问题是否正确。比如,关于年龄、种族、职业等问题。

人员访问调查也有一些缺点，比如费用高。一般来说，人员访问调查需要动用较多的人力，需要训练调查员，因此所需费用远远高于其他几种方法。

控制较难。一旦调查开始，调查员就有了很大的独立性，因而对调查员的监督和控制就很困难，有时不免产生某些不负责任甚至欺骗的行为。

容易产生询问偏见。因为是面对面的询问，所以调查员的询问态度或语气有时不免对应答者发生一定的影响，从而产生询问偏见。

（二）邮寄调查

邮寄调查可以通过几种途径将问卷送到应答者手中，一般最常采用的是邮寄。研究者将设计好的问卷连同回邮信封邮寄给应答者，应答者填妥后寄回。另外，还可采用置留、期刊插页和产品标签的形式。置留式的调查，一般由调查人员将问卷分发给应答者，应答者填妥后寄回或由调查人员收回。期刊插页和产品标签可以被用来发放问卷，由应答者填妥后寄回。

邮寄调查有如下优点：

（1）调查可覆盖的区域广。邮政所达之地，皆可以作为调查对象的选择之地。

（2）无询问偏见。如上所述，面对面的询问时，调查员的询问态度或语气有时会影响应答者填写问卷，所以人员访问调查容易产生询问偏见，邮寄调查则不存在这一问题。

（3）费用较低。邮寄调查虽然也要支付人工和邮费，但这笔费用比起雇用调查员进行访问需要花费的人工费、训练费和差旅费要少很多。

（4）时间充足。人员访问调查和电话调查都受时间的限制，对于一些复杂的问题不能立刻作答。邮寄调查则允许应答者有较长时间的考虑，应答者可以从容地填写问卷和回答问题。另外，邮寄调查对应答者无时间压力，可以在闲暇时回答，不影响其正常工作。

邮寄调查的缺点主要是：回收率低，在市场营销的学术研究中，20%的回收率已经可以接受[1,2]；费时，问卷往返需要较长的时间；易发生代替现象，有时应答者收到问卷后，自己没有时间或不愿回答而找别人替代，这会破坏样本的代表性；受问卷限制，不适合做深度询问。

（三）电话调查

电话调查是调查者通过电话向应答者提出问题，汇集答案的数据收集方法，适合于一些内容简单的调查。与其他几种方法相比，电话调查有以下一些优点：

（1）经济。在我们所介绍的几种方法中，电话调查所需费用可能只比网上调查大。

（2）省时。能够以最快的速度收集信息。

（3）易于被不易接触的应答者接受。有些人工作忙或不愿与人接触，如果对其进行电话访问，他们就比较容易接受。

（4）易控制。因为可以将调查员安置在同一间办公室内，所以研究的组织者可以比较容易监督和控制电话调查员的工作。

电话调查的主要缺点是调查难以深入，只能做内容简单的调查。

（四）网上调查

网上调查是借助于互联网来与被调查者接触以收集数据或资料的一种调查方法，可以再分为网上问卷调查、网上焦点座谈和跟帖调查等几种方法。

网上问卷调查法，有主动式和被动式两种。主动式指调查者利用 E-mail、QQ 或微信的方式向被调查者发放问卷,请求被调查者填写并返回。被动式指把问卷放置在 www 站点上,等待访问者在访问时自愿填写。示例 3-1 是关于调查宝(www. surveyportal. cn)的一个简单介绍。它的基本功能向用户免费开放,只要注册就可以使用。通过调查宝这一在线问卷调查系统,用户既可以进行主动式网上问卷调查——通过 E-mail、QQ 或微信邀请的方式向此前确定的相关人员发送问卷填写,或者使用调查宝的样本服务,邀请样本库成员填写问卷;也可以进行被动式网上问卷调查——将问卷分享至博客、微博、QQ、人人网等社会化网络中或者嵌入网站中,等待访问者在访问时填写。

示例 3-1

调 查 宝

调查宝是一个简单易用的在线问卷调查系统,由上海南康科技有限公司创建于 2010 年。它的界面友好、使用简捷,每个人都可以轻松地开展调查活动。通过这个系统,用户可以进行在线调查问卷的设计、调查数据的收集和统计以及统计结果的生成。它的基本功能向用户免费开放,同时也以较低的价格提供高级版本以及增值服务。与其他调查系统相比,调查宝具有快捷、易用、低成本的优势,因此被企业和个人大量使用。

调查宝使用流程如下:

(1) 问卷设计。调查宝的问卷设计界面为所见即所得的设计问卷界面,支持 28 种题型,可以在问卷中设置跳转逻辑、引用逻辑、给选项设置分数等多种功能,同时还提供数十种专业问卷模板供选择。

(2) 个性定义。用户可以对自己设计的问卷进行多种属性的设置(如是否公开,是否设定密码等),也可以对问卷的外观以及完成后的跳转页面等进行个性化的设定。

(3) 多种方式发送。用户可以通过邮件邀请的方式来发送问卷,也可以将问卷直接分享至微博、QQ、人人网等社会化网络,还可以用 iFrame 和 webservice 等方式嵌入到网站或者博客中。

(4) 统计分析。调查宝向用户提供实时的在线单题统计、分类统计、交叉统计等统计方式,允许用户自定义统计分析报表,用户可以在线查看分析,也可以下载分析报告或原始数据。

(5) 质量控制。调查宝提供了配额管理和自定义筛选规则的功能,可以按照用户的要求严格控制调查的质量,使每一个调查都能够严谨、高效地执行。还可以根据填写问卷所用时间、来源地区和网站等筛选出符合条件的答卷集合。

(6) 下载调查数据。调查完成后,用户可以下载统计图表到 Word 文件保存、打印,或者下载原始数据到 Excel,进而导入 SPSS 等分析软件做进一步分析。

资料来源:根据调查宝网站(http://www. surveyportal. cn/,2013 年 6 月 6 日读取)的资料改写。

网上焦点座谈法指下面一种网上调查方法:调查者在同一时间随机选择多位被访者,弹出邀请信,告知他们被邀请进入一个特定的网络聊天室,共同讨论对某个事件、产品或服务的看法和评价;然后,调查者记录和分析被访者的言论。

跟帖调查法指调查者通过 BBS、博客、微博、QQ、人人网等社会化网络以发布消息的方式给出调查问题,然后等待跟帖,获取相关的数据和资料。

与传统的调查方法相比,网上调查有其独特的优势。

(1) 经济。费用较省,调查费用主要是设计费、奖励和数据处理费;可以节省访员劳务、印刷、录入、复核、交通、联络等时间和费用。

(2) 有规模效益。前期投入后,后面的调查只需给被调查者少许奖励,因此有规模效益,适合进行规模较大的调查。

(3) 便捷。无时空、地域限制,只要是网络覆盖的地方,都可以成为调查的范围;调查可以全天候进行,被访问者可自行决定时间和地点回答问卷,非常便利。有时,在调查中只需搭建平台,数据库可自动生成,很快就可以得到所需数据或资料。

(4) 灵活。可以进行传统调查难以进行或难以控制的操作,如"题目顺序循环"、"量表题项循环"和"卡片随机抽取"等。

(5) 个性化。可以通过相关技术,使不同的受访者所看到的问卷形式更具个性化,有针对性,从而增加亲和力和回答问题的兴趣。还可以借助网络,展示图片、文字介绍、声音等声像资料,使填写问卷的过程不枯燥。

(6) 易监控和纠错。如果设计得好,可以对调查进行全程监控,从而有效避免访问员作弊、录入人员出错等偏差;还可以在受访者回答问卷的过程中,实现"题目之间逻辑错误检查"、"多选题目的选项之间逻辑错误检查",节省查错、复核等后续工作的时间。

当然,网上调查也有局限性。比如,网上调查选择的调查对象只能是网络用户,因此如果当总体包括非网络用户时,网上调查就可能出现较大的偏差;缺乏人际之间的情感交流,很容易出现拒答的现象;当为了提高回答率而支付报酬时,又可能会出现多次重复填写的现象。此外,因为垃圾邮件的大量存在,邀请函常常会被当做垃圾邮件删除。

二、调查方法的确定

很显然,上述各种调查方法中没有哪一种绝对优于其他,因此调查方法的优劣只是相对的,需要根据具体情况确定。在实际调查工作中,人们常常使用以下标准来全面衡量这些方法:

第一,问卷复杂性。尽管研究者总是试图使问卷尽量简单,但是进行一些特殊项目的调查却必须使用相对复杂一点的问卷。在这方面,人员访问调查法显然优于其他方法,它可以使用任何一种问卷。邮寄调查和电话调查一般不宜采用过于复杂的问卷。

第二,数据量。与问卷复杂性紧切相关的一个标准是数据量。应答者提供数据量的大小一般取决于问卷的复杂程度和询问花费时间的多少。想获得的数据量越大,调查所采用的问卷就会越复杂,询问的时间也就越长。

第三,数据准确性。调查所得数据的准确性受许多因素的影响,比如询问者的提问方式、抽样方法和问卷设计的水平。在这些方法中,没有哪一种方法在数据准确性方面占有绝对优势。但只要组织得好,不管采用哪种方法都可以得到较为准确的数据。

第四,调查者影响。在调查中,调查人员的询问语气、用语和态度都会对应答者产生影响，从而使数据失真。对这种影响的控制是提高数据准确性的一个重要方面。

第五，样本控制。样本控制包括前后衔接的两个问题，一是样本选择的范围，二是一旦样本选定后能使样本回答问题的比率。电话调查和网上调查在第一个方面受到很大限制，邮寄调查在第二个方面有很大欠缺，只有人员访问调查在这两个方面都比较好。

第六，速度。电话调查和网上调查在这方面占有明显优势，人员访问调查次之，邮寄调查所费时间最长。

第七，费用。调查费用取决于调查的种类、问卷的性质、回收率、调查覆盖的地理范围和调查所用的时间等多种因素。一般来说，人员访问调查所需费用最大，因为除了需要支付调查人员的工资和其他方面的费用以外，还需要支付较大的差旅费。

表 3-1 显示了各种调查方法在这七个方面的相对优势。当然在实际工作中，还可以根据要求选择一些其他的标准进行判定，而不一定局限于这七个。

表 3-1　四种调查方法的优劣比较

判断标准	询问方法			
	人员访问调查	邮寄调查	电话调查	网上调查
问卷复杂性	优	差	良	差
数据量	优	一般	良	一般
数据准确性	一般	良	一般	良
调查者影响	差	优	一般	优
样本控制	优	一般	一般	差
速度	一般	差	优	优
费用	差	良	良	优

这里用一个例子说明如何应用这些标准确定询问方法。有一个研究者在考虑采用哪种方法进行调查时，做了以下初步评定。他先按照七个方面给四种方法打分，优 4 分、良 3 分、一般 2 分、差 1 分。然后列表算出总分，如表 3-2 所示。初步评定的结果是，这项调查采用电话调查比较好。

表 3-2　四种询问方法的优劣比较

判断标准	询问方法			
	人员访问调查	邮寄调查	电话调查	网上调查
问卷复杂性	4	1	3	1
数据数量	4	2	3	2
数据准确性	2	3	2	2
调查者影响	1	4	2	4
样本控制	4	2	2	1
速度	2	1	4	4
费用	1	3	3	4
总分	18	16	19	18

实际上,对于不同的调查,以上各个标准的重要程度是不同的,因此我们可以根据各个标准在某一特定调查中的重要程度赋予它们相应的权数,然后再计算总分,进行比较。这样就能保证所选择的方法更适合于特定的调查。这种评分比较法虽然比较主观,但对于我们在选择调查方法之前全面考虑调查的特性和适宜的调查方法会很有帮助。

三、固定样本调查

固定样本调查是指研究者应用抽样方法先确定部分个人、家庭或单位作为固定样本,然后定期或不定期地从样本成员那里收集数据的方法。有两种形式:一种是连续的固定样本调查,即请样本成员按某一固定的时间间隔向调查者提供数据;另一种是间断的固定样本调查,即调查者根据需要,不定期地要求样本成员在接到通知以后提供有关数据。

连续的固定样本调查在消费者购买行为分析、商品存货水平调查和广告媒体研究中应用最为普遍。这种调查通常采用日记簿的形式进行,即调查者给固定样本中的每一个成员一本日记簿,然后样本成员按照要求的项目逐日记载有关活动,并按期(如每星期或每月一次)将日记簿寄给调查组织者。在消费者购买行为分析中,调查者一般要求样本成员逐日记载他们的购买支出情况,例如购买商品的品牌、购买量、价格、包装和购买地点等,以期获得消费者购买行为的数据。在商品存货水平调查中,调查者将批发或零售定为样本成员,收集有关商品的零售、存货和价格等数据。在广告媒体研究中,调查者通过样本成员的日记簿可获得有关视听时间、观众、听众或读者所喜好的节目或栏目等数据。

间断的固定样本调查,样本成员由那些愿意合作的应答者组成。当调查者需要某方面的数据时,将调查问卷寄出,样本成员填好后寄回。间断的固定样本调查多为专业的市场调研机构采用,它们会根据客户的要求随时启动调查程序。

固定样本调查与上面介绍的几种方法是相互交叉的关系。它可以使用其中的任何一种方法,不同之处在于:它的样本是固定的同一批对象。它是一种特殊的调查组织方式,而不是一种独特的与被调查者接触的方式。固定样本调查有如下一些优点:

(1) 可提供动态数据。因为固定样本调查是使用同一个样本定期或不定期地做多次调查,所以所得的数据就随调查的时间不同而不同,具有了动态性。如果市场调查的主要目的是了解消费者购买行为的转变,那么使用这种数据便于前后进行比较,效果特别好。

(2) 可获得重复购买率数据。一个新产品是否成功不在于他们推出时有多少人尝试它,而在于尝试它的人中有多少能够成为它的重复购买者。固定样本调查可提供消费者重复购买率的数据,帮助企业判断谁是企业的忠实顾客。另外,这种数据对于企业预测新产品的销售水平和市场占有率也非常重要。

(3) 样本成员可以作为实验对象,用来进行新产品测试。关于实验的内涵和具体内容,本章后面将详细介绍。

(4) 可获得品牌转换数据。通过固定样本调查,比较多次调查所得的结果,便于发现消费者对于某一品牌的态度是否发生了变化以及在购买时是否发生了品牌转换(即从经常购买一种品牌转变为经常购买另一种品牌)。

固定样本调查也有一些局限或缺点,在使用时需要特别注意:

(1) 代表性差。固定样本一般按随机原则抽出,所以理想的固定样本在结构上应尽量与总体相似。固定样本很难做到这一点。比如,总体中消费者的收入按一定的比例分为高、中、低,固定样本中消费者的收入也应按近似的比例分成高、中、低。但是,往往高收入的消费者不愿合作,即使酬金很高也不愿意。低收入者虽然愿意参加,但是他们中有些人正确填写问卷的能力很差,不适合作为样本成员。如果不注意控制,固定样本中中等收入的消费者就会偏多,降低其代表性。其次,样本成员有时会因一些偶然原因(如死亡或他迁)中途退出,此时虽可补充新的成员,但无形中破坏了原有样本的随机性。再次,还有部分成员在作为样本成员期间社会地位有所变化,这会改变原有样本的构成比例,也会降低固定样本的代表性。最后,那些愿意合作和不愿意合作的人本身在心理上或个性上可能就有很大差别,他们对于很多问题的看法可能会有不同,所以用那些愿意合作的人去代表那些不愿意合作的人之态度和行为,本身就存在偏差。

(2) 报告容易失真。在长期填写购买日记的情况下,消费者作为样本成员可能对产品的质量和特色更加留心。在选购产品之前,他们可能会有意无意地收集更多的信息以支持他们做出他们认为更加合理的购买决定。果真如此,样本成员的购买行为就与一般消费者的购买行为大相径庭,从而使数据失真。隔一定时期换一个固定样本,能够在一定程度上解决这个问题。不过,这样做会增加调查组织工作的难度和费用。

(3) 成本较高。消费者之所以愿意合作,成为研究者长期调查的对象,是因为他们希望得到某种形式的报酬。不管是货币形式还是非货币形式的报酬,都会大大地提高调查成本。通过几项调查使用同一个固定样本的方法,由于调查费用由几个项目分摊,可以降低使用这种方法的成本。

第三节　实验调查法

实验调查法,是通过实验收集数据的方法。它的最大优势在于,通过变量和实验程序的控制,研究者可以更有把握地进行变量之间因果关系的判断。因此,它是因果关系调研中一种最常用的方法。

一、实验的本质

所谓实验就是指实验者通过改变一个或几个变量的方式(称为处理),测量它们对另一个或几个变量的影响。被处理的变量叫自变量,反映自变量影响的变量叫因变量。因变量的变化水平取决于自变量的变化水平。

比如,有这样一个零售商,他总是以每单位 10 元的价格出售某一商品,一星期总能售出 100 单位。为了考察价格水平对销售水平的影响状况,他将价格提高到每单位 12 元,持续销售一个星期。一个星期后,他发现销售量降到了每星期 50 单位。在这个例子中,价格是自变量,销售量是因变量。因为价格变动后销售量也变动了,所以这个零售商很容易得到如下结论:价格水平对销售水平有负向的影响。

然而,在下这个结论之前,零售商必须确认实验中没有其他因素的干扰。比如,如果这一个星期这一地区的天气极差,或出现了一个强大的竞争者,那么零售商就不能把销售水平的下降全部或主要归因于价格水平的提高。

实验的目的,就在于建立和确认不同变量或因素之间的因果关系。一般而言,我们需要使用三种证据来做出事物之间存在因果关系的推论,即伴随变化、相继发生和没有其他因素的干扰(参看第二章第二节)。设计良好的实验可以通过控制实验环境和实验过程,显示这三种证据,从而建立我们对于变量之间存在因果关系的信心。不过,如果实验设计不科学,实验结果中可能存在很多误差,据此推断的因果关系也是不可靠的。

二、实验效度与影响实验结果的误差

通过实验我们所观察到的变量之间的因果关系,在多大程度上反映变量之间真实的因果关系,这是实验效度要考虑的问题。实验效度有内部效度(internal validity)和外部效度(external validity)两种。[3] 当我们能够确定因变量的变化是由研究者对自变量的操控而引起的,我们就说实验有内部效度。如果因变量的变化受到许多其他变量的影响或干扰,我们就很难断定自变量和因变量之间是否存在真正的因果关系,实验也就缺乏内部效度。内部效度是一项实验设计必须具备的一个最低要求。没有内部效度,我们就无法推断因变量的变化是由自变量的变化引起的,还是由其他外生变量引起的,也就无法建立变量之间的因果关系。内部效度要求研究者控制外生变量(后面将详细介绍)。

当我们能够确定实验中发现的因果关系可以用来正确地推断实验之外的情况时,我们就说实验有外部效度。实验结果越具有普遍意义,适用的范围越大,实验的外部效度就越高。

我们当然想设计一个既有内部效度又有外部效度的实验,但在实际的应用中,我们经常不得不在一种效度与另一种效度之间进行权衡,做出取舍。比如,为了控制外生变量,研究者可能需要在一个人工环境中进行实验。这虽然能够提高内部效度,但却可能降低外部效度,因为人工环境中的实验忽视了现实世界中其他相关变量的交互影响。相反,如果进行现场实验,虽然外部效度提高了,但是因为无法控制许多外生变量,实验的内部效度下降了。因此,我们需要根据一项实验的具体情况和可能出现误差的严重程度,尽量兼顾内部效度和外部效度两个方面,进行实验设计。

影响实验结果的误差很多,不同的教材中有略微不同的表述[3—5],我们这里采用图尔和霍金斯(Tull and Hawkins)[5]的分法,将其分为十种,即前期测量误差、生理条件误差、历程误差、工具误差、选择误差、流失误差、相互作用误差、反应误差、测量时间误差和替代情境误差。

(一) 前期测量误差

假设有一家啤酒厂想了解他们生产的啤酒在消费者心目中的地位变化及其影响因素,需要进行一项实验。作为样本中的一员,你被要求填写一份问卷,其中有量表测量你对他们啤酒的态度。这种牌子的啤酒虽然你有耳闻,但以前从未喝过,因此你给了比较低的评价。两天以后,由于这次调查的缘故,你第一次喝了这种啤酒,并且觉得不错,以后经常饮用。三周以后,同一调查员找到你,给了你一份类似的问卷请你填写。这次,你给了该啤酒极高的评价,你对该啤酒的消费量也有所增加。

是什么使你的态度发生了转变呢? 尽管这个啤酒厂可能增加了广告,降低了价格,改变了包装,或者改变了其它一些因素,但是促使你态度发生转变的真正原因却是在第一次调查中对你的态度的测量——这次调查引起了你对该啤酒的特别关注，进而尝试和喜欢。

前期测量误差（pre-measurement error），就是指前一次测量对后一次测量有直接的影响，从而使实验结果失真的现象。当被试知道他们正在被观察或测量时，最容易产生前期测量误差。后面将要提到的一些实验设计可以降低或消除这种误差。

（二）生理条件误差

随着时间的流逝，在实验中，被试的生理和心理状况会发生变化。如果这种变化影响了因变量的变化，那么就会产生生理条件误差（maturation error）。生理条件误差也被一些学者按照英文原意翻译为"成熟误差"[3,4]。

比如，试验从中午两点一直持续到下午五点。在开始时，被试精力充沛，应答积极，但在结束时，则会又饿又渴又累，注意力不集中。这些生理上的变化可能会反映到心理上，从而影响对因变量的测量。生理条件误差是几乎每一项实验调查都需要面临的一个问题。所幸的是，大部分实验设计都能够控制它。

（三）历程误差

历程误差（history error）也被人按照英文原意翻译为"历史误差"[3]。实际上，这里英文的 history，并不是指以前发生的事件，而是特指那些在实验过程中两次测量之间发生的对因变量有一定影响的偶发事件，而 history error 就是指这类偶发事件给实验结果带来的误差。

比如，一个石油商店先测量了它在某一个地区的销售水平，而后开始了为期一个月的促销活动。在这期间，密切关注销售水平的变化。但是，由于其竞争者降价和气候异常——天气暖和，促销活动所带来的销售水平的变化完全被抵消了。这样，促销后的销售水平与促销前没有什么两样。如果由此得出结论"促销活动没有任何效果"，则此结论中就存在历程误差。历程误差会影响实验的内部效度，是实验设计要考虑的主要误差之一。

（四）工具误差

工具误差（instrumentation error）是指在实验期间由于测量工具或测量程序的改变而产生的实验结果与实际情况的背离。比如，实验前我们对消费者态度的测量是用人员访问法进行的，但实验后却采用其他方法进行。这样，两次测量在结果上的差异就很有可能是由于改变了测量工具和程度而引起的。另外，同一调查员前后两次调查时可能态度不同，这也可能引起被试态度的变化，产生工具误差。

（五）选择误差

大部分的实验至少需要两个组，一个是实验组（也称为处理组），另一个是控制组（也称为对照组）。选择误差是由于实验组和控制组在实验前就存在差异（态度、行为或反应倾向）而导致的实验结果失真的误差。如果被试自己选择组别或由研究者根据主观判断为他们选择组别，就容易产生选择误差。根据随机原则为被试分组，可消除或减少这种误差。

（六）流失误差

流失误差（mortality error）也被直译为消亡误差，意指由于被试中途退出（如不愿继续合作）而致使实验组和控制组中失掉某种特殊类型的被试而产生的实验误差。

比如，一家牙刷厂进行一项新产品的测试。这个新产品虽然使用不便，但是洁齿防龋的效果很好。实验分为两个组进行，一个是实验组，另一个是控制组；实验时间为一年。在这一年中，两组中都有个别被试由于他迁或意外事件中途退出。由于两个组基本相同，且实验的样本很大，所以这不会使实验结果发生实质性的变化，也即流失误差不严重。

但是，实验组中由于一些被试认为使用这种牙刷不方便而退出实验，致使实验组中被试的构成发生了很大的改变——继续参加实验的被试，与那些退出实验的被试相比，更注重他们的牙齿健康。这样，实验组中的被试就比控制组中的被试更经常刷牙。即使新牙刷对人们的牙齿并没有多大影响，但是实验组与控制组的这个差别很可能使两个组被试牙齿的健康状况不一样。如果由此得出“新产品确实有更好的效果”这样一个结论，其中就存在流失误差。

（七）相互作用误差

相互作用误差（interaction error）是指由于前一次测量使被试对实验中自变量的变化更加敏感而导致的误差。相互作用误差与前期测量误差很像，不同在于：前期测量误差是指前一次测量本身对实验结果的影响，而相互作用误差则是指前一次测量提高了被试对实验中自变量变化的敏感程度而导致的对实验结果的影响。

我们可以用解释前期测量误差时用过的例子说明相互作用误差的特性。在那个例子里，前期测量误差是由于被试在第一次调查后出于好奇心去尝试那种牌子的啤酒而产生的。如果被试不是由于第一次调查本身，而是由于第一次调查后使其对相关自变量（如这种牌子的啤酒的价格或广告）更加敏感，特别容易受这些自变量变化的影响，才增加对该啤酒的消费，那么实验结果中就存在相互作用误差。

（八）反应误差

反应误差（reactive error）因人工的实验环境或实验组织者的行为对因变量发生影响而产生。在实验中，被试并非完全被动的，他们可能会根据实验环境或实验组织者的行为来判断他们“应该”选择的“正确”答案。一旦被试揣摩和希望迎合实验组织者的心思，实验结果就会产生反应误差。反应误差无法通过实验设计消除，而只能通过实验的组织与安排消除。后面，在讲解实验室实验时，对此有详细介绍和讨论。

（九）测量时间误差

测量时间误差（measurement timing error）是由于测量实验结果的时间不当所引起的实验误差。我们总是期望在实验之后马上得到实验结果，但是许多自变量对因变量的影响是长期的。短期看，很难发现实验影响的存在。对于具有这种性质的实验，如果实验后马上测量，就会出现测量时间误差。

比如，品牌价值来源于品牌资产，包括顾客对品牌的认知、顾客对品牌的忠诚度、顾客对产品质量的感知（perceived quality）、顾客对品牌产品在使用或消费过程中产生的附加联系（brand associations）、品牌资产的其他专有权（如专利、商标、营销渠道中的分销成员之间的关系）等。[6]但是，品牌资产是经过企业长时间的营销努力不断积累起来的，是营销磁滞的长期积淀。[7]如果一个研究者试图在企业的一次广告之后马上检验广告对于该企业品牌价值的贡献，他可能会很失望，因为他会发现，测量结果显示：该广告对企业品牌价值的提升没有任何作用。实际上，这可能并不是事实，因为他选择了错误的测量时间。

（十）替代情境误差

如果实验所使用的实验情景与实际情景不同，就会产生替代情境误差（surrogate situation error)。比如,一个商店进行一项市场测试,目的在于了解它的一种商品降价后,销量会增加多少。在实际情境中,一旦这个商店对这种商品降价,它的竞争者(附近的其他商店)要么置之不理,要么也采用降价手段回应。如果测试所使用的情境与竞争者的反应不符,替代环境误差就产生了。

以上十种误差,均与实验的内部效度相关;除了后三种以外,均可以通过实验设计加以控制。一般而言,欲控制的误差越多,实验所需要的费用越大,设计也越复杂。另外,能够有效控制一类误差的实验设计,可能并不能有效地控制其他误差。因此,实验设计的目的不在于消除各种误差,而在于消除那些在给定的环境下最可能产生和最严重的误差。

三、实验设计

实验设计是对实验内容和步骤的策划,明确说明实验以什么为对象、做什么、何时做以及如何做等问题。根据是否应用统计工具提高外部效度,实验设计被分为两大类:基础性实验设计和统计性实验设计,如图 3-1 所示。

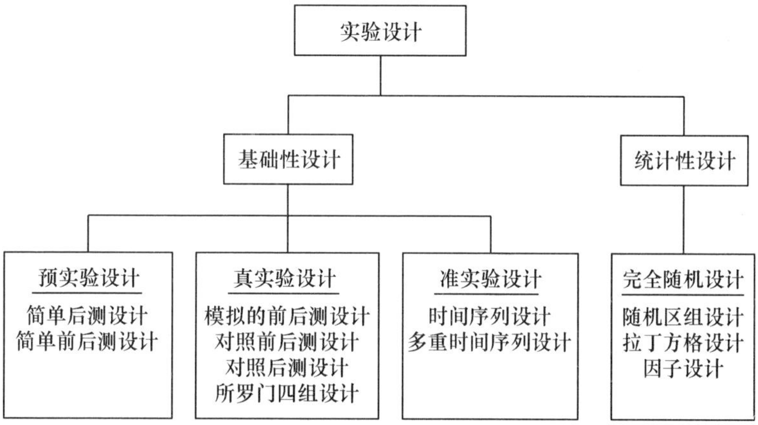

图 3-1 实验设计的分类

基础性实验设计(basic design)是实验的基础,用以控制实验中可能存在的各种误差,提高实验的内部效度。如前所述,内部效度是一项实验设计必须具备的一个最低要求。如果没有内部效度,我们就无法推断因变量的变化是否由自变量的变化引起,外部效度也无从谈起。因此,这类设计被称为基础性的设计——它既是实验必须具备的,也是统计性设计的基础。根据是否使用随机化和对照方法,实验设计又被分为预实验设计、真实验设计和准实验设计三种[3-5],如图 3-1 所示。

- 预实验设计(pre-experimental design),不用随机化方法控制外部因素的影响,包括后测设计和前后测设计两种。
- 真实验设计(true experimental design),用随机化方法控制外部因素的影响,即被试或测试单位被随机地分派到处理组和控制组中,并将两组的实验结果进行对照。这类设计包括有对照组的前后测设计、对照前后测设计、模拟的前后测设计和所罗门四组设计。
- 准实验设计(quasi-experimental design),不能完全操纵测试单位的进程和自由分配测试单位到不同的组别中，但却采用了部分真实验的方法或措施控制实验误差。准实验设计包括时间序列设计和多重时间序列设计两种。

统计性实验设计(statistical design)是在基础性实验的基础上，运用统计方法控制外生变量，提高实验外部效度的实验设计方法。常用的统计性设计，包括完全随机设计、随机区组设计、拉丁方格设计和因子设计。

(一) 基础性实验设计

在描述具体的设计之前，先介绍一下下面所要使用的符号和名词。

MB：前测(before measurement)，意指在自变量被处理以前对因变量进行的测量。

MA：后测(after measurement)，意指在自变量被处理以后对因变量进行的测量。

X：处理(treatment)，意指改变自变量，也称操纵。

R：意指按随机原则选择被试或分配小组成员。

实验组：参加实验的被试分成的组别，包括处理组和对照组。

处理组：自变量被改变的一组。

对照组：自变量保持不变的一组，或称控制组。

1. 简单后测设计

简单后测设计是一种预实验设计，指对自变量处理之后，测量自变量的变动对因变量的影响。用符号表示就是：

X	MA

这是实验设计中最简单的一种，因为它过于简单，所以人们一般不认为它是一种实验。这种设计适用的情况是：子样本(sub-sample)之间的比较。比如，新光罐头厂在正式推出“新光牌”水果罐头之前，欲对A、B、C三种包装的效果进行测试。他们在一个小的区域内同时用三种包装进行试销。一个月后，他们发现：A包装罐头的销量最好，B包装罐头的销量次之(略逊于A)，C包装罐头的销量远低于A、B。于是，他们得出结论，A、B包装可以采用，而C包装应该淘汰。

以下几种情况，都可以考虑使用这种实验设计：

- 一家企业设计了几条广告，企业想知道：哪一条或哪几条效果最好？
- 一条广告播出后，企业想知道：哪些人对这一条广告反应更强烈？为什么？
- 对于企业的某一种产品，企业想知道：哪些人更喜欢它？为什么？
- 企业产品定价：一种产品的价格定在哪个档次能够创造更多的利润？
- 产品包装的选择：哪种包装更受欢迎？

2. 简单前后测设计

简单前后测设计也是一种预实验设计。它除了在实验前对因变量进行一次测量以外，其他方面与简单后测设计完全相同。用符号表示就是：

MB	*X*	MA

与简单后测设计相比，这种设计有一个很大的优点，它可以清楚地显示实验效果。如

果没有误差存在,则两次测量结果之差(MA－MB)就是自变量对因变量的影响程度,也即实验效果。

可以将前面的例子稍加改变来说明简单前后测设计。新光罐头厂欲通过改换包装的方法扩大其产品"新光牌"水果罐头的销路。在改换包装之前,研究者先对新光牌罐头采用旧有包装时的销量增长率做了测量,测量结果为一个月销售额增加了 10%。然后,推出新包装。一个月后,对采用新包装以后销售增长率的测量结果为 20%。于是,研究者得出结论:采用新包装比采用旧包装可以使罐头的销售额每一个月多出 10%。

以下,是几种简单前后测设计的例子:

- 在一群人中,一条广告播发之前有 20% 的人知道我们的产品;这条广告播发以后,知道我们产品的人上升为 40%。
- 一个竞争者介入之前,我们产品的市场占有率为 15%;这个竞争者介入之后,我们产品的市场占有率下降为 10%。
- 产品质量提高之前,销售额为 500 万元;产品质量提高之后,销售额降为 400 万元。
- 换新包装之前,在某一个商店购买的人为每天 20 人;换新包装之后,在这个商店购买的人降为每天 15 人。

这种实验设计得出的实验效果可能会存在多种误差,如图 3-2 所示。实验效果中可能有自然扩散的效果,也可能包含实验效应(如前期测量误差和相互作用误差)和其他因素影响的效果,因此使用这种设计在比较前后两个测量结果之前,我们必须认真考察在实验期间是否有其他因素的干扰。若有,则需要对其影响方向和影响程度加以估计,以便使实验效果比较准确地反映自变量对因变量的影响。

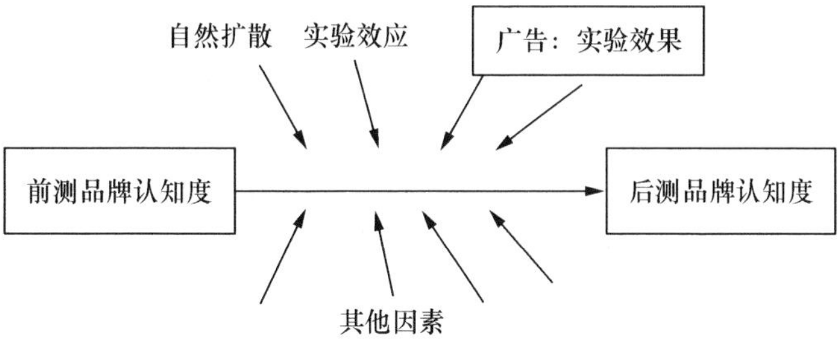

图 3-2　自变量对因变量的净影响

3. 模拟的前后测设计

这种设计的目的,在于当把人作为实验单位进行实验时避免简单前后测设计由于实验效应的存在而可能产生的一些误差,如前期测量误差和相互作用误差。它通过随机化的方法选择被试,并使用不同的被试进行前测与后测,消除了实验效应的影响。也由于采用随机化的方法选择被试,而成为一种真实验设计。用符号可以表示为:

R	MB_1		
R		X	MA_2

模拟的前后测设计的实验效果仍然是 MA 和 MB 之差，但是前测和后测的对象是不同的被试。比如，我们要通过模拟的前后测设计了解一条广告为企业某产品带来的知晓(awareness)效果。我们先随机抽取一组人，在一条广告播发之前对其进行测量，结果有20%的人知道我们的产品；然后，播发广告，并在广告播发后的一个月，再随机抽取一组人进行测量，结果发现知道该产品的人上升为40%。于是，我们可以得出结论：这条广告在观察期内为企业这一产品带来的知晓效果为20%。

再比如，用前面新光罐头厂的例子。在换新包装之前，我们随机确定数家商店进行测量，发现在这些商店购买的人为每店每天20人；换新包装之后，再随机确定数家商店，结果发现在这些商店购买的人降为每店每天15人。由此得出结论：新包装在观察期内并没有增加罐头的销售量。

这种设计虽然可以消除前期测量误差和相互作用误差，但却无法消除实验结果中的其他误差，特别是历程误差。

4. 对照前后测设计

对照前后测设计是一种真实验设计。它是在简单前后测设计的基础上，加一个对照组，用符号表示为：

R	MB_1	X	MA_1
R	MB_2		MA_2

比如，一项实验欲了解商品展销对商店销售水平的影响。研究者在一个地区按照随机原则选择了十家商店作为处理组，十家商店作为对照组。然后，在处理组的十家商店进行商品展销活动，而在对照组的十家商店不进行商品展销活动。在展销之前和之后，两次测量每一组的销售额。最后，把两个组的销售额上的变化进行比较，得到商品展销的效果为：

$$\text{实验效果}:(MA_2 - MB_2) - (MA_1 - MB_1)$$

用前面新光罐头厂换新包装的例子来说明。随机地将100家商店分成两组：处理组与对照组。换新包装之前，分别对两组进行测量，两组商店每天每店销售罐头的平均数分别为10听和8听。然后，在处理组的商店中用新包装销售，在对照组的商店中仍用老包装销售。一个月后发现，处理组的商店每天每店销售罐头的平均数为20听，而对照组的商店每天每店销售罐头的平均数为15听。那么改用新包装的效果是：

$$\text{实验效果}:(20 - 15) - (10 - 8) = 3(\text{听}/\text{天}\cdot\text{店})$$

这种设计首先可以控制选择误差。如果我们只比较 MA_1 和 MA_2，因为处理组和对照组在实验前的销售情况就有可能不同，所以($MA_1 - MA_2$)就很可能是由起点不同造成的。分别对两个组进行前期测量，可以避免这一点。其次，前期测量误差对实验结果的影响也可以得到控制。因为两个实验组都有前期测量，故前期测量对实验结果的影响在两个组是基本相同的。最后，历程误差、生理条件误差和工具误差对于处理组和对照组的影响也大致是一样的，因此这些误差也被控制住了。

但是，此设计经常产生相互作用误差。比如，有一个研究者进行一项邮寄广告对消费者态度影响程度的实验。首先，他按照随机原则选择了一组消费者，并对他们进行了前期测量。然后,其中的一半接到了他寄出的邮寄广告(处理组),另一半则没有(对照组)。广告寄出一个月以后,他对两个组进行了第二次测量。由前期测量直接导致的被试态度的变化在两个组是相同的,但是如果前期测量会使被试对某一特定品牌的商品提高兴趣,则它对处理组和对照组的影响可能就不同了。处理组中的被试之所以阅读那份邮寄广告,可能仅仅是因为前期测量使他们对广告中介绍的商品提高了兴趣的缘故。这样,前期测量的影响(提高兴趣)作用于自变量(广告),影响后期测量的结果(态度的变动)。

虽然对照组也会因为前期测量提高对那个商品的兴趣,但是由于研究者没有把广告寄给他们,他们没有机会看到那份广告,所以兴趣的提高也就不会影响他们的态度,也就不会影响后面测量的结果。当研究者比较两个组态度的变化时,其差别就很可能不是自变量的变化引起的,而是因为其中存在着相互作用误差。

当实验单位是消费者或商店时,流失误差可以通过在处理组和对照组的单位之间建立对应关系的办法控制。如果其中一组的一些单位中途退出实验,那么另一组中的相应单位也应被舍弃。

对于那些相互作用误差不存在而控制选择误差又很重要的实验,从成本和误差控制的角度考虑,对照前后测设计也许是最好的一种设计。

5. 对照后测设计

对照后测设计是一种真实验设计。它是在简单后测设计的基础上,加一个对照组,用符号表示为:

R	X	MA_1
R		MA_2

比如,新光罐头厂为了测量其电视广告的促销效果,按照随机原则选取了1 000名消费者进行实验,并按照随机原则将他们中的一半分派到处理组,另一半分派到对照组。因为样本足够大,故不会产生选择误差。先把处理组集中起来看两个小时电视录像。这种罐头的广告和其他一些产品的广告一起穿插在录像节目中播出。然后,给这1 000名被试每人发一张九折优惠供应这种罐头的票证,令其在指定的商店购买。结果对照组购买这种罐头300听,处理组购买400听,实验效果为:

$$MA_1 - MA_2 = 400 - 300 = 100(\text{听})$$

再用前面新光罐头厂换新包装的例子。换新包装之前,随机地将100家商店分成两组:50家处理组,50家对照组。处理组用新包装销售,对照组用原包装销售。一个月后进行测量,发现在处理组中购买的人数为每店每天20人;在对照组中购买的人数为每店每天15人。由此得出结论:新包装在观察期内确实增加了罐头的销售量。

这种设计除了选择误差和流失误差以外,可以控制各种误差,包括相互作用误差。因此,这种设计适用于那种无选择误差而相互作用误差的影响又很大的实验。

6. 所罗门四组设计

所罗门四组设计(solomon four-group design)是一种真实验设计。它由对照前后测设计和对照后测设计组合而成。有四个组,两个处理组,两个对照组;进行六次测量,两次事前测量,四次事后测量。用符号表示为:

R	MB_1	X	MA_1
R	MB_2		MA_2
R		X	MA_3
R			MA_4

因为可以控制前面十种误差的前七种,所以它被称为"理想的实验模型"。后面三种误差的控制只能通过实验环境的选择和控制才能实现,实验设计与它们没有关系。

7. 时间序列设计

时间序列设计(time series design)是一种最简单而实用的准实验设计。这里的"准",意指像,但从严格意义上讲又不是。真实验设计所需的各项条件在现实环境下往往难以满足,比如被试有时不大可能按研究者的意图随机分配到不同的组别中;另外,组建一个严格可对照的对照控制组有时也十分困难。在无法操纵自变量变化(处理)的时间,也无法选择或随机分派测试单位接受或不接受处理的作用时,就需要采用准实验设计。

时间序列设计在自变量变化(处理)的前后,分若干时点对实验单位进行重复测量,从处理前后因变量的变化趋势上判断自变量的影响程度。前测、后测的次数可以不同,但不宜少于3次。[4]用符号可以表示为:

$$MB_1 MB_2 \cdots MB_n \quad X \quad MA_1 MA_2 \cdots MA_m$$

再用前面新光罐头厂换新包装的例子。在换新包装之前,分三个时段,以月为单位,研究人员测量了"新光牌"水果罐头在某一地区的销量,分别为1 000箱、1 200箱和1 500箱。然后,改换新包装,再分三个时段,以月为单位,在同一地区测量其销量。测量结果为2 000箱、2 200箱和2 500箱。因为在第三次测量(1 500箱)和第四次测量(2 000箱)之间有一个大的跳跃式变化,所以我们可以得出结论:新包装确实可以增加罐头的销售量。

时间序列设计可以控制或消除上述多种误差,比如生理条件误差、前期测量误差、选择误差和流失误差等。它的主要弱点是无法控制历程误差,如果在前后测(即上面 MB_n 和 MA_1)之间发生一对因变量有显著影响的事件,那么实验结果中就会有历程误差。另外,因为对测试单位实施多次测量,所以这种设计也有可能有相互作用误差。

8. 多重时间序列设计

多重时间序列设计(multiple time series design)与时间序列设计类似,唯一的不同是增加了另一组测试单位作为对照组。用符号可以表示为:

处理组:	$MB_{11} MB_{12} \cdots MB_{1n}$	X	$MA_{11} MA_{12} \cdots MA_{1m}$
对照组:	$MB_{21} MB_{22} \cdots MB_{2n}$		$MA_{21} MA_{22} \cdots MA_{2m}$

多重时间序列设计是对时间序列设计的改进,它的最大优点是能够在一定程度上控制历程误差和相互作用误差。比如,在上面新光罐头厂换新包装的例子中,我们加上一个对照组,在我们对处理组测量的同时,我们也对对照组进行测量,如对对照组的测量结果依次为1 200箱、1 400箱、1 600箱、1 900箱、2 100箱和2 300箱。将两组测量结果一一对

比,我们就可以更有信心地得出自变量的变化是否影响了因变量的变化。因为在前后测(即上面 MB_{1n} 和 MA_{11} 以及 MB_{2n} 和 MA_{21})之间即使发生一件对因变量有显著影响的事情,那么它对两组被试的影响也应该是大致相同的。另外,因为对两组测试单位都实施多次测量,所以两组被试在相互作用方面也是大致相同的。历程误差和相互作用误差由此而得到控制。

9. 实验设计和实验误差

以上不同的实验设计,可以控制不同的实验误差。表 3-3 是关于这些实验设计和实验误差之间关系的一个小结。其中,“+”表示左边的设计可以控制上面对应的误差;“-”表示左边的设计会受到上面对应误差的威胁;“0”表示左边的设计与上面对应的误差无关。在实际的市场调查与预测中,应根据具体情况,选择合适的实验设计方案。

表 3-3　实验误差与实验设计方案的选择

实验设计方案	可能的误差									
	历程	生理条件	前期测量	工具	选择	流失	相互作用	反应	测量时间	替代环境
简单后测设计	-	-	+	+	-	0	+	0	0	0
简单前后测设计	-	-	-	-	+	0	-	0	0	0
模拟的前后测设计	-	-	+	-	-	0	+	0	0	0
对照前后测设计	+	+	+	+	+	-	-	0	0	0
对照后测设计	+	+	+	+	-	-	+	0	0	0
所罗门四组设计	+	+	+	+	+	+	+	0	0	0
时间序列设计	-	+	+	+	+	-	-	0	0	0
多重时间序列设计	+	+	+	+	-	-	+	0	0	0

注:(1) 根据 Tull and Hawkins[5] 翻译;另参考 Malhotra[3]。

(二) 统计性实验设计

统计性实验设计以基础性实验设计为基础,同时进行多个基础性实验,并运用统计方法进行控制和分析,提高实验的外部效度。它可以测量多个自变量对因变量的影响,还可以控制一些特殊的可能影响实验结果的外生变量。另外,当实验需要对每一个实验单位进行不止一个项目的测量时,它是一种比较经济的设计。常用的统计性设计,有完全随机设计、随机区组设计、拉丁方格设计和因子设计。

1. 完全随机设计

完全随机设计(completely randomized design)是在对照后测设计的基础上,考虑一个自变量的多个水平或多种形式对因变量的不同影响。这种设计的一个重要特色,是每个组的实验单位都按随机原则确定。这就要求实验有相当大的样本。

当企业需要在一个新产品的几种形式、一个产品的几种包装或一则广告的几种设想中选择效果最佳的一种时,就可以采用完全随机设计。比如,上面新光罐头厂为其产品新光牌罐头设计了甲、乙、丙三种不同的包装。现该厂欲从这三种包装中选择一效果最佳者。为此,他们应用完全随机设计对这三种包装进行测试。

首先,按照随机原则从本地区的 100 家食品店中选出 40 家作为实验单位。

然后,再按照随机原则将这 40 家食品店分成 A、B、C、D 四个组。哪一小组作为对照组,哪一小组作为哪一种包装的处理组,也按随机原则定出。结果,A 组为乙种包装的处理组,B 组为丙种包装的处理组,C 组为甲种包装的处理组,D 组为对照组。用符号可以表示为:

R	X(甲)	MA_C
R	X(乙)	MA_A
R	X(丙)	MA_B
R		MA_D

第三步,对各组进行事后测量。

最后,采用数据分析工具对实验结果进行分析(参见本书第七章的相关内容)。

完全随机设计在现场实验中用得不多。因为现场实验所用样本小,实验单位之间的差异很大,又受很多外生变量的影响,所以不适宜采用完全随机设计。但是,在以人为实验单位的实验室实验中,完全随机设计却经常使用。

2. 随机区组设计

完全随机设计基于这样一个假设而成立,即所有参加实验的小组之间对于自变量变化的反应(敏感)程度和实验前被测数值(因变量的基数)是基本一致的。但是,这个假设常常是无效的。比如,下面两种情况:

例一,一项实验要确定某商品使用三种价格水平中的哪一种最好,共有 27 个商店可以作为现场实验的观测单位。这些商店的销售水平为每月 30 万元到 80 万元不等。这种商品在每个商店的销售状况,基本上与所在商店总的销售状况相一致。如果采用完全随机设计,因为这种商品在每个商店的销售更多地受各商店销售规模的影响,再加之实验所用样本太小(27 个商店),实验单位之间在销售规模上差异又很大,所以我们可能看不出价格对商品销售的影响。因为按照随机原则很难选到规模相同的商店,所以完全随机设计不适用。

例二,一项实验要确定一种新型饮料的不同广告设计中何者为优的问题。广告设计的主题有三个,一是突出男性,二是突出女性,三是突出中性。根据突出男性的程度和突出女性的程度,实验者由男到女设计了六种突出男女性程度不同的广告。因为被试性别会影响他们对广告的反应,性别对实验结果的影响程度无法计算,所以这项实验不能使用完全随机设计。若勉强使用,则实验结果可能只是反映样本的性别构成。

如果研究者认为有一主要的外生变量,如被试的销售水平(例一)或性别(例二)会严重影响实验结果,则可以采用随机区组设计(randomized block design)。不过,在使用这种设计之前,研究者必须能够确定或测定这个外生变量。应用这种设计,首先要根据外生变量把实验单位划成区组,各区组内各单位从外生变量的角度看应尽量相同,以保证它们外生变量的反应基本一样。然后,根据随机原则从各区域选择实验单位组成实验小组,进行实验。最后,应用统计分析技巧就可以确定自变量对因变量的影响程度。

下面,我们应用例一来说明随机区组设计的程序。首先,用实验单位的数目 27 除以实验小组的数目3,得需要设置的区组数目为9。区组设置结果与序号如表3-4第一列所示。

表 3-4 随机区组设计表

区组序号	商店序号	实验小组		
		X_1	X_2	X_3
1	1, 2, 3	3	2	1
2	4, 5, 6	4	5	6
3	7, 8, 9	9	7	8
4	10, 11, 12	10	11	12
5	13, 14, 15	14	13	15
6	16, 17, 18	16	18	17
7	19, 20, 21	20	19	21
8	22, 23, 24	22	24	23
9	25, 26, 27	27	26	25

然后,按照月销售额给商店排序,并把它们依次放入各区组中,如表3-4第二列所示。最后,随机地从每一个区组选择一个单位分配到各实验组中,如表3-4后三列所示。其中,X_1、X_2、X_3分别表示采用第一、二、三种价格的实验组。

因为大部分实验都程度不同地受到商店类型和规模、被试的性别、收入或社会地位等外生变量的影响,所以随机区组设计比完全随机设计用途更广。它的主要缺陷是只能够控制一个外生变量。如果有多个外生变量严重影响因变量的变化,它就无能为力了。这时,可以使用拉丁方格设计或因子设计。

3. 拉丁方格设计

拉丁方格设计(Latin square design)可以控制两个外生变量对实验的影响。这种设计也采用与随机区组设计相似的方法划分区域。不过,它要同时按两个变量划分,且划分的结果是一个方格。它要求两个外生变量的水平或区段数目与自变量的水平数目三者相等。

拉丁方格设计可以做成一个如表3-5式的表格,行代表一个外生变量(如销售地区)的区组,列代表另一个外生变量(如商店类型)的区组。这样,整个表就成为由许多小方格组成的大方格。拉丁方格设计的名称即由此而来。有三个区组的,称为3×3拉丁方格设计;四个区组的,称为4×4拉丁方格设计。依次类推。

表 3-5 拉丁方格设计表

销售地区	商店类型		
	大型	中型	小型
A 地	中价	低价	高价
B 地	高价	中价	低价
C 地	低价	高价	中价

方格设计好之后,就要把自变量的各水平随机分配到大方格的各小方格中,并且按如下原则分配:自变量的每一个水平必须在每一行和每一列中出现一次,且仅出现一次。比如,一项实验要确定某种商品售价对销售额的影响程度,两个外生变量如表3-5所示。自

变量的水平(即商品售价)分为高、中、低三档。按随机原则,先将三种价格水平分配到 A 地的三个方格中,为中价、低价和高价。然后,再向 B 地分配三种价格水平。因为中价已经在"A 地"行"大型"列中出现过,所以"B 地"行"大型"列只能在剩下的低价和高价中随机选择一个。假设我们选到了高价,如表 3-5 中"B 地"行"大型"列所示。至此,以下各方格就可直接填出,如表 3-5 中其他各格所示。4 ×4 或 $n \times n$ 拉丁方格的设计方法与步骤与此相同。

拉丁方格设计的优点是能控制两个外生变量,它的主要缺陷有:第一,由于要求行、列和自变量水平数三者相等,所以它的用途受到了一些限制。比如,我们欲对某产品的四种包装进行测试,要控制的外生变量是时间和商店类型。为了使用拉丁方格设计,我们必须能够找出四种类型的商店,而且要在四个时间点上进行四次测试。如果只有三种商店出售这种产品,或时间较为紧迫,则这种设计就不适用了。第二,这种设计一次只能控制两个外生变量。当影响因变量变化的因素超过两个时,则不能使用这种设计。第三,拉丁方格设计只适用于控制那些相互之间或与自变量之间互不影响的外生变量。实际上,在市场营销中,变量之间常常是相互影响的。

4. 因子设计

因子设计可以用来测量两个以上自变量的影响。当各自变量相互作用产生一个自变量单独无法产生的结果时,这种设计特别有用。比如,我们欲制造一种新型果汁汽水,现在需要确定汽水中碳酸和糖的含量多少为好。如果碳酸和糖的含量各有五个水平,我们怎样确定碳酸和糖的含量水平呢?

当然,我们可以先选择一个糖的含量水平,然后把五个碳酸的含量水平依次与这个糖的含量水平组合,让一组被试从这五个组合中选取一个他们最喜欢的。这样,我们就可以把被试最喜欢组合中的碳酸含量水平作为我们应该使用的碳酸含量水平。应用同样的方法,也可以确定应该使用的糖含量水平。但不幸的是,这个方法没有考虑糖含量水平和碳酸含量水平之间的相互作用,因而所选用的很可能不是最佳组合。此时,应采用因子设计。

表 3-6 是针对上面的例子进行的一个 5 ×5 的因子设计。表中,行、列各表示一个自变量的不同水平;两个自变量各水平的每一个可能的组合都有一格。因此,表中共有 5 × 5 = 25 个格。表内的数字,表示经过实验得到的被试对各组合评价的平均值,数值越大,表示被试越喜欢。通过方差分析(本书第七章),容易确定被试对碳酸和糖含量各种组合的偏好程度。

表 3-6 因子设计表

糖含量水平	碳酸含量水平				
	1	2	3	4	5
1	2	4	7	10	12
2	2	3	4	7	8
3	4	6	8	5	5
4	10	15	11	6	4
5	13	9	6	3	2

因子设计既可以是 $n \times n$ 这种正方形的,也可以是 $n \times m$ 这种长方形的。这种设计的

缺点主要是比较复杂，也比较难操作。比如，如果前面的例子中，再加一个因素（如颜色或香型），也有五个水平，那么方格的数目就将增至125个。但是，如果应用拉丁方格设计处理相同的三个自变量，则只有25个方格。

（三）关于实验设计的小结

前面介绍的各种实验设计，没有哪一种是绝对好的。因此，在选择实验设计时，需要综合考虑实验所需成本和决策者对于信息准确性的要求，选择"性价比"较高的设计。换言之，并不是越准确、越可靠的实验就是好的实验，因为实验结果的准确性与可靠性常常是以实验的费用为代价的。

另外，应该注意：实验误差出现的可能性并不等于实验误差本身。比如，虽然前后测设计本身无法控制历程误差，但是应用这种设计进行实验的后果也许并没有受到历程误差的影响。因此，在具体操作时，研究者和决策者应该先判断哪一种实验误差危险最大，然后再选择合适的实验设计去设法控制它。

四、实验环境

实验结果不仅仅取决于自变量的变化，有时实验环境也会起一定的作用。在以人为实验对象时，这一问题尤其严重。为了尽量减少由此而产生的误差，我们应该使实验环境与真实环境相像。

实验环境可以根据人为或自然水平进行分类。所谓实验环境的人为水平，是指在一实验环境中一个被试的行为与他在自然环境下的正常行为之间的差异程度。比如，在实验室里做消费者味觉偏好的实验（比如，三种味道不同的饮料，让被试自由投票选出最喜欢的），实验环境的人为程度就很高。而同一个实验若由 n 个商店采用联合展销的方式进行（在商店里让消费者品尝），人为程度就较低。前者叫实验室实验，后者叫现场实验。实际的实验可能落在这两种极端情况的中间；凡靠近前者的我们统一称之为实验室实验，凡靠近后者的我们统一称之为现场实验。

（一）实验室实验

实验室实验（laboratory experiment）在新产品、包装、广告设计等方面的初始测试中有着广泛的应用。实验室实验可以通过隔离实验环境，有意识地控制、操纵实验条件，最大限度地减少外生变量的影响，这是现场实验很难做到的。另外，实验室实验与现场实验相比，既省钱又省时，所以常常在调查与预测的初始阶段使用这种实验。

直接与其优点相关，实验室实验的最大弱点就是外部效度差，用实验室实验的结果推断实际情况时，可能会有比较大的偏差。另外，实验室实验可能导致反应误差，即被试可能只是对环境有所反应，而对自变量没有反应或反应很小。反应误差可能来自两个方面，一是来自实验环境，二是来自实验组织者。被试在实验环境中并不总是被动的。他们试图了解他们正在干什么，并且总是希望有一正确（即实验实施者希望）的行为。如果环境中有任何线索会透露出实验者的实验意图，那么被试就会按照"正确"的行为行事，结果就会出现反应误差。

比如，对一组被试在实验室中进行某种产品广告促销效果的实验。在实验之前，先测量（前测）被试对这个产品的态度。而后，在30分钟的电视录像节目中插播几则广告。如果在进行后测时被试由于前测的原因,猜到实验者希望通过广告改善消费者对这个产品的态度,则被试就很可能按照实验者希望的样子做出反应,使实验结果出现偏差。

(二) 现场实验

现场实验(field experiment)要求实验者在现场处理或变动自变量,然后测量其影响。它的最大优点,就是实验环境非常接近于真实环境。这会提高实验的外部效度。它的缺点则是缺乏控制,既缺乏对于自变量的控制,也缺乏对于外生变量的控制。

比如,许多现场实验要求批发商或零售商合作,但是这种合作经常难以保证。一个正准备降价的商店,可能会拒绝以某价格经营某一种商品的要求。对于外生变量的控制就更加困难。像天气变化、战争、竞争者的活动等,都是实验者无法控制的。事实上,这些事情往往是在研究者还不知晓的时候就发生了。

现场实验虽然不如实验室实验应用广泛,但是由于它的结果有较高的外部效度或预测效力,所以在市场调查与预测中它经常用于新产品大范围推出前的最后验证。现场实验的主要方法是试销或市场测试(test marketing)。

试销经常用于新产品的开发。一种新产品开展大范围营销活动以前,先在一个或几种地区进行试销。营销组合因素的不同水平经常被用来作为自变量。试销的目的,在于帮助营销管理者找出最佳的因素组合。另外,试销还常常被用来评价价格变化、新式包装、分销渠道的变化和不同的广告策略。

五、作为实验的营销

营销管理人员如果能够正确认识实验的本质并掌握实验设计的相关知识,那么企业的营销活动就是现场实验。一个具有创新精神的营销管理者,应该把企业的营销活动视为一系列正在进行的实验。

在企业的营销活动中,人们一般假定(这也是营销理论的假定)企业的营销业绩(如销售额、市场占有率、利润或其他营销目标)受两种因素的影响:一种是企业可控因素,如产品、价格、分销、促销和关系等;另一种是企业不可控因素,如政治、法律、社会文化和技术等环境因素(参看第一章第三节)。因此,企业的营销业绩可以被看做实验设计中的因变量,企业的可控因素可以被看做实验设计中的自变量,企业的不可控因素则可以被看做实验设计中的干扰因素,如图 3-3 所示。以这种眼光看企业的营销实践,有意识地对企业的营销活动及其顺序进行安排,营销管理者就可以花很少的钱获得极有价值的信息。

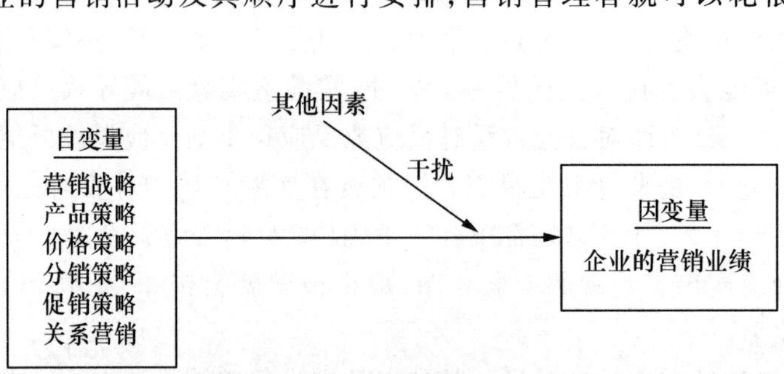

图 3-3 作为实验的营销

如果一个公司拥有多个商店、多个销售区域或经营多种产品,那么它的调查人员就可能以很低的成本进行包装、价格、广告或其他变量与企业营销业绩之间因果关系的实验。这样的调查虽然简单,但是得到的信息却会使企业受益良多。

第四节　观察调查法

观察调查法是指调查人员在现场对有关情况直接观察记录的一种调查方法。采用观察法调查获得数据的手段,不是直接向被调查者发问请求回答,而是在他们未注意的情况下由调查人员使用自己的眼睛或照相机、录音机、录像机等辅助仪器进行观察,并记录观察结果。

一、观察调查法的特性

在日常生活中,我们经常在观察。不过,与我们日常的询问一样,这种观察可能存在较大的偏差。观察调查法是一种“科学”观察,这不同于我们所说的日常观察。

与日常观察相比,科学观察有下述几个特点:第一,有一明确的目的;第二,有事前计划;第三,对观察结果进行详细记录;第四,有意识地控制误差。

使用观察法进行调查,一般要满足下列条件:第一,调查欲了解之事物的特性必须易于观察,像人的动机、态度和其他的心理特性无法观察,只能通过观察到的行为推断,而推断有时是不可靠的;第二,欲观察特性的出现必须既是重复的,又是经常的或可以预见的,虽然观察那些不经常或不能预见的特性并非绝不可能,但是在市场调查中如果等待观察的时间太长,高昂的费用可能使它不适用;第三,欲观察的特性不能持续时间太长,如果持续时间太长,过高的费用也可能使观察失去意义,因为调查的“性价比”(信息的价值与成本之比)不合适。

使用观察调查法收集数据时,抽样成为一个特殊的问题。比如,某商品在某商店展销期间,我们要观察消费者的反应。应该如何抽样呢?显然,我们不能按照随机原则事先选择消费者作为样本,然后跟在后面观察他们,直到他们通过展销地点。我们只能在那些进入商店的顾客中选择和观察。

二、观察调查法的类型

观察调查法可以按五个标准分类,包括自然或人工环境下的观察,公开或伪装的观察,结构性或非结构性观察,直接或间接观察,人类或机器观察。

(一) 自然或人工环境的观察

观察者坐在靠近一个饭店的入口处,观察有多少对夫妻,多少个大小不同的家庭,在特定期间进入饭馆用餐。这个观察者就是在进行自然环境下的观察。这里,没有任何人为因素鼓励或禁止用餐者进出饭店,进出饭店的人不会觉得有什么异常情况发生。

然而,能够在这种自然环境下观察的消费或市场行为很少。很多消费或市场行为的观察,必须在人工环境下进行。比如,一个商店的管理者要观察营业员的服务态度和业务水平如何。当然,他们可以派一些观察员在自然环境下观察各个营业员接待顾客的整个过程。但是,由于大部分顾客都是匆匆忙忙买完东西就走,所以观察员很少有机会看到各个营业员在服务态度和业务水平上的差异。另外,这样做也耗时费力。如果这时管理者委派几个有经验的观察员装作顾客购买物品,在购买的过程中故意制造麻烦观察营业员的反应,既可节省调查的时间和费用,观察结果也更有价值。这就是在进行人工环境下的观察。观察时,被观察者并不知道他正在被观察。

一般来说,观察的环境越自然,观察到的行为越能准确地代表被观察者的正常行为。但与此同时,等待欲观察行为发生的时间越长,观察费用也越大。

(二) 公开或伪装的观察

上面那个例子中对营业员的观察就是伪装的观察。营业员并不知道他自己正在被观察。如果知道,他也许会改变行为。但伪装观察并非在任何情况下都适用。比如,在实验室中对被试进行观察,就很难使用伪装观察。

公开观察到底能在多大程度上影响被观察者的行为?这是一个难以回答的问题。一般而言,这取决于公开的程度。比如,有一种接到收音机或电视机上用以观察和记录人们在什么时候收听或收看哪个电台或电视台节目的仪器,尽管人们知道它的存在,但它对被观察者的影响是微乎其微的。而在实验室中,面对面地观察被观察者,则被观察者的行为会有很大变化。所以,公开观察时,观察者越隐蔽越好。

(三) 结构性或非结构性观察

所谓结构性观察,是指观察者事先清楚地知道应该观察和记录什么。与要求观察和记录的特性无关的行为一概不管。在市场调查中,观察大多是结构性观察。

非结构性观察,则是指事先并没有限定观察者应该注意什么,可以忽视什么。非结构性观察,经常用于非正式的探测性调研,很少用于正式的市场调查与预测。

(四) 直接或间接观察

我们可以直接观察即时行为,即如果对消费者的购买行为感兴趣,我们可以直接观察他们实际的购买活动。以上所说的例子,都是直接观察。但是,要观察其他类型的行为,比如过去的行为,就不能直接观察,而必须求助于间接观察——我们不观察某一个行为本身,只观察这个行为的影响或结果。

比如,一个啤酒厂想知道它生产的啤酒在某一地区的消费状况如何。采用间接观察,研究者通过收购酒瓶的办法得到相关数据。再比如,一个家电厂想知道他们所生产的系列家用电器为人们接受的程度。经过允许,他们进入居民家中观察,看有多少居民家中正在使用他们的产品。

(五) 人类或机器观察

前面所说的大部分是人类观察的例子。机器观察比较客观。对被观察者的影响也比较小,因而比较准确。但有时费用太大,限制了它的使用。像照相机、摄像机、录音机等都是人类观察的辅助工具。还有一些比较专门的观察机器,像我们前面所说的观察听众或观众什么时候听或看什么节目的仪器、审讯罪犯所使用的测谎仪、地震仪、脑电波仪等。随着科学技术的不断发展,新的、更先进的观测仪器会被创造出来,更多的人类观察将被机器观察所代替。

本章小结

市场调查是收集营销数据的行为过程。市场调查的方法根据营销数据来源可以分为两大种:一种是收集二手数据的调查方法,一种是收集一手数据的调查方法。

二手数据也叫现成数据,它是为了其他的目的而被开发出来并可以被在研项目使用的数据或资料。在应用二手数据之前,研究者需要先判断它们是否相关和准确。二手数据的相关性,是指二手数据同市场调查与预测所需要信息的关联程度。可以从测量单位、替代、分类和时间四个方面来判断或评估二手数据的相关性。在准确性方面,使用二手数据的一条基本原则是:如有可能,尽量使用最初报道的数据。

二手数据的来源有两个,一个是企业内部,一个是企业外部。企业内部数据由企业内部有关部门(如企业的数据库、会计部门、统计部门和情报部门)提供,主要涉及企业内部事务。企业外部数据是研究人员从外部(如政府机构、行业团体、专业调研机构、出版物和电子网络)获得的二手数据。

询问调查法是指调查者通过口头或书面方式向被调查者提问收集数据的方法。它是收集原始数据最常用的一种方法。根据调查者与被调查者接触的方式,询问调查法可以分成四种:人员访问调查、邮寄调查、电话调查和网上调查。

人员访问调查是调查者在面对面的情况下,向被调查者提出问题,然后根据被调查者的回答,当场记录获得数据的方法。它有以下几个优点:富有灵活性;具有激励效果;可获得较多的数据;保持较为完整的样本;能控制问题的顺序;有观察的机会。它的缺点主要是:费用高、控制较难和容易产生询问偏见。

邮寄调查是调查者通过邮寄方式收集数据的一种方式。它有如下优点:调查可覆盖的区域广;无询问偏见;费用较低;时间充足。缺点主要是:回收率低;费时;易发生代替现象;受问卷限制,不适合做深度询问。

电话调查是调查者通过电话向应答者提出问题,汇集答案的数据收集方法。它有以下一些优点:经济;省时;易于被不易接触的应答者接受;易控制。缺点主要是:总体不完整;调查难以深入。

网上调查是借助于互联网来与被调查者接触收集数据或资料的一种调查方法,可以再分为网上问卷调查、网上焦点座谈和 BBS 调查等几种方法。与传统的调查方法相比,网上调查有其独特的优势:经济;有规模效益;便捷;灵活;个性化;易监控和纠错。缺点主要是:调查对象受限制;缺乏人际之间的情感交流;易出现多次重复填写的现象;问卷易被当做垃圾邮件删除。

各种调查方法中没有哪一种绝对优于其他,因此调查方法的优劣只是相对的,需要根据具体情况确定。在实际调查工作中,人们常常使用问卷复杂性、数据量、数据准确性、调查人员控制、样本控制、速度和费用等标准来全面衡量这些方法。

固定样本调查是一种特殊的调查组织方法,指研究者应用抽样方法先确定部分个人、家庭或单位作为固定样本,然后定期或不定期地从样本成员那里收集数据的方法。有两种形式:一种是连续的固定样本调查,即请样本成员按一固定的时间间隔向调查者提供数据;另一种是间断的固定样本调查,即调查者根据需要,不定期地要求样本成员在接到通知以后提供有关数据。固定样本调查有如下一些优点:可提供动态数据;可获得重复购买率数据;样本成员可以作为实验对象,用来进行新产品测试;可获得品牌转换数据。它的缺点主要是:代表性差;报告容易失真;成本较高。

实验调查法,是通过实验收集数据的方法。实验是指实验者通过改变一个或几个变量的方式,测量它们对另一个或几个变量的影响。

实验效度指通过实验观察到的变量之间的因果关系反映变量之间真实因果关系的程度,有内部效度和外部效度之分。当因变量的变化是由研究者对自变量的操控而引起时,实验有内部效度。当实验中发现的因果关系可以用来正确地推断实验之外的情况时,实验有外部效度。影响实验效度的误差很多,包括前期测量误差、生理条件误差、历程误差、工具误差、选择误差、消亡误差、相互作用误差、反应误差、测量时间误差和替代情境误差等。

实验设计是对实验内容和步骤的策划,明确说明实验以什么为对象、做什么、何时做以及如何做等问题。根据是否应用统计工具提高外部效度,实验设计被分为两大类:基础性实验设计和统计性实验设计。

基础性实验设计是实验的基础,用以控制实验中可能存在的各种误差,提高实验的内部效度。根据是否使用随机化和对照方法,实验设计又被分为预实验设计、真实验设计和准实验设计三种。预实验设计,不用随机化方法控制外部因素的影响,包括简单后测设计和简单前后测设计两种。真实验设计,用随机化方法控制外部因素的影响,包括对照前后测设计、对照前后测设计、模拟的前后测设计和所罗门四组设计。准实验设计,不能完全操纵测试单位的进程和自由分配测试单位到不同的组别中,但却采用了部分真实验的方法或措施控制实验误差,包括时间序列设计和多重时间序列设计两种。

统计性实验设计是在基础性实验的基础上,运用统计方法控制外生变量,提高实验外部效度的实验设计方法。常用的统计性设计,包括完全随机设计、随机区组设计、拉丁方格设计和因子设计。

实验结果不仅仅取决于自变量的变化,有时实验环境也会起一定的作用。实验环境可以根据人为或自然水平分为实验室实验和现场实验。实验室实验的人为程度较高,内部效度较好,但外部效度较差;现场实验的人为程度较低,内部效度较差,但外部效度较好。

观察调查法是指调查人员在现场对有关情况直接观察记录的一种调查方法。与日常观察相比,它有下述几个特点:第一,有一明确的目的;第二,有事前计划;第三,对观察结果有详细记录;第四,有意识地控制误差。

观察调查法可以按五个标准分类,包括自然或人工环境下的观察,公开或伪装的观察,结构性或非结构性观察,直接或间接观察,人类或机器观察。

参考文献

[1] Dwyer F. R., Paul H. S., and Sejo, O. Developing Buyer-Seller Relationships[J], *Journal of Mar-*

keting, 1987, 51(April): 11—27.

[2] Strutton, D., Pelton, L. E., and Lumpkin, J. R. The Influence of Psychological Climate on Conflict Resolution Strategies in Franchise Relationships[J], *Journal of the Academy of Marketing Science*, 1993, 21(3): 207—215.

[3] Malhotra, N. K.:《市场营销研究:应用导向(第4版)》,涂平译,北京:电子工业出版社,2006年版,第66、135—138页。

[4] 李怀祖:《管理研究方法论(第二版)》,西安:西安交通大学出版社,2004年版,第138—140页。

[5] Tull, D. S. and Hawkins, D. I. *Marketing Research: Measurement and Method* (2nd edn.)[M], NY: Macmillan Publishing Co., 1980.

[6] 夏扬:《论品牌资产的价值基础》,《管理现代化》,1996年第4期,第22—24页。

[7] 庄贵军、周南、欧阳明:《市场营销中的磁滞现象》,《北京商学院学报》,2001年第16卷第1期,第9—12页。

练习与思考

1. 什么是二手数据? 二手数据的来源有哪些?
2. 在使用二手数据时需要考虑什么问题?
3. 询问调查法都有哪几种? 各有什么优缺点? 如何进行选择?
4. 什么是实验? 什么是实验的内部效度与外部效度?
5. 举例说明实验中可能出现的误差。
6. 实验设计都有哪几种? 如何用符号表示?
7. 举例说明对照前后测设计以及它的优缺点。
8. 如何进行拉丁方格设计?
9. 什么是观察调查法?
10. 策划一次观察调查法。

案例分析

案例3-1 连锁经营规模对于零售企业产出效率的影响①

KY公司是西安一家大型的百货零售企业,长期以来一直是中国零售100强。在世纪之交(2000年),一个问题一直困扰着该公司。公司要继续发展,要应付中国进入WTO之后外资零售企业的威胁,就必须走出西安,进行连锁扩张。然而,当时中国的百货业异地连锁并不成功,失败的案例很多。为了搞清楚在当时情况下连锁经营规模对于零售企业的产出效率到底有怎样的影响,公司决定委托一家调研公司ZH进行研究。以下就是ZH给出的一个研究报告。

---

① 本案例改写自庄贵军、周筱莲的论文《连锁经营规模对于零售企业产出效率的影响:一个初步的实证性研究》,原文刊载于《商场现代化》2001年第7期,第10—13页。

一、问题与假设

零售企业的连锁经营最早出现于19世纪后半叶的美国,后来传入欧洲和日本。1950年代开始迅速发展,形成了一批世界性的跨国连锁零售企业,如美国的沃尔玛、英国的玛莎、日本的伊藤洋华堂和法国的家乐福等。

中国的连锁零售企业在1990年代初悄然兴起于大中城市和沿海发达地区,近些年发展很快。数据显示,到1999年年底,全国已有连锁零售企业1 500多家,各种形式的直营店和加盟店总数超过2.5万个。其中,规模最大的上海联华超市公司和华联超市公司拥有的网点数目分别已达到606家和500家。上海联华超市公司更以73亿元的年销售额首次超过长期稳居国内零售业龙头地位的上海第一百货商店,成为国内零售业新的龙头。另外,连锁零售企业的销售增长幅度明显超过传统的零售企业。

人们普遍认为连锁经营存在下述竞争优势:第一,通过大批量进货实施规模采购,降低商品进货成本,进而降低商品售价来吸引顾客,扩大市场占有率;第二,利用核心企业的无形资产价值、管理水平和社会影响力,实现资源共享,降低单位商品销售的其他投入成本;第三,通过CI的整体策划,提高企业形象,用统一的形象吸引更多的顾客;第四,实现连锁企业内部的分工与专业化经营,实现职业经理人管理才能的放大效应。总之,通过连锁经营,增大连锁经营的规模,零售企业可以提高产出效率。

另外,世界著名的连锁零售企业,如上面提到的沃尔玛、玛莎、伊藤洋华堂和家乐福等,尽管已经非常庞大,但还在不断向外扩张。这说明通过扩大连锁规模,至少使部分零售企业提高了产出效率,否则这些企业会把连锁经营限制在一定的规模之内。于是,我们提出这样一个假设:

通过增大连锁经营的规模,零售企业可以提高产出效率。

二、样本和数据

本文采用的数据为中国连锁经营协会2000年对外公布的其会员单位1999年的相关数据。在他们所公布的122家会员单位的统计资料中,有些企业只有一两家商店。这些企业虽然是中国连锁经营协会的会员,但它们并非真正意义上的连锁零售企业。参考国外的分类方法,我们只选取那些开店数目在10家以上(包括10家)的单位作为研究的样本。有72家企业符合这一标准。表3-7是这72家企业的基本特征。

表3-7 样本的基本特征

企业类型	数目	%	平均销售额(万元)	平均网点数
超市	41	56.9	74 800	66
便利店	28	38.9	64 245	75
百货店	2	2.8	48 114	35
专业店	14	19.4	56 928	80
仓储式商店	3	4.2	13 078	30

注:有些公司同时拥有多种商店,在对其归类时有重复计算,所以不同类型商店的总数超过72,百分比之和也高于100%。

在这72家企业中,有些同时拥有两种以上的商店类型。比如,上海的联华超市有限公司在其旗下的606个网点中,既有超市,也有便利店。而在郑州友谊商业公司的40个网点中,除了超市和便利店以外,还有百货店。在对数据进行处理时,我们将那些同时拥有多种不同类型商店的企业重复计为多种不同类型的企业。因此,表中的企业总数超过72,百分比之合也超过100%(为122.2%)。

从表3-7所反映的基本情况看,超市连锁店、便利连锁店和专业连锁店是国内零售业连锁经营的三种主要形式。三者的百分比合计为115.2%;而百货连锁店和仓储式连锁店合计只占了7%。从企业的平均销售额和平均网点数上看,超市连锁店的平均销售额最高,专业连锁店的平均网点数最多。

三、指标与测量

产出。从本质上讲,零售企业的产品是为媒介商品交换所提供的服务,具有无形性、不可分性、不稳定性、易消逝性和相似性等特点。这些特点决定了零售企业的产出是很难标准化的。因此,零售企业的产出很难被精确地测量。在实践中,要测量零售企业的产出,也只能用一些替代指标,比如销售额、销售量、交易次数或利润额。研究表明,销售额与利润额是两个相对较好的指标。但在销售额与利润额之中,利润额又更好一些,因为它不包括别人(如生产者或运输企业)的劳动成果,能够更准确地反映只属于零售业的劳动成果。由于中国连锁经营协会对外公布的数据中只提供了销售额指标,而没有其他的产出指标,所以我们只能用销售额作为零售企业的产出指标(Sales)。Sales越大,意味着零售企业的产出越大。

连锁经营规模。连锁经营规模可以用网点数目(Noutlet)来测量。Noutlet越大,意味着企业连锁经营的规模越大。

我们这里要研究的问题是:随着连锁规模的增大(网点数目的增加),零售企业的产出(销售额)以怎样的速度增加?当产出的增速超过连锁规模的增速时,我们就说连锁经营规模确实有助于零售企业提高产出效率。反之,这种说法就不成立或值得怀疑。

控制变量。不同类型的商店对连锁经营有着不同的要求,因此商店类型有可能对连锁经营的效果有明显的影响。为了控制商店类型的影响,我们建立了几个二分变量(dummy variable),也称哑变量。在对数据进行初步分析后,我们发现只有用来描述超市的二分变量(Type1)对连锁经营的效果有显著影响($p<0.05$),所以我们只将这一变量放入最后的分析模型中。Type1 = 0,表示企业不是超市连锁店;Type1 = 1,表示企业是超市连锁店。

另外,我们还尝试用一个二分变量NType控制一个零售企业同时开办多种不同类型的零售店的影响(一种为0,两种以上为1)。由于影响不显著,我们没有将这个变量放入最后的分析模型中。

四、分析方法

如果把连锁经营的规模看作零售企业的投入,那么我们要进行的实际上就是投入—产出效率分析。这使我们有可能使用生产函数方法进行分析。生产函数方法基于柯布-道格拉斯生产函数模型(Cobb-Douglas production function)直接将零售店的投入(连锁经营规模)与产出相联系。此模型可以表示如下:

$$O = b_0 \prod_{i=1}^{n} X_i^{b_i} \qquad \text{(公式 3-1)}$$

其中,O表示产出量,X_i表示第i种资源的投入量,b_i表示与第i种资源投入量相关的产出弹性，b_0为常数。

- 当 $\sum b_i = 1$ 时，表示资源投入与产出保持一个恒常的比例；
- 当 $\sum b_i > 1$ 时，产出量会以比投入量更快的速度增长，说明投入—产出效率较高；
- 当 $\sum b_i < 1$ 时，产出量会以比投入量更慢的速度增长，说明投入—产出效率较低。

对于生产函数模型两边取对数，令 $\beta_0 = \ln b_0$，$\beta_1 = b_1$，代入 S、N 和 D，得

$$\ln(\text{Sales}) = \beta_0 + \beta_1 \ln(\text{NOutlet}) + \beta_2 \text{Type1} \qquad (公式 3\text{-}2)$$

用这个回归模型来检验假设，我们关注的是式中的回归系数 β_1，因为它显示的是连锁经营的规模指标(NOutlet)对产出指标(Sales)的影响。在回归模型的 F 值显著不为 0 的条件下，β_1 显著大于 1，则 H 得证。否则，H 被证否。

五、分析结果

表 3-8 是线性回归分析得到的结果。表中有四个模型。前两个模型直接套用公式二，后两个模型则是只对超市连锁店进行回归。模型 I 与模型 II 之间，以及模型 III 与模型 IV 之间的区别在于：它们所使用的网点数目的观察值不同。模型 I 与模型 III 用的是中国连锁经营协会对外公布的网点数目，而模型 II 与模型 IV 用的是经过处理的网点数目。

表 3-8　回归分析的结果

模型	β_0	β_1	β_2	F	R^2	$t(\beta_1)^c$
I (n=72)	7.402^{***a} (0.516)^b	0.627*** (0.130)	0.746*** (0.232)	15.281***	0.307	−2.869***
II (n=51)	7.219*** (0.577)	0.716*** (0.149)	0.883*** (0.274)	14.833***	0.382	−1.906*
III (n=41)	7.259*** (0.531)	0.879*** (0.145)		36.788***	0.485	−0.835
IV (n=31)	7.759*** (0.528)	0.818*** (0.151)		29.199***	0.502	−1.205

注：a. *** 表示 $p < 0.01$；* 表示 $p < 0.1$。b. 括号内的数字表示标准误差；c. $t(\beta_1) = (\beta_1 - 1)/s(\beta_1)$，式中 β_1 为 β_{11}、β_{21}、β_{31} 或 β_{41}，$s(\beta_1)$ 为 β_1 的标准误差。

在中国连锁经营协会对外公布的数据中，我们发现这些连锁店的扩张速度是不同的。比如，上海联华的网点数目 1999 年比 1998 年增长了 69.3%，而郑州友谊的网点数目同期只增长了 5%。有些连锁企业的网点数目还出现了负增长。由于新增加的网点只可能对企业全年的销售额有部分贡献，所以如果不考虑网点增长速度的影响，可能会低估扩展速度较快的连锁企业的产出效率。我们假设所有新增的网点只对全年的销售额有一半的贡献，将新增网点的数目打五折计入网点总数目中，作为连锁经营的规模指标，就得到了模型 II 和 IV。因为有少数企业的数据中没有给出网点扩展的速度，所以模型 II 与 IV 可用

的观察值分别少于模型 I 与 III 可用的观察值。

首先，看模型的总的显著性（F 值与星号）和拟合优度（R^2）。很明显，这四个模型中自变量对因变量的线性关系均是显著的（$p<0.01$）。这说明这些方程中的自变量作为一个整体能够部分地解释因变量的变化。从 R^2 的角度看，模型中的自变量对因变量的解释程度分别是 0.307、0.382、0.485 和 0.502。很显然，第一，只对超市连锁店的回归（模型 III 和 IV）要优于对全部连锁店的回归（模型 I 和 II）；第二，采用经过处理的连锁经营规模指标所得到的回归模型（模型 II 和 IV）要优于采用未经过处理的连锁经营规模指标所得到的回归模型（模型 I 和 III）。

再看 β_1 项下的数字。这些数字为我们所关心的网点数目对销售额的影响系数、系数的显著性水平和标准误差。所有四个系数（$\beta_{11}=0.627$、$\beta_{21}=0.716$、$\beta_{31}=0.879$ 和 $\beta_{41}=0.818$）都是显著为正的。这说明零售企业的连锁经营规模（NOutlet）对其产出规模（Sales）确实有正面影响。

然而，正如前面已经指出的，要验证假设，β_1 列下的系数不仅要显著大于 0，还必须显著大于 1。表中 $t(\beta_1)$ 列下的数据，目的在于检验 β_1 列下的系数是否显著大于 1。这些数据显示，β_1 列下的系数均小于 1，虽然仅有模型 I 的系数（β_{11}）显著小于 1（$p<0.05$）。如果仅从分析结果来看，所有四个模型的分析结果均不支持我们的假设。模型 I 的分析结果甚至得到与假设相反的结论，即综合而言（不分连锁店的类型），增大连锁经营的规模不但不会增大零售企业的产出效率，反而会使零售企业的产出效率下降。

最后，看 β_2 下的系数。它们反映的是超市经营方式对连锁零售企业产出的影响。两个系数分别为 0.746 和 0.883，均显著不为 0（$p<0.05$）。考虑到 Type1 = 1 表示超市连锁店，Type1 = 0 表示其他连锁店，这意味着超市经营方式有助于连锁零售企业提高产出量。换句话讲，超市加连锁要比其他类型的商店加连锁产出效率更高。这也可以由对于模型 III 和 IV 的分析结果看出。在那里，$t(\beta_{31})$ 和 $t(\beta_{41})$ 负的程度降低了。另外，有关统计数据也为此提供了佐证。1999 年，排在国内零售 50 强前十名的企业中，超市公司占有五席。而其他类型的连锁零售企业则没有排入 50 强的。

六、结论

本研究采用中国连锁经营协会对外公布的其会员单位 1999 年的相关数据和定量分析方法，以销售额作为产出指标，以网点数目作为连锁经营的规模指标，对连锁经营规模与零售企业效率之间的关系进行了研究和分析。结果显示：第一，所有四个模型的分析结果均不支持连锁经营规模与零售企业效率之间有正相关关系的假设。模型 *I* 的分析结果甚至得到与假设相反的结论，即综合而言（不分连锁店的类型），增大连锁经营的规模不但不会增大零售企业的产出效率，反而会使零售企业的产出效率下降。第二，相对来讲，超市连锁店的产出效率要高于其他类型的连锁店。

小组讨论

1. 你觉得这些数据可靠吗？为什么？
2. 你觉得此项研究的结论应该如何解释？
3. 尝试使用二手数据，做一个小的研究。

案例 3-2 道德培训对灰色采购的影响[①]

FM 公司是一家大型的制造企业。它在十多个不同的行业中从事多元化生产与经营活动,每一个业务都有大量的采购任务。公司大约有 300 多人从事与采购相关的工作。近些年,受社会风气的影响,采购人员吃回扣、接受礼品以及吃请等现象十分严重,已经影响到了公司的正常运作。比如,采购的原材料明显质次价高。更严重的是,一些采购人员先富了起来,让公司其他部门的员工感觉到心理不平衡。为此,公司决定一方面重新设计整个企业的采购程序,另一方面加强对于采购人员的道德培训。为了确定道德培训的效果,公司委托市场调研部进行一项调查,目的就是搞清楚:道德培训真的对于采购人员从事灰色采购的行为倾向有影响吗?

考虑到由于要研究的是道德敏感性问题,所以不宜采用直接提问的方法进行调查。于是,市场调研部使用了一种被称之为“第三人影射”(third person projection)或“情境法”(scenario)的技巧——通过被调查者评判假想当事人在给定情境下的行为,了解他们对一种行为的评价和态度。以下是他们设计的情境和相关的问题:

情境一(S1) 李经理是 A 公司的采购主管。小刘是 B 公司的推销人员。2005 年年初,A 公司将有笔购买原材料的订单。为了得到这笔订单,小刘给李经理 5% 的回扣(价值约 5 000 元)。这单生意原本是要给 C 公司的,但因为回扣的影响,李经理将其给了 B 公司。

S1 请用打勾的方式选择对下述说法同意与不同意的程度。	极为赞成	赞成	不赞成也不反对	不赞成	极不赞成
S11. 李经理的行为是不道德的。	5	4	3	2	1
S12. 李经理的行为虽然不妥,但是可以理解。	5	4	3	2	1
S13. 李经理的这种行为会对他所代表的**买方公司**造成严重伤害。	5	4	3	2	1
S14. 李经理的这种行为会对**卖方公司**造成严重伤害。	5	4	3	2	1
S15. 李经理的这种行为会对**社会**造成严重伤害。	5	4	3	2	1
S16. 李经理的这种行为会被公司发现。	5	4	3	2	1
S17. 李经理的这种行为一定会被严惩。	5	4	3	2	1
S18. 如果我是李经理,我也会要这回扣。	5	4	3	2	1

情境二(S2) 李经理是 A 公司的采购主管。小刘是 B 公司的推销人员。2005 年年初,李经理代表 A 公司将一笔购买原材料的订单给了小刘代表的 B 公司。原本这单生意可以给 C 公司的。小刘为了感谢李经理在生意上的照应,在李经理儿子过生日的时候送了一个价值 5 000 元的礼品。李经理收下了,没有退还。

① 本案例来源于我们所承担的国家自然科学基金项目的一个实验设计。

S2 请用打勾的方式选择对下述说法同意与不同意的程度。	极为赞成	赞成	不赞成也不反对	不赞成	极不赞成
S21. 李经理的行为是不道德的。	5	4	3	2	1
S22. 李经理的行为虽然不妥,但是可以理解。	5	4	3	2	1
S23. 李经理的这种行为会对他所代表的**买方公司**造成严重伤害。	5	4	3	2	1
S24. 李经理的这种行为会对**卖方公司**造成严重伤害。	5	4	3	2	1
S25. 李经理的这种行为会对**社会**造成严重伤害。	5	4	3	2	1
S26. 李经理的这种行为会被公司发现。	5	4	3	2	1
S27. 李经理的这种行为一定会被严惩。	5	4	3	2	1
S28. 如果我是李经理,我也会要这红包。	5	4	3	2	1

情境三(S3) 李经理是A公司的采购主管。小刘是B公司的推销人员。李经理代表A公司已将一笔购买原材料的订单给了小刘代表的B公司。小刘为了感谢李经理在生意上的照应,请李经理去吃饭,李经理去了。

S3 请用打勾的方式选择对下述说法同意与不同意的程度。	极为赞成	赞成	不赞成也不反对	不赞成	极不赞成
S31. 李经理的行为是不道德的。	5	4	3	2	1
S32. 李经理的行为虽然不妥,但是可以理解。	5	4	3	2	1
S33. 李经理的这种行为会对他所代表的**买方公司**造成严重伤害。	5	4	3	2	1
S34. 李经理的这种行为会对**卖方公司**造成严重伤害。	5	4	3	2	1
S35. 李经理的这种行为会对**社会**造成严重伤害。	5	4	3	2	1
S36. 李经理的这种行为会被公司发现。	5	4	3	2	1
S37. 李经理的这种行为一定会被严惩。	5	4	3	2	1
S38. 如果我是李经理,我也会吃这顿饭。	5	4	3	2	1

你的个人资料

年龄________

性别 1男 0女

有过商品推销的经验吗? 1是 0否

小组讨论

1. 请为此项调查进行实验设计。
2. 你可以为此项调查设计多少种不同的实验?它们各有什么优缺点?
3. 你认为哪一种设计是最适用的?为什么?

第四章

问卷与测量方法

【知识要求】

通过本章的学习,掌握以下要点:

- ◆ 测量的内涵;
- ◆ 量表的种类和特点;
- ◆ 测量误差与测量的效度和信度检验;
- ◆ 检验测量信度与效度的方法;
- ◆ 问卷设计的程序和需要注意的问题;
- ◆ 态度量表的类型与设计;
- ◆ 深度询问和投影法的运用。

【技能要求】

通过本章的学习,要求学生能够做到:

- ◆ 用自己的语言,清楚说明市场调查与预测中测量的含义;
- ◆ 了解社会科学中测量的难度和特点;
- ◆ 用实际生活中的事例说明不同量表的特点;
- ◆ 进行问卷和态度量表的设计;
- ◆ 阐述深度询问和投影法的适用范围以及具体的操作方法。

示例4-1是2004年12月14日登载在《北京晚报》上的一则引起非议的消息。它被认为是“社会调查的滥用”[1]。非议的具体内容，可以参看本章后面的案例4-1。这一调查得到的结果和对于这一调查结果的非议，实际上向人们提出了这样两个问题：幸福可以测量吗？如果可以，该如何测量？

示例4-1

中国农村人幸福感强于城里人

2004年12月14日上午，中国社会科学院发布了《2005年社会蓝皮书》。在蓝皮书中，据零点调查公司提供的数据，通过对全国7个大中城市、7个小城镇及8个农村地区3 859名18岁至60岁居民的访问调查，得出一个结论：近八成居民感到生活幸福，农村居民幸福感强于城镇居民。另外，调查结果还显示：幸福感与人们的生活满意度密切相关，而有钱不等于幸福，财富仅仅是带来和影响幸福感的因素之一。

对城镇居民幸福感产生影响的主要因素，按照影响力排序依次为：物价变动承受能力、个人职业满意度、个人经济状况满意度、国家总体发展方向正确性评价和个人业余生活满意度；而对农村居民幸福感具有较高影响力的指标，依次为：个人职业满意度、物价变动承受能力、个人业余生活满意度、人际关系满意度和个人经济状况满意度。

资料来源：取材于王润2004年12月14日在《北京晚报》报道的一则消息《中国人生活质量报告称农村人幸福感强于城里人》，http://www.sina.com.cn，2007年4月11日读取。

这一章的内容与此有关：第一是测量与测量工具；第二是问卷与问卷设计，第三是态度量表，第四是其他测量法。每一个内容构成一节。

第一节　测量与测量工具

我们在日常生活中经常碰到测量的问题。比如，大学入学考试是对考生成功地完成大学学业潜力的测量；表和日历是对时间的测量；智力测验是对人们智力水平的测量等等。在这一节，我们将介绍在市场调查中测量的特点、应当遵循的原则和遇到的问题。

一、测量的内涵

社会科学研究中测量的工具与自然科学中测量的工具有很大区别。一般人对自然科学中的测量工具比较熟悉，而对社会科学中的测量工具则比较生疏。在社会科学研究中，一旦使用不好测量工具，就可能出现“社会调查的滥用”。

用一句话表述，测量就是根据规则用数字描述客观事物有关特性的程序[2]。它有以下几个方面的含义[3]：

第一，在人们进行测量时，被测量的不是客观事物本身，而是客观事物的某种特性。比如，当用数字来描述某个事物时，我们所展现的不是那个事物本身，而是那个事物所呈现出来的某种特性。我们不能测量人，我们只能测量人的年龄、高度、重量或其他一些方面的特征。

第二，测量中的“数字”，与我们日常生活中所讲的数字意义略有不同。我们日常生活中所讲的数字可以进行加、减、乘、除运算，但测量中的数字有时不能运算，只是代表某一客观事物某种特性的一个标志。

第三，用数字描述客观事物，即测量，需要遵循一定的规则。要理解数字的意义，首先要掌握测量规则。不知道测量规则就无法理解数字的意义。

图 4-1 是测量程序的一个简单模型，有助于我们更好地理解测量的定义。[3] 由图可见，测量是联系经验系统和抽象系统的中介。经验系统是指现实的、可感觉的现象世界。抽象系统则是指用符号、数字代表客观事物某方面特性的、不掌握一定规则就不知道其含意的符号、数字世界。测量程序就是根据一定的规则把经验系统中某些事物的某种特性用数字的形式表现于抽象系统中。图中带箭头的实线指的就是这个过程。虚线的意思，是指按照一定的规律，我们可以把抽象系统中的数字翻译成经验系统中客观事物的特定状态。

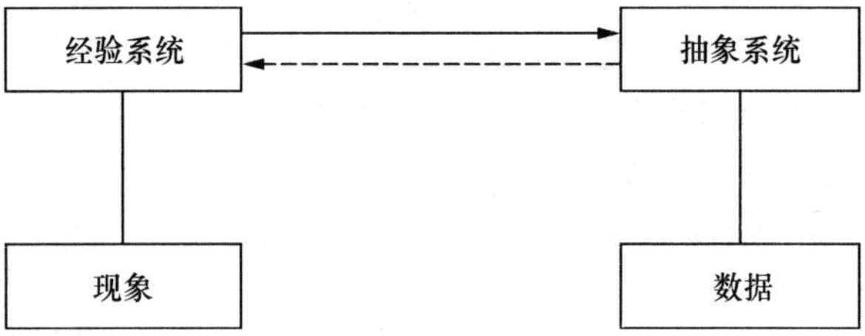

图 4-1 测量模型

这说明抽象系统和经验系统之间有一定程度的一致性关系，这种一致性关系是由测量建立起来的。我们当然希望在二者之间建立一种完全的一致性关系，但这是不可能的。我们只能做到在某种程度上使二者一致。于是，测量质量的高低，就看其建立这种一致性关系的程度如何。一致性程度高者，测量质量就高；一致性程度低者，测量质量就低。

二、量表种类

量表(scale)就是对客观事物进行定性或定量测量的尺度或工具，因此也称为测量尺度或测量工具。[4][5] 它给出为事物赋值的规则。根据赋值规则的不同，可以把量表分为四种形式：类别量表、顺序量表、等差量表和等比量表。

(一) 类别量表

在量表中，如果数字仅仅作为符号用以标识客观事物或对客观事物进行分类，则这个量表就是类别量表。我们最熟悉的一个例子，就是用数字标识篮球运动员。比如，蓝队的左前锋是 12 号，红队的左前锋是 9 号。这里，数字仅仅起标识队员的作用。除此之外，别无他意。我们不能从队员背后的号码上推断出蓝队的左前锋是否优于红队的左前锋，因为号码 12 并不比号码 9 有更大的优越性。队员背后的数字，仅仅指出它的唯一性。

类别量表是进行最低级测量的工具，它只能对事物分类和标识。几乎没有什么规则限制它如何将数字赋予事物。唯一的一个规则是：不能将同一个数字赋予不同的事物，或者不能将不同的数字赋予相同的事物。比如，我们完全可以把蓝队左前锋的号码由 12 变为 56，或任何其他的号码，唯一的限制是它不能与蓝队中其他队员的号码重复。这样，就有许多数字可以用来标识我们的左前锋，我们不能说其中的一个数字比其他的好。

（二）顺序量表

顺序量表中的数字不仅仅标识各个类别，而且还表示各类别之间的顺序关系。因此，它具有数字系统的第二个特性。虽然，顺序量表不能描述各类别之间差异的程度，但是它却能够表示出各类别之间在某种特性上的先后顺序。比如，研究者要求消费者根据他们的偏好，从速度角度给三种电动自行车打分，最喜欢者打 1 分，其次打 2 分，再次打 3 分，由此即得一顺序量表。虽然我们并不知道 1 分和 2 分、2 分和 3 分之间的差异程度有多大，但是我们知道，从消费者偏好角度来讲，$1>2>3$。

顺序测量所遵循的规则可以简述为：凡是能够保持事物特性在经验系统中顺序关系的数组，都可以在测量中应用。与类别测量所遵循的规则相比，这个规则对数字的应用有了更加严格的限制：第一，数字是一组一组地应用的；第二，应用的数组，必须能够保持事物特性之间的顺序关系。

这个规则使许多数字不适用于为事物特性赋值。不过，它仍然给测量在数字的使用方面留有很大的自由性。只要是能够保持事物特性之间顺序关系的数组，不管应用哪一组，其意义是不变的。比如，在前面的例子中，我们用 1、2 和 3 这个数组来表示消费者对于三种电动自行车在速度方面的三种喜好程度，实际上我们也可以用别的数组来表示同样的意思。比如用 1、3 和 30；5、6 和 7；1、10 和 100 等。不管用哪一组数字表示，其意义是不变的，并且其中的一组并不比其他的好。

顺序测量在市场调查中有着广泛的应用。研究消费者态度、意见和偏好，最常采用的就是顺序测量。

（三）等差量表

等差量表不仅仅根据某种特性用数字为客观事物排序，而且数字之间相等的差距还表示客观事物之间在所测量的特性上相等的差距。比如，数字 1、2、3 不仅仅表示事物在某种特性上的顺序关系，而且数字之差 $3-2=2-1$ 还表示事物 3 和事物 2 之间与事物 2 和事物 1 之间在这种特性上的差距相等。在顺序量表中，1、10、100 只表示在某一特性上 100 所指的事物大于 10 所指的事物，10 所指的事物大于 1 所指的事物。但在等差量表中，它们不仅表示这种顺序关系，而且还表示 100 所指事物与 10 所指事物在某一特性上的差距是 90，10 所指事物与 1 所指事物在该特性上的差距是 9。

等差量表选用数字所受到的限制更大，它只能自由地选定测量单位（差距）和原点。比如，已知事物 A、B、C、D 按照测量性的顺序排列，并且邻近两事物间的差距相等。我们可以给它们赋予数组 3、2、1、0，也可以给它们赋予数组 13、11、9、7。一般地，当 k 为整数时，它可以是下面任何一组数字：$4k$、$3k$、$2k$、$1k$。在等差量表中，其意义相同，无好坏之分。

为人们所熟知的等差量表，是测量气温的华氏和摄氏温度计。两种温度计给冰点赋予了不同的值,华氏为32度,摄氏为0度。二者的原点并非温度为零的一点。另外,同样数量的刻度,比如在华氏40度和50度之间与摄氏30度和40度之间,水银柱变动的量是不同的。这说明二者的测量单位也是人为设定的。因为原点并非温度为零的一点,所以数字之间不能计算比率。比如,我们不能说100℃比50℃热1倍。

(四) 等比量表

等比量表除具有等差量表的一切特性以外,还必须有一固定的或绝对的原点。所谓固定的或绝对的原点,是指在那一点上测量的特性不存在,即为0。以前面提到的温度计为例。不管是华氏温度计度,还是摄氏温度计度,都不意味着在0那一点上温度不存在。所以,它们都不是绝对的0点或原点。依现代科学测量的结果,只有柯氏温度计的0度(-273.15℃)才是绝对的0点,在那一点上温度或热度不存在,所以柯氏温度计是一等比量表。

等比量表中数字之间的比例关系,反映事物特性之间的比例关系。比如,产品A的售价为10元,产品B的售价为5元,则产品A的售价是产品B售价的2倍。

三、测量的效度和信度

如前所述(第二章第三节关于"测量误差"的说明),社会科学与自然科学的一个重要区别,是自然科学的测量比较客观,可重复;社会科学的测量比较主观,难以重复。自然科学测量的多是长度、重量、速度和温度等事物的客观属性,不管谁去测量,在哪个国家测量,大致可以得到相同的结果。社会科学测量的多是人的态度、感知和行为倾向等,不同的人去测量、测量不同的人、在不同的国家测量,往往会得到不同的结果。这使得测量误差成为社会科学研究中最常见、也是最需要认真对待的一种误差。

测量误差是由测量工具或测量程序导致的误差,可以分为两大类:一类叫系统误差,即在测量中出现的具有一致性的偏差;另一类叫随机误差,指在测量中除系统误差以外的所有误差。例如,在一次游泳比赛中,由于秒表快了,所有运动员的成绩普遍下降;在游泳比赛中,同时用几块秒表测定时间,我们得到了几个略有不同的结果。前者是系统误差,后者是随机误差。因此,对游泳比赛的测量结果O_m显示在秒表上,就是由三个部分组成的:第一是真实的速度T_s,第二是系统误差S_e,第三是随机误差R_e,即

$$O_m = T_s + S_e + R_e$$

这个公式是普遍适用的。对于任何事物特性的测量,其结果都是这三个部分的组合。S_e和R_e越小,O_m和T_s之间的一致性程度就越高,测量越准确;反之则越不准。

测量的准确与否,用效度和信度来表示。测量的效度有广义和狭义之分。广义的效度,指测量结果能够表现欲测量特性的精确程度,也即测量结果中含有测量误差的大小。狭义的效度,则专指测量结果中所含系统误差的大小程度。小者,谓之有效;大者,谓之无效。我们这里说的效度是狭义的效度,它与测量结果偏离真实情况的程度有关。

信度指测量结果中含有随机误差的大小。小者,信度高;大者,信度低。它与测量结果的一致性程度有关。

测量结果可能是:(1) 既无效又不可靠;(2) 有效但不可靠;(3) 可靠但无效;(4) 有效且可靠。第一种情况是指测量结果中存在较大的系统误差和随机误差;第二种情况是

指测量结果中系统误差不大,但随机误差较大;第三种情况是指测量结果中随机误差不大,但系统误差较大;第四种情况是指测量结果中两种误差都不大。表 4-1 直观地表示了测量结果的这四种情况。

表 4-1　测量误差与测量的效度和信度

随机误差	系统误差	
	大	小
大	(1) 既无效又不可靠 系统误差大 随机误差大	(2) 有效但不可靠 系统误差小 随机误差大
小	(3) 可靠但无效 系统误差大 随机误差小	(4) 有效且可靠 系统误差小 随机误差小

四、信度检验

信度考虑的是测量结果的可靠性或一致性,即同一项测量进行多次,各次测量结果的一致性。一致性越高,说明测量的随机误差越小,测量结果越可靠。当然,没有随机误差最好,但是在实际操作上,这是不可能的。即使可能,也未必可取。因为随着随机误差的降低,其他误差可能会增加,研究费用也会因此而大大提高。所以,应该根据研究的目的要求,确定可以接受的信度。

虽然在市场调查与分析中对测量应达到怎样的信度这一问题并没有一个固定的标准,但以下几点应该明确:第一,测量对象在所测量的特性上越相近,越难获得较高的信度,此时微小的随机误差会导致很大的分类错误;第二,对测量对象的区分越细,对信度的要求越高;第三,可以用增大样本单位的方法提高信度。

在市场调查与预测中,我们不可能、也不必要用同一个量表对同一个测量对象进行多次测量,因此无法知道测量的真实可靠程度。但是,我们可以用一些简单的方法对测量的信度进行估计。下面是几种常用的信度或测量可靠性的估计方法:

(一) 复测信度

复测信度(test-retest reliability)指在一次测量之后应用同一工具在相同的条件下进行再次测量,前后两次测量的结果相近的程度。两次测量的结果越相近,复测信度就越高。复测信度假设:随机误差越大,当用同一工具进行多次测量时,测量结果的差别就越大。

在实际的市场调查工作中,一些因素会限制复测信度的应用。比如,一些调查项目只能被测量一次——消费者对一个新的广告诉求的初次反应,无法被测量两次。再比如,在一些情况下,初次测量会影响后面的第二次测量——再次填写问卷内容可能会让人感到无聊、麻烦,也会使一些人试图回想他们第一次填写的答案。另外,一些无法控制的环境因素可能发生变化,从而导致第二次测量结果不同,降低复测信度。

(二) 子样本信度

子样本信度(split-sample reliability)指在一次测量之后,将一个样本随机地分成若干个子样本,各子样本测量结果之间的一致性程度。各子样本测量结果之间的一致性程度越高,测量的信度越高。当研究者无法获得复测信度时,用子样本信度估计测量的可靠性是一个不错的选择。

(三) 交叉信度

交叉信度(alternative-form reliability)也被译为复本信度。[5]它与复测信度极为相似,不同的是替代效度同时用两种"相等"的测量工具测量同一个变量。两个工具测量的结果越接近,则交叉信度越高。应用交叉信度估计测量可靠性的主要问题是,人们常常很难找到两个完全等同的测量工具。

(四) 内部一致性信度

内部一致性信度(internal consistency reliability)被用来估计多题项量表(如李克特量表)的可靠性或测量中随机误差的大小。多题项量表(multi-item scale)采用多个题项测量一个变量。这样做的好处在于,它可以将被测量的变量转化成连续的,进而可以采用较为复杂的数理统计工具对数据进行分析。[2]

多题项量表有两种:一种是合成性量表(composite scale),一种是反映性量表(reflective scale)。示例 4-2 是在研究营销渠道行为中常用的渠道依赖量表和渠道权力量表。[6]其中,渠道依赖量表从供应商的角度测量一个供应商对于一个零售商的依赖程度,渠道权力量表则从供应商的角度测量一个零售商针对一个供应商所拥有的权力。

示例 4-2

渠道依赖量表

请用打分的方式指出:在下列各项目中,贵公司(供应商)依赖零售商 R 的程度(0 = 我们完全不依赖 R,1 = 我们在很小的程度上依赖 R,2 = 我们在一定程度上依赖 R,3 = 我们在很大的程度上依赖 R,4 = 我们完全依赖 R)。

D1　产品的全国性广告(如在中央电视台上做广告)

D2　产品的地方性广告(如在省市电视台上做广告)

D3　产品送货(谁负责公司产品的运送?)

D4　产品信息(质量、性能及竞争产品的相关信息)

D5　销售信息(销量、存货、流行趋势及竞争产品的销售情况)

D6　售后服务(售后服务由谁提供?)

D7　营销活动(谁制订和执行公司产品的营销策略?)

D8　销售额(该店的销售额对贵公司的重要性)

D9　利润额(该店的利润额对贵公司的重要性)

D10　资金支持(在资金方面谁支持谁?)

D11　产品质量保证(产品的质量保证由谁提供?)

D12　产品信誉(产品信誉由谁提供?)

渠道权力量表

请用打勾或划圈的方式指出你对下列项目的回答(1 = 完全不会;2 = 一点点;3 = 一些;4 = 完全按他们所要求的办)。

PW1 如果 R 要求贵公司降低贵公司产品的出厂或批发价,你认为贵公司降价的最大限度是多少?

PW2 如果 R 要求贵公司增大某种产品的产量,你认为贵公司提高产量的最大限度是多少?

PW3 如果 R 要求贵公司减少某种产品的产量,你认为贵公司降低产量的最大限度是多少?

PW4 如果 R 要求贵公司改变你们对贵公司产品所做的广告或促销活动,你认为贵公司改变的最大限度是多少?

PW5 如果 R 要求贵公司改变你们对贵公司产品的顾客服务方式,你认为贵公司会改变的最大限度是多少?

PW6 如果 R 要求贵公司改变贵公司对产品的信用政策(如分期付款或赊销),你认为贵公司改变的最大限度是多少?

PW7 如果 R 要求贵公司改变你们对于产品的保证政策,如增加或减少"三包"的内容,你认为贵公司改变的最大限度是多少?

PW8 如果 R 要求贵公司改变贵公司产品线的结构,如在公司的现有产品中增加或减少某一种规格或型号的产品,你认为贵公司改变的最大限度是多少?

资料来源:引自庄贵军《中国企业的营销渠道行为研究》,北京:北京大学出版社,2007 年版。

请仔细观察,能看出二者有什么区别吗?形式上看,二者没有什么区别。然而,仔细分析它们的内容就会发现,两者有一个很大的区别:渠道依赖量表测量的是一个原因变量(cause variable),渠道权力量表测量的则是一个结果变量(effect variable)。[7]结果变量的测量模型可以表示为:

$$x_i = \lambda_i \xi + \delta_i \qquad \text{(公式 4-1)}$$

式中,x_i是 ξ 所导致的结果,也是测量 ξ 的指标(indicators),如示例 4-2 渠道权力量表中的题项 PW1 至 PW8;ξ 是欲测量的隐变量(latent variable),如示例 4-2 中的渠道权力,它无法直接观察,因此需要通过观察它所导致的结果对它进行度量。此模型的前提假设是:x_i是 ξ 的结果;ξ 的变化导致了 x_i的同向变化,x_i是 ξ 的反映。因此,此种量表也被称为反映性量表(reflective scale)。因为所有指标 x_i的变化都是由同一个原因 ζ 的变化导致的,所以各指标不仅要同向变化,而且还要高度相关。用示例 4-2 讲就是:由于一个零售商针对一个供应商拥有较大的权力,所以它对于这个供应商在经营管理多方面的决定有着较大的影响力。

原因变量的测量模型则不能这样表示,它需要表示为下面的形式:

$$\xi = \lambda_1 x_1 + \lambda_2 x_2 + \cdots + \lambda_k x_k + \varepsilon \qquad \text{(公式 4-2)}$$

式中，ξ 仍是欲测量的隐变量，如示例 4-2 中的渠道依赖；x_k 是测量 ξ 的指标，如示例 4-2 渠道依赖量表中的题项 D1 至 D12。不过，与前面的模型（公式 4-1）不同，此模型的前提假设是：ξ 是 x_k 的结果；ξ 的变化是由 x_k 的变化导致的，ξ 是 x_k 的迭加或合成。这是其被称为合成性量表的原因。因为所有指标 x_k 的变化都是欲测量变量 ξ 变化的部分原因，一个指标（如 x_1）的变化并不一定要伴随着其他指标同向变化，所以这个量表是多向度的。

只有反映性量表才可能且需要进行内部一致性检验，即计算或估计其内部一致性信度。当各题项同向变化且高度相关时，量表就有了较高的内部一致性或信度。相反，由于合成性量表是多向度的，一个指标的变化并不一定会伴随着其他指标同向变化，所以对合成性量表不适合于做内部一致性的评估。

检验量表内部一致性最简单的方法，是计算对分信度（split-half reliability）。为了用对分信度检验多题项量表的可靠性，在一次测量结束后，我们需要随机地将量表中的多个题项分为相等的两组，即对分；然后，观察两组题项测量结果的一致性程度。二者越一致，测量的信度越高。

例如，我们使用 20 个意义相近的题项来测量一个商店的形象。我们假设每一个题项都可以独立地反映商店的形象。在测量结束之后，根据随机原则，我们把 20 个题项分成相等的两组，并计算其相关系数。相关系数越靠近 1，对分信度越大。

检验量表内部一致性最常用的方法，是计算 Cronbach α 系数。这个系数在 0 与 1 之间变化，应用电脑软件（如 SPSS）很容易计算。一般而言，α 值最好大于 0.7，0.6 以下意味着量表的内部一致性较差。

五、效度检验

效度考虑的是测量值偏离真实值的程度。当然，估计效度最简单的方法，就是将观测值与真实值比较。不过，我们很难知道真实值是什么，如果真的知道了，也就没有估计效度的必要了。所以，我们这里需要采用一些方法推断观测值的效度。测量效度主要有四种：表面效度、内容效度、构成效度和标准效度。

（一）表面效度

所谓表面效度（face validity），指量表测量的内容与概念的内涵相一致的程度。[8][9] 虽然量表的表面效度很难用数理统计的方法较为客观地评价，但是却可以通过将量表的测量内容与欲测量概念的内涵相比较而做出一个大致的判断。表面效度有问题，就意味着研究者测量到的可能并不是他们想要测量的，并由此影响基于其上所有研究结果的可靠性。

比如，在测量关系营销导向（RMO）时，游汉明等人[10—13] 使用了许多测量企业对于其合作关系状态认识或评价的题项，如“我们（与客户）有共同的世界观”，“我们（与客户）经常互相沟通、表达彼此的观点”，“我们（与客户）在紧密合作的基础上开展工作”等（以上引用的是游汉明等人量表中文版本的原话，括号内的“与客户”，是我们为了使意思清楚加上去的），只有少数题项真正测量了企业对于交易关系的信念，如“我公司信奉‘得人之恩，当思回报’”，“如果在我公司有困难时，某公司给予援手，那我们一定会给予回报”。从概念上讲，RMO 更多地应该是企业的一种意向或意识，而不是企业与其合作伙伴的关系状态。因此,游汉明等人的量表存在表面效度问题。[14]

（二）内容效度

量表的内容效度(content validity),指量表涵盖欲测量变量不同内涵领域(domain)的程度。比如,如果关系营销导向意味着信任、联结、沟通、价值观共享、同情和互惠等多方面的内涵[10—13],那么 RMO 量表就必须由这些成分构成。如果缺少一个方面,量表就存在内容效度问题。

再如,要对一个零售店的形象进行测量。我们选择了 20 个我们认为能够反映零售店形象的题项,请消费者回答。这 20 个题项所涉及的内容,在多大程度上能够代表一个零售店的形象呢？如果其中没有包括洁净、友好和价格等内容,那么测量的效度就值得怀疑。

（三）构成效度

构成效度(construct validity)从概念或变量的构成方面考察测量的效度如何。为了考察量表的构成效度,首先要弄清楚相关概念的理论结构或逻辑结构,即一个概念与其他概念的逻辑关系;然后,根据它们之间的逻辑关系建立预测假设;第三,对它们分别进行测量,并考察测量结果之间的相关程度,用以检验假设。若假设成立,则说明测量有效;若假设不成立,则说明要么是逻辑有问题,要么是测量效度较差。此时,若能肯定逻辑结构没有问题,则问题一定出在测量上,即测量效度有问题。

构成效度可以用法则效度(nomological validity)、内敛效度(convergent validity)和判别效度(discriminant validity)来评估。

法则效度指的是一个变量(概念)的测量结果以在理论上可以预测的方式,与相关变量(概念)的测量结果之间相互关联的程度。变量(概念)与变量(概念)之间构成一个逻辑框架或理论模型,像是一个变量(概念)与变量(概念)之间的关系网,一个变量(概念)与另一个或一些变量(概念)依法则而相互关联。研究者可以根据法则效度,判断一个变量的测量结果是否构成有效。例如,有一个商店经理认为,在职工工作表现和职工对职业的满意度、职工性格的外向程度之间有正相关关系。据此,他建立了一个假设:营业员对职业的满意度越高,性格越外向,其销售任务完成得越好。他选择了一组营业员,从这三个方面进行测量。测量结果显示,它们之间并无显著的相关关系。如果他能够肯定以前的观点没有错,那么他就可以怀疑他对销售任务的测量可能存在效度问题,也就是说可能没有测量到他想测量的。

内敛效度要求在一个量表中测量同一个变量的多个题项之间要有较高的内部一致性;而判别效度则要求在一个量表中测量不同变量的题项之间有明显的区别,即一个量表测量一个变量的结果不能与其他量表测量其他变量的结果相同。[15]在实际工作中,研究者经常使用确定性因子分析(confirmatory factor analysis)来检验量表的内敛效度和判别效度。表 4-2 是使用确定性因子分析对 RMO 量表内敛效度和判别效度的检验结果。[14]

表 4-2 确定性因子分析结果[a]

量表题项	变量		
	RMO	使用非强制性影响策略	共同解决问题
信任	0.868[b]		
联结	0.859		
沟通	0.860		
价值观共享	0.763		
同情	0.823		
互惠	0.385		
P1 向对方提供通用的技术或销售培训		0.803	
P2 给对方一些具体的行为建议,向对方描绘这些行为将带来的对双方的益处		0.782	
P3 向对方提供高额产品利润空间		0.656	
P4 向对方提供随时进行下单采购的许可		0.674	
P5 向对方许诺现金奖励,用于表彰新客户开发		0.554	
P6 向对方提供某种产品的销售优先权		0.568	
S1 对方经常和我公司一起处理关系交往中产生的问题			0.749
S2 我公司和对方经常相互帮助			0.786
S3 我公司和对方会共同承担责任来把某件事情做好			0.844
S4 我们双方都致力于进一步加强我们之间的关系			0.690
变量			
RMO	1.000		
使用非强制性权力	0.362[c]	1.000	
共同解决问题	0.507	0.578	1.000

注:a. $\chi^2 = 152.184$ ($p < 0.001$),CMINDF = 1.507;RMR = 0.134,GFI = 0.894,TLI = 0.946,RMSEA = 0.060。b. 表中此部分所有的因子载荷均显著大于0($p < 0.01$)。c. 在此部分所有对角线下的相关系数,其绝对值均显著小于1($p < 0.05$)。

因为RMO量表中的所有题项对应于RMO的因子载荷(factor loading)均显著为正($p < 0.01$),所以RMO量表具有内敛效度——不同的题项测量RMO,达到了较高的一致性;又因为RMO与其他两个变量(使用非强制性影响策略和共同解决问题)之间相关系数的绝对值均显著小于1,所以RMO量表有判别效度——RMO量表测量的不是其他的变量[16]。

(四)标准效度

标准效度(criterion validity)指一个变量测量的结果与选做标准的变量之间相互关联的程度。根据涉及的时间阶段,标准效度可以采取两种形式:平行效度(concurrent validity)和预测效度(predictive validity)。

平行效度指一个变量的测量结果能够用于准确估计另一个变量测量结果的程度。比如,前面我们经过检验发现用20个题项对商店的形象进行测量是有效的,现在我们想检验一下消费者对商店的偏爱量表是否也有效。我们知道商店的形象与消费者对商店的偏爱高度相关。于是,我们同时用商店形象量表和消费者对商店的偏爱量表进行测量,然后分析二者的相关性。如果二者确实高度相关,我们就可以得出结论:消费者对商店的偏爱量表具有平行效度。

预测效度指一个变量的测量结果能够用于准确估计另一个变量未来变化的程度。比如,学校根据学生入学考试的成绩录取学生,就暗含着入学考试的成绩是一种对学生未来学习能力有预测效度的量表。再如,一家茶叶生产商发现:本年度行业的销售额是其预测下一年度这家茶叶生产商销售额的有效工具。因此,对茶叶行业销售额的测量就有预测效度。

第二节　问卷与问卷设计

问卷是指调查者从应答者或被试那里收集数据或资料的问题表。其作用在于测量,它是市场研究中应用最广泛的一种测量形式。示例 4-3 是《漫友》杂志曾经使用过(夹在期刊中分发)的一个读者调查表,杂志的编辑者想借此了解自己的读者以及读者的品味。

示例 4-3

《漫友》读者调查表

<table>
<tr><td>我的姓名</td><td>性别</td><td>年龄</td><td>读者俱乐部会员编号</td><td rowspan="3">自画像</td></tr>
<tr><td colspan="3">通信地址</td><td>邮政编码</td></tr>
<tr><td colspan="3">电子邮箱</td><td>电话号码</td></tr>
<tr><td colspan="5">我要参加“Hello, My friend!”(请写下 30 字以内的友情留言):</td></tr>
</table>

- 感谢你的支持,请认真填写以下各项(在□内打√即可)

1. 吸引你购买本期《漫友》的原因是:□封面 □内容 □赠品 □习惯
2. 你购买《漫友》的习惯是:□邮购 □定期购买 □偶尔购买
3. 你得到本期《漫友》的时间是______年______月______日。
4. 你在当地购买本刊是否方便:□方便 □一般 □难
5. 你在何处购买《漫友》:□书报摊 □书店 □超市 □邮局
6. 你对本期《漫友》满意的方面:□封面 □图片 □版面设计 □选题 □文章信息量
7. 你对本期《漫友》赠品的满意度:□差 □一般 □好 □超级棒
8. 你阅读本期《漫友》的时间是:□30 分钟内 □30—60 分钟 □60—90 分钟 □90 分钟以上

9. 本期你最喜欢的栏目或文章是：______

10. 本期你最不喜欢的栏目或文章是：______

11. 你对下期《漫友》赠品有什么建议？你最希望得到哪部漫画作品（漫画角色、漫画画家）的什么形式的赠品？______

资料来源：《漫友》杂志内附"《漫友》读者调查表"，略有修改。《漫友》，2006 年第 7 期。

在市场调查与预测中，问卷可以用来测量消费者或顾客的许多特性，包括：(1) 消费、惠顾或购买行为；(2) 人口统计特性，如年龄、性别、收入和职业等；(3) 认知水平；(4) 意见、态度和行为倾向等。其中，对于态度和意见的测量尤为重要，研究者们专门为此开发出一些测量工具，即在下一节将要介绍的态度量表。实际上，态度量表经常作为问卷的一个组成部分出现。比如，在示例 4-3 中，"你对本期《漫友》赠品的满意度"，答案分为差、一般、好和超级棒，这就是一个简单的态度量表。因此，问卷与态度量表并不是并列的关系，而是包含关系——问卷中包含着态度量表。另外，应用其他一些技巧（如最后一节要讲的投影法）进行测量时，也需要设计一些特殊的问卷或量表，因此问卷和量表设计的有关规则也同样适用。

一、问卷的构成

问卷一般由五个部分构成：身份数据、请求、说明、调查内容和分类数据。

身份数据。身份数据即有关应答者姓名、单位、住址和电话号码的数据。有时还包括调查时间或编号等数据。这一般放在问卷的开头部分。

请求。请求即要求应答者合作的请求。调查的组织者，关于调查目的的解释和完成调查所需要的时间一般在这个部分给出。

说明。这个部分告诉询问者或应答者怎样使用问卷。如果进行的是邮寄调查则这个部分直接出现在问卷上；如果进行的是人员询问或电话调查，则这个部分出现在另外一张纸上。

调查内容。这是调查表中最基本、最主要的部分。本节主要讨论这个部分。

分类数据。分类数据是关于应答者特性方面的数据，包括应答者年龄、性别、收入、文化程度等。如果进行的是邮寄调查，这些数据直接由应答者提供；如果进行的是人员访问或电话调查，这些数据则可以通过观察或询问得出。一般分类数据都在调查的末尾收集。

问卷的这五个构成部分，不一定非要按照上面的顺序排列，各个部分之间也不一定非要有个明确的界限，有时个别部分还可以省略。问卷的内容如何安排，要视调查的具体情况而定。

二、问卷设计程序

问卷设计的程序可以简单地表示为以下七个步骤：(1) 初始决定；(2) 题项内容的决定；(3) 题项类型的决定；(4) 题项用语的决定；(5) 题项顺序的决定；(6) 问卷外形的决定；(7) 问卷测试的决定。

(一) 初始决定

这是问卷设计的第一步。这一步要考虑的问题有三个:第一,精确地说明要得到什么样的信息?第二,谁是应答者?第三,采用什么方式与应答者接触?

第一个问题非常重要。如果收集的数据并非解决营销决策问题真正要求的,那么其价值就微乎其微。明确回答这个问题是为了避免发生这种情况。

第二个问题,也是问卷设计之前要回答的一个基本问题。适合于大学生回答的题项,有可能不适合中学生回答,更不适合小学生回答。一般来说,应答者之间的差别越大,要设计一套适合所有应答者回答的问卷就越难。所以,在设计问卷之前,应弄清应答者的特性,然后据此设计适合于他们回答的问卷。

第三个问题,也是在设计问卷之前要确定的。与应答者不同的接触方式,要求特性不同的问卷。比如,电话调查的问卷不能太长;邮寄调查的问卷不能太复杂;人员访问调查可以采用形式不同的问卷。

(二) 题项内容的决定

这一步重点考虑的,是题项和题项所能产生信息的总特性,而不是题项类型和具体用语。在此,需要考虑以下五个问题:第一,问卷中的每一个题项都是必要的吗?第二,通过所有题项收集的信息能满足需要吗?第三,应答者能够正确地回答每一个题项吗?第四,应答者愿意给出准确答案吗?第五,其他的外生变量会影响应答者的回答吗?

1. 题项的必要性

总的来说,通过问卷中的每一个题项所收集的信息,都应是决策所需信息的一个组成部分。所以,在设计问卷时,研究者要回答的第一个问题就是:“每一个题项所带来的数据究竟有什么用?”若对于其中的某些题项,我们不能确切地回答这一问题,那么这些题项是否有必要就值得怀疑。不必要的题项应被删除。

2. 题项收集信息的能力

确定了题项是否必要以后,接着要问的问题是:这些题项所产生的信息是否能够满足要求?若不能,则需要在问卷中增加一些题项或对问卷中的一些题项进行修改。比如,一个测量应答者喜欢还是不喜欢某个产品的题项,如果研究者不仅仅对应答者是否喜欢这个产品感兴趣,而且还对他喜欢这个产品的程度如何感兴趣,则只使用“你喜欢某某牌产品吗?”就不够了,后面还应再加一些询问喜欢程度的题项。

3. 应答者准确回答题项的能力

应答者不能准确回答题项的原因主要有三个:一是根本就不知道答案;二是忘记了答案;三是难以用语言表述答案。前两个原因主要是针对事实性题项,后面一个原因主要是针对态度或动机题项。

对于凡是应答者有可能不知道答案的题项,应先设置一个应答者是否知道答案的是非题项。比如,在我们问小学生关于其父母月收入的题项之前,应先问:“你知道你父母的月收入是多少吗?”如果只问:“你父母的月收入是多少?”这就等于向小学生暗示:他们应该知道答案。因此,他们即使不知道,也会给出一个他们自认为对的答案。这就会产生调查误差。如在此之前加一是非问题,则向其暗示:至少有一些人不知道答案,或者不知道答案也是正常的。这就便于他们承认他们不知道答案这个事实,减少调查误差。

当题项要求应答者回忆那些既不重要又很少出现的事件时,研究者应谨慎处理。研究者应避免高估应答者回忆事件的能力,尤其是在题项只对研究者或决策者来说非常重要的时候。有两种方法可以在这里应用:第一,研究者可以设法询问那些最可能记得答案的应答者,如某个商品的近期购买者;第二,在问卷中使用一些提示物以便帮助应答者回忆,如多选一式的多项选择题项。

我们购买某一个东西可能是出于习惯,或别的什么连我们自己也说不明白的原因。但是,在我们被问到为什么要买这个东西时,我们却会说出一大堆似是而非的原因。若研究者以此作为真实情况进行分析,则会出现很大的测量误差。解决这个问题的方法是投影法。这将在本章最后一节讲。

4. 应答者准确回答题项的意愿

假设应答者能够准确地回答题项,接下来我们还要考虑:他们是否愿意这样做?应答者拒答有三种情况:第一,应答者拒绝回答个别题项,这被叫做题项拒答。第二,由于遇到了应答者认为不适当的题项,应答者拒绝回答余下的部分。在邮寄调查中,这表现为应答者不邮回问卷或邮回空白问卷;在电话调查中,这表现为应答者中断电话。第三,应答者有意提供不正确的答案。

应答者拒绝准确回答问题的原因很多,但是大部分原因可以归纳为三类,即应答者可能认为要求他们提供的数据,第一,与询问者无关;第二,令他们难堪或发窘;第三,反映特权。在调查中,应尽量避免询问这一类问题。如果一定要问,可使用一些技巧加以处理。

5. 外生变量的影响

最后要考虑的一点,是一些外部的偶然因素可能会导致调查出现误差,如调查时间、调查环境和调查人员的行为等。假设某旅游公司进行了一项市场调查,其中设计的一套问卷意在弄清楚去年春季到某处旅游的游客人数和游客对某个旅游点的态度,但恰好去年春季天气很差。如果用这个调查所得到的情况估计今年的情况,就很可能会产生误差。这个误差不是源于问卷本身,而是源于去年偶然的坏天气。在考虑问卷的题项内容时,需要考虑这种外生变量可能带来的影响。

(三)题项类型的决策

分析了题项的内容以后,下一步就要确定使用什么类型的题项。题项的基本类型可以分为四种:自由题项、多项选择题项、二分法题项和态度量表。

1. 自由题项

自由题项允许应答者自由地回答,不受任何限制。比如,“请谈谈你对香烟的看法。”“你认为抽烟的利弊是什么?”

自由题项主要有以下几个优点:第一,它特别适合放在一个调查主题的起首。这是因为它允许应答者对一个主题自由地发表意见,这样一方面可以使调查者对应答者的态度有一个大致了解,另一方面可以使应答者乐于合作,从而营造一个有利于调查的气氛。第二,因为自由题项不需要按照问卷上已经拟定好的答案回答,所以它对于应答者的影响比其他类型的题项小。第三,通过应答者对于自由题项的回答,研究者常常能够收集到一些被忽略数据。由于自由题项有以上三个优点,所以在探测性调查中经常使用这一类题项。

自由题项的缺点主要是:第一,有可能出现较大的询问者偏差。在进行人员访问调查和电话调查时,应答者的回答要由询问者记录下来。这样,就很可能出现记录失真和错误理解的现象。另外,那些书写较慢的询问者还可能漏掉部分内容。这个缺陷,可用录音机弥补。第二,数据的整理比较困难。由于各应答者的答案不同,所用字眼各异,所以在整理数据时很费劲。第三,不宜在邮寄调查中使用。因为应答者须在问卷上将答案写下来,如果写得太长,势必花费应答者大量时间,所以他们只愿用很简短的话表达意见。这样,提出自由题项的主要意义就失掉了。另外,还可能有部分应答者不会写字,无法回答。第四,一般来说,知识水平较高者回答问题较有条理,发表的意见也较多,因此极有可能使调查结果中反映知识水平较高者意见的比重偏大,从而造成误差。

2. 多项选择题项

多项选择题项要求应答者在事先准备好的几个答案中选择一个或几个答案。比如:

你购买奇强牌洗衣粉主要是因为它________、________(选两个):

(1) 洗涤力强

(2) 便宜

(3) 易买

(4) 份量足

(5) 其他

多项选择题项克服了自由题项的许多缺点。与自由题项相比它有如下几个优点:第一,多项选择题项既好记录又好回答,所以对于询问者和应答者来说操作起来都很方便;第二,由于容易回答,不费时间,所以在邮寄调查中应答者比较愿意合作;第三,易于整理和分类,可减少由于记录失真、错误理解或文化水平差异所造成的偏差。

多项选择题项也有一些缺点。多项选择题项的设计需要比较高的技巧,如果多项选择题项的答案中没有包括那些重要的答案,就会产生较大的误差。即使我们可以使用"其他"这个答案代替那些未包括进来的答案,但是这不能从根本上解决问题,因为应答者总是倾向于从给定的具体答案中选择一个。另外,多项选择题项中答案的顺序可能会影响测量结果,从而产生误差。

3. 二分法题项

二分法题项实际上是多项选择题项的一个特例。它只允许有两个截然相反的答案。如是或否,同意或不同意,行或不行等。但实际使用时,常加一中性答案,如"不知道","不能确定"等。

二分法题项的优点基本与多项选择题项相同,即易于回答,可减少询问者误差,易于整理和分类。它的缺点主要是:第一,人们的态度或感情比较复杂,有时很难用是非问题测量。如果硬让人们从两个答案中选择一个,则会产生较大的测量误差。第二,如何表述问题对于应答者的回答影响很大。表述问题一是指表述问题的用语,二是指表述问题的语气。比如,同一个问题用否定性句子和用肯定性句子发问,结果差别会很大。所以,有时使用这种题项调查所得数据的真实性值得怀疑。

4. 态度量表

态度量表是对态度进行测量的工具。它常常被作为一个重要的组成部分用在问卷中。示例4-4是在理论研究的调查问卷中曾经使用过的一个量表，它的目的在于测量供应商对于零售商的依赖程度。[14]关于态度量表的特点和设计方法，将在本章第三节详细说明。

示例4-4

渠道依赖量表

请用打分的方式指出你同意与不同意下列项目的程度（1=极不同意，2=不同意，3=不同意也不反对，4=同意，5=极其同意）。

R1　在这个地区，我们可以找到其他的商店提供与________相同的服务。#

R2　如果找其他商店代替________，会给我们带来损失。

R3　我们很难找到一家商店，像________一样带给我们这么多的销售额和利润。

R4　总之，我们与________的关系对于实现我们的目标来讲非常重要。

#逆向打分项目

资料来源：庄贵军：《中国企业的营销渠道行为研究》，北京：北京大学出版社，2007年版。

（四）题项用语的决定

题项的用语指的是题项的表述，即用语句和词汇把题项的内容表现为应答者易于理解的形式。看起来差不多的题项，往往会因为用语的不同，而使应答者产生不同的理解，做出不同的反应，给出不同的答案。要避免发生这类误差，就必须慎重选择题项用语。下面是在为题项选择用语时要遵循的几个原则：

1. 使用简单的词汇

在问卷中所使用的词汇，应该尽量简单，在应答者所拥有的词汇量之内。这样做，可以减少那些因为不理解词汇含义而错答或拒答的现象。另外，根据不同的调查对象，选择使用适合的词汇。比如，为孩子们设计问卷时，一般要比为成年人设计问卷时所使用的词汇简单。

2. 使用含义清楚的词汇

含义清楚的词汇，是指那些只有一种含义且为所有应答者知晓的词汇。要断定一个词含义是否清楚，并不像我们想象的那么容易。许多含义似乎非常清楚的词汇对于不同的人在不同的地区可能有不同的含义。

比如，“家庭”这个词。家庭究竟以什么为单位来划分？以血缘关系吗？那么离异的夫妇与其子女仍是一家。以门户吗？那么同一个门户住着的并非都是一家。在中国是以户籍来划分的。但是人们在理解家庭的含义时，有时未必以户籍为单位。

尽量使用含义清楚的词汇，可以在一定程度上减少由于含义不清而造成的误差。像“一般”、“经常”、“很多”、“差不多”等词汇，应尽量不在问卷中出现，因为它们的含义是模棱两可的，不同的人有不同的理解。下面是确定词汇含义是否清楚的大致步骤：

- 这个词汇有没有我们需要的含义?
- 它是否还有其他的含义?
- 如果有,那么它的前后文是否把我们要表达的意思表达清楚了?
- 这个词有其他的发音吗?
- 有其他的词与这个词发音相同或相近吗?
- 有更简单、更清楚的词汇代替它吗?

3. 避免引导性题项

引导性题项是指含有暗示应答者如何回答问题线索的题项。引导性题项通常反映研究者或决策者的观点或态度,会导致测量的系统性误差。比如下面这样一些题项:

- 多数电视观众喜欢看武打片,你也喜欢吗?
- 你不认为现在的电视广告不真实吗?
- 你使用奇强牌洗衣粉吗?

第一个题项引导应答者回答“喜欢”;第二个题项引导应答者回答“认为”;第三个题项引导应答者回答“是”。为了避免这一问题,这三个题项可以改写成:

- 你喜欢看什么电视节目?
- 你认为现在电视广告:(1) 真实;(2) 不真实。
- 你目前使用的洗衣粉是什么牌子的?

4. 避免含糊不清的题项

“你最近头痛过或生过病吗?”

这个题项含糊不清,应答者搞不清楚你在问什么,是问头痛呢,还是问生病? 头痛和生病并不相等,有时头痛并非就是生病,有时生病并不一定就头痛。在问卷中应尽量避免这种问题。

5. 避免让应答者凭估计回答

问卷中的题项应尽量不让应答者凭大致的估计来回答。例如,“你一年用多少管牙膏?”对于这个问题大多数应答者都要凭估计做出回答。如果我们把问题改成“你一个月用多少管牙膏?”那么调查结果会更加准确。

6. 考虑题项中问题提出的角度

下面是一个题项的几种提问方法:

- 奇强牌洗衣粉提供的洗涤效果让人满意吗?
- 你认为奇强牌洗衣粉提供的洗涤效果让人满意吗?
- 你满意奇强牌洗衣粉的洗涤效果吗?

上面三个题项在意思上或观察问题的角度上有细微的差别。第一个题项要求应答者根据人们对奇强牌洗衣粉的一般反映,客观地回答问题。第三个题项要求应答者根据自己的主观感受回答问题。第二个题项的角度则介于第一个和第三个题项之间。提出问题的最佳角度,取决于调查与研究的目的。这里要强调的是,研究者不能忽视提出问题的角度对调查结果的影响。

（五）题项顺序的决定

问卷设计的第五步是决定题项的顺序。问卷中题项的顺序也会影响应答者的回答，因而不恰当的顺序可能会导致一些测量误差的出现。问卷中的题项如何安排，主要凭设计者的经验决定。但是，下面几点是决定题项顺序时可以参考的原则：

- 在问卷的开头应尽量使用简单且有趣的题项，以提高应答者回答问题的兴趣。
- 先用一般性的题项，再用特殊性的题项。例如，先问“在你购买面包时，你最重视的是什么？”；再问“面包的含糖量对你来说重要吗？”
- 把那些无趣且较难回答的题项，放在问卷的后面。
- 题项的安排应符合逻辑顺序。

（六）问卷外形的决定

问卷的外形要易于使用。对于需要应答者自己填写的问卷，尤其是邮寄调查所使用的问卷，问卷的外形是应答者愿意合作与否的一个重要变量。即使答案由询问者记录，设计良好的外形也会起到减少测量误差的作用。另外，外形本身还会影响应答者的回答。比如，如果一个自由问题的底下留有较多的空白，那么不管是应答者还是记录者都倾向于写下较多的内容。

（七）问卷测试的决定

一般而言，问卷在正式使用之前都要先进行测试。虽然在设计问卷时可以应用朋友、熟人或研究人员作为应答者对个别题项进行测试，但是对于问卷的全面测试则应尽可能地使用真正的应答者，比如调查的子样本。样本中各单位之间的差异越大，用来进行测试的子样本也应该越大。

问卷测试所用的方法应尽量与最终调查的方法相同。当用于测试的应答者回答完毕，应该对其中的一些人进行进一步的询问，请他们谈一谈他们填写问卷或回答问题的感受，了解问卷设计中的缺陷，以便修改。若改动比较大，则需要对改动过的问卷进行再测试。

第三节　态度量表

态度就是一个人对于事物比较固定的认识、感情和行为趋向。消费者的态度与其购买行为之间有着密切的关系，是影响消费者购买行为的一个重要因素。图4-2简单地说明了企业的营销活动、消费者的态度与行为反应以及企业的营销效果之间的关系。企业的营销活动首先影响消费者的态度，消费者的态度导向购买行为（从知觉到喜欢、偏爱，再到动机和购买的过程），消费者的购买行为影响企业的营销绩效。

但是，消费者的态度仅仅是决定其购买行为的一个因素，影响购买行为的因素还有很多，比如收入因素、短缺因素。你之所以没有购买某一种电脑，并不是因为你不喜欢它，而是因为你没有足够的钱或市场上没有货。所以，当我们使用消费者的态度来推测他们未来的行为时，一定要注意：消费者的态度是其购买行为的一个必要条件，而不是充分条件。

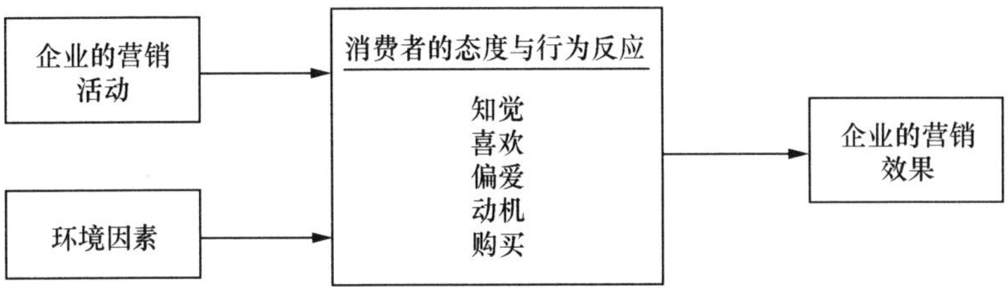

图 4-2　消费者态度与行为反应模型

一般而言，用消费者的总体态度来推断消费者的总体购买行为还是比较准确的。

消费者态度与其购买行为之间的密切关系，使态度的测量在市场调查和企业的营销管理中特别重要。在长期的实践中，研究者发明了很多工具，专门用于测量人们的态度。态度量表就是对态度进行测量的工具。

态度量表测量所得数据有两个主要用途：第一，预测消费者对新产品、新包装、广告等的行为反应；第二，进行市场细分和产品定位。

态度量表的种类很多，并无绝对的好坏之分。我们这里只介绍市场调查中常用的一些态度量表，在使用时研究者应根据市场调查的目的和要求以及调查方法、成本和分析方法相机采用。

一、项目评比量表

项目评比量表（itemized rating scale）是市场调查中最经常使用的量表之一。在评比事物的某一个特性上，它要求被调查者在依序排列的几个水平或项目中选择一个最能代表其态度的。比如，在前面示例 4-3 中，“你对本期《漫友》赠品的满意度”，答案分为“差”、“一般”、“好”和“超级棒”。这就是一个项目评比量表。

项目评比量表是一种基础性量表。将其组合或变化以后，就可以变成其他的量表。因此，了解设计项目评比量表的有关问题对于设计其他各种态度量表都是适用的。相关的问题，包括量表水平或类别的文字描述、分类数目、奇数目与偶数目分类、平衡与不平衡分类、强迫与非强迫分类以及赋值问题。

（一）文字描述

研究者倾向于用一些简短的文字来描述一个事物某种特性的水平或类别，如“非常”、“比较”、“一般”；“差”、“一般”、“好”和“超级棒”等。虽然文字描述并非绝对必要，但是一般而言，对于事物某种特性的水平或类别描述得越清楚，所得数据就越可靠。文字描述的准确性，对应答者有比较大的影响。在用文字描述各水平或类别时，所用文字必须有较明显的差别，否则应答者无所适从。另外一个常见的做法是，在一个量表的两边给出两个极端类别的文字描述，如“非常喜欢”和“非常讨厌”，中间的类别则不做文字描述。

（二）分类数目

到底一个量表应该分出多少类比较好？这个问题没有固定答案。一般而言，在实际的市场调查中，分成五至七类的比较多。专家们认为只有在测量态度的细微变化时，多于七类的量表才是必要的。分类过多会使应答者无法分辨类别之间的区别，从而让应答者产生心情负担。另外，专家们还发现，五至七类的量表比三类的表易于实施，所得数据也更好分析。所以，除非情况特殊，研究者们在实践中一般都使用五至七类的量表。

(三) 奇数目与偶数目分类

量表中的类别或水平数目是奇数好还是偶数好？如果采用奇数目分类，那么一般来说在量表上有一中间或中性位置。如果采用偶数目分类，则量表上没有中性位置，这等于调查者强迫应答者必须在对立的两种态度中选择一种，只是在态度的强烈程度上有选择的自由。前人的研究结果显示：量表的奇数目分类或偶数目分类，不会导致测量结果产生本质上的差异。[3]因此，这个问题似乎是无所谓的。

(四) 平衡与不平衡分类

如果有利态度答案的数目与不利态度答案的数目相等，那么量表就是一个平衡量表。否则，就是不平衡量表。在测量中，应该使用平衡量表还是不平衡量表呢？这要根据具体情况而定。如果研究者预计应答者对于某事物某种属性的态度，主要是有利的或主要是不利的，或者他主要关心有利的态度或不利的态度，他就可以使用不平衡量表。但是，应用不平衡量表有时会引起应答偏见，从而导致测量误差，因此在使用时要小心。一般情况下，多使用平衡量表。

(五) 强迫与非强迫分类

对量表进行强迫分类，即要求所有的应答者都要为自己对事物某种特性的态度在量表上找一个位置，不管他们是否真的有态度。在这样情况下，那些由于不了解情况而对一个事物没有态度的应答者被迫选择一个中性位置。此时，这并不能说明他们既不喜欢这种特性，也不讨厌这种特性。如果有很多应答者属于这种情况，那么强迫量表所得测量结果的真实性就值得怀疑。这时，采用非强迫量表比较好。非强迫量表在强迫量表上加一项“不了解”或“不知道”。那些无态度的人，可以选择这一答案。

(六) 赋值问题

是否应该为量表上的各类别、水平或项目赋值？专家们认为，只有当各类别之间可以被近似地看成等距离的时候，才有赋值的必要。比如，给五类别量表赋值5,4,3,2,1。但是，如果各类别之间不是等距离的，即使赋了值，也不能进行数学运算（参看本章第一节的相关内容）。

二、等级量表

等级量表(rank order rating scale)要求应答者根据某个标准或某种特性为问题中的事物排列顺序。比如，应答者可能被请求根据他们对一个广告的认知程度、喜欢程度或购买广告商品的欲望为五个印刷广告排序。

在市场调查中，等级量表的应用也非常普遍。它是一个标准顺序量表，有以下几个优点：第一，简便易行，容易设计和操作；第二，请求根据特性为事物排序的指令易于理解，比较适宜于在需要应答者填写的问卷中使用；第三，为事物排序的过程类似于购买决策过程，所以它可以使应答者以极为现实的方式确定自己的态度。

它的主要缺陷有两点：第一，它强迫应答者为各事物排序，而不管应答者对一个事物总的态度。也许应答者不喜欢这些事物中的任何一个，包括顺序排在第一位的事物。但是，等级量表却无法测出应答者的这种真实态度，它只能测出排在第一位的是应答者最喜欢的，排在最后的是应答者最不喜欢的。第二，使用等级量表，只能得到顺序或定序数据，要把它转化为等差数据比较困难。

三、配对比较量表

通过比较为事物的特性排序时，如果需要比较的事物不多，可以使用配对比较量表。使用配对比较量表，应答者需要在给定的一对事物中比较优劣。比如，饮料 A 的滋味比 B 好，因此我更喜欢 A。

在设计配对比较量表时，应将欲测量的事物一一配对，所以应答者要做一系列类似于前面那样的比较判断。比如，欲测量的是 5 个品牌（$n=5$），那么应答者需要做 10 个比较，即

$$[n(n-1)\div 2]=10 \qquad \text{（公式 4-3）}$$

如果欲测量的品牌增至 10 个，那么应答者就要进行 45 个比较。若我们测量 10 个品牌的 5 个特性，则要比较的数目就是 225 个。可见，配对比较的数目是以几何级数增长的。这限制了它的使用。

表 4-3 是应用配对比较量表对 5 个品牌一个特性的测量结果。表中的每一格，表示应答者认为列优于行的比例。比如，品牌 A 与品牌 B 比较，认为 A 优于 B 的比例在 A 列 B 行，即 0.10；认为 B 优于 A 的比例在 B 列 A 行，即 0.90。从表上我们可以看到，品牌 B 在测量的特性上最受消费者欢迎。

表 4-3 配对比较量表的测量结果

	A	B	C	D	E
A	n. a.	0.90	0.64	0.14	0.27
B	0.10	n. a.	0.32	0.02	0.21
C	0.36	0.68	n. a.	0.15	0.36
D	0.86	0.98	0.85	n. a.	0.52
E	0.73	0.79	0.64	0.48	n. a.

注：n. a. 意为不适用。

根据这些数据可以得出一个顺序量表。第一步，将表 4-3 中各格的数据化成 0、1，即列优于行的比例大于 0.5 的给 1 分，列优于行的比例等于或小于 0.5 的给 0 分；第二步，计算各列总分，得一组顺序量表数据 B > C > A > E > D，如表 4-4 所示。

表 4-4 转化的配对比较量表数据

	A	B	C	D	E
A	n. a.	1	1	0	0
B	0	n. a.	0	0	0
C	0	1	n. a.	0	0
D	1	1	1	n. a.	1
E	1	1	1	0	n. a.
总分	2	4	3	0	1

注：n. a. 意为不适用。

配对比较量表的优点：一是易于比较；二是可以把测量数据转化为顺序量表和等差量表数据（见后面的说明）。它在广告测试、产品和包装选择、品牌地位等调查研究中经常使用。配对比较量表的缺点也有两点：第一，它只适用于需要比较的事物或特性不多的情况；第二，一次只在两个事物中做比较，这与消费者在市场上所遇到的情况不同。当消费者说："两相比较更喜欢 A"时，这并不意味着他不喜欢 B 或真的喜欢 A。可能的情况是，两个他都不喜欢或两个都喜欢，只不过不喜欢或喜欢的程度不同罢了。因此，配对比较量表有时可能测不出应答者的真实态度。

四、固定总数量表

在市场调查中，固定总数量表（constant sum scale）也经常被采用。固定总数量表要求应答者将一个固定的总数（一般为 100）按照他们认为事物在某个特性上的强弱进行分配。固定总数量表既可以表现为配对比较的形式，也可以表现为顺序排列的形式。用下面的公式可以将配对比较的固定总数量表数据转化成等差量表数据：

$$S_i = \sum_{i=1}^{n} S_{ij} \div [n(n-1) \div 2] \qquad \text{（公式 4-4）}$$

式中，S_i为第 i 个事物（如品牌）在测量某种特性（如消费者喜爱程度）的等差量表中的得分；S_{ij}为第 i 个事物与第 j 个事物比较时的得分；n 为欲比较事物的数量。

比如，在表 4-5 给出的例子中，令配对比较的总数为 100，然后请消费者以其喜欢的程度为 5 个品牌打分。表 4-5 显示了每一个品牌相对于另一个品牌的平均得分，如相对于 B，A 得了 10；相对于 C，A 得了 36。根据公式 4-4，可以计算出每一个品牌在等差量表中的得分，如表 4-5 最后一列所示。由此，也可以看出 B > C > A > E > D 的顺序关系，但这里的数据是可以进行加减运算的等差数据。

表 4-5　配对比较量表的测量结果

	A	B	C	D	E	S_i
A	n. a.	10	36	86	73	20.5
B	90	n. a.	68	98	79	33.5
C	64	32	n. a.	85	64	24.5
D	14	2	15	n. a.	48	7.9
E	27	21	36	52	n. a.	13.6

注：n. a. 意为不适用。

固定总数量表最常采用的，是依序排列的等级形式。这种形式允许研究者同时让应答者比较多个事物或特性。它可以用来收集关于消费者品牌偏好的数据，也可以用来测量一个事物中各种特性的相对重要程度。示例 4-5 给出了这样的两个例子。

示例 4-5

固定总数量表的等级形式

一、以下是几种国产品牌的平板电视机，请您根据您的个人偏好，给它们打分。总分为 100。

康佳________　长虹________　海信________　TCL________　海尔________

创维________　其他________

总计　100

二、请根据您选购电视机时对各方面的重视程度,为下面各项目打分。总分为 100。

价格________

样式________

清晰度________

抗干扰能力________

色彩________

总计　100

固定总数量表与配对比较量表有着相同的优缺点。即使采用等级形式,也不能用它比较太多的事物或特性,因为把 100 分分配到太多的事物或特性上去,是一件令人厌烦的工作。

五、语意差别量表

典型的语意差别量表,由多个两头为两个极端答案、共分成七个程度类别的项目评比量表组成。比如,图 4-3 是用来测量商店形象的一个六指标语意差别量表。每一指标的两端是两个极端的答案,分别意味着"极好"和"极坏","极可靠"和"极不可靠"等,中间一个类别是中性答案,意味着"既不好也不坏",或"既不能说可靠也不能说不可靠"等,其他类别则表示对某一指标肯定或否定的程度。

商店 A、B								
质量可靠	___	A	___	B	___	___	___	质量不可靠
友好	___	___	AB	___	___	___	___	不友好
时尚	___	___	B	___	A	___	___	不时尚
便宜	A	___	___	B	___	___	___	贵
环境优雅	___	B	___	A	___	___	___	环境差
高档	___	B	___	A	___	___	___	低档

图 4-3　某消费者对商店 A 和 B 的态度

调查者采用这个量表测量某一个或某几个商店的形象时,只是简单地要求消费者根据他们对于这一个或这几个商店的态度在量表的每一个指标上找到恰当的位置,做出记号。比如,图 4-3 是某一个消费者对于商店 A 和商店 B 在不同指标上的态度。如果有很多的消费者被作为调查对象,那么就可以收到很多这样的答卷,对于这些答卷进行归纳分析,就可以得到消费者对于欲调查商店的综合态度,即商店的形象。

对于语意差别量表资料进行分析,可以采用以下几个步骤:第一,为每一指标的各类别赋值,一般是从有利态度向不利态度依次赋予递减的值,如 7、6、5、4、3、2、1;第二,把所有被调查者对于某商店在每一指标上的得分加总、平均,即得被调查者对于这个商店在每一指标上的平均态度;第三,将上一步的结果绘制在经过改造的语意差别量表图上,进行图上分析,如图 4-4 就是对商店 A 和 B 进行的图上分析。

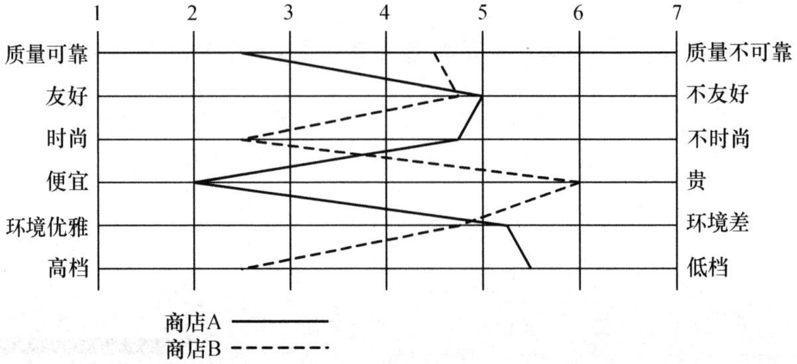

图 4-4　商店 A、B 形象的图上分析

以上三步完成之后,找出一个商店与其他商店之间区别较大的特性,一个商店的相对形象(一个商店相对于其他的商店)就测量出来了。比如,如图 4-4 所示,相对于商店 B 来说,商店 A 的形象是:商品质量可靠,价格便宜,商品档次大多为中低档;相对于商店 A 来说,商店 B 的形象则是:价格较高,商店出售的大多为较时尚,档次较高的商品。

六、李克特量表

李克特量表(Likert scale)以其发明者的名字(Rensis Likert)命名,是一个在市场调查中、尤其在进行理论研究的调查中被广泛使用的态度量表。它要求被调查者通过指出同意或不同意一系列陈述语句及其程度,表达他们对于某事物特性的态度。前面示例 4-4 中的量表,就是一个标准的李克特量表。

李克特量表有以下几个优点:第一,用多个题项测量同一个变量,如果设计得好,测量结果有较高的信度和效度;第二,可以运用多种统计方法对测量的信度和效度进行评估;第三,相对于一些复杂的量表,李克特量表便于设计和操作;第四,经过加总,李克特量表的测量结果可以被看做一个“准连续的变量”,因此可以使用较为复杂的统计工具对调查结果进行分析。[15]它的缺点主要是占用问卷的版面较大,当调查内容较多时,问卷会很长,让应答者心中生厌。

李克特量表的设计有五个步骤:第一,研究者需要拟定一些有正负态度的测量语句,称为题项或问项(item);第二,把这些题项显示给一些应答者,请他们打勾表达他们对这些题项同意或不同意的程度;第三,为每一个应答者在每一个题项上的答案赋值;第四,进行统计分析,通过删除那些与总分相关度差的题项,净化量表以提高其内部一致性或信度;第五,余下的题项就构成一个李克特量表用于进行态度测量。

第四节　深度询问和投影法

深度询问和投影法是一般测量方法的一个补充,专为收集那些一般询问和观察难以获得准确数据的调查而设计，比如消费者的购买动机调查。购买动机常常是消费者自己也说不清道不明的心理倾向，用一般的测量方法很难获得真实的数据。即使消费者勉强按照调查人员的要求填写了问卷，他们的答案也不一定代表他们真实的感受或意见。如果只是根据消费者给出的答案进行分析，调查结果中将存在较大的误差。此时，深度询问和投影法可能是了解消费者真实态度的一种更可靠的测量方法。

一、深度询问

深度询问是探测人们本能倾向（如无意识的感情、需要、烦躁、害怕等）的测量技术。它通过使应答者自由地、毫无顾忌地表现自己，而达到测量的目的。深度询问可以是一对一地进行，也可以是一个询问者对一个小组（一般 8 至 12 名应答者）地进行。前者我们称之为个别深度询问法，后者为小组深度询问法。

（一）个别深度询问法

采用个别深度询问法，询问是一对一地进行的。调查者不需要事先准备一套按照一定顺序排列的问题，他只是自由地发问，搜寻那些感觉与问题相关的答案，用各种可能的方式获取资料或数据。调查者唯一必须遵循的原则是：不能诱导应答者给出他想要的答案；他在刺激或干预应答者回答问题时，应该不留痕迹。个别深度询问法有无方向询问和有方向询问之分。

1. 无方向询问

在无方向询问中，调查者的作用只是以最低限度的直接提问，鼓励应答者发表自己的意见。比如，调查者可能请求应答者谈谈他对国产牙膏的看法。一旦应答者开始讲话，调查者除了提出一些简单的问题，如“你为什么这样说？”“你能谈得再详细一点吗？”，或者简单地给以鼓励，说些“挺有趣”之类的话以外，不对应答者的回答做任何引导。他让应答者引导询问的方向，决定讨论的题目。

2. 有方向询问

有方向询问，调查者把询问的主题集中于事先准备好的几个题目上，不露痕迹地引导着应答者讨论这些题目。题目的选择和一个题目讨论时间的长短由调查者灵活掌握。当调查者认为对于一个题目的询问已经达到了要求，他就可以转向另外一个题目。

（二）小组深度询问法

采用小组深度询问法，询问是一对多地进行的。一个小组一般为 8 至 12 人，但可以同时使用几个小组。每一个小组代表一个细分市场，其成员由在某个特性上相似的应答者组成，如大学在校学生、家庭主妇、工厂工人、机关工作人员等。询问采用小组讨论的方式进行。一旦提出问题，小组讨论开始，调查者除了在必要的时候提几个简单的问题引导下讨论的方向，不再介入。

小组深度询问法，常常应用于新产品观念开发、产品定位研究、广告研究、消费者态度、购买动机和购买行为调查等。

二、投影法

根据心理学，如果要求一个人描述或解释一件真实或想象的事件，则这个人的描述或解释中会透露出有关这个人的社会背景、态度和价值观的信息。[17]要求他描述的事件越含糊,在描述中他暴露出来的自我也就越充分。投影法据此而设计。

(一) 字眼联想法

拿一些字、词给应答者看,并要求他们立即回答当看到这些字、词时他们想到了什么。字眼联想法,广泛应用于测试品牌名称和品牌形象,有时也用来确定企业生产或经营产品的关联程度。比如,当应答者看到,一个标有“面包”的纸牌后,立刻回答“果酱”、“牛奶”、“汽水”等,由此可以推断出面包与这些产品相关联。再比如,当让应答者看“康佳电视机”这个词时,可能的答案有“清晰”、“抗干扰能力强”、“功能多”、“噪音小”等。那么,我们不难从应答者的回答中,找出应答者对这种电视机的总体印象。

字眼联想法可分为三种:第一种是上面我们所谈到的自由联想法;第二种是控制联想法,即将应答者的答案限制在一定的范围内;第三种是提示联想法,即出示字、词后请求应答者在一张事先拟定好的单词问卷中挑选答案。

用上面面包的例子说明三种方法的区别。如果用自由联想法,这样提问:“看到面包这个词,你首先想到什么?”如果用控制联想法,需要这样提问:“看到面包这个词,你想到什么食品?”用提示联想法,则需要请求:“你们桌子上有一张纸,上面写了一些词汇。请把你们认为与面包最密切相关的词汇用笔勾出来。”

运用字眼联想法进行调查时,我们不但要记录应答者回答问题的内容,还要留意应答者回答问题所用的时间。时间短,表示字眼对应答者有较强的刺激力,应答者的态度较肯定;时间长,则表示字眼的刺激力较弱,应答者态度不十分肯定。

(二) 语句填空法

语句填空法的性质与字眼联想法的性质基本相同,不同之处在于具体操作。字眼联想法要求应答者回答的是片言支语,而语句填空法则要求应答者填写字、词,把未完成的句子完成。下面是几个例子:

- 阅读《文摘》的人多半是________________。
- 当我口渴时,我想喝________________。
- 我最喜欢看的电视节目类型是________________。

从应答者的填写内容中,我们不难发现应答者对相关事物的态度。

(三) 漫画法

将一幅漫画展现于应答者面前,要求应答者回答画面提出的问题。比如,一幅漫画描写的是一家家用电器商店的情形。一位顾客刚刚踏入商店,营业员就迎上去问:“要买录音机吗?是买日本货还是国产货?”顾客方面则留一空白,表示他的答话。他的答话需要应答者替他写出。如果应答者填上“日本货”,这说明这个应答者在购买录音机时对价格考虑得较少。如果应答者反问道:“哪一种便宜?”则说明在挑选录音机时,这个应答者首先考虑的是价格。

采用漫画法时要注意漫画所欲表达的情况必须是应答者熟悉或易于了解的,若含糊不清,则应答者就不好回答。

(四) 故事测验法

向应答者出示一连串图片或照片,要求应答者根据自己的理解虚构一个故事。例如,一组图片描述了牛奶的生产过程，最后的一个图片上显示两个三四岁的男孩，一个强壮，一个瘦弱。然后，让应答者根据这组图片写一个短小的故事。应答者所写的故事可能是这样的：

> 牛奶的生产过程并不复杂，但牛奶对人体所起的作用却很大，尤其是对小孩。同样大小的孩子，经常食用牛奶，身体会长得很结实；很少食用牛奶的孩子，往往比较瘦弱。

通过应答者讲述的故事，我们可以了解应答者对于牛奶在小孩成长中所起作用的认识。这种资料，对于牛奶的生产者和推销者至关重要。

（五）第三人影射法

第三人影射法（the third person projection），是调查者通过让被调查者评判假想当事人在给定情境下的行为，来了解被调查者对一种行为的评价和态度。[3]这种方法在营销道德理论的研究中经常采用，也被称为“情境法”（scenario）[18][19]。示例 4-6 是我们在研究“灰色营销行为”时用过的几个情境和相关的测量问题。[20][21]

示例 4-6

灰色营销调查问卷

情境一（S1）：回扣。李经理是 A 公司的采购主管。小刘是 B 公司的推销人员。2013 年年初，A 公司将有一大笔购买原材料的订单。为了得到这笔订单，小刘给李经理 5% 的回扣。这单生意原本要给 C 公司的，但因为回扣的影响，李经理将其给了 B 公司。

请分别针对李经理和小刘的行为表达自己的意见（1 = 极不同意，2 = 不同意，3 = 勉强不同意，4 = 无意见，5 = 勉强同意，6 = 同意，7 = 极为同意）

Q1　老李的行为是不道德的。
Q2　老李的行为虽然不妥，但是可以理解。
Q3　老李的行为早晚会被发现，一定会被严惩。
Q4　如果我是老李，我也会这样做。

Q1　小刘的行为是不道德的。
Q2　小刘的行为虽然不妥，但是可以理解。
Q3　小刘的行为早晚会被发现，一定会被严惩。
Q4　如果我是小刘，我也会这样做。

情境二（S2）：事前送礼。李经理是 A 公司的采购主管。小刘是 B 公司的推销人员。2013 年年初，A 公司将有一大笔购买原材料的订单。为了得到这笔订单，小刘在李经理儿子过生日的时候送了一个大红包（比如，3 000 元）。李经理收下了，没有退还。

重复前面的问题。（问题略）

情境三（S3）：事后送礼。李经理是 A 公司的采购主管。小刘是 B 公司的推销人员。

李经理代表A公司已将一大笔购买原材料的订单给了小刘代表的B公司。小刘为了感谢李经理在生意上的照应,在李经理儿子过生日的时候送了一个大红包(比如,3 000元)。李经理收下了,没有退还。

重复前面的问题。(问题略)

情境四(S4):亲戚送礼。李经理与小刘是亲戚关系。为了得到这笔订单,B公司请小刘在李经理儿子过生日的时候送了一个大红包(比如,3 000元)。李经理收下了,没有退还。

重复前面的问题。(问题略)

情境五(S5):请吃。李经理是A公司的采购主管。小刘是B公司的推销人员。李经理代表A公司已将一大笔购买原材料的订单给了小刘代表的B公司。小刘为了感谢李经理在生意上的照应,请李经理吃饭。李经理去了。

重复前面的问题。(问题略)

资料来源:庄贵军:《灰色营销的道德评价:调查与检验》,《南开管理评论》,2004年第7卷第5期,第30—38页。

由于要了解的是企业在营销过程中收受回扣(S1)、收受礼品(S2、S3和S4)和请吃与吃请(S5)这些道德敏感性问题,采用直接提问的方法进行调查往往难以获得真实可靠的数据,甚至让被调查者反感。基于这样的考虑,我们采用了第三人影射法,即通过让被调查者评判假想当事人李经理与小刘在给定情境下的行为,来了解他们对于这种道德上有问题的营销行为的评价和态度。从研究结果看,采用这种方法收集数据(进行测量)效果还是可以接受的。

本章小结

测量是根据规则用数字描述客观事物有关特性的程序。它有以下几个方面的含义:第一,在人们进行测量时,被测量的不是客观事物本身,而是客观事物的某种特性;第二,在测量中的“数字”,与我们日常生活中所讲的数字意义略有不同,它有时不能运算,只是代表某一客观事物某种特性的一个标志;第三,用数字描述客观事物(即测量),需要遵循一定的规则,而要理解数字的意义,必须掌握测量规则。

量表有类别量表、顺序量表、等差量表和等比量表四种形式。类别量表中的数字仅仅作为符号用以标识客观事物或对客观事物进行分类。顺序量表中的数字不仅仅标识各个类别,而且还表示各类别之间的顺序关系。等差量表不仅仅根据某种特性用数字为客观事物排序,而且数字之间相等的差距还表示客观事物之间在所测量的特性上相等的差距。等比量表除具有等差量表的一切特性以外,还必须有一固定的或绝对的原点。

测量误差是由测量工具或测量程序导致的误差。可以分为两大类:一类叫系统误差,即在测量中出现的具有一致性的偏差;另一类叫随机误差,指在测量中除系统误差以外的所有误差。测量的准确与否,用信度和效度来检验。测量的信度指测量结果中含有随机误差的大小;测量的效度(狭义)指测量结果中所含系统误差的大小程度。检验测量信度的方法主要有复测信度、子样本信度、交叉信度和内部一致性信度;检验测量效度的方法主要有表面效度、内容效度、构成效度和标准效度。

问卷是指调查者从应答者或被试那里收集数据的问题表。问卷一般由身份数据、请求、说明、调查内容和分类数据等五个部分构成。问卷设计的程序,包括初始决定、题项内容的决定、题项类型的决定、题项用语的决定、题项顺序的决定、问卷外形的决定和问卷测试的决定。问卷中题项的基本类型可以分为自由题项、多项选择题项、二分法题项和态度量表四种。

态度量表是对人们的态度进行测量的工具。在市场调查中常用的态度量表有:项目评比量表、等级量表、配对比较量表、固定总数量表、语意差别量表和李克特量表。态度量表设计的相关问题,包括量表水平或类别的文字描述、分类数目、奇数目与偶数目分类、平衡与不平衡分类、强迫性与非强迫性分类以及赋值问题。

深度询问是探测人们本能倾向(如无意识的感情、需要、烦躁、害怕等)的测量技术。它通过使应答者自由地、毫无顾忌地表现自己,而达到测量的目的。深度询问法可以分为个别深度询问法和小组深度询问法。

投影法通过一个人对一件真实或想象事件的描述或解释,来了解这个人的态度和价值观。投影法包括字眼联想法、语句填空法、漫画法、故事测验法和第三人影射法等。

参考文献

[1] Weber:《社会调查的滥用:中国人生活质量报告称农村人幸福感强于城里人》,Weber 的博客(http://forum. sociology. org. cn/ShowThread. aspx? PostID = 4362),2007 年 4 月 11 日读取。

[2] Churchill, G. A. and Iacobucci, D. *Marketing Research: Methodological Foundations* (9th edn.) [M], Beijing: Peking University Press, 2007: 267.

[3] Tull, D. S. and Hawkins, D. I. *Marketing Research: Measurement and Method*(M), NY: Macmillan Publishing Co., 1980, 214—227;305—310.

[4] 吴玉:《管理行为的调查与量度》,北京:中国经济出版社,1987 年版。

[5] Malhotra, N. K.:《市场营销研究:应用导向(第 4 版)》,涂平译,北京:电子工业出版社,2006 年版,第 66 页,第 135—138 页。

[6] 庄贵军:《中国企业的营销渠道行为研究》,北京:北京大学出版社,2007 年版,第 259—262 页。

[7] Bollen, K. and Lennox, R. Conventional Wisdom on Measurement: A Structural Equation Perspective[J], *Psychological Bulletin*, 1991, 110(2): 305—314.

[8] Carmines, E. G. and Zeller, R. A. *Reliability and Validity Assessment*[M], Newbury Park: Sara Miller McCune, Sage Publications, Inc., 1979.

[9] Gaski, J. F. Distribution Channels: A Validation Study[J], *International Journal of Physical Distribution & Logistics Management*, 1996, 26(5): 64—93.

[10] Yau, O. H. M., McRetridge, P. R., Chow, R. P. M., Lee, J. S. Y,. Sin, L. Y. M, and Tse, A. C. B. Is Relationship Marketing for Everyone? [J], *European Journal of Marketing*, 2000, 34(9/10): 1111—1127.

[11] Sin, L. Y. M., Tse A. C. B., Yau, O. H. M., Chow, R. P. M., Lee, J. S. Y., and Lau, L. B. Y. Relationship Marketing Orientation: Scale Development and Cross-cultural Validation[J], *Journal of*

Business Research, 2005, 58: 185—194.

[12] Sin, L. Y. M., Tse A. C. B., Yau, O. H. M., Lee, J. S. Y., and Chow, R. P. M. The Effect of Relationship Marketing Orientation on Business Performance in Service-oriented Economy [J], *Journal of Services Marketing*, 2002, 16(7): 656—676.

[13] Sin, L. Y. M., Tse A. C. B., Yau, O. H. M., Chow, R. P. M., and Lee, J. S. Y. Market Orientation, Relationship Marketing Orientation, and Business Performance: The Moderating Effects of Economic Ideology and Industry Type[J], *Journal of International Marketing*, 2005, 13(1): 36—57.

[14] 庄贵军、周筱莲、徐文:《关系营销导向:量表的重新设计与检验》,《商业经济与管理》,2007 年第 9 期,第 42—48 页。

[15] Churchill, G. A. *Marketing Research: Methodological Foundations* (5th edn.) [M], Orlando: The Dryden Press, 1991.

[16] Hair, J. F., Anderson, R. E., Tatham, R. L., and Black, W. C. *Multivariate Data Analysis with Readings* (4th edn.) [M], NJ: Prentice-Hall, Inc., 1995

[17] Lindzey, G. On the Classification of Projective Techniques[J], *Psychological Bulletin*, 1959, 56 (2): 158—168.

[18] Hunt, S. D. and Vitell, S. J. A General theory of Marketing Ethics[J], *Journal of Macromarketing*, 1986, 6(Spring): 5—16.

[19] Hunt, S. D. and Vitell, S. J. A General Theory of Marketing Ethics: A Retrospective and Revision [A], In Smith, N. C. and Ouelch, J. A. (eds). *Ethics in Marketing*[C], Boston: Irwin. 1993: 775—784.

[20] 庄贵军:《灰色营销的道德评价:调查与检验》,《南开管理评论》,2004 年第 7 卷第 5 期,第 30—38 页。

[21] 庄贵军、周筱莲:《营销人员对于灰色营销的道德评价及其影响》,《营销科学学报》,2006 年第 2 辑第 1 期,第 29—39 页。

练习与思考

1. 什么是测量?它有哪几层含义?
2. 量表有哪几种?各有什么特点?
3. 举例说明社会科学研究中使用的量表与自然科学研究中使用的量表有何不同?
4. 什么是测量的信度和效度?
5. 设计问卷时要考虑哪几个方面的问题?
6. 设计态度量表时要考虑哪几个方面的问题?
7. 什么是深度询问?有哪几种?
8. 什么是投影法?在市场调查中常用的投影法有哪几种?
9. 请为一项香烟消费情况的调查设计一套问卷(不少于十个题项)。
10. 为测量青岛啤酒的形象,设计一个语意差别量表(不少于八个方面)。
11. 自行设计一套问卷,说明调查什么、调查对象是谁、采用什么方法和具体的题项。

案例分析

案例4-1 中国农村人幸福感强于城里人?

2004年12月14日上午,中国社会科学院发布了《2005年社会蓝皮书》。在蓝皮书中,据零点调查公司提供的数据,通过对全国7个大中城市、7个小城镇及8个农村地区3 859名18岁至60岁居民的访问调查,得出一个结论:近八成居民感到生活幸福,农村居民幸福感强于城镇居民。

这一调查结论一发布,立即在网上引起潮水般的质疑。其中一个网民写了一篇文章"社会调查的滥用:中国人生活质量报告称农村人幸福感强于城里人",质疑这一调查结果。内容如下①:

> 中国社会科学院发布的《2005年社会蓝皮书》,让我想到了2004年6月国内一家专业人力资源管理网站发布的《中国"工作幸福指数"调查报告》。此报告通过对中国六大城市市民的调查发现,绝大多数被调查者不感到幸福,仅有10%的被调查者幸福感较高。"工作而不幸福"的人,能感到生活幸福吗?富有应比贫穷相对幸福,为什么贫穷的农民比城镇居民幸福?针锋相对的两个调查,一下子把人弄懵了,幸福与不幸福,还真是个问题。
>
> 也许是对幸福的理解不同,造成两个调查结果的差异。什么是幸福?使人心情舒畅的境遇和生活。这是字典、辞典给出的一个笼统的答案。什么是心情舒畅?没有人能说清楚。乞丐得到一顿饱饭,心情很舒畅;一场及时雨,会让靠天吃饭的农民兴奋好久;而对一些官员来说,吃着山珍海味,却牢骚满腹。事实上,在不同的物质条件下,幸福的内涵是不同的,即使在同一环境,每个人对幸福的理解也千差万别。另外,随着环境的改变,人们对幸福的认识也在与时俱进。从古至今,从内到外,没有哪个时代、哪个国家,能给幸福下一个无可争议的定义,更难以用几个指标来衡量个人的幸福情况。
>
> 可是,一些调查公司却认为幸福可以丈量。于是,他们设计一些问卷,妄图借此推论人们的幸福程度。让我们先来看一看这究竟是怎样的一份问卷。"平静而满足、无聊发愁、焦急紧张、平淡冷漠、说不清",这五项是幸福调查问卷的几个选项及先后次序。我们要问的是:这些指标能代表人们的幸福程度吗?更让人费解的是,第2、3、4选项中,都掺入了对答卷人本身的负面评价。如果你生活难以为继而选发愁,你必须同时承认你无聊;如果你因孩子没钱上学而选焦急,你必须同时承认你神经紧张;你如果因生活远没有城里人丰富多彩而选平淡,你必须同时承认你冷漠;如果你说不清到底应该如何与真实的生活对号入座,你就显得像个傻瓜。在这样的问卷设计下,对大多数人来说,除了"平静而满足",还有别的选择吗?如此调查,能反映真

① 改写自Weber在其博客上发起的讨论:"社会调查的滥用:中国人生活质量报告称农村人幸福感强于城里人", http://forum.sociology.org.cn/ShowThread.aspx?PostID=4362,2007年4月11日读取。

实的民意和幸福吗?

面对这一结论,我们有理由问:农民幸福,为什么还要背井离乡、抛家舍情,千方百计到城里,干最脏、最苦、最累的活,为讨微薄收入而跳楼,为疾病、为子女上学而愁白头?既然农民更幸福,农民的幸福生活就该成为城市居民的奋斗目标,这岂不荒唐?

其实,农民心中的幸福与城市居民心中的幸福,内涵与外延完全不同,完全不是一个概念,此幸福非彼幸福。把根本没有可比性的幸福概念绝对化,以此设计出让人匪夷所思的问卷,然后以此为标尺,来衡量农民与城市居民的幸福,得出难以服众的结论,也就一点儿不奇怪了。

以下是一些网民的跟帖:

网民A:核心的问题是指标不具有可比性。我个人的意见是首先把度量标准统一,然后将指标细化,分成几个块,或者不用横向比较,用纵向比较,跟他们的过去比或许更能说明问题。

网民B:我觉得这个调查有问题!这是很不可能的事情,而且我也做过调查,好像结果全然相反!

网民C:我最近刚刚把路遥《平凡的世界》看完,感触很大。我感觉我们这个国家有很多东西太一样,但有些东西又太不一样了。比如,我们一直讲的城乡差别,反映在农村人和城市人的心理层面实在差别太大了。我记得孙立屏老师在他的《断裂》里讲过这样一种场景,农村的人看着电视里那些镜头,不知道里面到底讲了什么。不过,他们还是很起劲地看着。徐勇过来讲座的时候说:我们刚刚可以在花园里拉拉手,谈谈恋爱,城里的人又搞起了什么网恋……是啊,农村和城市人对待很多事物的态度,评价太不一样了。或许我们所谓的调查太过简单,忽略了人对事物的评价是完全主观的,而这主观的背后很大程度是由行为主体的生活场景和世代的经历所决定的。农村和城市的横向比较在假设前提上是有问题的。真实的社会一再告诉我们:有些东西是不能比的。

网民D:说的都很有道理,只要是个正常人就知道得出这个结论的人的脑子有毛病。

网民E:评判一个调查的有效性并不是看它的结果跟常识是否一致。最好是能够看到它的研究设计、具体的问卷(如果是用问卷的话)、操作过程、分析方法等等。现在我们除了结果什么也看不到,只能首先指控这项调查的不透明。

小组讨论

1. 你如何评价这项调查?
2. 对于跟帖网民的意见,你有何评价?
3. 幸福能够测量吗?为什么?请用本章学到的理论和方法支持你的主张。
4. 如果觉得能够测量,应该如何测量?请设计一个测量方案并让人评价。

案例 4-2 购物中心顾客惠顾与购买行为调查问卷①

________年________月________日 星期________

访问员：________地点：________开始时间：________

一、您今天来这个购物中心的主要(强调)原因是什么？(只可选一个答案)(若被访者是在这商场工作,感谢他帮忙,然后结束访问)

1. ________四处走走看看(跳往题四)　　2. ________买某种东西

3. ________去事先想好的某家店铺买东西　　4. ________与人约会(跳往题四)

5. ________会朋友(跳往题四)　　6. ________去餐厅吃东西(跳往题四)

7. ________看电影(跳往题四)　　8. ________旅游(跳往题四)

9. ________看看四处的人(跳往题四)　　10. ________闲逛(跳往题四)

11. ________寻找降价货品(跳往题四)

12. ________其他________(请注明)(跳往题四)

二、如果问题一的答案是 2 或 3,续问：

(一) 您来这里之前是否已经知道自己想买什么商品？

1. ________是　　2. ________否(跳往题四)

(二) 您是否买到了您想要的商品？

1. ________是　　2. ________否

三、如果问题二(一)的答案是"是",续问：

(一) 您来这里之前是否已经知道自己想买什么牌子的产品？

1. ________是　　2. ________否(跳往题四)

(二) 您是否买了那个牌子的产品？

1. ________是　　2. ________否

四、您今天是否在这里购买过食物或饮品？

1. ________是　　2. ________否

五、您来这里之前是否打算购买食物或饮品？

1. ________是　　2. ________否

六、您今天在这个商场共用了多少钱来购买食物或饮品？________(填上数额)(如题四答"否",此题则不用问受访者,写 0 元。)

七、除了刚才说的那些,

(一) 您还购买其他东西了吗？

1. ________是　　2. ________否

(二) 若答"是",续问：您买了什么？您可以选多过一个答案。(把他的答案归类,并填在适当位置。)

1. ________服装　　2. ________运动用品　　3. ________电子用品

4. ________珠宝　　5. ________摄影器材　　6. ________家居用品

---

① 本书作者在调查中使用过的问卷。

7. ________其他________(请注明)

八、您今天所购买的东西共用了多少钱? ________(填上数额)

九、您来这里时是否计划过会买这些东西?1. ________是 2. ________否

十、您通常多长时间来这里逛街或购物一次?

1. ________第一次来　　2. ________每月少于一次

3. ________一个月一次　　4. ________两星期一次

5. ________一星期一次　　6. ________一星期两次或以上

十一、您今天是乘坐什么交通工具来这个购物中心的?

1. ________私家车　　2. ________公共汽车

3. ________出租车　　4. ________摩托车

5. ________自行车　　6. ________走路

7. ________其他________(请注明)

十二、您在路上花了多长时间到达这家购物中心? ________小时________分钟

十三、您常在什么时间来这里购物?

1. ________中午12点前　　2. ________中午12点到下午3点

3. ________下午3点至6点　　4. ________下午6点后

十四、您今天在这里逗留了多长时间? ________小时________分钟

十五、您选择来这家购物中心的主要原因有哪些?

1. ________商品种类繁多　　2. ________有我喜欢的百货店

3. ________有我喜欢的专卖店　　4. ________价钱低或者常有减价货

5. ________购物环境好　　6. ________地点方便

7. ________旅游景点　　8. ________容易停泊车辆

9. ________产品质量高,有档次　　10. ________其他________(请注明)

十六、您共逛过或光顾过多少间店铺、柜位或者摊档呢? ________(填上数目)

十七、您是自己一个人还是和朋友或家人一起来这个购物中心的?

1. ________同朋友,多少人? ________(填上数目)

2. ________同家人,多少人? ________(填上数目)

3. ________自己一个人

十八、您在购物时,最着重考虑什么?

1. ________价钱　　2. ________质量　　3. ________物美价廉

十九、您觉得自己是否是一个十分注重品牌的人?或者说,您是否愿意多出一些钱购买名牌产品?

1. ________是　　2. ________不是　　3. ________说不准

二十、如果有国产货与进口货供您选择,您会选哪样?有无特别偏好?

1. ________国产货　　2. ________进口货　　3. ________无特别偏好(无所谓)

二十一、您觉得有关“产地”的数据是否重要?或者说,您是否觉得“产地”是您决定买或不买一件产品时要考虑的重要因素?

1. ________是　　2. ________不是　　3. ________说不准

二十二、您对今天在这家购物中心的购物活动是否满意以及满意的程度？

1. ________极感不满　　2. ________略感不满　　3. ________无意见

4. ________略感满意　　5. ________极感满意

二十三、您现在家住________省________市。

二十四、您的文化程度是________。

二十五、您的年龄________。

二十六、性别 1. ________男　2. ________女

二十七、以下哪个答案最适合用来描述您家中所有人的月收入？

1. ________500 元以下　　2. ________500 元至 999 元

3. ________1 000 元至 1 999 元　　4. ________2 000 元至 3 999 元

5. ________4 000 元至 5 999 元　　6. ________6 000 元至 9 999 元

7. ________10 000 元以上

小组讨论

1. 在这一套问卷中都使用了什么类型的题项？各有什么特点？
2. 这一套问卷的逻辑结构如何？为什么？
3. 你觉得这一套问卷还有哪些地方可以完善？
4. 仿此，请设计一套网上购买行为的调查问卷。

第五章

抽样方法与设计

【知识要求】

通过本章的学习，掌握以下要点：

- ◆ 普查与抽样调查的内涵；
- ◆ 随机抽样调查的含义和主要类型；
- ◆ 非随机抽样调查的含义和主要类型；
- ◆ 抽样的决策程序；
- ◆ 抽样分布与样本容量确定的原理；
- ◆ 简单随机样本容量的确定方法。

【技能要求】

通过本章的学习，要求学生能够做到：

- ◆ 清楚说明普查与抽样调查的内涵和相对优劣；
- ◆ 设计简单实用的抽样方法；
- ◆ 清楚了解各种常用的抽样方法适用的条件；
- ◆ 将各种常用的抽样方法应用到实际的调查过程中；
- ◆ 知道如何确定样本容量；
- ◆ 在给定的条件下，知道如何计算样本容量。

大部分市场调查都是对总体(即调查对象的全部单位)中的某些样本元素或单位进行的,用样本的情况来推断总体的情况。这就涉及抽样问题。如前面示例 2-2 所示,如果抽样方法不当或抽样设计有问题,可能导致样本缺乏代表性;而再用缺乏代表性的调查结果推断总体,就可能会使推断结果失准。示例 5-1 是与示例 2-2 相对应的例子,盖洛普的崛起竟然也与抽样方法和抽样设计有关[1]。

示例 5-1

盖洛普的崛起

1936 年的总统大选,与《文摘》周刊相反,造就一个著名的民意调查机构——盖洛普(Gallup)。盖洛普准确地预测了罗斯福将会击败兰登,并将其成功归因于他们所采用的与传统抽样方法不同的配额抽样。配额抽样以总体特征为基础对总体分类,比如根据男、女比例,不同收入、年龄的人群所占比例对总体进行分类;然后,按分类比例来选择各类人群作为被调查者,比如选择一定比例的富人、黑人、都市女性等。根据这样的比例来了解各类型民众的意见,就使样本有了较高的代表性。

应用这一方法,盖洛普又成功地预测了 1940 年和 1944 年美国总统大选的结果,使其声名鹊起,几乎成为民意调查的代名词。

资料来源:改写自艾尔·巴比(Earl Babbie):《社会研究方法基础(第八版)》,邱泽奇译,北京:华夏出版社,2002 年版,第 162—163 页。

本章介绍抽样方法与设计及有关问题,包括普查和抽样调查的内涵和优缺点、抽样程序、市场常用的随机抽样和非随机抽样方法以及样本容量的确定。

第一节 普查与抽样调查

按照是否覆盖所有的调查对象,调查被分为普查和抽样调查。普查是对调查对象的全部单位(即总体)所进行的逐一的、无遗漏的调查,而抽样调查只对调查总体中的部分元素或单位(即样本)进行调查。二者在获得数据的准确性上,并无绝对的优劣之分。如本书第二章图 2-6 所示(样本容量大小与调查误差的关系),普查虽然不存在抽样误差,但却存在非抽样误差。当普查工作组织得比较乱时,由于会出现较大的非抽样误差,所以普查获得的数据不一定比抽样调查获得的数据准确。

一、普查

普查的目的在于获得了解某一事物比较全面、比较精确的数据或资料。虽然企业很少会进行某一方面的普查工作,但是它们却渴望获得一些普查数据,如人口普查、工业普查、商品库存普查、农业普查、消费对象普查、供应渠道普查等。示例5-2是中国国家统计局对外公布的“2010年第六次全国人口普查主要数据公报”,其中的数据均是普查得出。有了这样的数据,企业就可以针对其产品的消费者对某一个国家或地区的市场及其构成情况做一个大致的推断。

示例5-2

2010年第六次全国人口普查主要数据公报(第1号)

中华人民共和国国家统计局

2011年4月28日

根据《全国人口普查条例》和《国务院关于开展第六次全国人口普查的通知》,我国以2010年11月1日零时为标准时点进行了第六次全国人口普查。在国务院和地方各级人民政府的统一领导下,在全体普查对象的支持配合下,通过广大普查工作人员的艰苦努力,目前已圆满完成人口普查任务。现将快速汇总的主要数据公布如下:

一、总人口

全国总人口为1 370 536 875人。其中:普查登记的内地31个省、自治区、直辖市和现役军人的人口共1 339 724 852人。香港特别行政区人口为7 097 600人。澳门特别行政区人口为552 300人。台湾地区人口为23 162 123人。

二、人口增长

内地31个省、自治区、直辖市和现役军人的人口,同第五次全国人口普查2000年11月1日零时的1 265 825 048人相比,十年共增加73 899 804人,增长5.84%,年平均增长率为0.57%。

三、家庭户人口

内地31个省、自治区、直辖市共有家庭户401 517 330户,家庭户人口为1 244 608 395人,平均每个家庭户的人口为3.10人,比2000年第五次全国人口普查的3.44人减少0.34人。

四、性别构成

内地31个省、自治区、直辖市和现役军人的人口中,男性人口为686 852 572人,占51.27%;女性人口为652 872 280人,占48.73%。总人口性别比(以女性为100,男性对女性的比例)由2000年第五次全国人口普查的106.74下降为105.20。

五、年龄构成

内地31个省、自治区、直辖市和现役军人的人口中,0—14岁人口为222 459 737人,占16.60%;15—59岁人口为939 616 410人,占70.14%;60岁及以上人口为177 648 705人,占13.26%,其中65岁及以上人口为118 831 709人,占8.87%。同2000年第五次全国人口普查相比,0—14岁人口的比重下降6.29个百分点,15—59岁人口的比重上升

3.36 个百分点,60 岁及以上人口的比重上升 2.93 个百分点,65 岁及以上人口的比重上升 1.91 个百分点。

六、民族构成

内地 31 个省、自治区、直辖市和现役军人的人口中,汉族人口为 1 225 932 641 人,占 91.51%;各少数民族人口为 113 792 211 人,占 8.49%。同 2000 年第五次全国人口普查相比,汉族人口增加 66 537 177 人,增长 5.74%;各少数民族人口增加 7 362 627 人,增长 6.92%。

七、各种受教育程度人口

内地 31 个省、自治区、直辖市和现役军人的人口中,具有大学(指大专以上)文化程度的人口为 119 636 790 人;具有高中(含中专)文化程度的人口为 187 985 979 人;具有初中文化程度的人口为 519 656 445 人;具有小学文化程度的人口为 358 764 003 人(以上各种受教育程度的人包括各类学校的毕业生、肄业生和在校生)。

同 2000 年第五次全国人口普查相比,每 10 万人中具有大学文化程度的由 3 611 人上升为 8 930 人;具有高中文化程度的由 11 146 人上升为 14 032 人;具有初中文化程度的由 33 961 人上升为 38 788 人;具有小学文化程度的由 35 701 人下降为 26 779 人。

内地 31 个省、自治区、直辖市和现役军人的人口中,文盲人口(15 岁及以上不识字的人)为 54 656 573 人,同 2000 年第五次全国人口普查相比,文盲人口减少 30 413 094 人,文盲率由 6.72% 下降为 4.08%,下降 2.64 个百分点。

八、城乡人口

内地 31 个省、自治区、直辖市和现役军人的人口中,居住在城镇的人口为 665 575 306 人,占 49.68%;居住在乡村的人口为 674 149 546 人,占 50.32%。同 2000 年第五次全国人口普查相比,城镇人口增加 207 137 093 人,乡村人口减少 133 237 289 人,城镇人口比重上升 13.46 个百分点。

九、人口的流动

内地 31 个省、自治区、直辖市的人口中,居住地与户口登记地所在的乡镇街道不一致且离开户口登记地半年以上的人口为 261 386 075 人,其中市辖区内人户分离的人口为 39 959 423 人,不包括市辖区内人户分离的人口为 221 426 652 人。同 2000 年第五次全国人口普查相比,居住地与户口登记地所在的乡镇街道不一致且离开户口登记地半年以上的人口增加 116 995 327 人,增长 81.03%。

十、登记误差

普查登记结束后,全国统一随机抽取 402 个普查小区进行了事后质量抽样调查。抽查结果显示,人口漏登率为 0.12%。

注释:

1. 本公报中的数据均为初步汇总数。

2. 普查登记的对象是指普查标准时点在中华人民共和国境内的自然人以及在中华人民共和国境外但未定居的中国公民,不包括在中华人民共和国境内短期停留的港澳台居民和外籍人员。"境内"指我国海关关境以内,"境外"指我国海关关境以外。

3. 内地 31 个省、自治区、直辖市和现役军人的人口数据不包括居住在境内的港澳台居民和外籍人员。

4. 香港特别行政区的人口数为香港特别行政区政府提供的2010年年底的数据。

5. 澳门特别行政区的人口数为澳门特别行政区政府提供的2010年年底的数据。

6. 台湾地区的人口数为台湾地区有关主管部门公布的2010年年底的户籍登记人口数据。

7. 家庭户是指以家庭成员关系为主、居住一处共同生活的人组成的户。

8. 文盲率是指内地31个省、自治区、直辖市和现役军人的人口中15岁及以上不识字人口所占比重。

9. 城乡人口是指居住在我国境内城镇、乡村地域上的人口,城镇、乡村是按2008年国家统计局《统计上划分城乡的规定》划分的。

10. 市辖区内人户分离的人口是指一个直辖市或地级市所辖的区内和区与区之间,居住地和户口登记地不在同一乡镇街道的人口。

资料来源:国家统计局网站,http://www.stats.gov.cn/tjgb/rkpcgb/qgrkpcgb/,2013年7月28日读取。

大范围的普查,主要由政府机构、行业团体和专业调研机构来进行。企业可以通过付费的方式获得这些数据或资料。当调查的范围不大时,企业也可以自己进行普查,获得相关的数据或资料。

普查的最大优点是:可以取得调查总体全面而可靠的原始数据;如果组织得好,普查结果能够真实地反映调查对象的现状。然而,普查涉及调查对象的全部单位,当调查的范围和总体较大时,会有很大的工作量,需要花费较大的人、财、物和较长的时间,才能完成整个调查工作。另外,如果组织不力,即使完成了调查,由于存在较大的非抽样误差,获得的数据也未必准确。因此,对于企业而言,普查只能适用于小范围、小总体的市场调查。

普查有如下一些具体的实施方法:

- 向总体内的所有单位分发调查表,由对方按规定时间填报。这种做法一般适用于政府或行业协会对企、事业单位的市场普查。
- 调查人员按调查项目的要求,对总体内的所有调查单位直接进行访问、观察和登记。这种做法适用于各种组织(包括企业)对居民家庭和个人的市场普查。
- 利用机关、团体、企业内部的统计报表进行汇总。在统计数据比较完整的情况下,采用数据汇总方法达到普查的目的。这种做法适用于政府或行业协会对企、事业单位的市场普查。
- 利用国家统计部门或其他机构组织普查的机会,搜集市场调查的全面数据。例如,企业通过赞助的方式在国家统计部门的普查项目中加入几个企业的项目。这种做法适用于企业对市场某一方面情况的普查。

为了发挥普查的优势,获得全面而可靠的原始数据,普查的组织工作非常重要。普查的组织工作需要遵循以下基本原则:

第一,确定一个标准的时点。为了使调查数据具有一致性和可比性,调查的数据应尽量是同一时点上的,比如第六次中国人口普查的标准时点为2010年11月1日零时。这样,可以避免由于人口流动、出生、死亡而出现的重复计算或遗漏,保证普查结果的准确性。

第二,统一调查项目。普查量大、点多、情况复杂,因此要规定统一的调查项目,任何人不得任意更改和增减,以便汇总、比较和分析。

第三,统一的步骤和方法。要保证调查材料的准确性和时效性,就需要参与调查的各个单位或调查点同时行动,并且在方法上、步调上保持一致。

第四,选择适当的时间。要根据普查的任务、条件和调查对象的特点,选择适当的调查时间。

二、抽样调查

抽样调查就是从调查对象的总体中,按照某种原则抽取一部分样本进行调查观察,根据调查样本数据来推断总体的专门调查。包括随机抽样调查和非随机抽样调查。随机抽样调查是按照随机原则从总体中抽取部分元素或单位作为样本进行调查的方法,而所有不按照随机原则抽取样本的调查方法都是非随机抽样调查。它有如下几个方面的含义:

- 从调查对象的总体中只抽取少部分样本单位进行调查,即被调查的对象只是总体中的少数单位,而不是总体的全部单位;
- 被抽取样本单位,是根据随机或非随机原则确定的,而不是主观随意确定的;
- 调查结果常常用于推断总体,其中随机抽样调查还能有效地控制抽样误差。

抽样调查的适用范围主要是:第一,当无法进行全面调查而又需要了解和掌握全面情况时,需要进行抽样调查,如家用电器商品的耐用性检测、对有破坏性质或损耗性质的商品质量检验等;第二,调查范围大,总体单位数目多,全面调查虽有可能,但比较困难或不必要全面调查时,可以采用抽样调查,如对某种商品市场需求潜量的调查;第三,在大规模普查结束后,因为在普查结果中非抽样误差可能很大,这时需要通过抽样调查对普查结果的质量进行检测,如在人口普查结束后,政府常常在一些局部进行抽样调查,以检验普查结果的可靠性。

第二节　抽 样 程 序

在企业的市场调查与预测活动中,抽样调查比普查更经常被采用。抽样程序如图 5-1 所示,分为定义总体、确定抽样框架、确定抽样单位、确定抽样方法、确定样本容量、制订抽样计划和选择样本等七个步骤。[3]

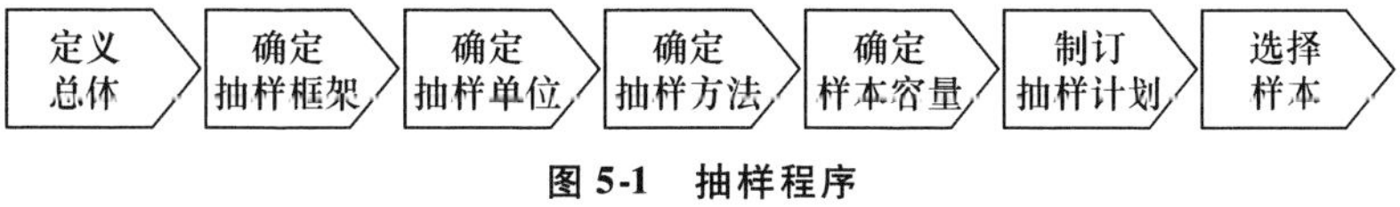

图 5-1　抽样程序

一、定义总体

定义总体就是要确定调查对象的全体。有时,调查总体的确定,并不像想象的那么容易。比如,要通过市场调查的方式了解购物中心顾客的惠顾与购买行为,该如何确定调查总体呢?

实际上,要准确地界定一个总体,必须包括四个要素,即抽样元素、抽样单位、抽样范围和抽样时间。比如,在一个企业关于其产品社会集团购买量的调查中,调查总体可以定义为:"在过去三年中,在中国境内,所有购买过我们产品的机关、部队、学校、企业和事业单位"。再比如,在企业关于某种商品价格的调查中,调查总体可以定义为:"从2013年1月15日到30日之间,西安市各大商店中每一种竞争品牌的价格"。在这两个总体的定义中,就包含这四个要素:

在社会集团购买量的调查中,

- 抽样元素:所有购买过我们产品的机关、部队、学校、企业和事业单位;
- 抽样单位:同上;
- 抽样范围:全国;
- 抽样时间:过去三年中。

在商品价格的调查中,

- 抽样元素:每一种竞争品牌的价格;
- 抽样单位:大商店;每一种竞争品牌的价格;
- 抽样范围:西安市;
- 抽样时间:2013年1月15日到30日之间。

缺少这四个要素中的任何一个,抽样总体的界定就不清楚。

正确地界定总体是抽样程序的第一步,也是重要的一步,它关系到所得信息是否可靠和信息量大小的问题。比如,在上述集团购买量调查的例子中,如果把总体定义为:"在过去三年中、在中国境内,所有购买过我们产品的企业和事业单位",由于总体中丢掉了集团购买者中很重要的一些组成部分(机关、部队和学校),所以从中抽取样本的代表性就有问题,调查结果的价值也因此而打折。

想一想,要采用抽样调查的方法了解一种儿童食品在市场上的形象,该如何定义调查总体呢?注意,儿童虽然是食品的食用者,但是他们往往并非购买者,购买与否可能不反映他们的好恶。如果把实际的购买者作为抽样元素,那么谁是购买者?要正确定义这类总体的关键,是要搞清楚每一个家庭成员在购买和消费这类商品时所扮演的角色以及构成这个市场的主要家庭类型。

二、确定抽样框架

抽样框架(sampling frame)是指总体中抽样单位或元素的表现形式或呈现方式。理想的抽样框架应该满足这样一个条件:抽样总体中的每一个元素都在抽样框架中出现一次,且仅出现一次。在实际的调查工作中,研究者往往无法找到这种理想的抽样框架,而不得不使用替代品,比如户籍簿、员工名册单、在校学生的花名册、电话簿和地图等。

调查样本需要从抽样框架中抽出。比如,可以使用一个城市的地图作为抽样框架。

根据某种原则,随机或非随机地抽出几个小区,然后再从中抽出几条街道作为样本进行调查。再如,电话号码簿也是进行市场调查经常使用的抽样框架。不过,在使用电话号码簿进行抽样时,如果调查总体中有很多的元素(如家庭或组织)没有安装电话,就可能存在抽样框架误差(参看第二章第三节)。

对于任何不完整的抽样框架来说,抽样调查的结果中都或多或少地含有抽样框架误差。抽样框架误差的大小一般取决于包含在抽样框架中的总体元素与未包含在抽样框架中的总体元素之间差别的大小。差别大者,误差大;差别小者,误差小。所以,我们在确定抽样框架时,一要考虑其适用性,二要考虑其完整性,三要考虑未包含在总体中的元素对调查结果准确性的影响程度。

三、确定抽样单位

抽样单位是容纳总体的基本单位,它可以等同于、也可以不等同于样本元素。我们前面说过的集团购买量调查的例子中,二者等同;而价格调查的例子中,二者不同。

与总体元素的确定相比,抽样单位的确定具有某种主观性或任意性,可以由研究人员根据具体情况来选定。比如,欲从 13 岁以上的女性中抽取一个样本。研究者可以根据身份证显示的有关资料以公安局提供的名单为抽样框架直接抽取,也可以根据户口簿先抽取一些家庭,然后再对每一个家庭中 13 岁以上的女性进行调查。在这两种情况下,样本元素虽然没有变,都是 13 岁以上的女性,但是抽样单位变了。

抽样单位的确定,主要取决于两个方面:

第一,抽样框架。如果我们能够找到一个比较完整的元素目录作为抽样框架,那么把样本元素作为抽样单位比较好。否则,就需要另找其他的抽样单位。

第二,调查方法。如果我们进行的是电话调查,那么电话号码就是一个很好的抽样单位。如果我们进行的是邮寄调查,则使用地址或姓名作为抽样单位比较好。人员访问调查比较灵活,抽样单位可以根据操作的方便性来确定。

四、确定抽样方法

抽样方法是指抽样单位被选定为样本的方式。选取抽样单位的方式很多,概括而言,主要是在以下五个方面进行取舍或组合:随机与非随机抽样、单个与整群抽样、分层与不分层抽样、等概率与非等概率抽样以及一步与多步抽样。

(一)随机抽样和非随机抽样

随机抽样是指按照随机原则从总体中抽取部分元素或单位作为样本的抽样方法。随机抽样有很多种,比如简单随机抽样、分层随机抽样、分群随机抽样和等距随机抽样等。后面,我们将对其一一进行介绍。

随机抽样的特点是:总体中的每一个元素被抽中的可能性或概率是事先知道的;每一个被抽中作为样本的元素,都是在无人为因素的作用下根据随机原则选定的。比如,要从 200 人中随机抽出 20 个人作为样本,如果简单随机抽样(见本章第三节的说明),那么这 200 个人中每个人被抽中的机会是均等的,都为 1/10。我们可以使用抽签法抽取样本单位:先给总体中的每个单位由 1 到 200 编上号码;然后,将号码也由 1 到 200 写在标签上,并将标签放在一个容器中搅匀；从容器中任意抽选标签，每抽出一个标签，标签号码所对应的单位就是样本单位，直到抽足20个样本单位为止。

所有不按照随机原则抽取样本的方法都是非随机抽样。常用的非随机抽样方法有：任意抽样、判断抽样、配额抽样和滚雪球抽样。后面，我们将对其一一加以介绍。

非随机抽样的特点是：简单、灵活、省费用，但可能会存在较严重的选择误差（参看第二章第三节）。因为调查人员在选择样本时有较大的灵活性，所以他们往往避难就易，比如倾向于选择那些看起来比较容易接触的人。这就会使调查结果存在较大的误差。

到底是使用随机抽样还是使用非随机抽样？这需要从以下几个方面考虑：第一，收集信息的目的；第二，误差的容忍度；第三，总体单位之间的差异程度；第四，非抽样误差的大小；第五，样本数据误差的期望成本。

一般而言，当所得信息是为了用样本数据推断总体数据或进行预测时，宜采用随机抽样，否则可以采用非随机抽样。前面在第三章第三节，我们讲过实验的内部效度和外部效度。实际上，每一项研究都存在这两种效度。研究的内部效度，指研究观察到的变量之间的关系反映变量之间实际关系的程度；研究的外部效度，指用研究的发现正确推断研究情境之外情况的程度。当外部效度对一项研究很重要时，比如需要用样本情况推断总体情况时，随机抽样才是必需的；当一项研究更重视内部效度时，则可以采用非随机样本。[4]而且，有时一些研究用随机抽样很难找到合适的调查对象，比如对艾滋病患者相关问题的研究，则只能采用非随机抽样。

误差容忍度低和非抽样误差小，意味着在总误差中抽样误差比较重要，故应采用随机抽样对抽样误差加以控制和估计。在总体单位之间的差异较大时，为了提高样本的代表性，也更需要采用随机抽样的方法获取样本。

（二）单个抽样与整群抽样

单个抽样，样本是一个一个地被从总体中抽取的；整群抽样，样本则是一群一群地被从总体中抽取的。在进行整群抽样时，先要将总体按某个标准（如地区、地段、街道或房间等）分为若干群、组，然后成群成组地抽取，并对抽中的每个群组中的全部或部分单位进行调查。

单个抽样与整群抽样相比，单个抽样比较准确，整群抽样比较经济。例如，我们欲对某市100个家庭组成的样本进行人员访问调查。若使用单个抽样，则这100个家庭会分散于这座城市的各个角落，会包括具有各种特性的抽样单位，因此代表性较强，抽样误差较小。但由于地区分散，调查成本会比较大，调查人员需要花费更多时间和费用一一询问这100个家庭。若使用整群抽样，则这100个家庭会相对地集中于某一个或某几个街区，这样就会减少调查的成本和时间。但是，因为这种抽样方法容易漏掉具有某种特性的抽样单位，或使具有某种特性的抽样单位在样本中的比重增大或减小，所以样本的代表性较差，抽样误差较大。

这两种抽样方法的选用，与随机抽样和非随机抽样的选用相近，要考虑误差的容忍度、总体单位之间的差异程度和误差的预期成本等因素。一般来说，误差容忍度低，总体单位之间的差异大，误差预期成本高，宜采用单个抽样；反之，可应用整群抽样。

（三）分层抽样与不分层抽样

分层抽样要先按照一个或几个控制特性将总体分成若干类或层，然后根据某种原则（如每类在总体中的比重）确定从每一层应抽取的样本单位数目，最后从每一层或随机或非随机地抽取相应数目的单位组成样本。不分层抽样则不需要做前面的准备工作，直接从总体中抽取样本即可。

这里要注意分层抽样和整群抽样的区别。分层抽样要求在分类标准上层与层之间要有明显区别，层内各单位之间则应尽量相似。整群抽样要求在分类标准上群与群之间要尽量相似，群内各单位之间则应包括各种不同的抽样单位。

分层抽样的优点在于：能够保证样本的代表性。一般而言，同样大小的样本，用分层抽样进行调查，抽样误差会小于用不分层抽样进行的调查。

（四）等概率抽样与非等概率抽样

这是在进行随机抽样时要考虑的。比如，在进行分层随机抽样时，我们可以用分层比例抽样、分层最佳抽样和分层最低成本抽样三种方法（后面详细说明）。分层比例抽样是等概率抽样，分层最佳抽样和分层最低成本抽样则是非等概率抽样。

一般情况下，使用等概率抽样。只有确信不同类别的抽样单位之间在观察值上存在较大的差异或者不同类别的抽样单位调查成本差别较大时，才使用非等概率抽样。

（五）一步抽样与多步抽样

多步抽样也叫多阶段抽样，是指把抽样工作分成两个或两个以上步骤完成。在市场调查中，当总体单位较少时，可以一次从总体中直接抽取样本单位。如果总体很大，分布面很广，从总体中直接抽样会大大增加调查成本。这时，可以采用多步抽样。例如，中国职工家庭生活调查经常采用的是三步抽样。第一步，抽选调查城市；第二步，从被选中的城市中抽取基层单位（如企业）；第三步，从被选中的基层单位中抽选调查户。

在多步抽样时，可综合使用各种抽样方法。多步抽样具有简便易行、灵活、省时间和省费用的优点。在市场调查与预测中，尤其在规模较大的市场调查与预测中，它比一步抽样应用更广。

五、确定样本容量

样本容量，也简称为样本量，指样本中包含抽样单位或样本单位的数目。应用非随机抽样，样本容量的大小由研究人员根据经验和主观判断决定。应用随机抽样，样本容量的大小则要使用数理统计的方法根据决策对于信息准确性的要求计算得出。本章第四节专门讲解随机抽样时样本容量的确定问题。

在实际的市场调查与预测中，样本容量常常会根据研究的费用来确定。示例 5-3 是一项基金项目申请书的研究经费预算。[5]研究者当时计划在西安、北京、上海、广州、青岛等地各收取问卷 120 份，样本容量为 600。为什么选择 600 呢？因为根据经验，这一基金资助的项目在当时一般不超过 18 万元，而根据研究经费在各个方面的分配和收集问卷的费用，600 是一个大致可行的样本数。

示例 5-3

研究的经费预算

支出科目	金额(万元)	计算根据及理由
合计	17.5	
1. 科研业务费	14.5	
(1) 国内调研费	6.0	拟分别在西安、北京、上海、广州、青岛等地进行调研。每地收120份问卷,每份问卷的平均费用按100元计算
(2) 业务资料费	1.0	购买、复印资料,上网费
(3) 会务费	3.0	参加国内学术会议2500元/人次,计划约4人次;国际学术会议,10000元/人次,计划约2人次
(4) 计算机使用费	1.0	1.0元/机时,约需10000机时
(5) 打印费	1.0	论文、报告等打印
(6) 版面费	0.5	700元/篇,共7篇
(7) 专著出版费	2.0	20000元/本,计划出1本
2. 实验材料费	1.0	计算机耗材(打印纸、软盘等)及有关软件
3. 仪器设备费	0.3	计算机、打印机等设备维修费1000元/年,共3年
4. 实验室改装费		
5. 协作费	0.5	请求有关单位予以协助的相关费用
6. 项目组织实施费	1.2	校方管理费,项目的评审及鉴定等费用

资料来源:根据庄贵军2003年国家自然科学基金申请书《关系营销导向对于营销渠道行为的影响》修改。

六、制订抽样计划

抽样计划需要详细说明如何做出和执行抽样的每一项决定。除了逐个说明前面五个步骤的有关问题以外,还要对抽样的具体实施步骤加以规定和说明。比如,当进行人员访问调查时,若应答者不在家该怎么办?能否找人替代?若能,替代者应该具有什么特性?若不能,是否需要再访?若需要,什么时间?对于这一类问题,抽样计划都应该给予具体规定。

制订抽样计划时,要尽量设想到可能出现的各种特殊情况,统一规定解决问题的办法。这样可以使调查人员有据可依,减少抽样误差。

七、选择样本

抽样程序的最后一步是样本元素或单位的实际选择,由调查人员完成。这一步可能会遇到的特殊问题，在前面介绍调查方法（第三章）时已经讲过。这是抽样工作的具体实施阶段，所需要的工作量和费用最大。对于人员访问调查，更是如此。

虽然抽样计划对样本选择的细节做了规定，但是调查人员并非总是按照计划执行。他们有时图方便或出于其他方面的考虑，可能会擅自改变计划，从而给调查结果带来不应有的误差。能否取得真实可靠的数据，很大程度上取决于这个阶段工作质量的高低。

第三节　常用的抽样方法

尽管抽样方法很多，可以在随机与非随机抽样、单个与整群抽样、分层与不分层抽样、等概率与非等概率抽样以及一步与多步抽样等五个方面进行取舍或组合，但是常用的则主要有简单随机抽样、分层随机抽样、分群随机抽样、等距随机抽样以及任意抽样、判断抽样、配额抽样和滚雪球抽样。

一、简单随机抽样

简单随机抽样是指按照随机原则，从总体中不加任何分组、划类、排序等先行工作，直接地抽取调查样本的抽样方法，也称为单纯随机抽样。这是随机抽样中最简单的一种方法。它的特点是每个样本被抽取的概率相等，各个样本完全独立，彼此间无一定的关联性和排斥性，完全排除了抽样中主观因素的干扰。

简单随机抽样一般采用抽签、查随机数表、掷骰子、掷硬币方法抽取样本。在市场调查中，因总体单位较多，主要采用前两种方法，而后两种方法一般很少使用。

（一）抽签法

采用抽签法，首先将调查总体各单位的名称或号码，逐个写在签条或卡片上，放在箱中，打乱次序，搅和均匀，然后按抽签办法，不加任何选择地在全部签条或卡片中随机抽出所需的调查样本。

（二）随机数字表法

随机数字表，又称乱数表，就是把 0 至 9 的数字随机排列成的位数相同的一张数表。每逢抽样时，研究者首先需要根据总体单位的数目，确定使用几位数的随机数字表。比如，本书附录 A 是一个两位数的随机数字表，适合于 100 以内的总体抽样使用。其后，研究者要为总体各单位编号，如从 00 到 99。选择样本时，从随机数字表中任何一列的任何一行开始，如闭上眼睛把铅笔尖放在随机数字表上，从笔尖所指的数字开始，依次下去，凡符合总体单位编号的，即为抽中单位。如果是重复抽样，遇到已选用过的数字仍然使用；如果是不重复抽样，凡已选用过的数字都不再使用。按此法直至抽取到预定的样本单位数目为止。

简单随机抽样是其他各种抽样方法的基础，其他抽样方法都是从这种方法推演而来的。使用简单随机法抽取样本，常会遇到一些问题：当调查总体的标志变动度大时，在要求同样精确度的情况下，它与其他抽样方法比较，必须抽选更多的样本，花费更多的人力、物力、财力；另外调查总体很大，编造名册也很困难，像全国城市居民家庭收支调查，要编造 8 000 万户的花名册就比较困难，抽到的样本单位也可能比较分散，会给实际调查工作带来一定的困难，而且容易忽视对已有调查数据的利用。如果采用分层、分群抽样法，则可避免上述困难。

二、分层随机抽样

分层随机抽样也叫分类随机抽样,就是先将总体单位按其属性特征分成若干类或若干层,然后在各类型或层中随机抽取样本。做好分层随机抽样的关键是分类或分层的标准要科学,必须符合调查总体的实际情况。下面是分层时应该注意的几个要点:

- 层与层之间要有清楚的界限。分层的结果必须是每一个单位都归属于一定的层,不允许同一单位既属于这一层,又属于那一层,当然,也不允许相互交叉或者有所遗漏。
- 要清楚各层中的单位数目,以及各层占总体的比重。
- 所分的层数不宜过多,否则会失去层的特性,不便于从每层中抽样。

分层抽样的目的是为了提高样本的代表性,避免简单随机抽样时可能出现样本过于集中于某种特性或者完全无某种特性的现象。通过分层,使各层中单位之间的共同性增大了,差异程度缩小了,比较容易抽出具有代表性的样本。所以,在要求样本具有一定代表性的前提下,分层抽样所需的样本数要比简单随机抽样少。这种方法对总体情况复杂、总体内各单位之间差异较大、单位数量较多的情况尤为适用,但要求对总体各单位的情况有较多的了解,否则无法做出科学分类。

分层抽样的具体做法可分为:分层比例抽样法、分层最佳抽样法、分层最低成本抽样法三种。

(一)分层比例抽样法

分层比例抽样法,即按照各层单位数量占总体单位数量的比例抽取样本单位的方法。分层比例抽样的计算公式为:

$$n_i = \frac{N_i}{N} \times n \qquad (公式 5\text{-}1)$$

式中,n_i为第 i 层应抽取的样本单位数目;N_i为第 i 层的总单位数;N 为总体单位数;n 为总体样本数。示例 5-4 是根据公式 5-1,计算得出的某地私人轿车潜在用户调查在各层的抽样数目。

示例 5-4

某市私人轿车的潜在用户调查(一)

某公司要估计某市私人轿车的潜在用户。因为私人轿车的消费同居民收入水平密切相关,所以以家庭收入为分层的基础。假定某市居民户即总体单位数为 2 000 000 户,已确定样本数为 2 000 户,家庭收入分高、中、低三层。其中,高收入的家庭户数为 200 000,占总体单位数的 10%;中等收入的家庭户数为 600 000,占总体单位数的 30%;低收入的家庭户数为 1 200 000 户,占总体单位数的 60%。如果采取分层比例法抽样,各层应抽出的样本数目是多少呢？

已知 $N=2\,000\,000$，$n=2\,000$，$N_1=200\,000$，$N_2=600\,000$，$N_3=1\,200\,000$。根据公式5-1，有

$$n_1 = 10\% \times 2\,000 = 200$$
$$n_2 = 30\% \times 2\,000 = 600$$
$$n_3 = 60\% \times 2\,000 = 1\,200$$

因此，本调查应从高、中、低收入家庭分别抽取200、600和1 200户作为样本。

分层比例抽样法适用于各层之间的标准差大致相近的事物，如果各层的标准差为未知数，则需要假定标准差彼此相同。如果各层之间的标准差相差过大，就不适宜采用分层比例抽样法，而应采用分层最佳抽样法。

（二）分层最佳抽样法

分层最佳抽样法，即根据各层单位数量占总体单位数量的比例和各层样本标准差的大小，抽取样本单位的方法。该方法既考虑到各层在总体中所占比重的大小，又考虑了各层标准差的差异程度，有利于降低各层的差异，提高样本的代表性。各层样本数目的计算公式为：

$$n_i = \frac{N_i S_i}{\sum_{i=1}^{n} N_i S_i} \times n \qquad \text{（公式 5-2）}$$

式中，n_i、N_i 和 n 的含义与公式5-1相同，S_i 为第 i 层的标准差。示例5-5是根据公式5-2，计算得出的某地私人轿车潜在用户调查在各层的抽样数据。

示例 5-5

某市私人轿车的潜在用户调查（二）

其他与示例5-4相同。根据以往的调查，我们知道高、中、低收入家庭的月收入标准差分别为2 000元、500元和50元。为了使调查结果更有代表性，我们要使用分层最佳抽样法选取样本。那么，各层应抽出的样本单位数是多少？

已知 $N=2\,000\,000$，$n=2\,000$，$N_1=200\,000$，$N_2=600\,000$，$N_3=1\,200\,000$，$S_1=2\,000$，$S_2=500$，$S_3=50$。根据公式5-2，有

$$n_1 = [200\,000 \times 2\,000 \div (200\,000 \times 2\,000 + 600\,000 \times 500 + 1\,200\,000 \times 50)] \times 2\,000 \approx 1\,053$$

$$n_2 = [600\,000 \times 500 \div (200\,000 \times 2\,000 + 600\,000 \times 500 + 1\,200\,000 \times 50)] \times 2\,000 \approx 789$$

$$n_3 = [1\,200\,000 \times 50 \div (200\,000 \times 2\,000 + 600\,000 \times 500 + 1\,200\,000 \times 50)] \times 2\,000 \approx 158$$

因此,本调查应从高、中、低收入家庭分别抽取 1 053、789 和 158 户作为样本。

由此可见,两种抽样方法要求样本单位数在各类之间的分配比例有很大的区别。一般而言,根据分层最佳抽样法所得到的样本具有更高的代表性。

(三) 分层最低成本抽样法

分层最低成本抽样法,是在分层最佳抽样的基础上,再考虑不同类型调查对象的抽样费用,来确定各层应抽取的样本数。这种方法既考虑了样本的代表性,又考虑了调查费用,是一种较理想的抽样方法。各层样本数目的计算公式为:

$$n_i = \frac{\dfrac{N_i S_i}{\sqrt{C_i}}}{\sum\limits_{i=1}^{n} \dfrac{N_i S_i}{\sqrt{C_i}}} \times n \qquad \text{(公式 5-3)}$$

式中,n_i、N_i、n 和 S_i 的含义与公式 5-2 相同,C_i 为第 i 层每一单位平均的调查费用(根据经验得出)。示例 5-6 是根据公式 5-3,计算得出的某地私人轿车潜在用户调查在各层的抽样数据。

示例 5-6

某市私人轿车的潜在用户调查(三)

其他与示例 5-4 和 5-5 相同。根据以往的经验,我们知道高收入家庭、中等收入家庭和低收入家庭每单位调查的平均费用分别为 60 元、50 元和 40 元。为了使调查既有代表性,又节省费用,我们要使用最低成本抽样法选取样本。那么,各层应抽出的样本数目是多少?

已知 $N = 2\,000\,000$, $n = 2\,000$, $N_1 = 200\,000$, $N_2 = 600\,000$, $N_3 = 1\,200\,000$, $S_1 = 2\,000$, $S_2 = 500$, $S_3 = 50$, $C_1 = 60$, $C_2 = 50$, $C_3 = 40$。根据公式 5-3,列表如下:

层	N_i	S_i	C_i	$N_i S_i / \sqrt{C_i}$
高收入家庭	200 000	2 000	60	51 639 777. 95
中等收入家庭	600 000	500	50	42 426 406. 87
低收入家庭	1 200 000	50	40	9 486 832. 98
总计	2 000 000			103 553 017. 80

将 $\dfrac{N_i S_i}{\sqrt{C_i}}$ 的计算结果代入公式,有

$$n_1 = 51\,639\,777.95 \div 103\,553\,017.80 \times 2\,000 \approx 998$$
$$n_2 = 42\,426\,406.87 \div 103\,553\,017.80 \times 2\,000 \approx 819$$
$$n_3 = 9\,486\,832.98 \div 103\,553\,017.80 \times 2\,000 \approx 183$$

因此，本调查应从高、中、低收入家庭分别抽取998、819和183户作为样本。

请将示例5-6的结果与示例5-4和示例5-5的结果相比较，很容易看出分层最低成本抽样法的特点。另外，在应用分层随机抽样时，计算结果经常会遇到非整数的情况，此时需要根据具体情况，将其调整为整数，如示例5-5和5-6所示。

三、分群随机抽样

分群随机抽样法也叫整群随机抽样，是将调查总体按一定的标准分成若干群，然后在其中随机抽取部分群体单位进行调查的方法。从文字叙述上看，分群随机抽样很像分层随机抽样，但是从内容要求和操作实施上看，二者有根本性的不同。分层随机抽样要求所分各层之间有差异性，分层内部的元素具有相同性；而分群随机抽样恰恰相反，要求各群体之间具有相同性，每一群体分部的元素具有差异性。分层随机抽样人为地把调查对象按一定的标准（如收入、年龄、性别和教育水平等）分成若干类分别进行抽样；而分群随机抽样则按一定的标准（如地区、城市和工作单位等）把调查对象分成若干自然单位，然后随机抽取这些自然单位中的调查对象进行调查。

分群随机抽样法最主要的优点是：样本单位比较集中，进行调查时比较方便，可以减少调查人员旅途往返的时间，节省费用。另外，在获得调查总体的抽样框架比较困难时，用分群随机抽样法可以在很大程度上解决这一问题。但是，这种调查方法的缺点是：样本单位集中在若干群中，不能均匀地分布在总体的各个部分，因此代表性较差。如果群体内各单位间的差异性较大，而群与群之间的差异性又较小时，可以考虑使用这种方法。

分群随机抽样一般采取两段式，即先采取随机抽样选定群体，然后再对有关群体进行抽样调查或普查。例如，调查某城市居民户的相关情况，拟抽出1 000个样本。假如该城市共有600个居民委员会，每一居民委员会平均拥有150户居民。这样就可以以居民委员会为单位，采用随机抽样法抽出20个居民委员会，共3 000户。然后，再从这20个居民委员会的3 000户居民中抽出1 000户进行调查。

四、等距随机抽样

等距随机抽样，也叫机械抽样或系统抽样，具体指下面这样一种抽样方法：先在总体中按照一定的标志将抽样单位顺序排列，并根据总体单位数（N）和样本单位数（n）计算出抽样距离（$k = N \div n$）；然后，随机确定第一个样本单位；其他样本单位则按相等的距离或间隔k顺序抽取。排列顺序可以是与调查项目无关的标志，如按姓氏笔画、地理位置、户口册编码等排列，也可以是与调查项目直接或间接有关的标志，如在职工家计调查中，按平均工资由低到高排队。

例如，一个居民区有500户居民，企业拟从中抽出25户进行某种耐用消费品需求的调查。如果按无关标志排列，可以利用居民户口名册，从1号排列到500号，并确定抽样距离为500÷25=20户。先在第一组1到20号中随机抽出一个号码，假定抽出8号。然后，每隔20号抽一户，一直抽到25户，即抽出8号、28号、48号、68号、88号、108号、128

号、148 号、168 号、188 号、208 号、228 号、248 号、268 号、288 号、308 号、328 号、348 号、368 号、388 号、408 号、428 号、448 号、468 号、488 号为样本单位。

等距随机抽样如果按有关标志排队,可以被看成一种特殊的分层比例抽样。如果分层比例抽样把总体划分为若干相等的部分,每部分只抽一个样本单位,就与等距随机抽样非常相像,不同只在于:分层比例抽样在每一部分中抽取样本都是随机的,而等距随机抽样只是随机地确定第一个样本单位,其他的样本单位则按照一定的抽样距离必然得出。

等距随机抽样能够保证抽取的样本单位在总体中均匀分布,从而提高样本的代表性,减少抽样误差。另外,抽样与调查的组织工作也比较方便。不过,运用有关标志排队,必须具备一个前提条件,即在调查之前掌握总体单位有关标志的数据。比如,调查职工商品需求情况,就需要有职工平均工资或平均收入的数据,否则无法按次序排队和抽选。另外,如果使用不当,可能产生较大的系统性偏差。因为等距随机抽样比简单随机抽样的"自由度"小,第一个样本一旦确定,其余的样本就只有一个可能,没有选择变动的余地。如果抽选间隔和调查对象的活动节奏或循环周期重合,就会产生系统性偏差。比如,调查消费者对某商店的惠顾行为或购买行为,如果我们选择七天为一个间隔确定调查的时间,那么就会有较大的系统性偏差,因为这样调查,我们得到的可能是只反映一星期中某一天(如星期一)消费者对商店的惠顾行为或购买行为特征。

五、任意抽样

任意抽样是一种根据调查者便利与否随意选取样本的方法,因此也叫便利抽样法。在实践中,随机抽样并非对所有调查都具有可行性。如果在调查之前无法确切知道总体,或者因调查需要被调查者较深介入而难以获得被调查者的帮助,往往采用非随机抽样的方法,包括便利抽样法。比如,一些大城市进行"外地流入购买力调查",因为事前无法确定总体,所以不可能进行随机抽样,只能在车站、机场、码头、旅馆或大商场,碰到外地旅客就随便进行询问调查。

按照任意抽样法的逻辑,总体中的每一分子都是大致相同的,因此随意选取任何一个样本单位都能在很大程度上反映总体的情况。但是,事实上,这是不成立的。因此,任意抽样的调查结果反映总体情况的程度,取决于总体中每一分子的同质程度:同质性越高,调查结果越能够反映总体的情况;反之,则反是。

任意抽样法是非随机抽样中最简便、最节省费用的一种方法。但是,它的抽样偏差大,不具有代表性,用调查结果推断总体情况的可信程度低。一般而言,在比较正式的市场调查中,较少采用任意抽样法,它多用在非正式的市场调查中。

示例 5-7 是采用任意抽样方法进行的一项学术研究。[6] 因为要调查的是零售商与供应商之间的依赖关系及其影响,并且将零售商作为中心成员(focal member),需要零售商较深介入,所以很难获得随机样本。

示例 5-7

零售商与供应商之间依赖关系的实证研究

伴随着改革开放的不断深入,中国的营销渠道领域发生了深刻的变化,“三多一少”(多种所有制形式、多种经营方式、多渠道、少环节)的流通体制正在形成,渠道成员之间也演变为基于各自利益的互惠互利合作关系。不过,这也带来了渠道成员之间的矛盾与冲突。营销渠道中零售商与供应商之间的行为互动问题已经现实地摆在我们面前。

本文以零售商与供应商之间的依赖关系为研究的切入点,应用调查所得数据,采用量化方法进行分析,回答下述三个问题:第一,零售商或供应商的实力会怎样影响对方对它的依赖?第二,在多大程度上,零售商与供应商对于彼此依赖的感知是一致的?第三,对彼此依赖感知上的差异会不会导致它们行为上的差异,如更多的摩擦或冲突?

…………

本文以西安市百货公司与其供应商的关系为研究对象。根据研究课题的性质,我们首先与西安市10家较大的百货公司接触,其中6家同意参与调查。然后,根据百货公司提供的名单,我们将事先设计好的问卷分发给店内的供方代表,请他们填写。发出352份问卷,收回227份。因为匿名填写问卷会使应答者更真实地表达自己的态度,也会提高问卷的回收率,所以为了整个研究项目能够获得较高质量的数据,我们在问卷中没有强迫应答者填写出自己所代表的供应商,只是在末尾请他们在不介意的前提下写出自己公司的名称。64份问卷给出了企业名称,成为本文可以使用的样本。

针对这64家供方企业,我们又设计了一份简化的问卷,要求6家百货商店的有关负责人针对这64家供方企业回答问卷上的问题,我们则记录下他们的答案。由此,我们得到了64对对偶观察值。

资料来源:庄贵军、周筱莲、周南:《零售商与供应商之间依赖关系的实证研究》,《商业经济与管理》,2006年第6期,第20—25页。

对于这种要获得对偶数据(paired data)的调查,理想的随机样本应该这样获得:第一,以全国某一种类型的企业(如生产制造商或经销商)为总体,随机确定若干个企业作为样本(简单随机抽样),或先以城市为单位随机确定一些城市,然后再随机抽取一些企业进行调查(分群或分层随机抽样);第二,在固定了对偶关系的一边(这是必需的,否则对偶关系就失去了针对性)以后,再让被抽中的企业以其所有的合作伙伴为总体,随机确定一家它的合作伙伴,并针对此合作伙伴回答问题。只有这样确定的样本,才是严格意义上的随机样本。

不过,这样做,因为需要被调查者较多地介入(如要帮助调查组织者确定总体和抽样),对被调查者而言,有较大的负担,所以很难取得被调查者的合作。在这样的调查中,获得被调查者的合作,比样本的代表性更重要。因为只有被调查者愿意合作,他们才可能认真地填写问卷,真实地表达自己的态度。相反,即使采用了随机样本,但其中有很多不愿合作(或者拒绝回答问题,或者不认真回答问题),那么研究结果不但不具有代表性(即缺乏外部效度),而且不能反映样本的真实情况(即缺乏内部效度)。

因此,一些调查为了保证研究的内部效度,有时不得不在外部效度上做些牺牲。很多学术研究都存在这一问题。解决的办法,就是通过在不同的地点和时间、用不同的调查对象,重复进行一项研究。当多项研究得到了相同或相近的结果时,对于研究结果的外部效度我们就会越来越有信心。[4]

六、判断抽样

判断抽样也叫目的抽样,是由研究者或调查者根据经验判断选择有代表性样本的一种非随机抽样方法。这种方法适用于各种各样的典型调查,即通过样本中的典型(代表性样本)来了解总体。

判断抽样有两种具体做法:第一种是由专家判断来选取典型;另一种是利用统计资料的帮助来选取典型。根据调查目的,典型可以是"多数型",在总体中占多数的抽样单位;也可以是"平均型",即在总体中具有平均水平的抽样单位;还可以是"极端型",即在总体中最好或最差的抽样单位。

判断抽样除了具有任意抽样所具有的优点外,在总体单位不多,且对抽样单位比较了解的情况下,使用它还能得到代表性较大的样本。不过,由于不知道各个抽样单位被抽中的概率,所以无法计算或估计抽样误差。另外,样本的代表性如何,取决于调查组织者的知识、经验和判断能力,因此不同的人组织调查,样本的代表性可能有很大不同。

七、配额抽样

配额抽样是按照一定的标准和比例分配样本的数额,然后由调查者在分配的额度内任意(非随机)抽取样本的方法。它与分层随机抽样极为类似,即都需要对调查对象按照某种特性(如年龄、性别、收入水平、职业和文化程度等)进行分类,并按照一定比例为各类调查对象分配抽样名额。二者的区别在于在各层内的抽样原则:分层随机抽样是按随机原则抽取样本,而配额抽样是由调查人员根据主观判断或便利与否抽取样本。

例如,在城市居民家庭收支状况的调查中,按照类型比例,计划在人均月生活费 300 元以下、301—500 元、501—1 000 元和 1 001 元以上的家庭中分别抽取 200 人、300 人、200 人、50 人进行调查。只要被调查户符合其中的一类条件,就可作为访问对象,由调查人员自由选择被调查户。

虽然配额抽样能够增加样本的代表性,但与其他的非随机抽样一样,它也不能估计抽样误差。

八、滚雪球抽样

另有一种非随机抽样技术,被称为"滚雪球抽样"(snowball sampling)[2]。它是在特定总体的成员难以找到时最适合的一种抽样方法。比如,对于无家可归者、流动劳工以及非法移民等人群的市场调查,用一般的抽样方法很难获得适用的样本。此时,就可以考虑使用滚雪球抽样——先搜集目标群体少数成员的资料,然后再向这些成员询问有关信息,找出他们认识的其他总体成员。所谓“滚雪球”,就是根据既有研究对象的建议找出其他研究对象的累积过程。

这种方法的优点是,它能够帮助调查者以较低的成本找到一些特殊的群体成员。当然,因为是非随机抽样,所以样本往往缺乏代表性。

第四节　样本容量的确定

统计学中把调查对象的总和称为调查总体,组成总体的每个个体称为元素,其中一部分有代表性的个体称为样本。样本是总体的缩影,只有抽取出来的样本能够代表总体,才能比较准确地用调查的结果来推断总体。样本的代表性取决于多个因素,其中样本中元素的数量(即样本容量),是一个最重要的影响因素。

非随机抽样样本容量的确定比较简单。因为没有办法估计抽样误差,也没有办法估计调查结果的准确性,所以在采用非随机样本时,样本容量的大小并没有一个确定的标准。在实际工作中常用的方法,要么是把非随机样本当做随机样本来对待,按照随机抽样的方法计算样本容量;要么根据研究预算和抽样成本大概确定一个抽样数目。

随机抽样样本容量的确定则比较复杂,需要根据调查的目的要求、总体的大小、总体的构成和不同的抽样方式来确定。本节虽然名为“样本容量的确定”,其实它是随机抽样样本容量的确定。不过,当我们把非随机样本当做随机样本来对待,按照随机抽样的方法计算非随机抽样的样本容量时,这里讲的方法也可以用来帮助非随机抽样确定样本容量。

一、样本容量确定的统计学原理

(一)抽样分布

抽样分布(sampling distribution)是指从一个单位数目为 N 的总体中可能抽出的容量为 n 的所有样本的统计值的概率分布。这里,先要对“可能抽出的容量为 n 的所有样本”加以说明。比如,现有一单位数目为 5 的总体,我们欲从其中抽出 2 个单位作为样本,那么可能抽出的样本是什么呢?

具体而言,有三种不同的抽样方法:第一种是重复抽样,即一个单位被抽中以后放回总体中再作为总体中的一个元素可以再被抽取;第二种是考虑先后顺序的不重复抽样,即不重复但顺序不同则被视为不同的样本;第三种是不考虑先后顺序的不重复抽样,即不重复且顺序不同被视为相同的样本。假设总体中的元素分别是 A、B、C、D 和 E,那么用三种方法可能抽出的样本如表 5-1 所示。

表 5-1 可能抽出的样本

元素	重复抽样	不重复抽样	
		考虑顺序	不考虑顺序
A	AA AB AC AD AE	AB AC AD AE	AB AC AD AE
B	BA BB BC BD BE	BA BC BD BE	BC BD BE
C	CA CB CC CD CE	CA CB CD CE	CD CE
D	DA DB DC DD DE	DA DB DC DE	DE
E	EA EB EC ED EE	EA EB EC ED	
合计	25	20	10
公式	N^n	$A_N^n=\frac{N!}{(N-n)!}$	$C_N^n=\frac{N!}{(N-n)!\ n!}$

如果我们使用不重复抽样,并且不考虑抽样的顺序,那么从单位数目为 5 的总体中可能抽出的容量为 2 的不同样本共有 10 个。从一个总体中可能抽出样本的数目,实际上就是样本可能的组合数。样本组合数随着总体的增大而增大,随着样本容量的增大开始时增大,到了一定点以后又减少。若总体为 1 250,样本容量为 50,则样本的组合数约为 2×10^{91}。

市场调查与预测中的一项重要任务,是计算样本的相关统计值(如样本平均值和百分比),并用它们来估计相应的总体数值。这个将样本结果推广到总体结果的过程,被称为统计推断(statistical inference)。

假设要从单位数目为 1 250 的总体中抽取 50 个单位作为样本,并用样本的平均值来估计总体的平均值,我们会得到怎样的结果呢?刚才我们已经说过,这个总体在样本容量为 50 时的样本组合数大约为 2×10^{91}。这是一个庞大的数字。为了简便起见,我们只从中随机地抽取 500 个样本,并计算每一个样本的平均值,就可以得到表 5-2 这样一个结果。

表 5-2 样本平均值出现于各区间的次数和频率

区间	出现次数	出现频率
38.00—39.99	1	1/500 = 0.002
40.00—41.99	2	2/500 = 0.004
42.00—43.99	17	17/500 = 0.034
44.00—45.99	39	39/500 = 0.078
46.00—47.99	52	52/500 = 0.104
48.00—49.99	85	85/500 = 0.170
50.00—51.99	110	110/500 = 0.220
52.00—53.99	77	77/500 = 0.154
54.00—55.99	64	64/500 = 0.128
56.00—57.99	37	37/500 = 0.074
58.00—59.99	10	10/500 = 0.020
60.00—61.99	4	4/500 = 0.008
62.00—63.99	2	2/500 = 0.004
总计	500	1.0000

将其绘制在图上,我们就得到图 5-2 这样一个抽样分布图。由图可见,它近似于一个正态分布。如果所有可能的样本都包括在内,而不仅仅是 500 个,那么它就是一个真正的正态分布。

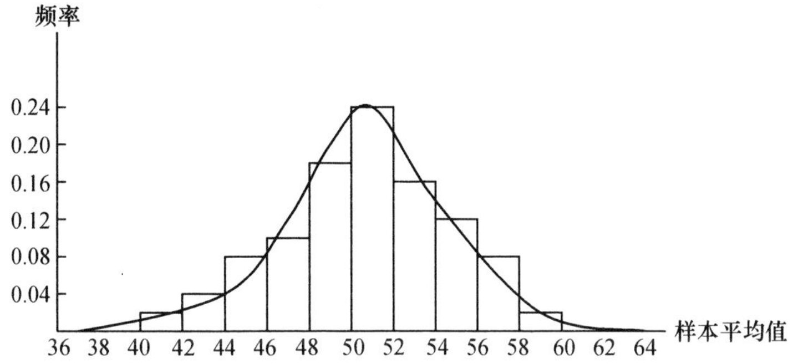

图 5-2 抽样分布

当简单随机样本容量足够大(大于或等于 30)时,平均值和百分比的抽样分布有以下几个重要特性:

- 为一正态分布;
- 所有样本平均值($\bar{X}$)的平均值等于总体平均值(μ),所有样本百分比(P)的平均值等于总体百分比(π);
- 所有样本平均值的标准差(简称为标准误,记为 $\sigma_{\bar{X}}$)等于总体标准差(记为 σ)除以样本单位数的平方根,即

$$\sigma_{\bar{X}} = \frac{\sigma}{\sqrt{n}} \qquad (公式 5\text{-}4)$$

样本百分比的标准误(记为 σ_P)则为

$$\sigma_P = \sqrt{\frac{\pi(1-\pi)}{n}} \qquad (公式 5\text{-}5)$$

在实际工作中,我们一般不知道总体标准差或总体百分比,常常要用样本的标准差(S)或百分比(P)来计算标准误的估计值($\hat{\sigma}_{\bar{X}}$ 或 $\hat{\sigma}_P$),因此公式 5-4 和公式 5-5 就变为:

$$\hat{\sigma}_{\bar{X}} = \frac{S}{\sqrt{n}} \qquad (公式 5\text{-}6)$$

$$\hat{\sigma}_P = \sqrt{\frac{P(1-P)}{n}} \qquad (公式 5\text{-}7)$$

正态分布的一个最基本的特性是:抽样分布中任意两点与曲线所围成的面积可以根据 Z 值计算。某一点的 Z 值是指以标准误为单位的该点与总体平均值或总体百分比的差值或距离。计算公式如下:

$$Z = \frac{\bar{X} - \mu}{\sigma_{\bar{X}}} \qquad (公式 5\text{-}8)$$

$$Z = \frac{P - \pi}{\sigma_P} \quad \text{（公式 5-9）}$$

一般而言，样本平均值或百分比落在距离总体平均值或百分比 ±1 个标准误内的概率（称为置信概率）为 0.6827 或 68.27%；落在距离总体平均值或百分比 ±2 个标准误内的概率为 0.9545 或 95.45%；落在距离总体平均值或百分比 ±3 个标准误内的概率为 0.9973 或 99.73%，如图 5-3 所示。

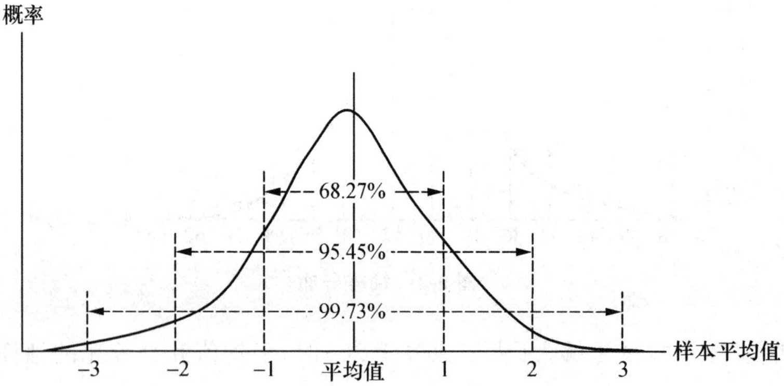

图 5-3　Z = ±1,2,3 时正态分布的概率

本书后面的附录 B 是一个单尾的正态分布表。它显示的只是 Z 值为正时（即单尾的含义）的置信概率。由此表我们可以根据 Z 值查置信概率，也可以根据置信概率查 Z 值。比如，我们要查 $Z = 1.96$ 的置信概率。在附录 B 中，先按列找到 1.9，再按行找到 0.06，行和列交叉点上的数据，就是我们要查找的置信概率，为 0.975，即样本平均值或百分比落在距离总体平均值或百分比 1.96 个标准误以内的概率为 0.975 或 97.5%，而落在 1.96 之外的概率只有 0.025 或 2.5%。相反，如果我们要查双尾置信概率为 95% 时的 Z 值，则需要先把置信概率化为单尾的，即 $0.95 \div 2 + 0.5 = 0.975$，然后再在表中查找。查找时，先在表中找到 0.975，然后再看与其相对应的列与行，可得双尾置信概率为 95% 时的 Z 值是 1.96。

（二）区间估计

用样本统计值推断总体统计值的方法有两种：一种是点估计，一种是区间估计。点估计是用样本的统计值直接作为总体统计值的估计值。不过，由于没有考虑抽样的平均误差，所以无法知道所作估计的把握程度。区间估计是指在一定的把握程度下，根据样本统计值和抽样的平均误差（即标准误），对总体统计值落入区间范围的估计。其中，把握程度被称为置信概率，统计值落入的区间范围被称为置信区间。

下面，我们用平均值的区间估计来说明区间估计的原理。我们从总体中抽出一个样本，并计算出样本的平均值。虽然我们不知道这个平均值会落在抽样分布的哪一个具体的位置上，但却知道它肯定会落在这个抽样分布的一个点上。并且，我们还知道它落在距总体平均值 ±1 个标准误范围内的概率为 68.27%。如果这个平均值就是总体平均值的话，那么在所有的样本组合数中有 68.27% 的样本平均值会落在距这个值 ±1 个标准误的范围内。这个范围就是置信区间，用符号表示就是：

$$[\bar{X}-1\times\sigma_{\bar{X}},\bar{X}+1\times\sigma_{\bar{X}}]$$

68.27%就是总体平均值落入这个区间的置信概率。可以通过扩大置信区间的办法提高置信概率。比如,当我们把置信区间扩大到距样本平均值 ±2 个标准误的时候,置信概率为 0.9545 或 95.45%;当扩大到距样本平均值 ±3 个标准误的时候,置信概率提高到 0.9973 或 99.73%。相反,我们也可以反过来,在已知置信概率的前提下,查表找 Z 值(见附录 B)求出与其相应的置信区间。比如,置信概率为 95%,查表得 Z 为 1.96,在样本平均值和标准误已知的情况下,我们就可以计算出总体平均值落入的区间。

一般地,平均值和百分比置信区间的计算公式分别如下:

$$[\bar{X}-Z\times\sigma_{\bar{X}},\bar{X}+Z\times\sigma_{\bar{X}}] \quad \text{(公式 5-10)}$$

$$[P-Z\times\sigma_{P},P+Z\times\sigma_{P}] \quad \text{(公式 5-11)}$$

它们分别与下面的公式是等价的:

$$\bar{X}-Z\times\sigma_{\bar{X}}\leqslant\mu\leqslant\bar{X}+Z\times\sigma_{\bar{X}} \quad \text{(公式 5-12)}$$

$$P-Z\times\sigma_{P}\leqslant\pi\leqslant P+Z\times\sigma_{P} \quad \text{(公式 5-13)}$$

二、平均值估计的样本容量确定

由公式 5-4 和公式 5-5 可知,样本容量的大小关系到标准误的大小,从而决定区间估计的准确性。在允许误差已定的情况下,如何来确定样本容量呢?

例如,某县城共有居民家庭 20 000 户,现欲采用简单随机抽样的方法,进行一次居民家庭猪肉户均年消费量的抽样调查。调查要求把握程度为 95%,户均年消费量的允许误差为 1.5 公斤,问应抽取多少户作为样本呢?

这是一个平均值估计的样本容量确定问题。允许误差记为 $\Delta_{\bar{X}}$,有

$$\Delta_{\bar{X}}=Z\sigma_{\bar{X}}$$

再根据公式 5-4,得

$$\Delta_{\bar{X}}=\frac{Z\sigma}{\sqrt{n}}$$

经过数学变换,可得平均值估计的样本容量确定公式如下:

$$n=\frac{Z^2\sigma^2}{\Delta_{\bar{X}}^2} \quad \text{(公式 5-14)}$$

由此可知,要确定样本容量,除了要知道允许误差以外,还必须知道 Z 值和总体标准差。允许误差和 Z 值一般根据研究提出的要求而定。它们实际上回答了这样两个问题:调查可以接受的最大误差是多少?我们有多大把握认为抽样误差不大于允许误差?

总体标准差一般不知道,所以在确定样本容量时,我们通常用样本标准差 S 作为它的估计值。但在具体抽样调查之前,样本标准差也是一个未知数,所以有时要使用以前有关调查所得样本或总体的标准差代替。

回到我们前面提出的问题。如果在前面所给定的条件下,我们又根据以往的调查数据,知道该县城居民家庭猪肉户均年消费量的标准差为 4.5 公斤,那么根据公式 5-14,我们就可以计算出这项调查应该抽取的大致样本单位数。

解:已知 $\sigma=4.5$,$\Delta_{\bar{X}}=1.5$;因为置信概率为 95%,查表(附录 B)可得 $Z=1.96$。根据

公式 5-14 可得

$$n = \frac{Z^2\sigma^2}{\Delta_{\bar{X}}^2} = \frac{1.96^2 \times 4.5^2}{1.5^2} = 34.5744$$

答：要达到调查要求，至少应该抽取 35 户作为样本，进行调查。

三、百分比估计样本容量的确定

根据同样的方法，我们可以得出进行百分比区间估计时确定样本容量的计算公式。百分比区间估计的允许误差记为 Δ_P，则有

$$\Delta_P = Z\sigma_P$$

再根据公式 5-5，得

$$\Delta_P = Z\sqrt{\frac{\pi(1-\pi)}{n}}$$

经过数学变换，可得百分比区间估计样本容量确定的公式如下：

$$n = \frac{Z^2\pi(1-\pi)}{\Delta_P^2} \qquad \text{（公式 5-15）}$$

示例 5-8 说明了公式 5-15 的用法。

示例 5-8

鸭蛋的质量检验

某禽蛋批发部对一批新进的鲜鸭蛋 800 只进行质量抽查。根据以往的业务经验，鲜鸭蛋的变质率约为 5%。现采用简单随机抽样，要求把握程度为 95.45%，允许误差不超过 5%，问应抽多少只鸭蛋进行质量检验？

解：已知 $\pi = 5\%$，$\Delta_P = 5\%$；因为置信概率为 95.45%，查表可得 $Z = 2$。根据公式 5-15 计算可得

$$n = \frac{Z^2\pi(1-\pi)}{\Delta_P^2} = \frac{2^2 \times 5\% \times (1-5\%)}{5\%^2} = 76$$

答：为达到抽查要求，至少应抽 76 只鸭蛋进行质量检验。

四、不同抽样方法样本容量的确定

样本容量的大小主要受以下因素的影响：(1) 调查的目的要求，如果一项调查对样本的代表性要求较高，那么就需要选择较大的样本容量；(2) 调查总体的大小，如果调查总体较大，包含的个体元素较多，就需要选择较大的样本容量；(3) 调查总体的构成，如果调查总体内个体之间差异较大，为使样本更具有代表性，样本容量就应该较大；(4) 抽样方式，运用不同的方式抽样，对样本容量的要求也不同。

以上我们只是用简单随机抽样，讲解了样本容量确定的原理。实际上，在其他情况相

同时，不同的随机抽样方式，计算样本容量的公式是不同的，如表 5-3 所示。

表 5-3 不同抽样方式样本容量的计算公式

抽样方式与方法		平均值	百分比	符号说明
简单随机抽样	重复抽样	$n=\frac{Z^2\sigma^2}{\Delta_{\bar{x}}^2}$	$n=\frac{Z^2\pi(1-\pi)}{\Delta_p^2}$	n = 样本容量；Z = Z 值；σ = 总体标准差，可用样本标准差代替；$\Delta_{\bar{x}}$ = 平均值估计的允许误差；Δ_p = 百分比估计的允许误差；N = 总体单位数；π = 总体百分比，可用样本百分比代替。
	不重复抽样	$n=\frac{Z^2\sigma^2N}{N\Delta_{\bar{x}}^2+Z^2\sigma^2}$	$n=\frac{NZ^2\pi(1-\pi)}{N\Delta_p^2+Z^2\pi(1-\pi)}$	
分层随机抽样	重复抽样	$n=\frac{Z^2\overline{\sigma}_i^2}{\Delta_{\bar{x}}^2}$	$n=\frac{Z^2\pi(1-\pi)}{\Delta_p^2}$	$\overline{\sigma}_i^2=\frac{\sum\sigma_i^2N_i}{N}$；$\overline{\pi_i(1-\pi_i)}=\frac{\sum N_i\pi_i(1-\pi_i)}{N}$；其他同上。
	不重复抽样（分层比例抽样）	$n=\frac{Z^2\overline{\sigma}_i^2N}{N\Delta_{\bar{x}}^2+Z^2\overline{\sigma}_i^2}$	$n=\frac{NZ^2\overline{\pi_i(1-\pi_i)}}{N\Delta_p^2+Z^2\overline{\pi_i(1-\pi_i)}}$	
整群随机抽样	不重复抽样	$r=\frac{Z^2\sigma_\mu^2R}{R\Delta_{\bar{x}}^2+Z^2\sigma_\mu^2}$	$n=\frac{Z^2\sigma_\pi^2N}{N\Delta_{\bar{x}}^2+Z^2\sigma_\pi^2}$	R = 所有群数；r = 抽选群数；σ_μ^2 = 总体平均值的群间方差；σ_π^2 = 总体百分比的群间方差；其他同上。
等距随机抽样	按无关标志排队	$n=\frac{Z^2\sigma^2}{\Delta_{\bar{x}}^2}$	$n=\frac{Z^2\pi(1-\pi)}{\Delta_p^2}$	按无关标志排队与简单随机抽样相同；按有关标志排队与分层随机抽样相同。
	按有关标志排队	$n=\frac{Z^2\overline{\sigma}_i^2}{\Delta_{\bar{x}}^2}$	$n=\frac{NZ^2\overline{\pi_i(1-\pi_i)}}{N\Delta_p^2+Z^2\overline{\pi_i(1-\pi_i)}}$	

资料来源：根据叶树滋《市场调查与商情预测》[7] 整理。

本章小结

普查是对调查对象的全部单位（即总体）所进行的逐一的、无遗漏的调查。

抽样调查只对调查总体中的部分元素或单位（即样本）进行调查。在企业的市场调查与预测中，抽样调查比普查更经常被采用。

普查和抽样调查在获得数据的准确性上，并无绝对的优劣之分。普查虽然不存在抽样误差，但却存在非抽样误差。当普查工作组织得比较乱时，由于会出现较大的非抽样误差，所以普查获得的数据不一定比抽样调查获得的数据准确。

抽样程序可以分为定义总体、确定抽样框架、确定抽样单位、确定抽样方法、确定抽样容量、制订抽样计划和选择样本七个步骤。

定义总体就是确定调查对象的全体，包括四个要素：抽样元素、抽样单位、抽样范围和抽样时间。

抽样框架是指总体中抽样单位或元素的表现形式。理想的抽样框架应该满足这样一个条件:抽样总体中的每一个元素都在抽样框架中出现一次,且仅出现一次。在确定抽样框架时,要考虑其适用性、完整性和未包含在总体中的元素对调查结果准确性的影响程度。

抽样单位是总体容纳的基本单位,它可以等同于、也可以不等同于样本元素。抽样单位的确定,主要取决于抽样框架和调查方法两个方面。

抽样方法是指抽样单位被选定为样本的方式。选取抽样单位的方式就在以下五个方面进行取舍或组合:随机与非随机抽样、单个与整群抽样、分层与不分层抽样、等概率与非等概率抽样以及一步与多步抽样。

样本容量指样本中包含抽样单位或样本单位的数目。应用非随机抽样,样本容量的大小由研究人员根据经验和主观判断决定。应用随机抽样,样本容量的大小则要使用数理统计的方法根据决策对于信息准确性的要求计算得出。

抽样计划要详细说明如何做出和执行每一项决定。除了逐个具体地说明前面五个步骤的有关问题以外,还要对抽样的具体实施步骤加以规定和说明。

抽样程序的最后一步是样本元素或单位的实际选择。

常用的抽样方法主要有简单随机抽样、分层随机抽样、分群随机抽样、等距随机抽样以及任意抽样、判断抽样、配额抽样和滚雪球抽样。

简单随机抽样是指按照随机原则,从总体中不加任何分组、划类、排序等先行工作,直接地抽取调查样本的抽样方法,也称为单纯随机抽样。一般采用抽签和查随机数表抽取样本。

分层随机抽样也叫分类随机抽样,就是先将总体单位按其属性特征分成若干类或若干层,然后在类型或层中随机抽取样本。分层抽样的具体做法可分为分层比例抽样法、分层最佳抽样法和分层最低成本抽样法三种。

分群随机抽样法也叫整群随机抽样,是将调查总体按一定的标准分成若干群,然后在其中随机抽取部分群体单位进行调查的方法。

等距随机抽样,也叫机械抽样或系统抽样,是指下面这样一种抽样方法:先在总体中按照一定的标志将抽样单位顺序排列,并根据总体单位数(N)和样本单位数(n)计算出抽样距离($k = N \div n$);然后,随机确定第一个样本单位;其他样本单位则按相等的距离或间隔 k 顺序抽取。排列顺序可以是与调查项目无关的标志,如按姓氏笔画、地理位置、户口册编码等排列,也可以是与调查项目直接或间接有关的标志,如在职工家计调查中,按平均工资由低到高排队。

任意抽样是一种根据调查者便利与否随意选取样本的方法,因此也叫便利抽样法。

判断抽样也叫目的抽样,是由研究者或调查者根据经验判断选择有代表性样本的一种非随机抽样方法。

配额抽样是按照一定的标准和比例分配样本的数额,然后由调查者在分配的额度内任意(非随机)抽取样本的方法。它与分层随机抽样极为类似,即都需要对调查对象按照某种特性(如年龄、性别、收入水平、职业和文化程度等)进行分类,并按照一定比例为各类调查对象分配抽样名额。二者的区别在于各层内的抽样原则:分层随机抽样是按随机原则抽取样本,而配额抽样是由调查人员根据主观判断或便利与否抽取样本。

滚雪球抽样是指下面这样一种抽样方法：先搜集目标群体少数成员的资料，然后再向这些成员询问有关信息，找出他们认识的其他总体成员。在特定总体的成员难以找到时，这是最适合的一种抽样方法。

抽样分布是指从一个单位数目为 N 的总体中可能抽出的容量为 n 的所有样本的统计值的概率分布。当样本容量足够大（大于或等于30）时，平均值和百分比的抽样分布都为正态分布。正态分布的一个最基本的特性是：抽样分布中任意两点与曲线所围成的面积可以根据 Z 值计算。

用样本统计值推断总体统计值的方法有两种：一种是点估计，一种是区间估计。点估计是用样本的统计值直接作为总体统计值的估计值。区间估计是指在一定的置信概率下，根据样本统计值和抽样的平均误差（即标准误），对总体统计值落入区间范围（即置信区间）的估计。

确定样本容量，就是在给定允许误差和置信概率的前提下，根据总体的特点（如总体的大小和标准差），计算应该抽取的样本单位数；分为平均值估计样本容量的确定和百分比估计样本容量的确定。

随机样本容量的大小主要受调查的目的要求、调查总体的大小、调查总体构成差异的大小和抽样方式等因素的影响。

参考文献

[1] 艾尔-巴比（Earl Babbie）：《社会研究方法基础（第八版）》，邱泽奇译，北京：华夏出版社，2002年版，第162—163页。

[2] 艾尔-巴比（Earl Babbie）：《社会研究方法（第十一版）》，邱泽奇译，北京：华夏出版社，2009年版，第185页。

[3] Tull, D. S. and Hawkins, D. I. *Marketing Research: Measurement and Method*[M], NY: Macmillan Publishing Co., 1980, 382.

[4] Reynods, N. L., Simintiras, A. C., and Diamantopoulos, A. Theoretical Justification of Sampling Choices in International Marketing Research: Key Issues and Guidelines for Researchers[J], *Journal of International Business Studies*, 2002, 34(1): 80—89.

[5] 庄贵军：《关系营销导向对于营销渠道行为的影响》，国家自然科学基金项目（2004—2006），编号：70372051。

[6] 庄贵军、周筱莲、周南：《零售商与供应商之间依赖关系的实证研究》，《商业经济与管理》，2006年第6期，第20—25页。

练习与思考

1. 请比较普查与抽样调查的优劣。
2. 请用例子说明如何进行抽样设计。
3. 什么是随机抽样调查？随机抽样调查有哪些常用的方法？
4. 什么是非随机抽样调查？非随机抽样调查的常用方法有哪几种？

5. 如何确定样本容量?

6. 一个单位数目为20的总体,要从中抽出5个单位作为样本,能抽出多少个不同的样本呢?

7. 为下列调查界定总体和寻找可能的抽样框架:

(1) 开米公司一种新型洗衣液的产品测试。

(2) 中国银行"牡丹卡"在全国的使用情况以及持卡顾客的购买行为。

(3) 湖南卫视的一档节目想了解中国城镇家庭的电视收看习惯和对电视节目的偏好。

8. 一家电动机的租赁公司想对用户做调查,以确定一种新型电动机的租赁需求。这种电动机主要用于路桥建设。通过网上查询,请你:

(1) 确认调查总体和抽样框架。

(2) 描述应用抽样框架抽取简单随机样本的过程。

(3) 可以使用分层样本吗? 如果能,怎样使用?

(4) 可以使用整群样本吗? 如果能,怎样使用?

(5) 你会推荐哪种抽样设计? 为什么?

案例分析

案例 5-1　购物中心问卷调查抽样行为守则[①]

本调查要研究的问题是:(1) 购物中心的顾客都是些什么人? (2) 不同顾客群体间的惠顾行为都有什么差别? (3) 最重要的是,哪些因素对他们的购买行为有显著性影响? 参与本调查的同学要严格遵守以下行为守则:

1. 访问时间:2012 年 3 月 20 日至 4 月 20 日。

2. 访问地点:西安世纪金花购物中心出口。

3. 我们只访问**离开**西安世纪金花购物中心的人。

4. 我们只访问 18 岁以上(看样貌决定)的人。

5. 每第 10 个步出出口的顾客,若符合要求(第 2、3 点),便上前访问。

6. 最好能出示学生证。

7. 如对方拒绝受访,数 10 人再邀请。

8. 如访问中途对方有意中断,先告诉对方调查只要几分钟就完成。如受访者坚持离开,说声"对不起"或"多谢"让对方离开。

9. 如有些问题受访者不想答,说声"没关系",然后继续问其他题目。

10. 因购物中心是公共场所,所以不要有干涉他人的行为。

11. 总之要有礼貌。有些拒绝受访的人态度很恶劣,但也要以平常心对待。

12. 第一天工作后,请用电话告知当天工作所遇到的特别难题。

---

① 本案例根据本书作者曾经使用过的一个抽样计划修改。

13. 所有问卷请于 4 月 20 日完成并交回。不能过时。

小组讨论

1. 要获得一个有代表性的样本,上面的抽样守则有什么问题吗?
2. 若让你为本调查设计一个随机抽样的方案,你会怎样设计?
3. 请从样本代表性的角度评价你自己的设计。

案例 5-2 顾客抱怨行为与重购意愿①

企业在向市场提供产品或服务时,可能引起顾客不满,而顾客在经历不满后,可能采用行为或非行为反应。非行为反应只是顾客懊恼的感觉和不再购买的打算,而行为反应则是顾客为发泄不满或寻求问题的解决而采取的各种抱怨行为,即我们这里所说的顾客抱怨。按照指向的对象,顾客抱怨可以分为直接抱怨、私下抱怨和第三方抱怨三类。直接抱怨指向其社交圈之外并与其不满经历直接有关的对象,如产品的生产制造商或经销商;私下抱怨指向其社交圈以内并与其不满经历无关的对象,如自己的亲戚、朋友或同事;第三方抱怨指向其社交圈以外并与其不满经历无关的对象,如一般公众、法律机构或大众媒体。

本项目的主要目的,一是通过调查获取可靠的数据;二是通过对调查数据的分析,检验多种因素对顾客不同抱怨行为的影响以及这些抱怨行为之间的交互影响,并观察顾客不同的抱怨行为对其重购意愿的影响。

一、调查方法

(一) 样本

调查于 2007 年在深圳的一家家电连锁店内进行,以近期购买家电产品有不满消费经历的顾客为对象。因无法将他们从人群中辨别出来,所以不能采用随机抽样的方法发放问卷。我们对过往的顾客逐一询问甄别,然后请求他们填写问卷。调查持续了两周时间,共发出 210 份问卷,收回有效问卷 169 份,有效问卷回收率为 89%。表 5-4 是样本的基本情况。

表 5-4 样本基本情况

特征		人数	百分比
性别	女	60	35.3%
	男	109	64.1%
年龄	30 岁及以下	119	70.0%
	30 岁以上	50	20.0%
教育程度	大专及以下	65	38.2%
	大学本科	83	48.8%
	硕士及以上	21	12.4%

① 本案例改写自庄贵军和朱美艳的论文《顾客抱怨行为与重购意愿的 logistic 回归分析》,原文刊载于《商业经济与管理》2009 年第 5 期第 90—96 页。

（续表）

特征		人数	百分比
月收入	2000 元及以下	32	18.8%
	2001 至 4000 元	77	45.3%
	4001 至 6000 元	33	19.4%
	6000 元以上	27	15.9%

（二）问卷与量表

问卷有三页，以请被调查者回忆最近一次购买家电产品遭遇不满的消费经历开始，后面的所有问题都与这次经历有关。表 5-5 显示了调查使用的变量及其测量方法。

表 5-5　变量及其测量

变量	测量规则
直接抱怨（Y_1）	我们请被调查者指出当购买或消费中发现产品问题之后，他们采取了哪些行动（可以多选）。第一个选项是“向企业反应，要求企业处理”，第二个选项是“把自己不满的经历告诉亲戚、朋友”，第三个选项是“向消费者协会或媒体投诉”，第四个选项是“打算不再购买该品牌的产品”。根据被调查者对于第一个选项的选择情况，如果顾客采用过，令 $Y_1=1$；否则，令 $Y_1=0$。
私下抱怨（Y_2）	根据被调查者对于上述第二个选项的选择情况，如果顾客采用过，令 $Y_2=1$；否则，令 $Y_2=0$。
第三方抱怨（Y_3）	根据被调查者对于上述第三个选项的选择情况，如果顾客采用过，令 $Y_3=1$；否则，令 $Y_3=0$。
重购意愿（Y_4）	根据被调查者对于上述第四个选项的选择情况，反向计分，即如果顾客没有采用过，令 $Y_4=1$；否则，令 $Y_4=0$。
顾客不满程度（X_1）	请被调查者从 1 到 7（1 = 极小，7 = 极大）打分指出他们在经历不满后所感受到的愤怒、难过和焦虑程度。将 3 个题项的得分相加，得到顾客不满程度的测量指标。探测性因子分析的结果：当特征值设为 1 时，只提出一个因子，解释度为 57.982%，α 值为 0.635。
问题产品的价格（X_2）	采用开放式问题，让被调查者根据记忆，填写所购问题产品的价格。
顾客对向企业直接抱怨的态度： 正面态度（X_3） 负面态度（X_4）	请被调查者打勾指出（1 = 极其不同意，7 = 极其同意）他们对下述题项同意与否的程度：“去投诉可以帮助我解决遇到的问题”，“如果你不捍卫自己的权利，更多的商家会欺骗你”，“当我在消费时感到不满意，我就会去投诉，因为我觉得我有责任这么做”；“在我看来，无论向谁抱怨任何事情都是很令人不快的”，“只有无所事事的人才喜欢去投诉”，“去投诉只会让人更加郁闷”。探测性因子分析的结果：当特征值设为 1 时，只提出两个因子，分别对应于顾客对投诉的正面态度与负面态度，解释度为 48.295%。正面态度 4 个题项，α 值为 0.652。负面态度 4 个题项，α 值为 0.589。分别将两个因子内各题项的得分相加，得出顾客正面与负面态度的测量指标。
问题解决的可能性（X_5）	请被调查者用打分（1 = 极小，7 = 极大）的方法指出选择投诉得到四种结果可能性的大小：退换产品，免费维修，让企业知道自己的不满和让厂家改进产品质量等。探测性因子分析的结果：当特征值设为 1 时，只提出 1 个因子，解释度为 47.376%，α 值为 0.624。将各题项的得分相加，得出顾客预期问题解决可能性的测量指标。

（续表）

变量	测量规则
抱怨成本： 实际成本（X_6） 过程成本（X_7）	用6个题项请求被调查者从1到7（1 = 极其不同意，7 = 极其同意）打分来测量其感知的投诉成本，比如如果去投诉，“会花费很多时间”，“会花些钱”，“需要很大的努力才能找到受理投诉的人”。探测性因子分析的结果：当特征值设为1时，提出两个因子，分别对应于直接投诉需要花费的实际成本（时间、金钱和体力）和投诉过程中会遇到的麻烦，累积的解释度为73.23%，α值分别为0.835和0.878。将两个因子内各题项的得分相加，得出顾客对抱怨实际成本和过程成本的测量指标。
向企业直接抱怨的心理压力（X_8）	用4个题项请求被调查者从1到7（1 = 极其不同意，7 = 极其同意）打分来测量顾客向企业直接抱怨的心理压力，比如如果去投诉，“很可能会被无礼对待”；“不得不和别人争辩”，“会比较尴尬”。探测性因子分析的结果：当特征值设为1时，只提出一个因子，解释度为67.982%，α值为0.747。将各题项的得分相加，得出测量指标。
性别（X_9）	如果是男性，令$X_9 = 1$；如果是女性，令$X_9 = 0$。
年龄（X_{10}）	30岁及以下，令$X_{10} = 0$；30岁以上，令$X_{10} = 1$。
教育程度（X_{11}）	大专及以下，令$X_{11} = 1$；大学本科，令$X_{11} = 2$；硕士研究生及以上，令$X_{11} = 3$。
月收入（X_{12}）	2000元以下，$X_{12} = 1$；2001至4000元，$X_{12} = 2$；4001至6000元，$X_{12} = 3$；6000元以上，$X_{12} = 4$。

从企业售后服务和投诉管理的视角，我们将影响顾客抱怨行为的因素划分为前提因素、企业可控因素和企业不可控因素三大类。前提因素包括顾客不满程度（X_1）和问题产品的价格（X_2）——只有当不满超过一个阈值或问题比较严重（损失较大）时，顾客才会采取抱怨行为。企业可控因素是企业可以在某种程度上影响或改变的因素，包括顾客对抱怨的态度（X_3和X_4）、对问题解决可能性的预期（X_5）、对抱怨成本的认知（X_6和X_7）和向企业直接抱怨的心理压力（X_8）。企业不可控因素是企业无法控制或改变的因素，包括顾客个人因素和环境因素。受限于本研究的样本（只在中国的一个城市采样进行调查），在企业不可控因素中只能考虑了年龄、性别和收入等个人因素的影响（X_9到X_{12}）。

二、调查结果与统计分析

表5-6显示了以上主要变量的均值、标准差以及它们之间的相关系数。因为顾客不满程度（X_1）和问题产品的价格（X_2）分布是偏斜的，所以为了便于分析，我们用自然对数将其转换为正态分布的数据。注意观察Y_1、Y_2和Y_3列的数据，从X_1到X_8每一个因素至少与一种抱怨行为显著相关（$p < 0.05$）。这意味着，当只考察以上个别因素对某一种顾客抱怨行为的影响时，它们至少对一种顾客抱怨行为有显著影响。

表5-6　变量的均值、方差和变量之间的相关系数

	均值	Y_1	Y_2	Y_3	Y_4	$\ln X_1$	$\ln X_2$	X_3	X_4	X_5	X_6	X_7	X_8
Y_1	0.63	0.48#											
Y_2	0.69	-0.065	0.46										
Y_3	0.14	0.051	0.045	0.34									
Y_4	0.40	0.291*	-0.182*	-0.039	0.49								

（续表）

	均值	Y_1	Y_2	Y_3	Y_4	$\ln X_1$	$\ln X_2$	X_3	X_4	X_5	X_6	X_7	X_8
$\ln X_1$	2.19	0.047	0.221*	0.164*	-0.122	0.477							
$\ln X_2$	7.35	0.232*	0.039	0.168*	0.056	0.115	0.943						
X_3	20.28	0.174*	0.044	0.070	0.014	0.182*	0.011	4.607					
X_4	9.98	-0.268*	-0.122	-0.027	-0.163*	-0.150	-0.005	-0.258*	4.288				
X_5	17.94	0.143	0.169*	0.017	0.152*	0.157*	-0.002	0.252*	-0.104	5.52			
X_6	12.15	-0.084	0.176*	0.107	-0.215*	0.102	-0.114	-0.022	0.265*	-0.122	4.62		
X_7	14.10	-0.122	0.284*	0.045	-0.107	0.112	-0.152	0.023	0.032	-0.041	0.529*	4.60	
X_8	15.06	0.019	0.281*	0.197*	-0.147	0.238*	-0.110	0.027	0.075	0.150	0.393*	0.455*	5.71

注：* 表示 $p<0.05$（双尾检验）；# 对角线上的数据为均值的标准差。

下面，采用 logistic 回归对数据进行分析，我们要观察：当把各种因素放在一起时，它们对顾客三种不同抱怨行为的影响。分析方程如下：

$$\mathrm{logit}(Y_t) = \beta_0 + \sum_{j=1}^{12} \beta_{ij} X_{ij} + \sum_{k \neq 1}^{3} \alpha_k Y_k \qquad (i = 1,2,3,4) \qquad (公式 5\text{-}16)$$

式中，Y_i 为第 i 种情况（当 $i=1,2,3$ 时为顾客的三种抱怨行为，当 $i=4$ 时为重购意愿）出现，$\mathrm{logit}(Y_i)=\ln\{P(Y_i=1)/[1-P(Y_i=1)]\}$ 表示第 i 种出现的可能性；X_i 为影响顾客抱怨的各种因素；β_0 为常数；β_i 为各种因素的系数。此外，$\alpha_k(k\neq i, 1\leqslant k\leqslant 3)$ 为各种抱怨行为之间的相关系数。分析结果如表 5-7 所示。

表 5-7　Logistic 回归分析的结果

自变量	直接抱怨（Y_1）		私下抱怨（Y_2）		第三方抱怨（Y_3）		重购意愿（Y_4）	
	初始模型	最终模型	初始模型	最终模型	初始模型	最终模型	初始模型	最终模型
常数项	-5.506*	-3.293*	-4.432^{M}	-4.900*	-13.086*	-10.830*	1.573	0.966
前提因素的影响								
顾客不满程度 $\ln X_1$	-0.535		0.618		0.648		-0.371	
产品价格 $\ln X_2$	0.849*	0.638*	0.232	0.355^{M}	0.737*	0.779*	0.071	
企业可控因素的影响								
正面态度 X_3	0.086^{M}		-0.025		0.050		-0.031	
负面态度 X_4	-0.171*	-0.153*	-0.107*	-0.102*	-0.025		-0.083	-0.092^{M}
问题解决的可能性 X_5	0.051	0.077*	0.099*	0.092*	-0.022		0.140*	0.136*
实际成本（X_6）	0.035		0.040		0.047		-0.060	
过程成本（X_7）	-0.064		0.104*	0.125*	-0.050		0.059	
心理压力（X_8）	0.068		0.090*	0.096*	0.128*	0.136*	-0.020	
企业不可控因素的影响								
性别 X_9	0.023		0.274		1.422*	1.272*	0.977*	1.098*
年龄 X_{10}	0.184		-0.264		0.296		-1.138*	-1.126*
教育程度 X_{11}	0.384		-0.370		0.212		-0.593^{M}	-0.623*
月收入 X_{12}	-0.390^{M}		0.201		-0.077		0.141	

（续表）

自变量	直接抱怨(Y_1)		私下抱怨(Y_2)		第三方抱怨(Y_3)		重购意愿(Y_4)	
	初始模型	最终模型	初始模型	最终模型	初始模型	最终模型	初始模型	最终模型
因变量的相互影响								
直接抱怨(Y_1)			-0.775^M	-0.907^*	-0.005		1.451^*	1.357^*
私下抱怨(Y_2)	-0.829^M	-0.871^*			-0.066		-1.470^*	-1.526^*
第三方抱怨(Y_3)	-0.220		-0.325				0.044	
拟合优度指标								
χ^2值	175.472^*	185.360^*	163.189^*	167.792^*	108.987^*	113.908^*	166.724^*	170.991^*
Cox & Snell R^2	0.218	0.169	0.215	0.192	0.135	0.109	0.268	0.248
Nagelkerke R^2	0.297	0.230	0.302	0.270	0.243	0.195	0.363	0.337

注：$^*p<0.05$，$^Mp<0.10$。

表中针对每一种行为的分析结果都有两部分，即对初始模型分析的结果和对最终模型分析的结果。前者显示了在以某一行为变量为因变量进行分析时，都考虑了哪些因素以及它们的影响；后者则显示了在依次拿掉那些影响不显著($p>0.1$)的因素（应用 Backward：Weld 功能）以后剩下的因素及其影响。实际上，后者是对前者的简化。

由拟合优度指标可见，每一个模型的卡方值(χ^2)都是显著的($p<0.05$)，表明模型中的因素作为一个整体对因变量变化的影响均是显著性的。其中，重购意愿(Y_4)获得的解释度最高，这由其 Cox & Snell R^2(0.268)和 Nagelkerke R^2(0.363)可以看出。

三、讨论

（一）影响顾客抱怨行为的因素

由表 5-7 可见，在两个前提因素中，顾客不满程度(X_1)对每一种顾客抱怨行为(Y_1、Y_2和 Y_3)均无显著性影响($p>0.05$)，而问题产品的价格(X_2)对顾客直接抱怨(Y_1)和第三方抱怨(Y_3)的影响均是显著为正的($p<0.05$)，对顾客私下抱怨的影响虽然在 $p<0.05$ 的水平上是不显著的，但在 $p<0.10$ 的水平上是显著为正的。

在六个企业可控因素中，顾客关于直接抱怨的正面态度(X_3)和关于抱怨实际成本的感知(X_6)对顾客的三种抱怨行为(Y_1、Y_2和 Y_3)均无显著影响($p>0.05$)；负面态度(X_4)对顾客的直接抱怨(Y_1)和私下抱怨(Y_2)有显著且负向的影响($p<0.05$)，对顾客第三方抱怨(Y_3)的影响则不显著；问题解决可能性的预期(X_5)对顾客的直接抱怨(Y_1)和私下抱怨(Y_2)有显著且正向的影响($p<0.05$)，对顾客第三方抱怨的影响不显著；向企业直接抱怨的过程成本(X_6)只对顾客私下抱怨(Y_2)有显著且正向的影响；向企业直接抱怨的心理压力对顾客私下抱怨(Y_2)和第三方抱怨(Y_3)有显著且正向的影响。

在四个企业不可控的顾客个人因素中，只有性别(X_7)对顾客的第三方抱怨(Y_3)有显著影响，即男性顾客比女性顾客更可能向一般公众、大众媒体或消费者协会投诉。

（二）三种顾客抱怨行为之间的相互影响

表 5-7 的分析结果显示：在控制多种因素的条件下，顾客的直接抱怨(Y_1)与私下抱怨(Y_2)显著负相关($p<0.05$)，但是二者均与顾客向第三方抱怨(Y_3)的相关关系不显著。这意味着在排除了其他因素干扰的情况下，顾客的直接抱怨与私下抱怨之间是一种替代

的关系而非相互强化的关系，即在其他因素不变时，向企业直接抱怨的顾客往往较少私下向自己的亲戚、朋友或同事抱怨。

（三）顾客抱怨行为对重购意愿的影响

在表5-7“重购意愿（Y_4）”的两个模型中，顾客直接抱怨（Y_1）的系数显著为正，顾客私下抱怨（Y_2）的系数显著为负，顾客第三方抱怨（Y_3）的系数不显著。这说明顾客直接抱怨对其重购意愿影响是正面的，即那些向企业直接抱怨的顾客更可能继续购买企业的产品；顾客私下抱怨对其重购意愿的影响是负面的，即那些向自己的亲戚、朋友或同事抱怨的顾客更可能不再继续购买企业的产品；顾客第三方抱怨对其重购意愿无显著影响。由此可见，相对于其他抱怨行为，顾客向企业的直接抱怨对企业更有益——它不但为企业提供了补救的机会，使企业可以及时了解顾客不满和企业经营的不足之处，并加以改进，还能够提高顾客继续购买企业产品的意愿。

四、结论与应用

本项目以购买家电产品有不满消费经历的顾客为调查对象，通过数据分析，检验了十个因素对顾客直接抱怨、私下抱怨和第三方抱怨等三种抱怨行为的影响以及这些抱怨行为之间的相互作用，另外还观察了顾客不同的抱怨行为对其重购意愿的影响。结果发现：第一，当把多种因素放在一起考察时，一些因素（如问题产品的价格、顾客关于直接抱怨的负面态度以及顾客对于解决问题可能性的预期）对顾客的某种抱怨行为仍有显著影响，但是另一些因素（如顾客的不满程度、顾客关于直接抱怨的正面态度和对抱怨实际成本的感知）对顾客的各种抱怨行为均无显著影响；第二，在控制一些重要影响因素的条件下，顾客的直接抱怨与私下抱怨之间有一种替代关系，但是二者均与顾客向第三方抱怨不相关；第三，顾客的重购意愿与顾客的直接抱怨正相关，与私下抱怨负相关，与第三方抱怨的相关关系则不显著。

本项目的研究结果对企业的投诉管理有下述两点启示：其一，企业要鼓励那些经历了购买或消费不满的顾客向企业直接抱怨。这是因为顾客不满很难完全避免；而在顾客不满发生以后，相对于其他的抱怨行为，顾客向企业的直接抱怨又是对企业最有益的。它不但为企业提供了补救的机会，还能够提高顾客继续购买企业产品的意愿（本项目的研究结果）。因此，企业售后服务和投诉管理的第一要务，是鼓励有不满经历的顾客向企业直接抱怨。

其二，疏通渠道，让不满意的顾客便于向企业直接抱怨。比如，企业可以通过对外宣传，使顾客了解到不满以后向企业抱怨是自己的权力，能够帮助企业改进产品和改善服务，从而弱化他们对向企业直接抱怨的负面态度。再如，企业也可以通过承诺和认真处理顾客抱怨的行为，树立顾客通过抱怨而解决问题的信心，提高他们对问题解决可能性的预期。根据本项目的分析结果，这些措施都可以不同程度地使不满意的顾客采取向企业直接抱怨的行为。

小组讨论

1. 请描述本项调查的抽样元素、抽样单位、抽样范围和抽样时间。
2. 本项调查可以采用什么抽样框架？
3. 若让你们为本研究项目设计一个随机抽样的方案，你们会怎样设计？为什么？
4. 从样本的代表性和可行性的角度评价你们的设计。

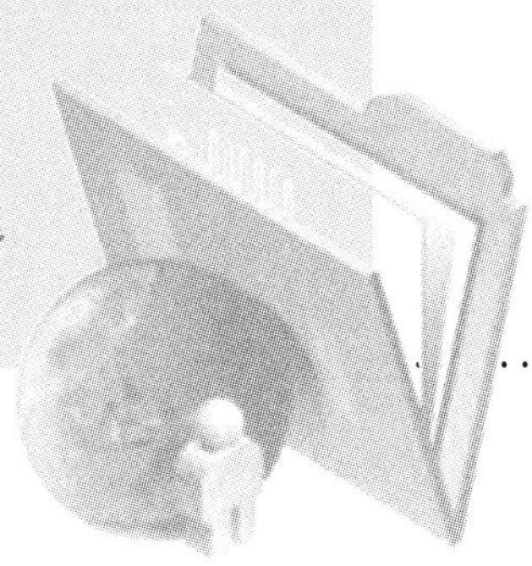

第六章

调查实施与数据整理

【知识要求】

通过本章的学习,掌握以下要点:

◆ 调查实施的内容和作用;
◆ 对调查实施进行管理与控制的内容和步骤;
◆ 数据整理的内容和步骤;
◆ 校编的内容和重点;
◆ 对数据进行分类的方法;
◆ 编号的意义与编号明细表的编制;
◆ 在 SPSS 系统下输入调查数据;
◆ 制表和计算样本描述性统计值。

【技能要求】

通过本章的学习,要求学生能够做到:

◆ 组织小范围的市场调查工作;
◆ 为调查员编制调查实施中的行为规范;
◆ 清楚了解数据校编的内容和重点;
◆ 知道如何对数据进行分类,并自行编制编号明细表;
◆ 熟练地在 SPSS 系统下输入调查数据;
◆ 知道如何制表和计算样本描述性统计值。

调查实施是正式的调查方案具体执行的过程。调查费用的绝大部分,将花在这个阶段。调查结果的准确与否,很大程度上取决于这一阶段的工作质量。在这一阶段,调查工作的组织者一定要对每一位调查人员严格要求,尽量使整个实施过程在自己的严密控制之下,努力杜绝虚假情报。本章的内容涉及数据收集和数据分析之前的准备工作,包括调查实施、数据整理以及应用 SPSS 软件输入、调用和存储数据三节。

第一节 调查实施

调查实施就是市场调查与预测的组织管理者,或者自己组织调查人员,或者雇请调查公司,进行实际收集数据的工作,也被称为调查的现场工作(fieldwork)。调查人员可以通过入户走访、商场拦截、计算机辅助下的个人访谈和观察等方法,在现场完成调查工作,也可以通过电话访谈、邮寄问卷和发电子邮件等方法,在办公室完成调查工作。图 6-1 显示了调查实施的管理与控制过程。

图 6-1 调查实施的管理与控制过程

一、选择调查员

调查实施管理与控制的第一步,就是选择调查员。调查员一般需要具有以下几个方面的素质[1]:

- 身体健康。调查的现场实施是一项很繁重的工作,调查员必须具有完成工作的体力和精力。
- 性格开朗。调查员应当具备与陌生人打交道的能力,易于与被调查者接触与交流。
- 善于沟通。具备进行有效沟通的技能,其中很重要的一条是善于聆听。
- 相貌怡人。调查员的相貌不一定漂亮或英俊,但一定不能让人看了不舒服,否则会影响数据收集工作的顺利进行。
- 有教养。教养指一个人的文化与道德修养,往往从人的言谈举止中表现出来,如一些好的或不好的习惯与态度。一个没有教养的人,很容易让人感觉不舒服。
- 有较高的文化水平。因为调查员常常需要阅读和书写,所以调查员应有较高的文化水平。
- 最好相关的工作经验丰富。有经验的调查员会更好地根据调查要求获得调查对象合作和进行访谈。

另外,经验表明,调查员与调查对象的共同点越多,访谈获得成功的可能性就越大。负责收集数据的调查人员通常不需要具备特殊的研究背景,也不需要具备研究经验。

调查如果是自己组织的,那么市场调查与预测的组织管理者需要自己负责这项工作;如果是雇请调查公司进行的,那么调查公司就需要负责这项工作。不管是谁负责,招募者需要:第一,根据数据收集方式编写工作说明书;第二,确定调查员应该具备的素质或特点;第三,选择具备这些素质或特点的人作调查员。

二、培训调查员

培训调查员旨在保证调查员以认真的态度对待数据收集,提高数据的质量。内容包括如何接触调查对象、如何提问题、如何追问、如何记录答案,以及如何结束访谈等。培训最好是在培训中心以面对面的方式进行。如果调查员在地理分布上很分散,也可以通过邮件的方式进行。

(一)接触被调查者

与调查对象的最初接触,决定着调查能否顺利进行。调查员应该向被调查者明确说明他们的参与是非常重要的,但是不必特意征求其允许再提问,避免使用这样的话:"我能占用您一点时间吗?"或"您能回答几个问题吗?"。另外,在培训过程中,要指导调查员掌握处理拒绝的一些技巧。例如,如果被调查者说"我现在不方便",调查员就应该问"那您什么时候有空,我可以再来?"

(二)提问

如果问卷是事先设计好让被调查者填写的,那么提问的环节不重要。调查员只要指导被调查者填写问卷就可以了。但是,如果问题需要调查员提出来,并由调查员记录答案,那么提问时措辞、顺序和态度就很重要,这些方面的微小变化都可能导致被调查者对问题有不同的理解,从而给出不同的回答。因此,对如何提问进行培训,能减少误导现象的发生。以下是提问时应遵循的一些指导原则:

- 熟悉和理解问卷中的问题。
- 按照问卷设计的顺序提问。
- 使用问卷中的措辞提问。
- 提问时慢一些。
- 如果被调查者没有听明白,要重复问题,有时要进行必要的解释。
- 不要遗漏问卷中的问题。
- 按照问卷说明和要求的跳跃模式提问,并且适时追问。

(三)追问

当问题需要调查员提出来时,调查员还需要根据情况,适时追问。追问的目的,是鼓励被调查者进一步说明、澄清或解释他们的答案。另外,追问还有助于调查员帮助被调查者将注意力集中到访谈的特定内容上,以免跑题,浪费时间。不过,要特别注意,追问时不应误导。以下几点列出了常用的追问技巧:

- 重复问题。用同样的措辞重复问题能够有效地引出回答。
- 重复被调查者的回答。通过逐字地重复被调查者的回答,可以刺激被调查者给出更确切的回答和给出更多的细节。

● 使用短暂停顿或沉默式追问。沉默式追问、期待性的停顿或眼光,都可以暗示调查员希望得到更完整的回答。不过,要掌握好度,不要让沉默变成尴尬。

● 鼓励或打消被调查者的疑虑。如果被调查者表现犹豫,调查员就应该打消他们的疑虑,比如说“答案不分对错,我们只是想了解您的真实想法”。

● 引导被调查者说明细节,比如说“我不是很理解您的意思,您能不能说得详细一点?”

● 采用中性的问题或评论。常用于追问的问题有:还有其他原因吗?还有呢?你指的是什么意思?你为什么有这样的感觉?

(四)记录答案

当问题需要调查员提出并记录时,记录答案并不像看起来那么简单。调查的组织者要力求使所有的调查员使用同样的格式和语言,记录访谈的结果并进行编辑整理。记录答案有以下一些基本要求:

- 在访谈过程中记录答案。
- 使用被调查者的语言记录。
- 不要自己概括或解释被调查者的回答。
- 记录所有与提问目的有关的内容。
- 记录所有的追问和评论。
- 在允许的情况下,使用录音设备。

(五)结束访谈

在结束访谈时,如果被调查者希望了解调查的目的,调查员应该回答。调查员需要感谢被调查者的配合,要给被调查者留下一个好印象。在没有得到所有信息之前,不要轻易结束访谈。另外,被调查者在正式问题回答完毕以后对调查本身做出的评论,最好也记录在案。

(六)道德培训

要特别加强调查员的道德培训。因为调查组织者很难控制每一个调查员的行为,所以在大多数情况下,调查员的行为主要靠道德自律。道德培训有助于调查员道德自律。在可能的情况下,调查员应详细解释他所代表的调查机构和调查目的,应允许被调查者拒绝回答使其感到为难的问题。调查员有义务尊重被调查者的隐私、感受和尊严。另外,应尽量使调查对象对这次调查留下良好的印象,以便提高其将来对类似活动的配合率。示例 6-1 是美国调研组织理事会的访谈指南,其中给出了调查员的行为规范。

示例 6-1

市场调查的访谈指南

调查员要遵循以下步骤,以便获得良好的访谈效果:

(1) 如果调查对象询问,告诉他们你的名字和调研公司的电话。

(2) 按照问卷清楚地提出问题,及时向管理人员反映存在的不足。

(3) 按照问卷中的顺序提问,遵守跳越规则。

(4) 以中立立场向调查对象解释调查问题。

(5) 不要在调查时间上误导调查对象。

(6) 未经允许不要泄露客户(调查的委托人)的身份。

(7) 记录每次终止的调查以及终止原因。

(8) 在访谈中保持中立,不对调查对象的观点表示赞同或不赞同。

(9) 说话清楚,语速稍慢,以便调查对象完全理解问题。

(10) 逐字记录每个回答,不要修改调查对象的措辞。

(11) 避免与调查对象进行不必要的交谈。

(12) 对于开放式问题进行追问和澄清,并在追问和澄清时保持中立。

(13) 记录字迹清楚易读。

(14) 问卷上交前进行全面检查。

(15) 当中途终止调查时,采用中性的话语结束,比如"谢谢"或"我们在这里的工作已完成,谢谢"。

(16) 对所有的调查数据、结果和发现保密。

(17) 不要篡改任何问题的任何答案。

(18) 在调查结束时,对调查对象的参与研究表示感谢。

资料来源:美国调研组织理事会,转引自 Malhotra, N. K.《市场营销研究:应用导向(第4版)》,涂平译,北京:电子工业出版社,2006年版,第265—266页。

三、监控调查员

管理调查员是为了确保他们严格按照培训中的指示进行调查,内容包括质量控制、抽样控制、作弊行为控制等。

(一) 质量控制

对调查员进行质量控制,就是要检查调查实施工作的过程是否按照计划执行。发现问题,调查的组织者应该及时与调查员沟通,需要时还要进行额外的培训。为了更好地了解调查员的困难,组织者应亲自进行一些访谈工作。组织者要仔细检查回收的问卷,看是否有未答现象,字迹是否清晰等;详细了解和记录调查员的工作时间和费用,以及调查实施中的困难。

(二) 抽样控制

为了保证调查员严格按照抽样计划进行调查,组织者应进行严格的抽样控制。调查员有时会自作主张,避免与那些他们认为不合适或难以接触的抽样单位打交道。当抽到的样本本人不在家时,调查员很可能访问下一个抽样单位作为替代,而不是回访。另外,调查员有时会扩大定额抽样的范围,比如将60岁的调查对象划入45—59岁组,以完成抽样配额的要求。为了避免出现这些问题,组织者要每天记录调查员访谈的数量、未找到调查对象的数量、被拒的数量以及每个调查员完成的访问数量等。

（三）作弊行为控制

调查中的作弊行为，主要涉及篡改或杜撰部分甚至整个问卷中的答案。在调查实施过程中，迫于某种压力，调查员可能会篡改部分答案使之合格或者伪造答案。通过适当的培训、督导和对调查现场工作的核查，尽可能减少作弊行为。

四、现场核实

现场核实工作的目的，在于证实调查员提交的调查结果是真实的。为了进行验证，调查的组织者通常需要对调查对象的部分单位进行核查，询问是否确实接受过调查员的调查。另外，还要了解调查实际进行的时间长度、访谈的质量、调查对象对调查员的反应以及被访者的人口统计特征（如年龄、性别和家庭住址等）。其中，后者经常被用于核实调查员在问卷中记录的信息是否准确。

五、评估调查员

及时对调查员进行评估，一方面有助于调查员了解自己的工作状况，找到差距，进行改进；另一方面有助于研究机构寻找并建立素质更高的调查队伍。评估的标准包括成本、时间、回答率、访谈质量和数据质量。

成本。用每次调查的平均成本（工资和费用）来对调查员工作进行横向或纵向的比较。当其他条件相同时，每次调查的平均成本越低越好。不过，如果比较是在不同城市的调查员之间进行，那么就需要考虑不同城市在调查成本上的差异。

时间。用完成相同调查任务所用的时间来对调查员的工作进行横向或纵向的比较。当其他条件相同时，完成一项调查任务所用的时间越少越好。调查时间一般分为实际调查时间、旅行时间和管理时间。

回答率。组织者应注意观察回答率，以便在回答率过低时及时采取措施。如果某个调查员的拒访率过高，组织者可以检查他在接触被调查者时所使用的介绍词，并进行指导。当调查工作全部结束以后，通过比较不同调查员的拒答率判断其工作的好坏。

访谈质量。对调查员的访谈质量进行评估，组织者需要直接观察访谈过程。访谈质量的评估标准，包括介绍是否恰当，提问是否准确，追问能力和沟通技巧如何，以及结束访谈时的表现是否合适等。

数据质量。相关指标包括：记录的数据是否清晰易读；是否严格按照问卷说明（包括跳读规则）进行调查；是否详细记录开放性问题的答案；开放性问题的答案是否有意义且完整，能够进行编码；未答项目的多少。

第二节 数据整理

数据整理由数据的校编、分类、编号和录入以及制表和计算统计值等几个主要的步骤组成。它们既相互继起，又相互交错，常常很难分辨开。下面我们将对它们一一加以说明。

一、校编

校编是对数据进行校对和筛选的过程,目的是消除数据中错误或含糊不清之处,使数据更加准确。校编工作一般在数据收集过程中或完成之后立即进行,以便在发现问题时,调查员能够凭记忆加以妥善处理。校编可以分实地校编和办公室校编两种。

(一) 实地校编

实地校编的主要任务,是发现数据中明显的遗漏和错误之处以及调查实施中出现的问题,以便加强实地调查队伍的管理和控制,以及调整调查方法和程序,消除误解和统一处理一些特殊问题。实地校编在数据收集过程中随时进行,由组织市场调查与预测的现场管理人员负责执行。

(二) 办公室校编

办公室校编在数据收集完成之后立即进行,主要目的是更完整、确切地审查和校正收集回的全部数据。这项工作一般要求由那些对市场调查与预测目的和过程有透彻了解,且具有敏锐洞察力的人员负责执行。如果样本容量不大,办公室校编工作一人即可完成。但当样本容量较大时,宜采用多人校编,一人负责一类,以便增加校编的工作效率。

(三) 校编工作的重点

对数据校对、编辑和检查,有以下几个重点:易读性、完整性、一致性和准确性。

1. 易读性

为了今后能够适当地分类和编号,数据必须清楚易辨。在发现不清楚的答案以后,如果采用的是人员访问、电话调查或其他需要专人记录的调查方式,应找记录者校对;如果采用的是邮寄调查或其他由应答者填写的调查方式,在时间允许的情况下,应寄回原处或派调查员前去核对。凡不能辨认的记录,如果不能核对,则应该予以删除。

2. 完整性

问卷上的所有问题都应该有答案。如果存在大量未答现象,则数据就欠完整,这可能导致较大的误差。未答现象有两种,即全部未答和部分未答。未答的原因多种多样,主要有以下四种:即应答者不愿回答,应答者不能回答,调查人员忘记提问,记录人员未做记录。一旦未答现象发生,在必要的情况下,研究者可再向原来的应答者询问,或请调查人员回忆应答者的答案。若无此必要,可将遗漏的数据删除。

另外,在问卷中常常有一些"不知道""说不来"的答案。如果这类答案在该问题答案中所占比例不大,可单独列一栏(或列)表示。但如果这个比例太大,如占到30%,则会影响数据的完整性。这时,就要对这类答案进行处理。处理的方法有三种。第一种是将这类答案按比例分配到其他答案项下。第二种是单独列为一项。第三种是根据其他问题答案的百分比分布推断。例如,在调查各收入阶层对某些日用品支出的问卷中,发现有些问卷在收入这个项目下填写"不知道"或干脆未填。将这些问卷对各种日用品支出的百分比与各收入阶层的相应百分比加以比较,我们发现它们与中等收入阶层支出百分比最接近。于是我们推断它们属于中等收入家庭,并把它们归并于中等收入家庭。

最后,有些被调查者胡乱填写答案,例如有人对连续30个7点量表都选择了"7"的答案。如果这种回卷仅属个别现象,可将其删除。倘若这种回卷有一定的数目,且集中出现在同一些题项上,可以把这些问卷作为一个子样本看待,在数据分析时给予适当注意。

3. 一致性

一份问卷中的各答案之间不能相互矛盾,要前后一致。比如一份问卷的前面说他最讨厌青岛啤酒,可后面又说他几乎天天掏钱喝青岛啤酒。如果这时青岛啤酒不是市场上唯一能买到的啤酒,并且青岛啤酒并不比别的啤酒便宜的时候,前后两个答案就发生了矛盾。到底哪一个反映他的真实态度呢?这种问题一旦发现,研究者应决定是否再向应答者询问。若不询问,考虑是否应剔除这份问卷。

4. 准确性

数据的校编者应对询问者的偏见和欺骗行为非常敏感。一旦有足够的证据证明数据中存在这类问题,那么为了保证数据的准确性,就必须将其删除。

二、分类

分类工作是研究的基础。我们对任何事物进行研究,首先要做的就是对所研究的事物进行分类。分类是否科学,直接影响到研究结果是否真实,研究所得信息是否适用。事实上,在设计问卷之时,研究者已经就某些方面对研究对象进行了分类。比如,在对消费者进行调查时,研究者就可能在问卷设计中对消费者在性别、年龄、职业和收入等方面进行了分类。这大大减少了数据整理的工作量。这是预先分类的办法。不过对于有些数据不能采取这种办法分类。例如,采用自由问题和投影法等所得的数据只能事后分类。

分类时应遵循以下三个原则:第一,各类别之间应有明显的差异性。有明显差异,数据分类才有意义,否则便无分类的必要。第二,相同(或近似)的反应数据应归于同一类。类别之间的反应数据应有明显差异,但类别内部的反应数据应尽量保持一致。第三,分类要详尽。被调查者对于同一个问题的反应可能多种多样,因此分类应尽量详尽,这样才能得到比较客观和比较全面的信息。

三、编号

编号是指在分类的基础上用数字代表类别。使用多项选择或二分法问题常常采用预先编号法为类别编号,比如询问被调查者的年龄,将可能的答案预先列出,并编号;同样的问题,如果采用填空式问题,例如"你的年龄______",则无法预先编号,只能用事后编号法。示例 6-2 问卷中的大部分题项,选用了事前编号法,只有第 3 题、第 5 题和第 10 题选用了事后编号法。

示例 6-2

关于笔记本电脑购买行为的调查

您好!我是西安交通大学管理学院的学生(出示学生证)。我们利用课余时间进行实习,需要打扰您几分钟,回答几个关于笔记本电脑购买的问题,这是我们送您的小礼物(送礼物),请收下。

1. 请问您现在有自己的笔记本电脑吗？

(1) [ ]有　　(2) [ ]没有(跳至第6题)

2. 您的笔记本电脑是什么时候购买的？

(1) [ ]半年内　　(2) [ ]半年至一年内

(3) [ ]一年至两年内　　(4) [ ]两年以上

3. 您的笔记本电脑是什么牌子的？________

4. 该品牌是谁推荐的？

(1) [ ]丈夫　　(2) [ ]妻子

(3) [ ]孩子　　(4) [ ]朋友

(5) [ ]卖电脑的　　(6) [ ]同学

(7) [ ]同事　　(8) [ ]其他人

5. 您购买这个品牌是因为

(1) ________________________________

(2) ________________________________

(3) ________________________________

6. 请问你打算什么时候购买(或再购买)一台笔记本电脑？

(1) [ ] 半年内　　(2) [ ]半年至一年内

(3) [ ]一年至两年内　　(4) [ ]两年以上

7. 您的性别

(1) [ ]男　　(2) [ ]女

8. 您的年龄

(1) [ ]25岁以下　　(2) [ ]25—35岁

(3) [ ]36—45岁　　(4) [ ]45岁以上

9. 您的文化程度

(1) [ ] 高中及以下　　(2) [ ]大专、中专

(3) [ ] 大学　　(4) [ ]硕士研究生及以上

10. 您的职业________________

一般来说，在人员访问调查和电话调查中，答案是由询问者记录的，为了日后便于整理，可在问题答案的旁边预先标明号码。邮寄调查时，由于答案是由应答者填写的，所以若采用预先编号，问卷上数字太多，可能会使应答者产生心理负担或厌烦情绪，故适合于事后编号。另外，询问若采用自由问题和投影法进行，则编号也只能是事后的。

对于开放式问题或投影法获得数据的事后编码，可以遵循下述步骤进行：

- 列出所有答案；
- 将所有有意义的答案列成频数分布表；
- 从调研目的出发，确定可以接受的分组数；
- 根据拟定的分组数，对整理出来的答案进行挑选归并，原则是：保留频数多的

答案，归并频数较少的答案，以“其他”来概括那些难以归并的答案。这一工作最好先由多个人分别来做，然后凑到一起进行核对、讨论，最终形成统一意见；

- 为所确定的分组选择正式的描述词汇；
- 根据分组结果制定编码规则，进行编码。

示例6-3是按照以上步骤对示例6-2中第5题事后编号的结果。根据被调查者选择电脑品牌时主要考虑的因素及其提及的频率，示例6-3将被调查者购买电脑品牌的原因分成了七类，并从1编号到7。

示例6-3

购买某一品牌笔记本电脑的原因

5. 您购买这个品牌是因为

(1) 质量好 [60%]

(2) 外形美观 [50%]

(3) 懂行人的推荐 [43%]

(4) 体积小 [23%]

(5) 知名企业和名牌 [20%]

(6) 价格适中 [10%]

(7) 其他 [20%]

因为数据分析工作越来越依靠电脑和相关的软件，常常要把文字资料传化成数码数据，所以在录入数据之前，需要制定一套规则，即编号明细表，以减少录入错误。编号明细表是一份说明问卷中各个问题的答案（即变量）与电脑数据文件中的字段、数码位数及数码之间一一对应关系的文件，也叫编码字典（codebook）。有了编号明细表，就可以方便地录入数据并在必要时查看电脑数据文件中符号与数字的含义。示例6-4是我们根据示例6-2问卷中的问题所编制的编号明细表（片段）。

示例6-4

编号明细表

Q1. 有无笔记本电脑

1 = 有

2 = 无

Q2. 笔记本电脑的购买时间

1 = 半年内

2 = 半年至一年内

3 = 一年至两年内

4 = 两年以上

Q3. 笔记本电脑的品牌

1 = A 品牌

2 = B 品牌

3 = C 品牌

4 = D 品牌

5 = E 品牌

6 = 其他品牌

Q4. 品牌推荐人

1 = 丈夫

2 = 妻子

3 = 孩子

4 = 朋友

5 = 卖电脑的

6 = 同学

7 = 同事

8 = 其他人

Q5. 购买品牌的原因

1 = 质量好

2 = 外形美观

3 = 懂行人的推荐

4 = 体积小

5 = 知名企业和名牌

6 = 价格适中

7 = 其他

四、录入

录入是指调查人员按照某种电脑软件的格式将调查数据输入电脑的过程。现在的数据分析很少再用手算,大部分是利用电脑和相关的软件进行。因此,在卷面的数据校编完成以后,分析人员需要将调查收集来的数据录入电脑。常用的电脑软件和数据格式有:

- SPSS(*. sav):SPSS for WINDOWS 版本的数据格式;
- SPSS/PC +(*. sys):SPSS for DOS 版本的数据格式;
- SPSS Portable(*. por):SPSS for WINDOWS 版本的 ASCII 码数据格式;
- Tab-delimited(*. dat) :用空格分割的 ASCII 码数据格式;

- Fixed ASCII(*. dat) :混合 ASCII 码数据格式;
- Excel(*. xls) :Excel 的数据格式;
- 1-2-3 Rel 3.0(*. wk3) :Lotus 3.0 版本的数据格式;
- 1-2-3 Rel 2.0(*. wk1) :Lotus 2.0 版本的数据格式;
- 1-2-3 Rel 1.0(*. wks) :Lotus 1.0 版本的数据格式;
- SYLK(*. slk) :扩展方式电子表格的数据格式;
- dBASE Ⅳ(*. dbf) :dBASE Ⅳ版本的数据格式;
- dBASE Ⅲ(*. dbf) :dBASE Ⅲ版本的数据格式;
- dBASE Ⅱ(*. dbf) :dBASE Ⅱ版本的数据格式。

调查或分析人员需要按照以上某种软件的数据格式将数据录入电脑中,然后再利用这种软件或其他的软件对数据进行分析。本章第三节将详细介绍如何应用 SPSS 软件录入数据。

五、制表

制表的目的在于归纳和整理原始数据,使其成为一种宜于分析和使用的表格形式。常用的制表方式有两种,一种叫平行列表,一种叫交叉列表。

平行列表旨在列出调查结果在某一些特性上单独呈现的状况,如表 6-1 所示。表 6-1 显示了被调查者的性别、年龄和家庭住地等方面的人口统计特征。尽管其中有多个因素,但各个因素之间没有交叉。

表 6-1　样本的基本情况

统计指标及分类指标		人数	占比(%)
性别	男	131	33.1
	女	265	66.9
学生分类	大学生	354	89.4
	研究生	42	10.6
家庭住地	省会级城市	127	32.1
	地县级城市	167	42.2
	农村	102	25.8

资料来源:庄贵军、周南、周连喜:《国货意识、品牌特性与消费者品牌认知与本土品牌偏好:一个跨行业产品的实证检验》,《管理世界》,2006 年第 7 期,第 85—94 页。

交叉列表表示两种或两种以上特性相互交叉的调查结果,如表 6-2 所示。这个交叉列表显示了被调查者在运动鞋、手机和饮用水等产品上对不同品牌的平均喜好程度及其排序。其中,产品因素与品牌喜好程度交叉,产品因素与品牌喜好程度因素排序交叉。

表 6-2　消费者本土品牌偏好的测量

运动鞋			手机			饮用水		
品牌	喜爱	排序	品牌	喜爱	排序	品牌	喜爱	排序
双星	4.01	7	波导	4.17	6	娃哈哈	5.50	2
耐克[f]	4.87	3	摩托罗拉[f]	5.42	3	天与地[f]	5.31	3
李宁	5.34	2	科健	3.90	7	乐百事	4.64	5
阿迪达斯[f]	5.65	1	爱立信[f]	4.40	5	雀巢[f]	4.86	4
回力	3.93	8	东信	3.89	8	农夫山泉	5.56	1
锐步[f]	4.44	4	诺基亚[f]	5.89	1			
波特[f]	4.36	6	TCL	4.53	4			
匡威	4.42	5	三星[f]	5.46	2			
康威	3.67	9						

注：标“f”者为国外或境外（指港台地区）品牌，其他为本土品牌。

资料来源：庄贵军、周南、周连喜：《国货意识、品牌特性与消费者品牌认知与本土品牌偏好：一个跨行业产品的实证检验》，《管理世界》，2006 年第 7 期，第 85—94 页。

一些人将平行列表称为单因素列表或单因素表，将交叉列表称为多因素列表或多因素表，这是有问题的。如将表 6-1 称为单因素列表，因为其中有性别、年龄和家庭住地等多个因素，所以这显然是讲不通的。不过，将其称为多因素列表也有问题，因为它只是由多个单因素列表重叠而成的，与单因素列表的内涵并无不同。另外，如果将其称为多因素列表，那么表 6-2 又该如何称呼呢？

制表是一项技巧性很强的工作，特别是编制交叉列表。表编得好，各种特性及相互关系一目了然，日后分析会因此而受益；表编得不好，轻者是白费工夫，重者则可能会将分析引入歧途。

六、计算统计值

数据整理的最后一步是计算数据的描述性统计值。这些统计值描述了数据的基本特性，是进行各种分析的基础。描述性统计值有两类：一类是描述数据中心趋势的，如平均值、中位数和众数；另一类是描述数据离散程度的，如全距、标准差（或方差）、四分位差和频率。

- 平均值被用来描述等差量表数据或等比量表数据的中心趋势。简单随机样本的平均值等于样本各单位数值之和除以样本单位数。
- 中位数主要被用来描述顺序量表数据的中心趋势。按某种特性为样本各单位排序，中间单位的数值即为中位数。
- 众数主要被用来描述类别量表数据的中心趋势，指样本各类别中出现频率最多的一个类别。若用来描述等差量表数据或等比量表数据的中心趋势，则指一组数字中出现最多的那个数值。
- 全距是一组数字中最大值与最小值之间的区间。标准差是方差的平方根，可用公式 5-6 计算。二者都可以用于描述等差量表数据或等比量表数据的离散程度。

- 四分位差是顺序量表数据中处于75%位置上的数值与处于25%位置上的数值之差,用于描述顺序量表数据的离散程度。
- 频率是一种类别的数据在全部数据中出现的百分比,可以用于描述类别量表数据的离散程度。

实质上,这些统计值的计算本身就是对数据进行的描述性分析。具体的内容,我们将在下一章讨论分析方法时,详加论述。

第三节 应用 SPSS 软件输入、调用和存储数据

SPSS 是英文 Statistics Package for Social Science 的缩写,是电脑在 Windows 系统下运行的社会科学统计软件包。作为当前国际最流行的三大统计分析软件之一,SPSS 被广泛运用于宏观与微观经济分析、管理决策制定、管理信息分析以及各种数据处理与分析工作之中。

一、SPSS 的特点

SPSS 有以下四个主要特点[3]:

第一,操作简便。SPSS 除数据输入需要通过键盘完成外,其他绝大多数的操作都通过“菜单”、“按钮”、“对话框”等完成,操作起来非常简单。

第二,用户友好(user friendly)界面。因为使用完全的 Windows 界面,无需使用者编写程序,更便于使用者掌握统计分析的技能和进行统计分析。

第三,不断增强的统计分析和计算功能。随着 SPSS 版本的不断更新,各种统计分析功能不断加强,使得软件的分析功能越来越强大。

第四,丰富的图表表达功能。SPSS 除了具有强大的统计分析和计算功能以外,还有多种图表制作与表达的功能,可以使研究者撰写的调查与预测报告达到图文并茂的效果。

二、SPSS 的主菜单及其使用

在 Windows 的程序管理器中双击 SPSS 图标,打开 SPSS 程序组;选择 SPSS 图标并双击,即可启动 SPSS。SPSS 启动成功后,即出现 SPSS 的主画面,被称为数据编辑窗口。它是一个可扩展的平面二维表格,如图 6-2 所示。

在这个表格的最上方平行排列出一些菜单项,被称为主菜单。当使用者利用“文件(F)”菜单下的“新建(N)——数据(D)”窗输入数据后,即可使用主菜单中各子菜单的功能,进行预定的数据分析工作。10 个主菜单的功能如下:

- 文件(F),文件管理菜单,包括文件的调入、存储、显示和打印等功能;
- 编辑(E),编辑菜单,包括文本内容的选择、拷贝、剪贴、寻找和替换等功能;
- 视图(V),视图菜单,包括状态、工具、字体设置选择和变量值标识等功能;
- 数据(D),数据管理菜单,包括数据变量定义、数据格式选定、观察对象的选择、排序、加权、数据文件的转换、连接、汇总等功能;

图 6-2 SPSS 的启动窗口

- 转换(T),数据转换处理菜单,包括数值的计算、重新赋值、缺失值替代等功能;
- 分析(A),统计分析菜单,包括统计报表、描述性统计分析、均值比较、一般线性模型、相关分析、回归分析、对数线性分析、分类分析、数据简化分析、量表分析、非参数检验等各种统计方法的应用功能;
- 图形(G),制图菜单,包括绘制交互图、条形图、线图、面积图、饼图、帕累托图、箱型图、散点图、直方图和时间序列图等功能;
- 实用程序(U),用户选项菜单,包括命令解释、字体选择、文件信息、定义输出标题、窗口设计等功能;
- 窗口(W),窗口管理菜单,包括窗口的排列、选择、显示等功能;
- 求助(H),求助菜单,包括使用 SPSS 软件的各种信息和文件,以备使用者随时调用。

点击其中的任何一个菜单,即可激活该菜单。这时,画面会弹出下拉式子菜单,用户可以根据自己的需要,再点击子菜单的选项,完成特定的功能。

三、SPSS 的数据输入

研究人员利用 SPSS 软件对数据进行分析,需要建立在 SPSS 数据文件之上。因此,建立 SPSS 数据文件、录入数据、调用数据文件和存储数据,是研究人员经常需要重复进行的活动。

(一) 建立 SPSS 数据文件

将调查获得的数据录入 SPSS 数据文件中,第一步是要建立 SPSS 数据文件。操作很简单,打开 SPSS,出现图 6-2 的画面。输入任何数据,然后点击图中“文件(F)”菜单,就可得到如图 6-3 所示的画面。点击“保存”或“另存为(A)…”就会出现一个对话框,让使用者为文件命名。在文件命名完成并储存以后,这个 SPSS 数据文件就建立起来,并随时可以调用了。

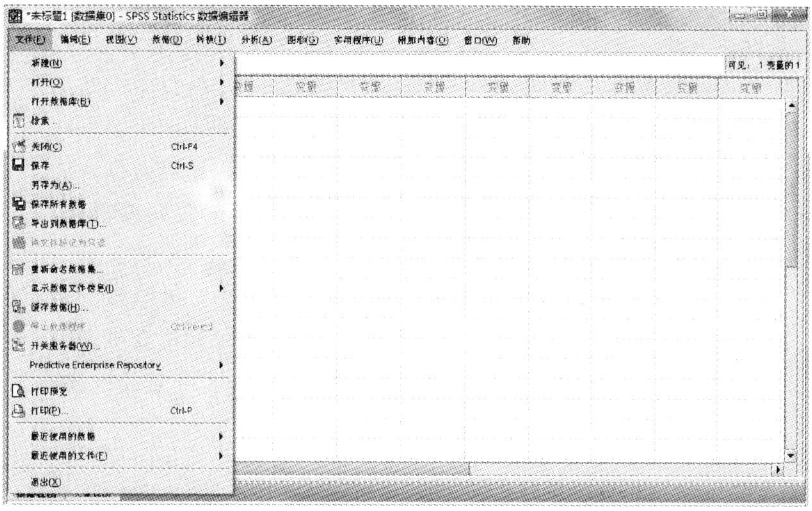

图 6-3　建立 SPSS 数据文件

(二) 定义变量和数据格式化

在正式录入数据之前,一般需要先逐个定义变量和将数据格式化。

具体的操作方法如下:首先激活数据编辑窗口,出现图 6-2 的画面。然后,在画面的下部点击“变量视图”钮,出现如图 6-4 所示的画面。其中,在二维表格的上边是 10 个键,用于定义变量和数据的格式化。它们分别是名称(定义变量名称)、类型(定义变量类别)、宽度(定义变量宽度)、小数(定义变量值的小数位数)、标签(定义变量标签)、值(定义变量的重要性)、缺失(定义缺失值)、列(定义数据排列方式)、对齐(定义对齐格式)和度量标准(定义量表种类)。最后,根据需要为变量命名、标签和对数据格式化。

图 6-4　定义变量和数据格式化

图 6-4 中变量的定义及其数据的格式化,是在分析中国连锁经营规模对于零售企业

产出效率影响时(案例 3-1 中)采用过的。[4] 其中,Sales 代表零售企业的销售额;Noutlet 代表零售网点的数目;Type1 到 Type5 为 0—1 变量,分别代表五种不同类型的零售业态;lnSales 和 lnNOutlet 是 Sales 和 NOutlet 的自然对数。

这一步可以省略。此时,电脑会根据默认值自动生成一个变量,如 var00001,并且自动对输入的数据格式化。不过,最好还是自己定义变量和对数据格式化,这样会更适合于自己对于数据分析的需要。

(三) 数据输入

定义好变量并格式化数据之后,即可向数据编辑窗口键入原始数据。

用鼠标点击图 6-4 中的"数据视图"键,回到图 6-2 所示的数据编辑窗口。数据编辑窗口的主要部分是一个电子表格,横方向以 1、2、3、……n 表示第 1、2、3、……n 行;纵方向表示第 1、2、3、……m 个变量(或事前定义的变量名)。行列交叉处是保存数据的空格,称为单元格。鼠标移入电子表格内用右键点击某一单元格,该单元格就被激活;也可以按方向键上下左右移动来激活单元格。单元格被激活后,使用者即可向其中输入新数据或修改已有的数据。

图 6-5 显示的是一个已输入数据(部分)的数据编辑窗口。其中的数据,是在分析中国连锁经营规模对于零售企业产出效率影响时(案例 3-1 中,DATA1)用过的。

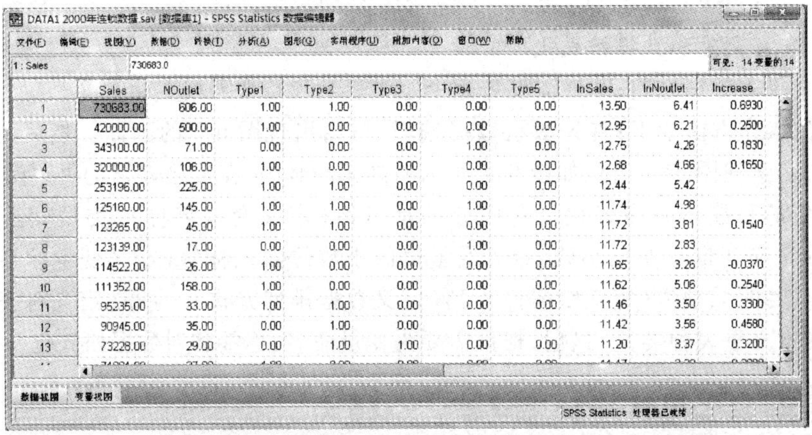

	Sales	NOutlet	Type1	Type2	Type3	Type4	Type5	lnSales	lnNoutlet	Increase
1	730683.00	606.00	1.00	1.00	0.00	0.00	0.00	13.50	6.41	0.6930
2	420000.00	500.00	1.00	0.00	0.00	0.00	0.00	12.95	6.21	0.2500
3	343100.00	71.00	0.00	0.00	0.00	1.00	0.00	12.75	4.26	0.1830
4	320000.00	106.00	1.00	0.00	0.00	0.00	0.00	12.68	4.66	0.1650
5	253196.00	225.00	1.00	1.00	0.00	0.00	0.00	12.44	5.42	
6	125160.00	145.00	1.00	1.00	0.00	1.00	0.00	11.74	4.98	
7	123265.00	45.00	1.00	1.00	0.00	0.00	0.00	11.72	3.81	0.1540
8	123139.00	17.00	0.00	0.00	0.00	1.00	0.00	11.72	2.83	.
9	114522.00	26.00	1.00	0.00	0.00	0.00	0.00	11.65	3.26	-0.0370
10	111352.00	158.00	1.00	0.00	0.00	0.00	0.00	11.62	5.06	0.2540
11	95235.00	33.00	1.00	1.00	0.00	0.00	0.00	11.46	3.50	0.3300
12	90945.00	35.00	0.00	1.00	0.00	0.00	0.00	11.42	3.56	0.4580
13	73228.00	29.00	0.00	1.00	1.00	0.00	0.00	11.20	3.37	0.3200

图 6-5 数据输入

注意,在 Increase(2000 年与 1999 年相比零售网点数目增长的比率)项下有一些缺失值,这是在实际工作中,经常会出现的现象。当数值缺失较多时,需要对其进行处理,SPSS 提供对缺失值进行处理的技术。在"变量视图"(图 6-4)对话框中点击"缺失"钮,弹出"缺失值"对话框,有 4 个可选项:没有缺失值、离散型缺失值、缺失值的范围、缺失值的范围另加一个可选离散型缺失值。关于这些选项的功能与应用,请参看相关参考书。

四、数据文件的调用

在应用 SPSS 软件进行数据分析时,可以调用多种不同格式的数据文件。具体而言,SPSS 软件系统支持如下格式的数据文件:

- SPSS:SPSS for WINDOWS 版本的数据文件,后缀为 . sav;
- SPSS/PC + :SPSS for DOS 版本的数据文件,后缀为 . sys;
- SPSS portable:SPSS 的 ASCII 格式的机器码,可用于网络传输,后缀为 . por;
- Excel:微软公司电子表格的数据文件,后缀为 . xls;
- Lotus:莲花公司电子表格的数据文件,后缀为 . w *;
- SYLK:扩展格式电子表格的 ASCII 格式, 后缀为 . slk;
- dBASE:数据库的数据文件,后缀为 . dbf;
- Tab-delimited:以空格为分隔的 ASCII 格式的数据文件,后缀为 . dat。

调用的操作步骤如下:先选“文件(F)”菜单的“打开(O)”命令项,再选“数据(D)”项;在弹出“打开数据”对话框后,使用者确定盘符、路径、文件名后点击“打开”钮,即可调出需要的数据文件。

五、数据文件的保存

在数据输入或分析的过程中,无论何时(如完成统计后、未做任何分析前或数据尚未输完之时),使用者均可将数据文件保存起来,以便再使用,如可以用于下次追加数据,进行其他的统计分析,或者转成其他格式的数据文件供别的软件使用。

操作步骤如下:先选“文件(F)”菜单的“另存为(A)…”命令项,弹出“将数据另存为”对话框;使用者在确定盘符、路径、文件名以及文件格式后点击“保存”钮,即可保存数据文件。通过点击“保存类型”框的下箭头,使用者可以选择确定完成下列格式数据文件的存放:

- SPSS(*. sav):SPSS for WINDOWS 版本的数据格式;
- SPSS/PC +(*. sys):SPSS for DOS 版本的数据格式;
- SPSS Portable(*. por):SPSS for WINDOWS 版本的 ASCII 码数据格式;
- Tab-delimited(*. dat) :用空格分割的 ASCII 码数据格式;
- Fixed ASCII(*. dat) :混合 ASCII 码数据格式;
- Excel(*. xls) :Excel 的数据格式;
- 1-2-3 Rel 3.0(*. wk3) :Lotus 3.0 版本的数据格式;
- 1-2-3 Rel 2.0(*. wk1) :Lotus 2.0 版本的数据格式;
- 1-2-3 Rel 1.0(*. wks) :Lotus 1.0 版本的数据格式;
- SYLK(*. slk) :扩展方式电子表格的数据格式;
- dBASE Ⅳ(*. dbf) :dBASE Ⅳ版本的数据格式;
- dBASE Ⅲ(*. dbf) :dBASE Ⅲ版本的数据格式;
- dBASE Ⅱ(*. dbf) :dBASE Ⅱ版本的数据格式。

本章小结

调查实施是正式的调查方案具体执行的过程。调查人员可以通过入户走访、商场拦截、计算机辅助下的个人访谈和观察等方法,在现场完成调查工作,也可以通过电话访谈、邮寄问卷和发电子邮件等方法,在办公室完成调查工作。

对调查实施的管理与控制包括选择调查员、培训调查员、监控调查员、现场核实和评估调查员等内容。

数据整理由数据的校编、分类、编号和录入以及制表和计算统计值等几个主要的步骤组成。

校编是对数据进行校对和筛选的过程,目的是消除数据中错误或含糊不清之处,使数据更加准确。校编工作的重点是数据资料的易读性、完整性、一致性和准确性。

分类是根据事物的特性对所研究的事物归类划分的活动。科学分类应遵循三个原则:(1) 各类别之间有明显差异;(2) 相同或近似的反应数据归于同一类;(3) 分类详尽。

编号是指在分类的基础上用数字代表类别。使用多项选择或二分法问题时,多采用预先编号法;采用填空式问题或开放式问题时,只能用事后编号法。

编号明细表是一份说明问卷中各个问题的答案(即变量)与电脑数据文件中的字段、数码位数及数码之间一一对应关系的文件。有了编号明细表,就可以方便地录入数据并在必要时查看电脑数据文件中符号与数字的含义。

录入指调查人员按照某种电脑软件的格式将调查数据输入电脑的过程。

制表的目的在于归纳和整理原始数据,使其成为一种宜于分析和使用的表格形式。常用的制表方式有两种,一种叫平行列表,一种叫交叉列表。平行列表旨在列出调查结果在某一些特性上单独呈现的状况;交叉列表表示两种或两种以上特性相互交叉的调查结果。

计算统计值即计算调查数据的描述性统计值。描述性统计值有两类:一类是描述数据中心趋势的,如众数、平均值和中位数;另一类是描述数据离散程度的,如全距(即最大最小值)和标准差(或方差)。

SPSS 是电脑在 Windows 系统下运行的社会科学统计软件包,被广泛运用于宏观与微观经济分析、管理决策制定、管理信息分析以及各种数据处理与分析的工作之中。它有操作简便、用户友好、功能不断扩展和图表表达丰富等四个主要特点。

对如何使用 SPSS 软件输入、调用和存储调查数据的简单介绍。

参考文献

[1] Malhotra, N. K.:《市场营销研究:应用导向(第 4 版)》,涂平译,北京:电子工业出版社,2006 年版,第 262 页。

[2] 庄贵军、周南、周连喜:《国货意识、品牌特性与消费者品牌认知与本土品牌偏好:一个跨行业产品的实证检验》,《管理世界》,2006 年第 7 期,第 85—94 页。中国人民大学复印报刊资料《商贸经济》转载,2006 年 11 期。

[3] 时立文:《SPSS19.0 统计分析——从入门到精通》。北京:清华大学出版社,2012 年版,第 1—2 页。

[4] 庄贵军、周筱莲:《连锁经营规模对于零售企业产出效率的影响:一个初步的实证性研究》,《商场现代化》,2001 年第 7 期,第 10—13 页。

练习与思考

1. 什么是调查实施？举例说明调查人员可以通过什么方式进行现场的调查工作？
2. 调查实施的管理与控制包括哪些内容？
3. 数据整理都包括哪些主要内容？
4. 什么是数据的校编？校编工作的重点是什么？
5. 请找一份问卷，对问卷中问题的答案进行分类，并编写编号明细表。
6. 请找一组数据，请在 SPSS 系统下将其输入。
7. 请用一组实际数据，制作一个平行列表，一个交叉列表。
8. 请在 SPSS 系统下建立、调用和存储一个数据文件。

案例分析

案例 6-1 大学生调查员的特点分析与管理①

大学生兼职做企业或调研机构的调查员是一个普遍现象。针对大学生的特点有效地实施管理，是发挥大学生调查员优势的前提保证。

一、大学生对调查员工作的认识及其影响

调查显示，在校大学生对市场调查员的工作有一个大致的了解。那些曾经开设过市场营销或市场调查课程的学生，理解程度更深一些。其中，80%以上的在校大学生在条件许可的情况下，愿意担任兼职调查员的工作。理由主要是增加社会经验和获得物质收益两方面。只有少数人对调查工作本身有兴趣。大多数人认为，在市场调查活动中调查员的工作是重要的、辛苦的、困难的和素质要求较高的。

这些认识及态度对于企业或调研机构聘用大学生调查员而言，有利有弊。大学生担任兼职调查员的意愿为企业或调研机构招聘调查员提供了丰富的人力资源储备；但是，他们的其他一些认识也对企业或调研机构提出了一些新的要求。

企业或调研机构之所以愿意聘用在校大学生担任兼职调查员，主要是因为他们除去相关经验和技巧欠缺外，其他条件都较聘用社会人员有更多优势，且可省去培训环节。因此，一般的企业或调研机构在聘用大学生上岗前，仅进行简单的培训或说明。这使许多大学生觉得他们的一些期望未得到满足，觉得自己仅被当做廉价劳动力在使用。

学生希望通过此项工作不仅仅有物质收益，更重要的是在知识和经验上有积累。特别是对于一些经济条件较好的学生来说，后者更是他们从事调查员工作的主要目的。因此，如果企业或调研机构对大学生调查员在管理上沿用以往的粗放模式，就无法真正满足学生的需求。直接后果就是大学生兼职调查员在失望和工作挫折的双重影响下，中途退

---

① 节选自汪浩发表于《咸宁学院学报》2006 年 2 期的文章《大学生调查员的特点分析与管理》，在文字上略有修改。

出，对调查工作完成极为不利。

此外，一些企业或调研机构在使用大学生作兼职调查员时，倾向于认为他们是“外人”，想方设法榨取其劳动力。他们通过各种手段使大学生调查员白白付出劳动，再以不断招收新调查员的方式来保证最终获得研究所需的样本量。企业或调研机构与大学生调查员之间相互不信任，这会导致有经验的调查员作弊而不被发现，很难保证调查的质量。

二、大学生调查员疲劳与挫折的修复

在对调查员管理的过程中，一件重要的工作就是对他们在工作中的疲劳和所受的挫折予以修复。这里的疲劳包括生理和心理两种。在调查实践中发现，在连续进行三天以上的全天性调查后，调查员普遍会出现心理上的疲劳感，最明显的表现是不愿意说话、困乏和思维障碍。大学生作为心理尚未完全成熟，自我调节能力较差的群体，更需要在管理过程中注意这一问题。理想的做法是不进行连续工作，在调查中间穿插一两天休息或安排一些其他活动。这样可使生理和心理的疲劳有时间得以恢复。

对于市场调查人员来说，在访问过程中的种种挫折是难免的。要使调查员能够经受住挫折的考验，首先是要通过培训来提高他们对挫折的免疫力。大学生调查员中很多都是初次进行调查活动，拒访和调查中的其他挫折是前所未有的。企业或调研机构如果能够在调查活动之前，介绍一下调查区域的平均拒访率，并对各种可能的拒访行为加以描述，会使许多调查员在遇到拒访时，不至于茫然无措。

另外，一些初次参加调查工作的大学生，遇到一两次拒访后情绪会非常低落，产生自己能力有限或运气不佳等想法。这时可以考虑建立挫折小组的方法，即小组成员相互交流所遭遇挫折的经历，通过了解别人和述说自己，来达到宣泄和恢复自信的目的。

挫折修复则是一种恢复工作。即使是再有经验的调查员，在经历反复拒绝后，也会产生强烈的挫折感。只有消除了这种心理负担，才能把调查工作做好。因此，如果一名调查员开始表现出强烈的挫折感时，此时应中止调查，参加一些集体娱乐活动或自身能力较强的活动，通过获得较多的成就感和胜利感来达到恢复的目的。

三、大学生调查员管理监督模式的转变

企业或调研机构对调查员的工作进行监督是必不可少的。监督既有保证工作按设计要求正常进行，提高资料收集质量的作用，也是判断调查员工作情况，进行奖惩的必要手段。调查显示，大学生对工作监督本身持肯定态度。然而，传统的监督方法常常将调查员置于被监管和控制的地位，建立在调查员在访问过程中会弄虚作假、不愿合作的假定之上。这种假设让大学生所反感。事实上，这种监督式的管理模式并不能真正避免作弊，还可能使调查员精神过于紧张，导致疲劳而产生一些错误。因此，这种管理模式需要改变。

管理者应该认识到：市场调查工作是一项心理压力非常大的工作，它是需要投入热情参加的活动；有怨言很难完成好任务。因此，想办法保持调查员在工作中的热情是管理者的核心工作，即要将传统的监督式管理转变为激励式管理。有以下要点：

一是科学定量，合理计酬。难以完成的工作量和不相称的工作报酬，都会严重影响大学生调查员的工作积极性和工作热情。只有合理，特别是进行有效的估计和适当的补偿，才是保持大学生调查员积极心态的有效办法。

二是充分尊重，相互信任。企业或调研机构和大学生调查员之间只有相互尊重和信

任，才能建立起良好的关系。良好的环境和工作氛围不但令双方心情舒畅，也能增进相互理解；在遇到困难时，同心协力，共渡难关。

三是多方考虑，积极帮助。大学生调查员在工作中会遇到这样或那样的困难，管理者如能多方面地考虑实际情况，为调查员提供必要的帮助和建议，会带来良好的效果。

小组讨论

1. 你们做过兼职的市场调查员吗？请分享你们的经历。
2. 你们觉得案例中对于大学生作兼职调查员的描述准确吗？你们的感受如何？
3. 你们觉得案例中作者的建议如何？是你们所希望的吗？
4. 你们觉得应该如何管理大学生调查员？

案例 6-2　2012 年中国连锁百强的相关数据①

中国连锁经营协会“2012 年度行业发展状况调查”显示，2012 年连锁百强销售规模达到 1.87 万亿元，同比增长 10.8%。百强企业门店总数达到 9.4 万个，同比增长 8.0%。百强企业销售额占社会消费品零售总额的 9%。

苏宁云商集团股份有限公司以 1 240 亿元的销售规模位居中国连锁百强榜首，百联集团有限公司、国美电器有限公司、华润万家有限公司、康成投资（中国）有限公司（大润发）分别以 1 220 亿元、1 175 亿元、941 亿元、725 亿元的销售业绩排名第二位至第五位。百强最后一名的销售额为 33 亿元，比 2011 年最后一名的 25 亿元增加了 30%。

一、增速放缓，利润增幅下降

2000 年以来，百强平均年销售增长超过 25%。但近两年，增速明显放缓。2012 年百强销售总体增长 10.8%，为历年来增长最慢的一年，也慢于社会消费品零售总额 14.2% 的增长。门店数量增长为 8.0%，是百强统计以来最慢的一年。房租和人工成本上升幅度较快，平均在 15% 以上，这使近半数企业的利润增幅徘徊在 0—5% 之间。一些企业甚至出现了利润负增长或亏损的现象。

与往年相比，2012 年百强在总体数字上的一个明显变化是，总体的销售额增长高于总体的门店数量增长。这说明门店的运营质量和效率在提高。尽管销售增幅下降，成本明显上升，但门店的平均效率在提高。

二、结构性变化

以百货为主的连锁企业和以快消品为主的连锁企业，总体销售增幅分别为 10.3% 和 9.8%，均慢于百强总体增幅。便利店的门店数量增幅相对较快，整体有 12% 的增长。20 家主要外资品牌总体增幅为 11.3%，略高于百强总体增幅。

从区域情况看，一二线城市增速放缓，三四线城市增速则高于一二线城市。在百强企业中，我们在一二线城市和三四线城市的企业中各选十家进行分析。比较发现：一二线城市的十家企业平均销售增幅为 6%，门店数量平均增幅为 2%；三四线城市的十家企业则

---

① 根据中国连锁经营协会 2013 年 4 月 17 日公布的报告“连锁企业步入稳定发展期——2012 年中国连锁百强发布”改写。案例数据由教材附件提供，也可由中国连锁经营协会网站（http://www.ccfa.org.cn/index.jsp）获取。

分别为18%和17%，均明显高于前者。2012年百强新上榜企业10家，其中近半数为三四线城市的企业。

三、多渠道经营

近几年，网络零售对传统零售带来了较大的冲击，从最初的图书音像、家电、数码，到服装鞋帽、日用百货，再到家居、食品，网络零售不断挤压实体零售的市场份额。面对压力，传统零售企业纷纷发力电商。传统零售企业利用自身在商品渠道、物流管理、营销管理等方面的优势，开展线上与线下相结合(O2O)的多渠道经营探索。2012年的百强中，有62家企业开展网络零售业务，销售过亿元的达到9家。

教材附件：案例6-2　2012年中国连锁百强的相关数据。

小组讨论

1. 请编制一个编号明细表，并在SPSS系统下输入中国连锁百强的数据。
2. 请用相关统计值来描述这个样本，并说明理由。
3. 绘制表格，做一些简单分析。
4. 报告总结的各点，哪些可以从数据中分析得出？哪些不能？为什么？

第七章

数据分析

【知识要求】

通过本章的学习,掌握以下要点:

◆ 数据分析工具的分类;
◆ 数据分析与量表性质的关系;
◆ 描述性统计分析和推断性统计分析的特点;
◆ 变量个数与数据分析工具的关系;
◆ 单变量数据分析的主要工具;
◆ 相关分析的目的和使用;
◆ 回归分析的目的和使用;
◆ 多变量数据分析的主要工具;
◆ Z 检验、t 检验、χ^2 检验和 F 检验的意义与使用方法。

【技能要求】

通过本章的学习,要求学生能够做到:

◆ 概述数据分析工具;
◆ 明确说明数据分析与量表性质的关系;
◆ 自己动手,进行区间估计;
◆ 使用相关分析工具进行数据分析,并正确解释分析结果;
◆ 使用回归分析工具进行数据分析,并正确解释分析结果;
◆ 使用方差分析工具进行数据分析,并正确解释分析结果;
◆ 进行 Z 检验、t 检验、χ^2 检验和 F 检验,并正确解释其内涵。

数据收集、整理好以后,接下来就是对它们的分析。常有人片面地夸大数据分析在市场调查与预测中的重要性,把主要的注意力放在分析的技巧上,似乎只要结果是由复杂的分析技巧得来,就确信无疑。实际上,数据分析只是市场调查与预测的一个步骤,它只有与其他的步骤相配合才能获得可信的分析结果。复杂的分析工具如果使用不当,无异于用牛刀杀鸡。

本章不准备介绍所有的数据分析技巧,也不想详细地讨论分析技巧的数学推导和验证,只把重点放在介绍经常使用的技巧和这些技巧适用的条件及使用方法上。首先对分析技巧进行概述,然后按照单变量、双变量和多变量的顺序,简单介绍数据分析的工具。

第一节 数据分析技巧概述

在数据分析阶段,研究或分析人员面对的第一个问题是:"应该使用什么技巧或方法来分析数据?"许多统计方法可以用于数据分析。但是,究竟应该使用哪一种则取决于调查的目的。为了选用适当的分析技巧,研究或分析人员需要考虑以下几个方面的问题[1]:第一,一次要分析几个变量?第二,是进行描述性分析还是推断性分析?第三,分析涉及的变量都是用什么性质的量表测量的?

一、分析涉及变量的数目

根据调查的目的确定一次要分析多少变量,是选择分析工具的第一步。图 7-1 显示了分析涉及变量的数目与分析工具之间的关系。根据一次分析变量数目的多少,分析工具被分为三种形式:单变量分析、双变量分析和多变量分析。本章的第二、三、四节,将依次说明这些分析工具及其适用的情况。

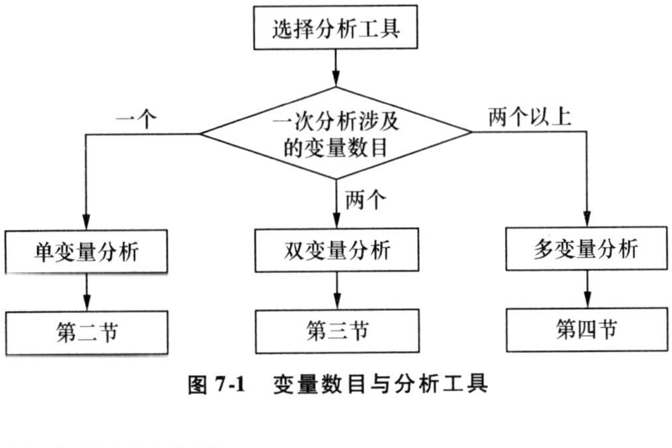

图 7-1 变量数目与分析工具

二、描述性分析与推断性分析

所谓描述性分析,就是利用统计值对样本有关特性或变量之间关系的描述。比如,它能回答这样一些问题:样本的平均年龄是多大?样本中各单位之间在年龄上的差异程度如何？样本中年龄和收入的相关程度有多大？

所谓推断性分析，是指根据数理统计的有关原理，利用样本统计值推断总体统计值，或对于变量之间关系显著性的推断。它回答的问题与描述性分析不同，比如，根据样本的平均年龄，总体的平均年龄可能是多大？根据样本中年龄和收入的相关程度，总体中年龄与收入的相关程度可能是多大？前后进行两次实验，得到两个不同的结果，这两个结果的差异是否有意义？

描述性分析和推断性分析虽然密切相关，但是它们各有自己适用的工具。

三、量表的性质

这一步是要确定在测量变量时使用了什么量表？是类别量表、顺序量表、等差量表，还是等比量表？量表的性质不同，使用的统计工具有别。比如，用类别量表测量某一变量获得的结果，被称为非参数变量(nonparematric raviable)。这种变量的中心趋势和离散程度不能用平均值和方差来描述，只能用众数和频率来描述；也不适合于进行区间估计和 Z 检验和 t 检验，而只适用于做卡方检验。

相反，用等差量表和等比量表测量获得的结果被称为参数(paremater)或参数变量(parematric vaviable)。已有的大部分统计分析工具，包括那些适用于类别量表数据分析的工具，都适用于这种变量的分析。这是因为参数变量可以很容易地转化为非参数变量，而非参数变量很难或无法转化为参数变量。

第二节　单变量数据分析

表 7-1 概括了适合于进行单变量分析的统计工具。如上所述，在确定了一次分析只涉及一个变量以后，研究者接着要判断数据的量表性质，并根据数据的量表性质选择适当的分析工具。适用于不同量表数据的分析工具又分为两种：一种目的在于描述，适用于进行描述性统计分析；一种目的在于推断，适用于进行推断性统计分析。描述性分析工具又包括中心趋势和离散程度两个方面。

表 7-1　单变量分析的统计工具

数据的量表性质	描述性分析		推断性分析	
	中心趋势	离散程度	单样本	多样本
等差和等比量表数据	平均值	标准差 全距	区间估计 Z 检验 t 检验	独立样本 t 检验 非独立样本 t 检验
顺序量表数据	中位数	四分位差	K-S 检验	Mann-Whitney U 检验 Wilcoxon 方差分析
类别量表数据	众数	频率	卡方检验	卡方检验 McNemar Cochran Q

资料来源：根据 Churchill[1] 整理。

另外，要注意的一点是：适用于表 7-1 较下部分量表数据的分析工具，也可以用于较上部分量表数据的分析，但是反过来则不成立。这是因为等差和等比量表数据可以转化为顺序量表数据，顺序量表数据又可以转化为类别量表数据；反过来则不行，类别量表数据不能转化为顺序量表数据，顺序量表数据不能转化为等差或等比量表数据。

本章只介绍描述性分析和推断性分析中主要的几种检验。欲了解其他内容的读者，请参考相关的研究方法论书籍。

一、描述性分析

单变量描述性分析的目的在于对样本所有元素在某一方面（变量）的观察值进行概括性的描述。通常从两个方面进行：一个方面是描述样本数据的中心趋势，另一个方面是描述样本数据的离散程度。这些描述性统计值，是进行其他分析的基础。

（一）中心趋势

在数据分析中描述中心趋势的数值有三个：平均值、中位数和众数。

平均值可以用来描述等差量表数据或等比量表数据的中心趋势。简单随机样本的平均值等于样本各单位数值之和除以样本单位数，可以用公式表示为：

$$\bar{x} = \frac{1}{n}\sum_{i=1}^{n} x_i \qquad \text{（公式 7-1）}$$

式中，$\bar{x}$ 为样本在某一特性上的平均值，n 为样本单位数（样本容量），x_i 为第 i 个单位在这一特性上的观察值。如果等差或等比量表数据是以组、群或层的形式出现的，那么可以用下面的公式计算其平均值：

$$\bar{x} = \frac{1}{n}\sum_{i=1}^{k} f_i\bar{x}_i \qquad \text{（公式 7-2）}$$

式中，$\bar{x}$ 为样本在某一特性上的平均值，n 为样本单位数，f_i 为第 i 组、群或层中的样本单位数，$\bar{x}_i$ 为第 i 组、群或层内的平均值，k 为组、群或层数。示例 7-1 显示了这个公式适用的情况和计算过程。

示例 7-1

某医药销售公司用分层随机抽样的方法，对某地区居民的非处方药年用药情况进行调查。样本由各年龄段的 80 名居民组成。调查问卷中，没有询问被调查者每一年花费在购买非处方药上的具体金额。不过，通过相关统计资料，研究者找到了对应于每一组（层）消费者非处方药年用药金额的组内平均值。调查的分组情况、分组单位数目和组内平均值如表 7-2。那么，样本每一年花费在非处方药上的平均金额是多少？

表 7-2 某地区居民的非处方药年用药情况

年龄	单位数目(f_i)	平均值($\bar{x}_i$)	$f_i\bar{x}_i$
15—19 岁	10	17.5 元	175
20—24 岁	20	22.5 元	450
25—29 岁	30	27.5 元	825
30 岁以上	20	32.5 元	650
合计	80		2 100

解:根据公式 7-2,可得

$$\bar{x} = \frac{2\,100}{80} = 26.25$$

答:样本每一年花费在非处方药上的平均金额 26.25 元。

中位数适用于描述顺序量表数据的中心趋势。在不分组的条件下,按某种特性的显著程度或大小为样本各单位排序,其中位于中间单位的特性数值即为中位数。如果样本单位数为偶数,则中位数为居中两个数值的平均值。

表 7-3 给出了一个例子。在此例子中,调查者要求被调查的消费者指出他们对于某一品牌商品的满意程度,程度值包括:1 = 极为不满;2 = 不满意;3 = 稍感不满;4 = 中性态度(既无不满,也不满意);5 = 稍感满意;6 = 满意;7 = 极为满意。按照被调查者对于商品的满意程度为他们排序,可以想象我们从 1 一直排到 400(样本单位数)。那么,中位数就是处在第 200 个(程度值 5)和第 201 个(程度值 5)两位置上数值的平均值,即(5 + 5) ÷ 2 = 5。

表 7-3 消费者对于某一品牌商品的满意程度

程度值	次数	百分比(%)	累计百分比
1	2	0.5	0.5
2	11	2.8	3.3
3	26	6.5	9.8
4	136	34.0	43.8
5	91	22.8	66.5
6	86	21.5	88.0
7	48	12.0	100.0
总计	400	100.0	

众数是指样本各类别中抽样单位出现频率最高的一个类别,通常用来描述类别量表数据的中心趋势。比如,在表 7-3 给出的例子中,众数为 4,它出现了 136 次,频率为 34%,是程度值中出现最多的一个数值。

(二) 离散程度

为了更全面地了解样本,除了中心趋势以外,我们还需要了解相关变量的数据分布。比如,数组 10、15、20 和 5、10、30 的平均值都是 15,但两者的内部构成是不同的,它们的离散程度（即数据的差异程度）有别。如表 7-1 所示，根据数据量表性质的不同，数据的离散程度可以用标准差、全距、四分位差和频率来描述。

标准差适用于描述等差或等比量表数据的离散程度。样本的标准差（S）等于所有观察值（x_i）与其平均值（$\bar{x}$）之差的平方和除以样本单位数减 1。可以用符号表示为：

$$S = \sqrt{\frac{1}{n-1}\sum_{i=1}^{n}(x_i - \bar{x})^2} \qquad \text{（公式 7-3）}$$

其中，$(n-1)$ 是自由度，等于样本单位数减去变量的个数。当样本单位数较大时（$n \geq 30$），这个公式可以简化为：

$$S = \sqrt{\frac{1}{n}\sum_{i=1}^{n}(x_i - \bar{x})^2} \qquad \text{（公式 7-4）}$$

标准差的大小或离散程度是相对于平均值的大小而言的。如果我们仅仅被告知一个标准差为 100，这并没有多大意义。这个标准差对于平均值为 200 的样本来说，是相当大的，但对于平均值为 2 000 的样本来说就算不上很大了。我们把标准差与平均值的比称为变异系数（coefficient of variation），用符号表示为：

$$CV = \frac{S}{\bar{x}} \qquad \text{（公式 7-5）}$$

除了标准差，还可以用全距来描述等差或等比量表数据的离散程度。全距（range）指的是样本中的最大值和最小值之差。示例 7-2 显示了如何用 SPSS 软件计算平均值、标准差和全距。

示例 7-2

连锁零售企业的销售额描述

打开数据文件“DATA1 1999 年连锁数据”，出现图 7-2 所示的画面。

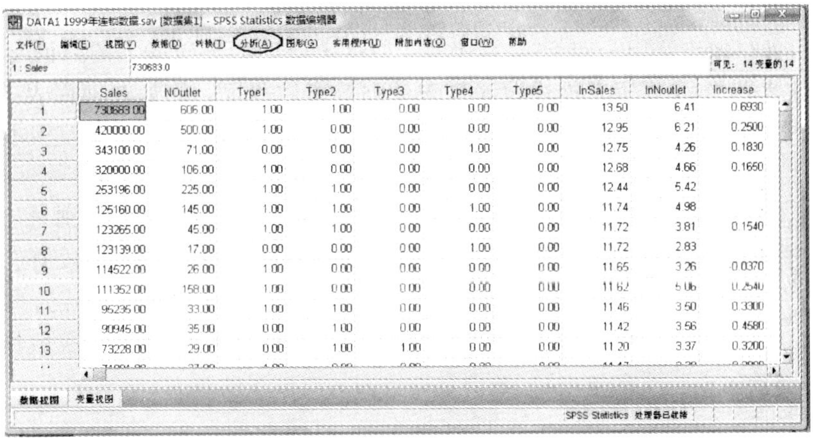

图 7-2　计算标准差和全距（一）

点击分析(A)→ 描述统计→描述……,弹出对话窗如图 7-3 所示。

图 7-3　计算标准差和全距(二)

将列在对话窗左侧的 Sales(连锁零售企业的销售额)点入右侧的框中,然后在“选项(O)”中选择“范围”,按“继续”钮返回。因为标准差是默认值,所以不用选择。点“确定”键,即得分析结果如表 7-4 所示。

表 7-4　描述统计量

	N	全距	极小值	极大值	均值	标准差
Sales	72	725 517.00	5 166.00	730 683.00	56 880.0139	112 072.10171
有效的 N(列表状态)	72					

由表可见:样本中共有 72 个销售额数据;最小值是 5 166.00,最大值是 730 683.00,全距是 725 517.00;样本的平均值为 56 880.01,标准差为 112 072.10。

资料来源:庄贵军、周筱莲,《连锁经营规模对于零售企业产出效率的影响:一个初步的实证性研究》,《商场现代化》,2001 年第 7 期,第 10—13 页。

四分位差(interquartile range)是顺序量表数据中处于 75% 位置上的数值与处于 25% 位置上的数值之差,主要用来描述顺序量表数据的离散程度。比如在前面表 7-3 给出的例子中,处于 75% 位置上的数值是 6,处于 25% 位置上的数值是 4,因此该样本在商品满意度这一数值上的四分位差为 2。

频率是一种类别的数据在全部数据中出现的百分比,常用于描述类别量表数据的离散程度。比如在前面表 7-3 给出的例子中,如果我们把表示满意程度的数值看成是不同的类别,那么表中所显示的百分比(即频率),就可以用来描述样本数据在这些类别上的分布和差异程度。在其他条件相同时,少数类别出现的频率越大,类别量表数据的离散程度越小;各类别出现的频率越相同,类别量表数据的离散程度越大。

二、推断性分析

在企业的营销活动中,仅仅知道样本在调查时的状况是不够的,企业更想知道:第一,整体在调查时的情况；第二，整体在未来一定时段的情况。前者需要研究者根据样本的情况来推断总体的情况，属于推断性分析问题；后者则需要研究者根据样本或总体过去的情况来推断总体未来的情况，属于预测问题。我们这里先讲推断性分析，后面将分专章讲预测问题。

（一）区间估计

用样本的统计值来推断总体的统计值称为估计。估计的方法有两种，一种叫点估计，一种叫区间估计。

点估计就是用样本统计值作为总体统计值的估计值。只要样本有足够的代表性，点估计就有可能对总体统计值做出比较接近实际的估计。但是，由于点估计不考虑抽样平均误差，所以无法确知估计的把握程度有多大。

区间估计是指在一定的把握程度下，根据样本统计值和抽样平均误差，对总体统计值落入的区间范围所做出的估计。其中，把握程度称为置信概率，区间范围称为置信区间。

区间估计有两套不同的程式，对应于两种不同的情况。第一套程式是在已知允许误差（$\Delta_{\bar{X}}$ 或 Δ_P）的情况下，求总体统计值落入的置信区间和置信概率（置信区间和置信概率的内涵请参看第五章第四节的相关内容）。其步骤如下：

第一步，求出样本统计值 $\bar{X}$ 或 P；

第二步，根据公式 5-6 或公式 5-7（第五章第四节），求出标准误的估计值 $\hat{\sigma}_{\bar{X}}$ 或 $\hat{\sigma}_P$；

第三步，根据允许误差 $\Delta_{\bar{X}}$ 或 Δ_P，得总体统计值 μ 或 π 的置信区间分别为

$$[\bar{X}-\Delta_{\bar{X}},\bar{X}+\Delta_{\bar{X}}] \quad 或 \quad \bar{X}-\Delta_{\bar{X}} \leqslant \mu \leqslant \bar{X}+\Delta_{\bar{X}} \qquad （公式 7-6）$$

或

$$[P-\Delta_P,P+\Delta_P] \quad 或 \quad P-\Delta_P \leqslant \pi \leqslant P+\Delta_P \qquad （公式 7-7）$$

第四步，根据公式

$$Z=\frac{\Delta_{\bar{X}}}{\hat{\sigma}_{\bar{X}}} \qquad （公式 7-8）$$

或

$$Z=\frac{\Delta_P}{\hat{\sigma}_P} \qquad （公式 7-9）$$

求出 Z 值；

第五步，查 Z 值表，即可查得要求的置信概率。

示例 7-3 给出了第一套程式应用的具体情况和计算过程。

示例 7-3

某市常住居民的人均年食糖需要量的区间估计

某市常住居民为 70 万人。现采用简单随机方法抽样，对该市常住居民人均年食糖需要量进行调查。共抽取 1 400 人进行调查，得知人均年食糖需要量为 5.6 公斤，样本方差为 40.46。如果允许误差为 0.34 公斤，请问该市常住居民年食糖需要量的置信区间和置

信概率各是什么?

解:先计算置信区间。已知 $\bar{X}=5.6$ 公斤,$\Delta_{\bar{X}}=0.34$ 公斤。根据公式7-6,得 μ 的置信区间为:

$$5.6-0.34\leqslant\mu\leqslant5.6+0.34$$

$$5.26\leqslant\mu\leqslant5.94$$

因为题目问的是"该市常住居民年食糖需要量的置信区间",所以我们需要计算该市常住居民一年总的食糖需要量(C)的置信区间。故有

$$5.26\times700\,000\leqslant C\leqslant5.94\times700\,000$$

$$3\,682\,000\leqslant C\leqslant4\,158\,000$$

再计算置信概率。已知 $n=1\,400$ 人,$S^2=40.45$。因为 $n>30$,所以可以用 S 作为总体标准差的估计值($\hat{\sigma}$)。根据公式5-6(第五章第四节),可得

$$\hat{\sigma}_{\bar{X}}=\frac{S}{\sqrt{n}}=\sqrt{\frac{40.46}{1400}}=0.17$$

因为 $\Delta_{\bar{X}}=0.34$,根据公式7-8,得

$$Z=\frac{0.34}{0.17}=2$$

查表可得置信概率为95.45%。

答:该市居民年食糖需要量不低于3 682 000公斤,不高于4 158 000公斤的把握程度为95.45%。

区间估计的第二套程式与此相反,是在已知置信概率的条件下,求出允许误差和置信区间。其步骤如下:

第一步,求出样本统计值 $\bar{X}$ 或 P;

第二步,根据公式5-6或公式5-7(第五章第四节),求出标准误的估计值 $\hat{\sigma}_{\bar{X}}$ 或 $\hat{\sigma}_P$;

第三步,根据置信概率,查 Z 值表求出 Z 值;

第四步,根据公式

$$\Delta_{\bar{X}}=Z\hat{\sigma}_{\bar{X}} \qquad (公式7\text{-}10)$$

或

$$\Delta_P=Z\hat{\sigma}_P \qquad (公式7\text{-}11)$$

求出允许误差。

第五步,根据公式7-6或公式7-7,求出置信区间。

示例7-4给出了第二套程式应用的具体情况和计算过程。

示例7-4

某小区有居民家庭24 000户。一家汽车销售公司采用简单随机的方法抽样,对该小

区居民的私家车拥有量进行调查。抽取了 1 200 户进行调查，发现每百户拥有私家车 8 辆。如果要求把握程度为 95%，请问该小区居民家庭拥有私家车数量的置信区间是什么？

解：先计算标准误。已知 $n=1\,200$，$P=8\%$。根据公式 5-7，可得

$$\hat{\sigma}_P=\sqrt{\frac{P(1-P)}{n}}=\sqrt{\frac{8\%\times(1-8\%)}{1200}}=0.78\%$$

再计算允许误差并推断总体置信区间。已知置信概率为 95%，查表可得 95% 的 Z 值为 1.96。于是，根据公式 7-11 可得

$$\Delta_P=1.96\times0.78\%=1.53\%$$

据此，可计算出每百户电冰箱平均保有量的置信区间为

$$8\%-1.53\%\leqslant\pi\leqslant8\%+1.53\%$$

$$6.47\%\leqslant\pi\leqslant9.53\%$$

又根据已知条件 $N=24\,000$，得知该小区居民家庭拥有私家车数量(Q)的置信区间为

$$6.47\%\times24\,000\leqslant\pi\leqslant9.53\%\times24\,000$$

$$1\,553\leqslant\pi\leqslant2\,287$$

答：我们有 95% 的把握推断小区居民家庭拥有私家车数量在 1 553 辆到 2 287 辆之间。

（二）Z 检验与 t 检验

假设检验与区间估计密切相关。假设检验的原理请参阅本章附录 7-1。

以下两种情况，适合使用 Z 检验。第一，样本容量任意，但总体的标准差已知；第二，总体标准差未知，但样本容量 $n\geqslant30$。样本容量 $n<30$，且总体标准差未知的情况下，应该使用 t 检验。当 $n\geqslant30$ 时，t 检验等同于 Z 检验。因此，Z 检验实际上是 t 检验的一个部分，专门用于抽样分布为正态分布的情况。

下面，用一个例子来说明平均值的 Z 检验。

一个批发企业定向供给一些工厂某种原料。原来每个工厂每月的平均购买量为 950 吨，该批发企业为了鼓励各厂增加购买量，采用批量作价的价格策略推销原料，即每次购买的批量越大，享受的数量折扣越高。半年以后，这个批发企业测量这一价格策略的效果如何。企业的市场部随机抽出 64 家工厂作为样本进行调查，结果发现 64 家工厂平均购买量增加到了 1 000 吨，标准差为 200 吨。现在这个批发企业想知道：平均购买量的增加是由价格策略的改变引起的，还是一种随机现象。

第一步，建立假设。在本例中，考虑到批量作价的价格策略对销售主要是有利的影响，所以我们建立如下假设：

$$H_0:\mu\leqslant950\text{ 吨}$$

$$H_a:\mu>950\text{ 吨}$$

这个检验的意义是：样本平均值为 1 000 吨时，我们能否得出总体均值小于等于 950

吨的结论，若能，则接受 H_0；若不能，则接受 H_a。这是一个单尾检验问题，即只有在样本平均值显著大于950吨时，我们才接受 H_a。

第二步，选择适当的检验方法。因为 $n=64>30$，所以我们使用 Z 检验。根据中心极限定理，当样本容量大于30时，抽样分布为一正态分布；在正态分布中，所有样本平均值落入距总体平均值一定标准误内的数量是一定的。基于这两点，我们能够确定任何一个样本均值落入假设的总体均值一定范围内的概率。用本例来说，若 $\mu=950$ 吨是总体的平均值，那么当置信概率为95%时，有95%的样本平均值将落入距950吨1.96个标准误的范围内。也就是说，只有5%的样本平均值不在这个范围内。若是双尾检验，这句话可用公式表示为：

$$\text{Prob}\{|Z|>1.96\}=0.05$$

若是单尾检验，可表示为：

$$\text{Prob}\{Z>1.96\}=0.025$$

从这两个公式可以看出，Z 的绝对值大于1.96的概率属于小概率事件，在一次抽样中发生的可能性很小。如果在一次抽样中，这个小概率事件真的发生了，我们就有理由认为，与之对应的假设是错的，因而拒绝 H_0，接受 H_a。

第三步，确定显著性水平。显著性水平用 α 表示。它就是上面例子中双尾检验中的0.05，单尾检验中的0.025。它与置信概率有如下关系：

$$\text{Prob}=1-\alpha$$

在我们的例子中，因为进行的是单尾检验，所以令显著性水平 $\alpha=0.025$。

第四步，查表求 $\alpha=0.025$ 的临界值 Z_α。从附录B查得，$Z_\alpha=1.96$。若由样本数据所得之 Z 值大于 Z_α，我们将拒绝假设 H_0，接受假设 H_a；反之，则拒绝假设 H_a。

第五步，计算 Z 值。根据公式5-8（第五章第四节），有

$$Z=\frac{\bar{X}-\mu}{\sigma_{\bar{X}}}=\frac{1\,000-950}{\frac{200}{\sqrt{64}}}=2$$

第六步，比较 Z 和 Z_α。因为 $Z=2>Z_\alpha=1.96$，所以我们应该拒绝 H_0，接受 H_a，并得出结论：价格策略的改变，对这个批发企业的原料销售有显著且正向的影响。

百分比的 Z 检验与此相同，只是计算 Z 值的公式不同而已，如示例7-5。

示例 7-5

广告促销活动的效果检验

一家企业为其生产的电视机开展一项广告促销活动，目的是要扩大产品的市场占有率。企业原有的市场占有率为25%。半年以后，这家企业测量这项广告促销活动的效果如何。企业的市场部在全国范围内随机抽出30个城市作为样本进行调查，结果发现企业的电视机在这30个城市的市场占有率提高到30%。企业想知道：在显著性水平 $\alpha=0.01$ 时，企业电视机的市场占有率真的提高了吗？

解：已知 $P=30\%$，$n=30$，$\alpha=0.01$，$\pi=25\%$。

$$H_0: \pi \leqslant 25\%$$

$$H_a: \pi > 25\%$$

查附录 B 得 $Z_\alpha=2.32$。

根据公式 5-7（第五章第四节），有

$$\hat{\sigma}_P = \sqrt{\frac{P(1-P)}{n}} = \sqrt{\frac{30\% \times (1-30\%)}{30}} = 0.084$$

又根据公式 5-9（第五章第四节），有

$$Z = \frac{P-\pi}{\hat{\sigma}_P} = \frac{30\% - 25\%}{0.084} = 0.6$$

因为 $Z=0.6<Z_\alpha=2.32$，所以接受 H_0，即在显著性水平 $\alpha=0.01$ 时，从调查结果中，我们不能得出企业的市场占有率已经得到明显提高的结论。

在总体标准差未知、样本容量任意的情况下，假设检验适合于采用 t 检验。在 t 检验中，我们使用样本标准差 S 作为总体标准差 σ 的估计值，t 分布的临界值可以在附录 C 的 t 分布表中查到，它取决于我们所选取的显著性水平 α、自由度（degree of freedom，记为 df）和检验的尾数。例如，当 $\alpha=0.05$，d$f=10$，单尾检验时，$t_\alpha=1.812$；双尾检验时（$\alpha=0.05\div 2$），$t_\alpha=2.228$。

其中，自由度表示的是一组数据可以自由变化的数量。例如，一组 n 个数据，当平均数一定时，则这组数据的 d$f=n-1$，意即这组数据有 $n-1$ 个可以自由变化；当这组数据平均数一定，标准差也一定时，d$f=n-2$，意即这组数据有 $n-2$ 个可以自由变化。通常 d$f=n-k$，其中 n 为样本含量，k 为被限制的条件数或变量个数，或计算某一统计量时用到其他独立统计量的个数。

t 检验与 Z 检验的道理是一样的。假设我们期望某地区每人每年平均消费西瓜不超过 100 斤，我们从样本得到的数据为：$\bar{X}=120$ 斤，$S=15$ 斤，$n=7$，现在对其进行检验。

$$H_0: \mu \leqslant 100 \text{ 斤}$$

$$H_a: \mu > 100 \text{ 斤}$$

令显著性水平 $\alpha=0.10$；因为平均值（$\bar{X}$）和标准差（S）被限制，所以 d$f=7-2=5$；据此查附录 C 中的 t 分布表得 $t_\alpha=1.476$，根据公式 5-8 和样本数据可得

$$Z = \frac{\bar{X} \quad \mu}{\sigma_{\bar{X}}} = \frac{120 \quad 100}{\frac{15}{\sqrt{7}}} = 3.53$$

因为 $t=3.53>t_\alpha=1.476$，所以拒绝 H_0，接受 H_a，即这一地区居民每人每年平均消费西瓜超过 100 斤。

（三）卡方检验与 K-S 检验

卡方检验（χ^2 检验）适合于对类别量表数据进行假设检验。卡方检验 χ^2 的计算公式是：

$$\chi^2 = \sum_{i=1}^{k} \frac{(Q_i - E_i)^2}{E_i} \quad (公式 7\text{-}12)$$

式中，k 为类别个数，Q_i 为观察到的第 i 类应答者的数目，E_i 为第 i 类应答者的假设数目。附录 D 给出了 χ^2 分布的右尾临界值，这一临界值取决于自由度（df）和 α 水平两个因素。比如，自由度为 7，$\alpha = 0.05$，我们在表上可以查得 $\chi^2 = 2.1673$。

表 7-5 是卡方检验的一个例子。一家企业调查消费者对于其品牌的偏好程度。他们随机抽取了制造企业工人、服务行业员工、一般管理人员和学生各 100 名进行调查。结果发现有 25% 的被调查者经常使用这个企业的品牌产品。现在企业想进一步了解：不同职业类型的消费者在使用该企业产品方面是否有差别？

表 7-5　卡方检验

职业类型	经常使用人数(Q_i)	假设数目(E_i)	$Q_i - E_i$	$\frac{(Q_i - E_i)^2}{E_i}$
制造企业工人	15	25	-10	4
服务行业职员	20	25	-5	1
一般管理人员	30	25	5	1
学生	35	25	10	4
总计	100	100	—	10

表中第二列是根据职业类型观测到的结果。这里的虚无假设是：人们的职业类别对这个产品的使用并无影响；对立假设是：人们的职业类别对这个产品的使用有显著影响。因此，按照虚无假设，我们期望每一类型消费者中经常使用这种产品的应答者数目相等。这由表中第三列给出。剩下的两列表示出了卡方值的计算步骤。

令 $\alpha = 0.10$，查附录 D 中的 χ^2 分布表可得 $\chi^2_\alpha = 6.251$（$df = 3$）。因为 $\chi^2 = 10 > \chi^2_\alpha = 6.251$，所以拒绝虚无假设，接受对立假设——职业差别对这个产品的使用有显著影响。

示例 7-6 显示了卡方检验的一个实际应用。研究者要分析的是：在购物中心大额购买者与小额购买者在惠顾动机和购物的计划性两方面是否有显著差异。[2] 其中，涉及三个卡方检验：第一个是检验大额购买者与小额购买者在惠顾动机上是否有显著差异；第二个是检验大额购买者与小额购买者在购物的计划性（购买商品）上是否有显著差异；第三个是检验大额购买者与小额购买者在购物的计划性（购买品牌）上是否有显著差异。

示例 7-6

惠顾动机与购物的计划性

表 7-6 是大额购买者与小额购买者在惠顾动机和购物的计划性上的比较。统计检验的结果显示，在惠顾动机方面，大额购买者与小额购买者有明显的差异（$\chi^2 = 18.170$，$\alpha < 0.05$）。大额购买者中近七成的人有明确的购买动机，而小额购买者中只有 43.4% 的人是为买而来。小额购买者中闲逛的人较多，占到 46.4%，而大额购买者中闲逛的人较少，

只占不到20%。

表 7-6 惠顾动机与购物的计划性

相关指标		大额购买者($n=71$)		小额购买者($n=244$)		检验	
		人数	%	人数	%	χ^2	α
惠顾动机	闲逛	14	19.7	113	46.4	18.170	0.000
	买东西	49	69.0	105	43.4		
	其他[a]	8	11.3	25	10.2		
购物的计划性	知道买什么商品	41	57.7	79	32.4	15.009	0.000
	知道买什么牌子	22	31.0	38	15.6	8.472	0.004

注:a. 包括会朋友、与人约会和旅游等。

在购物的计划性方面,二者也有显著的差异。大额购买者中有将近六成的顾客在来购物中心之前已经知道想买什么商品,而小额购买者中这一比例只有三成多。大额购买者中有三成的顾客在来购物中心之前已经知道想买什么牌子的商品,而小额购买者中这一比例只有15%左右。

大额购买者与小额购买者在惠顾动机和购物计划性上的差异说明:大额购买者有较强的购买动机和较明确的购物计划;小额购买者的购买动机较弱,很多人以闲逛和从事其他活动为目的,购物计划也比较模糊。

能看出其中的虚无假设和对立假设吗?请试着把它们写出来。

K-S 检验是 Kolmogorov-Smirov 检验的简称。它与卡方检验相似,都是通过比较观察值(频率)与期望值(频率)之间的差异来确定观察值(频率)是否与虚无假设一致。不同的是,*K-S* 检验适用于顺序量表数据。

比如,一家啤酒生产企业想通过口味测试,了解某地区消费者是否对口味重的啤酒有所偏爱。他们随机抽取了100位啤酒的消费者进行口味测试,啤酒的口味依次设置为“口味很重”、“口味较重”、“口味中等”和“口味轻”。测试结果如表7-7第二列所示。那么,根据这一测试结果,我们能否推出该地区消费者偏爱口味重的啤酒呢?

表 7-7 *K-S* 检验

啤酒的口味	喜欢人数	所占比例	累积比例	期望比例	期望的累积比例
口味很重	50	0.50	0.50	0.25	0.25
口味较重	30	0.30	0.80	0.25	0.50
口味中等	15	0.15	0.95	0.25	0.75
口味轻	5	0.05	1.00	0.25	1.00

要回答的问题,就可以用 *K-S* 检验。首先,计算 *K-S* 检验中的 D 值,即观察值的累积比例与期望值的累积比例之差的最大值。在本例中,D 值是 $0.80-0.50=0.30$。然后,选择显著性水平,比如我们选择的显著性水平是 $\alpha=0.05$。此时,D 临界值由公式7-13给定。

$$D_{\alpha} = \frac{1.36}{\sqrt{n}} \quad \text{（公式 7-13）}$$

在本例中，因为 $n = 100$，所以 D_{α} 为 0.136。因为 $D = 0.30 > D_{\alpha} = 0.136$，所以拒绝虚无假设——该地区消费者偏爱口味重的啤酒。

实际上，上面的例题也能用卡方检验来解。不过，当数据是顺序的，K-S 检验更简便，得到的结果也更具说服力。

第三节　双变量数据分析

在市场调查与预测中，研究者感兴趣的常常是两个或以上变量之间的关系。比如，品牌知名度和销售量有何关系？商店经理的年龄与商店的销售额有无关系？顾客对于我们品牌的态度和对于其他品牌的态度有何不同？要回答这一类问题，就需要对调查数据进行双变量统计分析。表 7-8 概括了适合进行双变量分析的统计工具。

表 7-8　双变量分析的统计工具

依赖分析中因变量和互依分析中变量的量表性质	描述性分析				推断性分析
	依赖分析中自变量的量表性质			互依分析	
	等差和等比量表数据	顺序量表数据	类别量表数据		
等差和等比量表数据	简单回归分析	n. a.	以哑变量为自变量的简单回归分析	简单相关分析	回归系数的 *t* 检验 双样本 *t* 检验 方差分析（ANOVA）
顺序量表数据	n. a.	Spearman 排序相关分析	n. a.	排序 Kendall 系数	*U* 检验 *K-S* 检验 Mann-Whitney *U* 检验 Wilcoxon 方差分析
类别量表数据	判别分析 简单 logistic 回归分析	n. a.	权变系数	n. a.	卡方检验 McNemar Cochran *Q*

表 7-8 是按照描述性或推断性分析和量表的性质对统计工具进行分类的。其中，推断性分析相对比较简单，而描述性分析则比较复杂。根据变量之间的逻辑关系，后者又分为：依赖分析（dependence analysis），即变量之间的逻辑关系为一个依赖于另一个，或一个为因、一个为果；互依分析（interdenpendence analysis），即变量之间的逻辑关系是相互依赖的，没有明显的因果关系，它们只是相关而已。[1]

这里只介绍两种密切相关、适合对等差或等比量表数据进行分析的工具，即简单相关分析和简单回归分析。此外，再介绍一下在数据分析（包括在回归分析）中经常用到的方差分析（ANOVA）。欲了解其他内容者，请参考有关研究方法论的书籍。

一、简单相关分析

简单相关分析适用于描述两个变量之间的相关程度。比如，有一种产品的价格为 X，销量为 Y，企业常常对 Y 和 X 之间的相关程度和方向感兴趣：企业的商品销售与国家的经济发展真的有正向的相关关系吗？若有，两者的相关程度如何？企业的产品价格与利润之间有怎样的关系？是正，还是负？

Y 和 X 的相关系数 r_{XY} 可以在一定程度上回答这些问题。它的计算公式如下：

$$r_{XY}=\frac{\sum_{i=1}^{n}(X_i-\bar{X})(Y_i-\bar{Y})}{\sqrt{\sum_{i=1}^{n}(X_i-\bar{X})^2\sum_{i=1}^{n}(Y_i-\bar{Y})^2}} \quad \text{（公式 7-14）}$$

式中，X_i 和 Y_i 分别为 X 和 Y 的第 i 个观察值，$\bar{X}$ 和 $\bar{Y}$ 分别为 X 和 Y 的平均值，n 为观察值的个数或样本单位数。容易看出，$-1 \leq r_{XY} \leq 1$。当 $r_{XY}=1$，Y 和 X 之间完全正相关；当 $r_{XY}=-1$，Y 和 X 之间完全负相关；当 $r_{XY}=0$，Y 和 X 之间完全不相关。

表 7-9 给出了一个例子。我们用 SPSS 软件计算六个变量的相关系数。

表 7-9　用 SPSS 软件计算相关系数

观察值	变量					
	X_1	X_2	X_3	X_4	X_5	X_6
1	110.00	99.00	109.00	109.00	108.00	107.00
2	110.00	108.00	104.00	114.00	116.00	110.40
3	120.00	116.00	109.00	120.00	120.00	117.00
4	106.00	120.00	118.00	119.00	117.00	116.00
5	108.00	109.00	110.00	107.00	114.00	109.60
6	98.00	114.00	108.00	99.00	120.00	107.80
7	111.00	120.00	116.00	106.00	119.00	114.40
8	116.00	119.00	120.00	118.00	107.00	116.00
9	119.00	107.00	117.00	108.00	99.00	110.00
10	107.00	99.00	106.00	116.00	106.00	106.80
11	110.00	106.00	112.00	120.00	118.00	113.20
12	116.00	118.00	117.00	117.00	119.00	117.40

点击 SPSS 图标，进入数据编辑窗口（第六章第三节）。将表 7-9 的数据输入后，得“DATA2”（见教材附件），点击“分析（A）”键，下拖至“相关（C）”，再侧拖至“双变量（B）”并点击。出现对话框后，按要求放入变量，点“确定”，即得计算结果如表 7-10 所示。

表 7-10　简单相关分析的结果

	X_1	X_2	X_3	X_4	X_5	X_6
X_1	1	0.150	0.397	0.483	−0.294	0.533
X_2	0.150	1	0.624*	0.102	0.518	0.810**
X_3	0.397	0.624*	1	0.195	−0.148	0.641*
X_4	0.483	0.102	0.195	1	0.058	0.600*
X_5	−0.294	0.518	−0.148	0.058	1	0.435
X_6	0.533	0.810**	0.641*	0.600*	0.435	1

注：* 表示 $p<0.05$（双尾检验）；** 表示 $p<0.01$（双尾检验）。

由表 7-10 可见，X_2 和 X_6 之间的相关程度最高，相关系数为 0.810；其次是 X_3 和 X_6 之间，相关系数为0.641；再次是X_2和X_3之间，相关系数为0.624。X_1和X_5以及X_3和X_5之间负相关，但是在$p<0.05$的条件下，它们的负相关关系不显著。

注意，此处的$p<0.05$与前面讲的$\alpha<0.05$等价。使用p还是α，完全出于习惯，没有真正意义上的好坏之分。习惯上，大多数人用p表示显著性，所以我们这里也使用p，而不使用α。

实际上，在表7-10中有十多个假设检验，两两检验变量之间相关关系或相关系数的显著性。比如，检验表中X_2和X_6之间相关关系或相关系数的显著性。尽管二者的相关系数高达0.810，但是如果不进行相关系数的显著性检验，我们无法肯定二者之间的相关关系是否具有统计意义。虚无假设和对立假设分别是：

$$H_0: r_{X_2X_6} = 0$$

$$H_a: r_{X_2X_6} \neq 0$$

因为X_2和X_6之间相关系数（即$r_{X_2X_6}=0.810$）在$p<0.01$的水平上是显著的，所以如果将显著性水平设在$p<0.05$，我们就要拒绝虚无假设，接受对立假设，即认为X_2和X_6之间的相关关系是显著的。

二、简单回归分析

简单回归分析的目的与相关分析相近，即要找出两个变量之间的相关关系。不同之处在于，在进行简单回归分析时，变量之间暗含着因果关系。比如，我们要看表7-9中X_2和X_6之间的关系。如果把X_2作为自变量，X_6作为因变量，那么这就暗含着X_2为因、X_6为果的因果关系。

简单回归分析通过拟合直线方程来计算相关系数。此相关系数被称为回归系数。简单回归分析所利用的直线方程可以表示为

$$Y = b_0 + b_1X \quad \text{（公式 7-15）}$$

式中，b_o是常数，b_1是回归系数，Y是因变量，X是自变量。

表7-11是以表7-9（DATA2）中X_2为自变量，X_6为因变量，用SPSS软件进行简单回归分析得到的结果。其中，表7-11a显示了直线方程的拟合优度，表7-11b显示了对回归方程进行F检验（即方差分析）的结果，表7-11c显示了对回归系数进行t检验的结果。

表7-11a　简单回归分析的结果：模型汇总

模型	R	R^2	调整R^2	估计的标准误
1	0.810[a]	0.656	0.622	2.45346

a. 预测变量：（常量），X_2。

表7-11b　简单回归分析的结果：ANOVA[b]

模型		平方和	df	均方	F	Sig.
1	回归	114.952	1	114.952	19.097	0.001[a]
	残差	60.195	10	6.019		
	总计	175.147	11			

a. 预测变量：（常量），X_2。

b. 因变量：X_6。

表 7-11c　简单回归分析的结果：系数[a]

模型		非标准化系数		标准系数	t	Sig.
		B	标准误			
1	（常量）	65.358	10.727		6.093	0.000
	X_2	0.420	0.096	0.810	4.370	0.001

a. 因变量：X_6。

概括来讲，表 7-11 的分析结果告诉我们：第一，用 X_2 可以解释 X_6 65.6% 的变化，这由表 7-11a 中的 R^2 可以看出；第二，直线方程 $X_6 = 65.358 + 0.420X_2$ 是有意义的，即用 X_2 的变化去解释 X_6 的变化是有意义的，这由表 7-11b 中的 F 值和 p 值（表中的 Sig.）可以看出；第三，X_2 对 X_6 的非标准回归系数（Unstandardized Coefficients）为 0.420，标准回归系数（Standardized Coefficients）为 0.810，显著性水平为 $p = 0.001$，这由表 7-11c 中的 B 值（即公式 7-15 中的 b_0 和 b_1）、Beta(β)值和 p 值（表中的 Sig.）可以看出。

在这一分析结果中，有两个检验：一个是 F 检验，即检验回归模型的显著性；一个是 t 检验，即检验回归系数的显著性。F 检验的虚无假设和对立假设分别是：

$$H_0: \beta_1 = \beta_2 = \cdots = \beta_n = 0$$

$$H_a: \beta_1, \beta_2, \cdots, \beta_n \neq 0$$

H_0 的意思是回归模型中所有自变量对因变量的回归系数均为零；H_a 的意思是回归模型中自变量对因变量的回归系数至少一个不为零。因此，当 H_0 成立时，回归模型中的所有自变量对因变量的影响均不显著，自变量对因变量的解释度为零；当 H_a 成立时，回归模型中至少有一个自变量对因变量的影响是显著的，自变量的变化能够在一定程度上解释因变量的变化。不过，在简单回归分析中，因为只有一个自变量，所以 F 检验的含义与 t 检验的含义相同。

t 检验的虚无假设和对立假设分别是：

$$H_0: \beta_1 = 0$$

$$H_a: \beta_1 \neq 0$$

H_0 的意思是 X_2 对 X_6 的回归系数为零；H_a 的意思是 X_2 对 X_6 的回归系数不为零。当 H_0 成立时，X_2 对 X_6 的影响是不显著的；当 H_a 成立时，X_2 对 X_6 的影响是显著的。

根据表 7-11 的分析结果，如果我们设定的显著性水平为 $p < 0.05$，那么 F 检验要求我们接受对立假设，即回归模型中的自变量对因变量的变化有显著影响；t 检验也要求我们接受对立假设，即 X_2 对 X_6 的变化有显著影响。

三、方差分析

在上面回归分析的结果中（表 7-11b），我们已经接触到了方差分析（analysis of variance，简称为 ANOVA）。方差分析一般用于检验两组或两组以上调查对象在某一变量均值的差异。虚无假设为各组均值相等。例如，一家企业想了解它的某一种品牌商品使用者之间的差异。根据市场调查得到的数据，它先将使用者分为频繁使用者、普通使用者、少量使用者和未使用者。然后，采用方差分析，就可以观察不同组别的使用者在对这一品牌商品的态度偏好（用多项目 Likert 量表测量）是否存在差异。

表 7-12 是基于一个调查数据使用 SPSS 软件进行方差分析的结果。通过方差分析，我们想观察购物中心的大额购买者与小额购买者在惠顾行为(在购物中心的时间、陪伴的人数和惠顾店铺的数量)上有没有显著差异[2]。

表 7-12a 方差分析的结果:描述统计量

		N	均值	标准差	标准误
在购物中心的时间	小额购买者	234	56.650	38.877	2.541
	大额购买者	67	68.284	40.523	4.951
	总计	301	59.239	39.479	2.276
陪伴的人数	小额购买者	240	1.58	1.34	8.62E-02
	大额购买者	70	1.97	1.73	0.21
	总计	310	1.67	1.44	8.18E-02
惠顾店铺的数量	小额购买者	229	16.89	13.68	0.90
	大额购买者	67	18.30	13.40	1.64
	总计	296	17.21	13.61	0.79

表 7-12a 方差分析的结果:ANOVA

		平方和	df	均方	F	Sig.
在中心的时间	组间	7 049.901	1	7 049.901	4.577	0.033
	组内	460 536.877	299	1 540.257		
	总数	467 586.777	300			
陪伴的人数	组间	8.163	1	8.163	3.976	0.047
	组内	632.276	308	2.053		
	总数	640.439	309			
惠顾店铺的数量	组间	103.351	1	103.351	0.557	0.456
	组内	54 533.078	294	185.487		
	总数	54 636.429	295			

表 7-12a 显示，平均而言，购物中心的大额购买者与小额购买者在惠顾行为的三个方面确有差异：大额购买者比小额购买者在购物中心多花费了 12 分钟左右(68.284 - 56.650)、陪伴的人数多了 0.39 个(1.97 - 1.58)、惠顾的店铺数量多出 1.41 个(18.30 - 16.89)。不过，这些差异在统计上到底有没有意义或是否显著？这需要进行 F 检验，才能看出来。

表 7-12b 通过 F 检验，显示了这些差异的显著性。当我们将显著性水平设定为 $p < 0.05$ 时，大额购买者与小额购买者在购物中心花费时间上和陪伴人数上的差异通过了检验，而他们在惠顾店铺数量上的差异则没有通过检验。这说明，大额购买者确实比小额购买者在购物中心花费了更多的时间，也有更多的人陪伴，但是在惠顾店铺的数量上则与小额购买者没有明显差异。

比较表 7-12 的分析结果与示例 7-6 中表 7-6 的分析结果容易发现，二者极为相似。不同之处在于以下两个方面：第一，方差分析比较的是平均值，因此被比较的变量必须是等差或等比量表数据，如购物中心花费的时间、陪伴的人数；卡方检验比较的是百分比，因此被比较的变量一般是类别量表数据，如惠顾动机和购物的计划性。第二，在检验显著性时，方差分析用的是 F 值，卡方检验用的是 χ^2 值。

关于方差分析更详尽的内容以及方差分析与回归分析的关系，请参考相关书籍。

第四节 多变量数据分析

多变量数据分析工具用于确定两个以上变量之间的关系。比如，品牌知名度和哪些因素有关？在其他情况相同时，商店经理的年龄与商店的销售额之间有无关系？顾客对我们品牌和其他品牌在态度上的差异都是由哪些原因造成的？要回答这一类问题，就需要对调查数据进行多变量统计分析。表 7-13 概括了适合进行多变量分析的统计工具。

表 7-13 多变量分析的统计工具

依赖分析中因变量和互依分析中变量的量表性质	描述性分析				推断性分析
	依赖分析中自变量的量表性质			互依分析	
	等差和等比量表数据	顺序量表数据	类别量表数据		
等差和等比量表数据	多元回归分析 等式建模(SEM)	n. a.	以哑变量为自变量的多元回归分析或等式建模	多元相关分析 因子分析 聚类分析	回归系数的 t 检验 双样本 t 检验 方差分析(ANOVA)
顺序量表数据	n. a.	Spearman 排序相关分析	n. a.	排序 Kendall 系数	U 检验 K-S 检验 Mann-Whitney U 检验 Wilcoxon 方差分析
类别量表数据	判别分析 多元 logistic 回归分析	n. a.	权变系数	带哑变量的因子分析 聚类分析	卡方检验 McNemar Cochran Q

资料来源：根据 Churchill[1] 整理。

表 7-13 中的内容与表 7-8 极为相似，也是按照描述性或推断性分析和量表的性质对统计工具进行分类的。其中，描述性分析又按照变量之间的逻辑关系分为依赖分析(dependence analysis)和互依分析(interdependence analysis)[1]。

这里只简单介绍多元相关分析、多元回归分析(包括 logistic 回归分析)和因子分析及其相关的检验方法。欲了解其他内容者，请参考有关研究方法论的书籍。

一、多元相关分析与偏相关系数

多元相关分析适用于描述两个以上变量之间的相关程度。比如，有一个企业认为它的某一种产品的销售额与该产品的价格、广告支出和推销人员的数量有关。为了确定这些变量之间是否两两相关以及它们之间两两相关的程度，就需要使用多元相关分析，并计算偏相关系数。

偏相关系数是在控制其他变量的条件下,得出的两个变量之间的相关性指标。比如,用上面的例子来说明,偏相关系数实际上就是要回答这样的问题:在控制了价格和推销人员数量的影响之后,该产品的销售额与广告支出之间是否显著相关以及相关性有多强?在控制了广告支出和推销人员数量的影响之后,该产品的销售额与价格之间是否显著相关以及相关性有多强?当然,也可以是:在控制了该产品的销售额和价格的影响之后,广告支出与推销人员数量是否显著相关以及相关性有多强?

在涉及 X、Y 和 Z 三个变量的多元相关分析中,X 和 Y 的偏相关系数的计算公式如下:

$$r_{XY.Z} = \frac{r_{XY} - r_{XZ}r_{YZ}}{\sqrt{1 - r_{XZ}^2} \times \sqrt{1 - r_{YZ}^2}} \qquad \text{(公式 7-16)}$$

式中,$r_{XY.Z}$为 X 和 Y 的偏回归系数,r_{XY}、r_{XZ}和 r_{YZ}分别为 X 和 Y、X 和 Z 以及 Y 和 Z 之间的简单相关系数。偏相关系数的取值范围和简单相关系数相同,都在 1 和 -1 之间。

如果涉及更多的变量,计算公式和计算过程将非常复杂。不过,现在有电脑和电脑软件的帮助,偏相关系数的计算很容易。表 7-14 是以表 7-9 中的数据为例,在控制 X_3的条件下用 SPSS 软件计算的 X_2和 X_6之间的偏相关系数。

表 7-14 多元相关分析的结果:偏相关系数

控制变量			X_2	X_6
X_3	X_2	相关性	1.000	0.684
		显著性(双侧)	.	0.020
		df	0	9
	X_6	相关性	0.684	1.000
		显著性(双侧)	0.020	.
		df	9	0

比较表 7-14 中与表 7-10 中 X_2和 X_6之间的相关系数,可以看出:相对于简单相关系数(0.810),偏相关系数变小了(0.684)。这是因为在多元相关分析中,我们控制住了 X_3的影响。因此,这里 X_2和 X_6之间的偏相关系数等于说:在 X_3不变的情况下,X_2和 X_6之间的相关关系为 0.684。

表 7-14 中也包含着一个 t 检验,虚无假设和对立假设分别是:

$$H_0: r_{X_2X_6.X_3} = 0$$

$$H_a: r_{X_2X_6.X_3} \neq 0$$

因为 X_2和 X_6之间的偏相关系数(0.684)的显著性水平为 $p = 0.020$,所以如果将显著性水平设在 $p < 0.05$,我们就要拒绝虚无假设,接受对立假设,即认为 X_2和 X_6之间确实存在显著的相关关系。

二、多元回归分析

多元回归分析的应用范围十分广泛,很多预测模型都以多元回归分析的结果为基础。比如对销售量进行预测,相关的解释变量就有广告费用、销售代理人的数量、产品价格和季节等因素。多元回归分析可分为多元线性回归分析和多元非线性回归分析。这里只介

绍多元线性回归分析，

多元线性回归分析通过拟合多元直线方程来计算回归系数。有 k 个解释变量（自变量）的多元线性回归方程可以表示为

$$Y = b_0 + \sum_{i=1}^{k} b_i X_i \qquad \text{（公式 7-17）}$$

式中，b_o是常数，b_i是第 i 个自变量对因变量的回归系数，Y 是因变量，X_i是第 i 个自变量。

多元线性回归分析要求因变量必须是等差或等比量表数据，而自变量则可以是等差、等比或类别量表数据。如果是类别量表数据，则需要转化成哑变量（dummy variable），即0—1 变量。

表 7-15 是 2000 年年底深圳 A 股股价与持股集中度以及其他相关数据（部分），完整版见教材附件中的数据“DATA3 表 7-15 2000 年深圳 A 股股价与持股集中度”。这些数据，是我们在分析中国 A 股市场持股集中度对股价影响程度时（案例 7-2 中）用过的。其中的 PRICE，表示 2000 年年底深圳 A 股市场股票的价格；HOLDER 表示 2000 年年底深圳 A 股市场各股票的持股集中度，由大股东（持股数量超过 100 000 股）的持股比例测量；SHARE 表示 2000 年年底深圳 A 股市场上各公司流通股的总量；ASSET 表示 2000 年年底深圳 A 股市场上各公司股票的每股净资产值；RETURN99 表示 1999 年深圳 A 股市场上各公司公布的每股收益；RETURN00 表示 2000 年深圳 A 股市场上各公司公布的每股收益。

表 7-15 2000 年年底深圳 A 股股价与持股集中度

序号	股票代码	PRICE	HOLDER	SHARE	ASSET	RETURN99	RETURN00
1	000001	14.52	819 929.0	1.39E+09	2.4400	0.357	0.2600
2	000002	13.99	228 599.0	3.98E+08	4.1600	0.420	0.4470
3	000003	7.50	104 655.0	1.92E+08	-1.6300	-0.546	-1.8150
4	000004	32.98	9 456.00	41 657 228	1.0590	0.078	0.2620
5	000005	7.74	150 445.0	2.70E+08	1.4500	0.240	0.0020
6	000006	13.24	109 056.0	1.58E+08	4.4300	0.369	0.4670
7	000007	13.30	34 523.00	79 399 500	0.5400	0.010	-1.2000
8	000008	50.40	13 275.00	35 290 498	1.4200	0.255	0.2460
9	000009	7.12	256 539.0	5.80E+08	1.3600	0.032	0.0390
10	000010	13.66	6 224.00	49 500 874	1.0500	-0.450	0.1400
……	……	……	……	……	……	……	……
498	000995	17.09	27 120.00	40 000 000	3.3700	0.270	0.1900
499	000996	21.77	34 745.00	35 000 000	3.5500	0.280	0.2140
501	000997	36.52	24 030.00	30 999 000	5.0000	0.358	0.3400
502	000998	52.01	37 731.00	55 000 000	7.4100	0.540	0.3600
503	000999	20.15	109 798.0	2.00E+08	3.4300	0.293	0.2700

资料来源：根据深圳各上市公司 2000 年年报整理。其中，SHARE 一栏中的 1.39E+09，意为 1.39×10^9；其他类同。

我们感兴趣的是持股集中度对股票价格的影响。但是,由于各公司流通股的总量、每股净资产值、每股收益等对于股票价格都有较大的影响,所以在观察持股集中度对股票价格的影响时,我们需要将这些因素控制住。于是,我们以 PRICE 为因变量,以 HOLDER 为自变量,以 SHARE、ASSET、RETURN99 和 RETURN00 为控制变量(与自变量相似),采用多元线性回归分析处理数据。下面是分析所采用的回归模型:

$$\ln PRICE = \beta_0 + \beta_1 \ln HOLDER + \beta_2 \ln SHARE + \beta_3 ASSET + \beta_4 RETURN99 + \beta_5 RETURN00 + \varepsilon$$

式中,β_0为常数,其他的各个 β 为回归系数,ε 为残差。我们这里关注的是 HOLDER 与 PRICE 的关系,即回归系数 β_1。其中,由于 PRICE、HOLDER 和 SHARE 的分布是偏斜的,所以需要通过取自然对数将其化为正态分布。

表 7-16 是用 SPSS 软件进行多元线性回归分析得到的结果。其中,表 7-16a 显示了直线方程的拟合优度,表 7-16b 显示了对回归方程进行 F 检验(即方差分析)的结果,表 7-16c 显示了对回归系数进行 t 检验的结果。

表 7-16a　多元回归分析的结果:模型汇总

模型	R	R^2	调整 R^2	估计的标准误
1	0.794[a]	0.630	0.627	0.25517

a. 预测变量:(常量), lnHOLDER, lnSHARE, ASSET, RETURN99, RETURN00。

表 7-16b　多元回归分析的结果:ANOVA[b]

模型		平方和	df	均方	F	Sig.
1	回归	54.735	5	10.947	168.123	0.000[a]
	残差	32.101	493	0.065		
	总计	86.835	498			

a. 预测变量:(常量), lnHOLDER, lnSHARE, ASSET, RETURN99, RETURN00。
b. 因变量: lnPRICE。

表 7-16c　多元回归分析的结果:系数[a]

模型		非标准化系数		标准系数	t	Sig.
		B	标准误			
1	(常量)	8.785	0.307		28.600	0.000
	lnHOLDER	0.152	0.012	0.341	12.339	0.000
	lnSHARE	-0.368	0.017	-0.603	-21.778	0.000
	ASSET	0.054	0.010	0.179	5.394	0.000
	RETURN99	0.286	0.053	0.200	5.378	0.000
	RETURN00	0.184	0.043	0.155	4.286	0.000

a. 因变量: lnPRICE。

与表 7-11 的分析结果相似,表 7-16 的分析结果告诉我们:第一,用 lnHOLDER、ln-

SHARE、ASSET、RETURN99 和 RETURN00 等几个变量，可以解释 lnPRICE 63% 的变化，这由表 7-16a 中的 R 方或 R^2 可以看出；第二，拟合的多元线性方程是有意义的，即自变量作为一个整体，至少可以部分地解释因变量的变化，这由表 7-16b 中的 F 值和 p 值可以看出；第三，lnHOLDER、lnSHARE、ASSET、RETURN99 和 RETURN00 等几个变量对 lnPRICE 的回归系数均是显著的，这由表 7-16c 中的 B 值、$B(\beta)$ 值和 p 值可以看出。此外，因为我们关心的是持股集中度对股票价格的影响，所以数据分析的结果还告诉我们：在 lnSHARE、ASSET、RETURN99 和 RETURN00 等因素不变的情况下，持股集中度（lnHOLDER）对股票价格（lnPRICE）的影响为 0.152（非标准回归系数）或 0.341（标准回归系数），是显著为正的。也就是说，持股集中度对股票价格确实有显著的正向影响，即持股集中度越高，在其他情况相同时，股票价格越高。

在这一分析结果中，F 检验的虚无假设和对立假设分别是：

$$H_0:\beta_1 = \beta_2 = \cdots = \beta_5 = 0$$

$$H_a:\beta_1,\beta_2,\cdots,\beta_5 \neq 0$$

显然，H_0 不成立而 H_a 成立，说明回归模型中至少有一个自变量对因变量的影响是显著的，自变量的变化能够在一定程度上解释因变量的变化。

因为我们关心的是持股集中度（HOLDER）和股票价格（PRICE）之间的关系，因此这里 t 检验的虚无假设和对立假设分别是：

$$H_0:\beta_1 = 0$$

$$H_a:\beta_1 \neq 0$$

根据分析结果，H_0 不成立而 H_a 成立，因此得到我们所期望的结论：持股集中度对股票价格确实有显著的正向影响，即持股集中度越高，在其他情况相同时，股票价格越高。

当因变量是类别量表数据、尤其当因变量可以转化成 0—1 的哑变量时，可以用 logistic 回归分析。在市场调查与预测中，logistic 回归分析常被用来研究一个人或一个组织在影响因素已知的情况下采取某一种行为的可能性[3]。

表 7-17 是我们用 logistic 回归做过的一项分析，其中的数据来源于我们在一家购物中心对 459 位顾客进行的问卷调查[4]。调查问卷如本书案例 4-2 所示。采用的 logistic 回归方程如下：

$$\mathrm{logit}(Y) = \beta_0 + \sum_{i=1}^{14} \beta_i X_i + \sum_{k=1}^{4} \alpha_k Z_k \qquad \text{（公式 7-18）}$$

式中，$\mathrm{logit}(Y) = \ln\{P(Y=1)/[1-P(Y=1)]\}$，表示顾客采取购买这种行为的可能性；$X_i$ 为 14 个情境因素变量；Z_k 为 4 个控制变量；β_0 为常数；β_i 为情境因素变量的系数；α_k 为控制变量的系数。

表 7-17　多元 logistic 回归分析的结果

		初始模型			最终模型		
		总购买(Y_1)	购买食品(Y_2)	购买其他(Y_3)	总购买(Y_1)	购买食品(Y_2)	购买其他(Y_3)
购买欲望	X_1	0.3930***	0.0521	0.6167***	0.3883***		0.6276***
商品种类	X_2	0.0069	0.2654	-0.0809			
商店	X_3	0.3748	0.1817	-0.1305			
购物环境	X_4	-0.0516	-0.2220	0.2487			
交通方便	X_5	0.2796	0.1825	-0.0929			
旅游景点	X_6	-1.0571*	-0.3590	-1.3242*	-0.9884*	-1.2461*	
产品档次	X_7	0.1632	0.0190	-0.0451			
陪伴	X_8	-0.0915	-0.1128	-0.0423			
行走时间	X_9	0.1524	-0.0459	0.1262			
周末	X_{10}	0.5173	0.0914	0.4142	0.6099*		
滞留时间	X_{11}	0.6269**	0.5749***	0.5868**	0.6025***	0.5088**	0.6236***
经常性	X_{12}	0.1356	0.1771*	-0.1712^{M}	0.1556^{M}	0.1724*	-0.1731*
店摊数目	X_{13}	-0.0169^{M}	-0.0151^{M}	-0.0158^{M}	-0.0156^{M}	-0.0162*	-0.0157^{M}
满意与否	X_{14}	-0.2409	-0.1865	0.2372			
性别	Z_1	0.4569^{M}	0.1992	0.5438*	0.4133^{M}	0.5361*	
年龄	Z_2	0.5295^{M}	0.5871*	-0.3193	0.5111^{M}	0.6034*	
教育	Z_3	0.2216	0.2192^{M}	0.1257	0.2241^{M}	0.2163^{M}	
住地	Z_4	0.3098	-0.0636	0.2029			
	常项	-4.2821**	-3.6058***	-3.9279***	-3.6694***	-3.5433***	-2.9815***
	χ^2	76.147***	42.989***	90.840***	70.574***	36.606***	83.396***
	R^2_{CS}	0.174	0.102	0.204	0.162	0.088	0.189
	R^2_N	0.243	0.136	0.278	0.226	0.117	0.258

注：$^{***}p<0.001$，$^{**}p<0.01$，$^{*}p<0.05$，$^{M}p<0.1$。

情境因素相对于非情境因素而言。所谓非情境因素，指的是那些消费者个人或商品所具有的长期特性，如人的个性、智力、性别、种族和文化等，商品的品牌形象、质量、体积和功能等。而情境因素则指所有那些在某时某刻某地点非由个人或刺激物长期特性发生改变而具有的特性。根据贝尔克(Belk, 1975)[5]，情境因素可以再细分为五种：第一，购物场所的物理氛围，如商店的地理位置、内外部装饰、音响、光线、天气和商品的摆放等；第二，购物场所的社会氛围，如是否有人陪伴、陪伴人的个性特点、陪伴人所起的作用，以及陪伴人与购买者之间的互动；第三，时间相关因素，如购物的季节、月或周的某一天、一天之中的某一个时刻等；第四，任务类型，如购买意图、计划购买与非计划购买、选择标准等；第五，购前状态，如是否高兴、是否满意、是否身上带着足够的钱等。我们这项研究就是要观察情境因素对于顾客在购物中心购买决策的影响。

分析结果有两个部分：对初始模型分析的结果和对最终模型分析的结果。两个部分都以总购买、购买食品和购买其他产品为因变量对方程进行拟合。初始模型的结果显示了我们考虑的情境因素和控制变量以及它们的影响。最终模型是应用 Backward-Conditional 功能得到的结果，显示了当那些影响不显著的情境因素和控制变量一个一个被拿掉以后所剩下的情境因素及其影响。

其中，后一部分是我们在研究中所关心的。最终模型的分析结果解释如下：

首先，三个方程的卡方值（χ^2）分别为 70.574、36.606 和 83.396，表明自变量和控制变量作为一个整体对因变量均有显著性影响（$p<0.001$）。其中，第三个方程的自变量和控制变量对因变量（Y_3）的解释程度最高（$R^2_{CS}=0.189$，$R^2_N=0.258$）。

其次，观察各方程中情境因素的系数，我们发现：在 Y_1 方程中，有四个情境因素，即购买欲望（X_1）、旅游景点（X_6）、周末（X_{10}）和滞留时间（X_{11}）对于顾客在购物中心的购买决策有显著性影响（$p<0.05$）。购买欲望（X_1）、周末（X_{10}）和滞留时间（X_{11}）是正的影响，旅游景点（X_6）是负的影响。在 Y_2 方程中，有三个情境因素，即滞留时间（X_{11}）、经常性（X_{12}）、店摊数目（X_{13}）对顾客在购物中心购买食品有显著性影响（$p<0.05$）。其中，滞留时间（X_{11}）和经常性（X_{12}）是正的影响，店摊数目（X_{13}）是负的影响。在 Y_3 方程中，对顾客在购物中心购买其他产品有显著性影响的情境因素是购买欲望（X_1）、旅游景点（X_6）、滞留时间（X_{11}）和经常性（X_{12}）。其中，购买欲望（X_1）和滞留时间（X_{11}）是正的影响，旅游景点（X_6）和经常性（X_{12}）是负的影响。综合以上结果，在我们所考虑的 14 个情境因素中，有 6 个对顾客的购买（食品购买或其他产品的购买）决策有显著性影响。由此，我们可以得到两点结论：第一，当同时考虑多个情境因素对顾客购买决策的影响时，只有部分因素的影响是显著的；第二，在中国的环境下，确有一些情境因素对顾客的购买决策有显著影响。

除此之外，我们的分析结果还发现：影响食品购买的因素与影响其他产品购买的因素确实有所不同。对食品购买（Y_2）有显著性影响（$p<0.05$）的因素是滞留时间（X_{11}）、经常性（X_{12}）、店摊数目（X_{13}）和年龄（Z_2），而对其他产品的购买行为（Y_3）有显著性影响（$p<0.05$）的因素则为购买欲望（X_1）、旅游景点（X_6）、滞留时间（X_{11}）、经常性（X_{12}）和性别（Z_1）。只有滞留时间（X_{11}）和经常性（X_{12}）两项是共同的，而且经常性（X_{12}）对于两种购买决策的影响方向相反。

三、因子分析

因子分析的目的是简化数据，用少量的概括性指标（即因子）来反映包含在许多测量项目（如问卷中 Likert 量表的题项）中的信息。它是一种互依分析（interdependence analysis），没有因变量，并且要求变量必须是等差或等比量表数据。因子分析提出的因子，每一个都是一组相关变量根据各项目或题项对于因子变化的贡献来加权而得到的加权组合。

因子分析中另外一个重要的概念是因子载荷（loading）。因子载荷通过计算因子得分与初始输入变量间的相关系数来决定。通过检查哪些项目或题项对给定因子的载荷大，研究人员可以为因子命名。

表 7-18 是在研究营销渠道行为中常用的渠道依赖量表[6]。它从供应商的角度测量一个供应商对于一个零售商的依赖程度（见教材附件 DATA4）。供应商代表被请求用打分的方式依次指出：在量表的 12 个题项上，供应商依赖某一零售商 R 的程度。0 = 我们完全不依赖 R，1 = 我们在很小程度上依赖 R，2 = 我们在一定程度上依赖 R，3 = 我们在很大程度上依赖 R，4 = 我们完全依赖 R。

表 7-18 探测性因子分析的结果

题项	供应商对零售商的依赖		
	1	2	3
D1 产品的全国性广告	0.464	0.444	-0.158
D2 产品的地方性广告	0.559	0.377	0.011
D3 产品送货	0.455	0.412	-0.188
D4 产品信息	0.690	0.072	0.182
D5 销售信息	0.723	-0.212	0.269
D6 售后服务	0.581	0.106	0.105
D7 营销活动	0.467	0.121	0.438
D8 销售额	0.189	-0.023	0.816
D9 利润额	0.062	0.182	0.830
D10 资金支持	0.297	0.629	0.057
D11 产品质量保证	-0.022	0.698	0.073
D12 产品信誉	-0.040	0.657	0.376
变异解释程度(%)	27.825	13.026	11.043
α 值	0.710	0.550	0.752

提取方法:主成分分析法;转轴方法:具有 Kaiser 标准化的正交旋转法。

测量模型可以表示为:

$$x_i = \lambda_i \xi + \delta_i \qquad \text{(公式 7-19)}$$

式中,x_i是 ξ 所导致的结果,也是测量 ξ 的指标(indicators)或题项(items),如表 7-18 渠道依赖量表中的题项 D1 至 D12;ξ 是欲测量的隐变量(latent variable),即我们要测量的渠道依赖,它无法直接观察,需要通过观察它所导致的结果对它进行度量。此模型的前提假设是:x_i是 ξ 的结果;ξ 的变化导致了 x_i的同向变化,x_i是 ξ 的反映。因为所有指标 x_i的变化都是由同一个原因 ξ 的变化导致的,所以各指标不仅要同向变化,而且还要高度相关。当各指标同向变化且高度相关时,量表就有了较高的内部一致性,也就有了较高的信度。多项目量表的信度,一般由 α 值来检验。

表 7-18 显示了当特征值(eigenvalue)设为 1 时,对于调查数据进行因子分析得到的结果。该调查以西安市 6 家百货公司里的供应商代表为对象,共发出了 352 份问卷,收回 227 份。[6]在进行数据分析时,剔除了 7 份数据缺失的问卷,只使用了 220 份问卷提供的数据。

因子分析的结果显示:因子分析提出的三个因子,分别对应于供应商对于零售商在营销(D1 至 D7)、业绩(D8 和 D9)以及支持与保证(D10 至 D12)方面的依赖,解释了整个量表变异量(variance)的 27.825%、13.026% 和 11.043%。之后,我们又对于各因子的信度(参看第四章第一节的内容)进行了检验,三个因子的 α 值分别为 0.710、0.550 和 0.752。这说明除了因子 2 的信度较差以外,其他两个因子的信度可以接受。

在做完这样的分析和检验以后,在各因子的信度可以接受的前提下,我们就可以把各因子内题项的得分相加或平均,从而得到一些新的更具代表性指标或变量,以便进行更复杂的数据分析（如进行回归分析）。换言之，因子分析的主要目的，是简化或纯化（purify）数据，为更复杂的分析做准备。

四、其他多变量数据分析方法

除了上面介绍的，多变量数据分析方法还有很多。而且，随着电脑的应用和统计学的发展，一些新的方法还会不断地被开发出来。以下再列举几种在市场调查与预测的数据分析中经常会用到的工具。

（一）判别分析

判别分析（discriminant analysis）适用于因变量为类别量表数据，自变量为等差或等比量表数据的情况。例如，因变量可能是对汽车品牌 A、B 或 C 的选择，自变量为消费者对于这些品牌在多种属性上的评价。判别分析可用于回答以下问题：对于某品牌忠诚的顾客与其他顾客在人口特征方面有何差异？价格敏感的顾客与价格不敏感的顾客在心理特征上具有哪些差异？不同的细分市场在媒体接触的习惯上有差异吗？等等。判别分析的模型如下：

$$D = b_0 + \sum_{i=1}^{k} b_i X_i \qquad \text{（公式 7-20）}$$

式中，D 为判别分值，b_i 为判别系数或权重，X_i 为预测变量或自变量，k 为自变量的个数。

（二）聚类分析

聚类分析（cluster analysis）也称为归类分析，是一种将研究对象聚合归类的统计分析工具。聚类分析和判别分析都涉及分类问题。但是，判别分析要求事先知道每一研究对象的组别，以便制定分组规则；相反，聚类分析不要求事先知道任何一个对象的组别，群组是根据数据定义的，而不是事先确定的。聚类分析是一种互依分析，所使用的数据既可以是等差或等比量表数据，也可是类别量表数据。聚类分析在市场营销中有广泛的应用，比如进行市场细分，可以用聚类分析确定同质的消费群，然后分别研究不同消费群的购买行为；对品牌和产品进行聚类分析，可以识别市场中哪些品牌或产品更相近，越相近的品牌或产品之间竞争越激烈，借以识别竞争对手和市场机会；在试销中，通过将城市分为同质的组，可以选择可比的城市，对不同的营销策略进行测试。

（三）联合分析

联合分析（conjoint analysis）可以用于估计产品、品牌、服务或商店的不同属性对消费者的相对重要性，以及消费者对不同属性水平及其组合的偏好。在收集数据时，向调查对象展示由不同属性水平组合成的选项，然后让他对其渴望程度进行评价。基于这样的数据，联合分析就可以为被评价物找到一个较好的属性组合。

（四）结构等式建模

结构等式建模（structural equation modeling，SEM），基于回归分析，又高于回归分析。与回归分析相比，它的最大优点在于能够对模型中的变量做因果关系的推断[7]。SEM 主要由两部分组成，即测量模型（measurement model）和路径模型（path model）。前者用于对指标或变量的测量结果进行评价，称为确定性因子分析（confirmatory factor analysis），而后者则用于对指标或变量的因果关系进行分析。进行结构等式建模分析有专门的电脑软件,如 LISREL 和 AMOS。

本章小结

为了选用适当的分析技巧,研究或分析人员需要考虑一次要分析变量的多少、进行描述性分析还是推断性分析以及变量涉及的量表性质等三个方面的问题。根据一次分析变量数目的多少,分析工具被分为单变量分析、双变量分析和多变量分析三种形式。描述性分析是利用统计值对样本有关特性或变量之间关系的描述。推断性分析是指根据数理统计的有关原理,利用样本统计值推断总体统计值,或对于变量之间关系显著性的推断。描述性分析和推断性分析虽然密切相关,但是它们各有自己适用的工具。量表被分为类别量表、顺序量表、等差量表和等比量表。量表的性质不同,使用的统计分析工具有别。

单变量描述性分析的目的在于对样本所有元素在某一方面(变量)的观察值进行概括性的描述。通常从两个方面进行:一个方面是描述样本数据的中心趋势,另一个方面是描述样本数据的离散程度。描述中心趋势的数值有平均值、中位数和众数等。描述离散程度的数值有标准差、全距、四分位差和频率等。

单变量推断性分析的目的是根据样本的情况来推断总体的情况,分为区间估计和假设检验。

用样本的统计值来推断总体的统计值称为估计。估计的方法有两种,一种叫点估计,一种叫区间估计。点估计就是用样本统计值作为总体统计值的估计值。区间估计是指在一定的把握程度下,根据样本统计值和抽样平均误差,对总体统计值落入的区间范围所做出的估计。其中,把握程度称为置信概率,区间范围称为置信区间。

区间估计有两套不同的程式,对应于两种不同的情况。第一套程式是在已知允许误差的情况下,求总体统计值落入的置信区间和置信概率。第二套程式是在已知置信概率的条件下,求出允许误差和置信区间。

单变量检验的目的在于用数理统计的方法,推断样本指标值与总体统计值之间差异的显著性。Z 检验适合于以下两种情况:第一,样本容量任意,但总体的标准差已知;第二,总体标准差未知,但样本容量 $n \geqslant 30$。当样本容量 $n < 30$,且总体标准差未知的情况下,应该使用 t 检验。卡方检验适合于对类别量表数据进行假设检验。K-S 检验适用于顺序量表数据。

双变量分析工具和多变量分析工具也可以按照描述性或推断性分析以及量表的性质分类。其中,推断性分析相对比较简单,而描述性分析则比较复杂。根据变量之间的逻辑关系,后者又分为:依赖分析,即变量之间的逻辑关系为一个依赖于另一个,或一个为因、一个为果;互依分析,即变量之间的逻辑关系是相互依赖的,没有明显的因果关系,它们只是相关而已。

简单相关分析适用于描述两个变量之间的相关程度,变量之间的相关程度用相关系数来描述;多元相关分析适用于描述多个变量之间的相关程度,变量之间的相关程度用偏相关系数来描述。简单相关分析和多元相关分析都需要用 t 检验来检验变量之间相关关系的显著性。

回归分析的目的,也是要找出变量之间的相关关系。它与相关分析不同之处在于,在进行回归分析时,变量之间暗含着因果关系,有因变量与自变量之分。回归分析通过拟合直线方程来计算回归系数。在进行回归分析时,需要用 F 检验来检验方程的显著性,用 t 检验来检验回归系数的显著性。

方差分析(ANOVA)一般用 F 检验来检验两组或两组以上调查对象在某一变量均值上的差异。

因子分析的目的是简化数据,用少量的概括性指标来反映包含在许多测量项目中的信息。它是一种互依分析,并且要求变量必须是等差或等比量表数据。因子分析提出的因子,每一个都是一组相关变量根据各项目或题项对于因子变化的贡献来加权而得到的加权组合。

多变量数据分析方法还有很多。而且,随着电脑的应用和统计学的发展,一些新的方法还会不断地被开发出来。

参考文献

[1] *Churchill, G. A. and Iacobucci, D. Marketing Research: Methodological Foundations* (9th edn.) [M], Beijing: Peking University Press, 2007, 453—618.

[2] 庄贵军,周南,李福安:《购物中心大额购买者与小额购买者的行为比较》,《商业经济与管理》,2002 年第 4 期,第 18—22 页。

[3] Menard, S. *Applied Logistic Regression Analysis*[M], California: Sage Publications, Inc., 1995.

[4] 庄贵军、周南、李福安:《情境因素对于顾客购买决策的影响(一个初步的研究)》,《数理统计与管理》,2004 年第 23 卷第 4 期,第 7—13 页。

[5] Belk, R. W. Situational Variables and Consumer Behavior[A], in Keith K. Cox and Ben M. Enis, *Marketing Classics* (6th edn.)[C], Massachusetts: Allyn and Bacon, Inc., 1988, 150—160.

[6] 庄贵军、周南、周筱莲:《营销渠道中依赖的感知差距对渠道冲突的影响》,《系统工程理论与实践》,2003 年第 23 卷第 7 期,第 57—62、117 页。

[7] Hair, J. F., Anderson, R. E., Tatham, R. L., and Black, W. C. *Multivariate Data Analysis with Readings* (4th edn.)[M], NJ: Prentice-Hall, Inc., 1995, 577—589.

练习与思考

1. 为了恰当地选择分析技巧,应考虑什么问题?

2. 在数据分析中经常使用的描述中心趋势的数值有哪几个?各自的适用情况是什么?

3. 什么是点估计?什么是区间估计?

4. 某城镇有居民 4 860 户,现抽出 144 户作为样本,发现其中有 75% 的居民户拥有彩电。问所有居民户中彩电拥有百分比不超过 75% ±2.5% 的把握程度有多大?

5. 某市有85家大中型零售商店，现抽出16家进行调查，发现日用小百货的销售额每月每店平均21 000元，样本方差4 760。问当置信概率为95%时，该市大中型零售商店日用小百货每月的总销售额是多少？

6. 在大学考生中，原来每年有大约5%的学生报考某师大。为了保证来源，今年该大学做了大量的宣传工作。之后，随机抽出500名考生调查，结果发现有6%的人愿意报考这所大学。问当单尾$\alpha=0.025$的条件下，该大学的宣传工作是否取得了明显的成效？

案例分析

案例7-1　市民购车的本国品牌选择倾向①

中国正快步迈入汽车社会。截至2012年6月底，全国汽车保有量为1.14亿辆，其中北京、上海、广州三大城市，在汽车数量及品牌种类上均排名前列。为了解民众对汽车品牌的看法与购车选择倾向，广州社情民意研究中心于2013年5月对北京、上海、广州的市民进行调查，以分层随机抽样的方法，电话访问了北京、上海、广州的1 500位市民。以下是调查结果：

第一，多数市民认为本国品牌车越来越好，并认同“民众应买本国品牌车来支持民族经济发展”。对于本国品牌的汽车，多达66%的受访者认为“越来越好”，认为“没变化”及“越来越差”的人合计只有18%。家有本国品牌车者，认为“越来越好”的人更多，高达80%，比家有外国品牌车和无车者多出近20个百分点。对于“民众应买本国品牌汽车来支持民族经济发展”的说法，75%的多数人表示认同，不认同者仅17%。年龄越大者认同比例越高，60岁以上的老年人认同比例高达86%，比19—30岁的年轻人多出近20个百分点；而学历越高者认同比例越低，初中及以下低学历者认同比例达84%，本科及以上高学历者认同比例则为66%。

第二，近半数市民表示购车时本国、外国品牌都会考虑。从受访者自身来看，如果要购买一辆私家轿车，49%的人表示会“本国、外国品牌都考虑”，“只考虑本国品牌”的人也不少，为28%；而“只考虑外国品牌”的人仅有12%。中、老年人在购车时更倾向选择本国品牌，表示“只考虑本国品牌”者分别达43%和56%，明显高出其他年龄段者10个百分点以上。

第三，多数受访市民认为民众实际购车时更多选择外国品牌。40%的人认为当前民众实际购车时会“更多选择外国品牌”，认为“更多选择本国品牌”的人不到两成，有24%的人认为选择外国品牌和本国品牌“都差不多”。

第四，市民对品牌国别的态度较美国购车者更为实际。据美国民调机构盖洛普2010年调查显示，美国受访者购车选择以“本国、外国品牌都考虑”为主，比例达57%；“只考虑

① 根据广州社情民意研究中心(www.c-por.org)2013年7月8日对外发布的《市民有支持国车理念，但实际多选购外国品牌——“北上广市民购车选择倾向”民调报告》改写。

本国品牌车”的较多,为36%,比中国受访者多出8个百分点;而“只考虑外国品牌”的甚少,为6%,低于中国受访者6个百分点。

小组讨论

1. 这一案例采用了什么方法进行数据分析?
2. 你们觉得还可以采用其他什么方法进行数据分析,以获得更有意义的信息?
3. 请把你们的分析思路整理出来与其他小组交流。

案例7-2 持股集中度对于深圳A股股价影响的实证研究①

2000年,随着亿安科技(000008)股价的节节高升,其股东持股的高度集中引起了市场的普遍关注。许多投资者开始注重从公开的市场信息中去研究上市公司的股权分布状况,通过股东数量的增减或大股东持股的变化情况来判断一只股票价格的未来走势。有人根据各公司2000年年报公布的股东持股分布情况做了一个简单的分析,发现持股的集中度与A股股价之间确实存在着某种联系(教材附件案例7-2中所列参考文献[1])。还有人对于深圳A股市场上持股集中度的变化与股价波动之间的关系进行了实证考察(教材附件案例7-2中所列参考文献[2][3]),发现股票的市场收益率(股价的相对波动)在很大程度上能够由持股集中度的变化来解释:持股集中度提高,市场收益率提高;持股集中度下降,市场收益率下降。

然而,前述第一项研究是以股东人数的多寡作为持股集中度的测量指标;由于各个股票的股本、特别是可流通股股本的大小是不同的,所以它只能进行单个股票不同时段情况的比较,而不能进行不同股票之间的比较。后面两项研究实际是要在持股集中度的波动与股价的波动之间建立联系,而不是在持股集中度与股价高低之间建立联系。此外,这两项研究在方法论上存在两个缺陷:第一,用于拟合直线方程的观察值只有10个(即用10组股票持股集中度的平均变化幅度对10组平均市场收益率进行回归),样本太小;第二,用一元直线方程对数据进行拟合,在方程中只有持股集中度一个自变量,很多有可能对股价变动产生重要影响的变量没有考虑进去。因此,其研究结果值得怀疑。比如,他们的一个发现是:公司业绩与持股集中度高度相关(相关系数为0.6)。那么,我们有理由提出这样的问题:当我们把公司业绩的波动考虑进去,持股集中度的波动对股价波动的影响还有这么大吗?类似于这样的因素,还有一些,而他们的研究不能回答这样的问题。

与以上的研究不同,本案例在考察持股集中度对A股股价的影响时,将一些重要因素作为控制变量一并考虑,这使我们能够得到持股集中度对A股股价的净影响。本案例要回答的问题是:在其他因素(如股本、净资产和每股收益)相同时,持股集中度对A股股价的影响仍然是显著的吗?

研究发现:第一,持股集中度与股票价格之间存在着正相关关系,即当其他的条件相同时,持股集中度越高,股票价格越高。第二,个股股价与个股流通量之间有负相关关系,与每股净资产和每股收益(前期与当期)之间有正相关关系。这说明,虽然中国的股市有

① 本书作者2002年撰写的论文。案例原文和相关数据由教材附件提供。

较强的投机性，但是股票的内在价值仍是决定股价排序的一个重要因素。第三，在分析期内，供求关系对于深圳 A 股股价的影响远大于股票内在价值的影响，这表明中国的 A 股市场在研究期内确实是一个投机性较强的股市。

教材附件：(1) 案例 7-2 持股集中度对于深圳 A 股股价影响的实证研究；(2) DATA3 表 7-15 2000 年深圳 A 股股价与持股集中度。

小组讨论

1. 请把案例中提到的三篇文章（三项研究）找来看一看。
2. 本案例采用的研究方法真的比那三篇文章的研究方法好吗？为什么？
3. 请用教材附件提供的数据“DATA3 表 7-15 2000 年深圳 A 股股价与持股集中度”，按本案例提供的思路对数据进行分析。你们得到了同样的结果吗？
4. 这些数据还能用什么方法分析？请试一试，然后与其他小组交流。

附录 7-1

假设检验的原理

假设检验与区间估计密切相关。因此，为了说明假设检验的原理，我们从区间估计入手。下面以平均值的假设检验为例，说明假设检验的原理。

一、建立假设

每一个检验都有两个假设：一个叫虚无假设（null hypothesis），一个叫对立假设（alternative hypothesis）。虚无假设也被称为零假设，意指如果它被接受，则被检验的统计值与真实的统计值（或另一个统计值）之间没有显著性差异，它们之间的差异纯属偶然，是随机误差所致。平均值的虚无假设可以用符号表示为：

$$H_0:\mu = \mu_0$$

式中，H_0表示虚无假设，μ 表示总体平均值，μ_0 表示被检验的统计值（也即样本的平均值）。用语言表达就是：用样本平均值作为总体平均值的替代值（μ_0），替代值与真实的总体平均值（μ）之间没有显著性差异。

与虚无假设相反，对立假设意指如果它被接受，则被检验的统计值与真实的统计值（或另一个统计值）之间的差异是显著的，是有统计意义的，不能用随机误差解释。平均值的对立假设可用符号表示为：

$$H_a:\mu \neq \mu_0$$

意即：用样本平均值作为总体平均值的替代值（μ_0），替代值与真实的总体平均值（μ）之间的差异是显著的。这是双尾检验问题，也就是说，不论替代值大于还是小于真实的总体平均值，我们都应该接受这一假设。实际上，对立假设还可以视具体情况表示成单尾检验的形式：

$$H_a:\mu > \mu_0$$

或

$$H_a:\mu < \mu_0$$

意即:用样本平均值作为总体平均值的替代值(μ_0),替代值显著小于或大于真实的总体平均值(μ)。

一次检验可以拒绝、但不能接受虚无假设。统计检验可能有两种结果:第一,在 H_0 不成立而 H_a 成立时,拒绝虚无假设,接受对立假设;第二,在 H_0 成立时,无法拒绝虚无假设。这里要注意,无法拒绝虚无假设并不意味着虚无假设就是正确的,因为一只乌鸦是黑的,并不意味着所有的乌鸦都是黑的。假设检验虽然能够确定虚无假设的伪,但是不能确定虚无假设的真。

二、假设检验的意义

根据区间估计的原理,在置信概率为 95% 的条件下,如果 μ_0 真是总体平均值的话,即如果真有 $\mu=\mu_0$ 的话,那么所有样本组合数中将有 95% 的样本平均值落入区间

$$[\mu_0 - 1.96\sigma_{\bar{X}}, \mu_0 + 1.96\sigma_{\bar{X}}]$$

仅有 5% 的样本平均值落在这个区间之外。换言之,样本平均值落在这个区间之外是小概率事件,一次取样发生的可能性不大。如果在一次抽样中,这个小概率事件竟然发生了,那么我们就有理由认为 μ_0 不是总体平均值,即 $\mu \neq \mu_0$,因此拒绝 H_0,接受 H_a。相反,如果一次抽样所得样本的平均值落在这个区间之内,就意味着这个样本的平均值与总体平均值无显著性差异,二者的差异是随机误差所致,我们接受 H_0,拒绝 H_a。

令 Prob 为某一事件发生的概率,则上面的话语可以用下面的公式表示:

$$\text{Prob}(\mu_0 - 1.96\sigma_{\bar{X}} \leqslant \bar{X} \leqslant \mu_0 + 1.96\sigma_{\bar{X}}) = 95\%$$

$$\text{Prob}(\bar{X} < \mu_0 - 1.96\sigma_{\bar{X}}, \bar{X} > \mu_0 + 1.96\sigma_{\bar{X}}) = 5\%$$

经过转换,可得

$$\text{Prob}\left(\left| \frac{\bar{X} - \mu_0}{\sigma_{\bar{X}}} \right| \leqslant 1.96 \right) = 95\%$$

$$\text{Prob}\left(\left| \frac{\bar{X} - \mu_0}{\sigma_{\bar{X}}} \right| > 1.96 \right) = 5\%$$

因此,假设检验问题可以转化为求 Z 值问题。当 $|Z| \leqslant 1.96$,说明在置信概率为 95% 的条件下,样本平均值落在区间 $[\mu_0 - 1.96\sigma_{\bar{X}}, \mu_0 + 1.96\sigma_{\bar{X}}]$ 之内,故而接受 H_0,拒绝 H_a。当 $|Z| > 1.96$,则说明在置信概率为 95% 的条件下,样本平均值落在区间 $[\mu_0 - 1.96\sigma_{\bar{X}}, \mu_0 + 1.96\sigma_{\bar{X}}]$ 之外,是个小概率事件,故而拒绝 H_0,接受 H_a。

三、假设检验可能出现的两种错误

假设检验可能出现两种错误。当虚无假设 H_0 为真时,检验结果接受对立假设 H_a,这是第一种错误,记为 WI。当对立假设 H_a 为真时,检验结果接受虚无假设 H_0,这是第二种错误,记为 WII。表 7-19 表示出了这两种错误的含义。

表 7-19　假设检验可能出现的两种错误

检验结果	假设及其真伪	
	H_0真	H_a真
接受 H_0	正确	错误 WII
接受 H_a	错误 WI	正确

产生错误 WI 概率通常用 α 表示，产生错误 WII 的概率用 β 表示。按我们上面的例子来说，当 $|Z|>1.96$ 时，我们接受 H_a，可能发生错误 WI 的机会是 $\alpha=5\%$。相反，若此时我们接受 H_0，则产生错误 WII 的机会 β 可能就大得多。

产生错误 WI 的概率 α 叫显著性水平，它与置信概率（Prob）有如下的关系：

$$\text{Prob} = 1 - \alpha$$

图 7-4 显示了 α 与两种假设的关系。接受域或拒绝域的边界值叫临界值（Z_α）。假设检验就是根据样本的 Z 值与临界值的比较而做出推断。

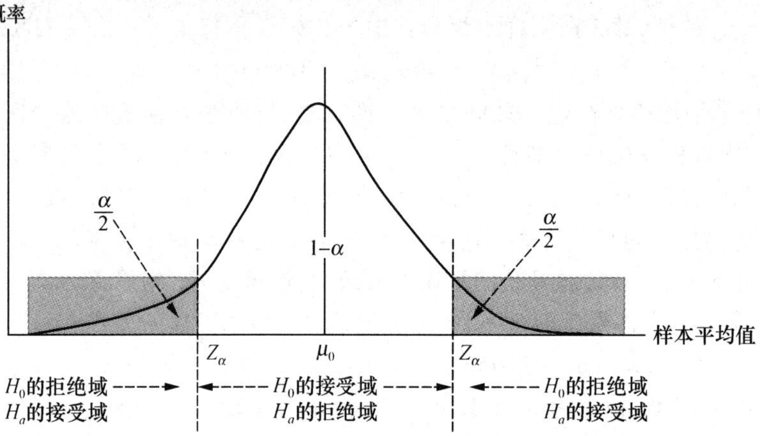

图 7-4　α 与两种假设的关系

根据给定的 α 值，查正态分布表求得临界值 Z_α。比如，在前面的例子中，$\alpha=5\%$，查正态分布表得 $Z_\alpha=1.96$。Z 和 Z_α 比较，当 $|Z|>Z_\alpha$ 时，接受 H_a。

另外，还需要说明一点。在样本容量一定时，减少一类错误产生的概率，会使另一类错误产生的概率增大。只有增大样本容量，才能使两类错误产生的概率同时减小。

百分比假设检验和其他假设检验的道理与此相同。

四、学术研究中的假设检验

在学术研究中人们建立假设时，一般只建立对立假设，不建立虚无假设。这是因为，只有当人们有足够的理由相信一个变量与另一个或一些变量有关时，人们才会去用数据检验变量之间的关系。如果检验的目的是为了证明两个变量或事物之间没有关系，那么需要检验的关系是无穷无尽的，检验的价值也就没有了。人们为什么要耗费资源去证明一个事物与另一个或一些事物之间没有关系呢？除非情况极为特殊，否则人们不会进行这样的研究。

第八章

市场预测方法

【知识要求】

通过本章的学习，掌握以下要点：

◆ 市场预测的内涵以及市场预测与市场调查的关系；
◆ 市场预测在企业营销决策中的作用；
◆ 市场预测的主要方法和程序；
◆ 定性市场预测与定量市场预测的主要区别；
◆ 定性市场预测的主要方法；
◆ 时间序列预测的主要方法；
◆ 因果关系分析预测的主要方法。

【技能要求】

通过本章的学习，要求学生能够做到：

◆ 清楚表述市场预测的内涵及其与市场调查的关系；
◆ 深刻理解市场预测在企业营销决策中的作用；
◆ 用自己的语言描述市场预测的程序；
◆ 熟练使用各种定性预测方法进行市场预测；
◆ 熟练使用各种时间序列预测法进行市场预测；
◆ 熟练使用各种因果关系分析预测法进行市场预测。

预测是人们对未来不确定事件进行推断和预见的一种认识活动，其目的是探求事物发展变化的规律，用以指导人们的实践活动，趋利避害。在第二章为市场调查与预测分类时，我们曾经指出：市场调查与预测可以分为探测性调研、描述性调研、因果关系调研和预测性调研四种类型。其中，预测性调研的主要目的，是预测未来一定时期内某一环境因素的变动趋势及其对企业市场营销活动的影响，也就是我们这里所讲的市场预测。另外，由图2-5（第二章第四节）可以看出，市场预测本身就是数据分析的一个组成部分。它是用某事物现有的数据推断这一事物或与其相关的事物未来发展变化的一种数据分析活动。因此，市场预测并不是独立于市场调查的一种活动，它是市场调查活动的延续，与市场调查共同组成了一套为企业营销活动收集、加工和提供信息的程序。

第一节　市场预测概述

市场预测是在市场调查的基础上，运用科学的方法或数学模型分析调查数据或资料，对未来一定时期影响市场营销活动的各种因素及其变化趋势所进行的推测和估计。它的目的，是为企业制订营销计划和进行营销决策提供依据。

市场预测是市场经济发展的产物。最初的市场预测，早在小商品经济时代就已经出现，只不过比较简单，主要靠生产经营者的直觉和经验做出。随着市场经济的发展，生产社会化程度的提高，生产经营者的生产经营活动涉及的面越来越广，影响市场变化的因素也越来越多，越来越复杂。生产经营者如果不进行科学的市场预测，不能准确地把握市场变化的脉搏，就难以适应瞬息万变的市场，难以在竞争激烈的市场中取胜。电子计算机的出现，为市场预测提供了有效的工具，使市场预测成为企业决策与管理的一种重要信息。

一、市场预测在企业营销决策中的作用

企业的营销决策涉及两个大的内容：第一，是确定企业的营销战略；第二是确定企业的营销战术。按照公式2-1（第二章第一节），企业营销战略的决策步骤和内容可以分为市场细分、确定目标市场和市场定位，即STP；企业营销战术的决策步骤和内容则可以分为产品、价格、分销、促销和关系等，即4P＋G。

不论是企业确定营销战略或营销战术，都需要有一些前提（premise）；前提不同，企业的营销战略和营销战术有别。这些前提，就是企业对于相关影响因素发展变化的预测。我们借助于任务—宏观环境影响矩阵（task and remote environment impact matrix）[1]来表达了这种意思（见表8-1）。这个表把宏观环境因素的变化趋势和直接影响企业营销活动的关键变量的变化趋势联系起来，有助于营销管理者着眼于未来，更深刻地分析、认识和理解环境因素的变化及其影响。

表 8-1　任务—宏观环境影响矩阵

宏观环境因素	企业营销活动的关键影响变量				
	关键消费者的变化趋势	关键竞争者的变化趋势	关键供应者的变化趋势	企业发展战略的变化趋势	其他因素的变化趋势
经济环境 因素 1 因素 2……					
文化环境 因素 1 因素 2……					
政治环境 因素 1 因素 2……					
技术环境 因素 1 因素 2……					
生态环境 因素 1 因素 2……					
综合判断	关键消费者的变化趋势 1、2、3……	关键竞争者的变化趋势 1、2、3……	关键供应者的变化趋势 1、2、3……	企业发展战略的变化趋势 1、2、3……	其他因素的变化趋势 1、2、3

企业在制定营销战略和营销战术时，首先需要了解宏观环境因素的变化，包括经济环境、文化环境、政治环境、技术环境和生态环境，并根据其变化趋势做出预测。这些因素独立于企业，是企业不能控制的，企业只能认识和适应它们，并在此基础上加以利用。另外，它们是企业营销活动关键影响变量变化的根源。因此，它们可以被看做企业营销活动的终极自变量，企业需要根据其变化，推断它们对于企业营销关键影响变量的影响，比如它们的变化所引发的关键消费者、关键竞争者、关键供应者以及企业发展战略的变化趋势。

企业对于宏观环境因素变化所做出的预测以及据此所做出的关于企业营销关键影响变量可能发生变化的推断，就构成企业营销战略和营销战术的前提或基础。具体的操作程序如下：

第一步，选择重要而具体的环境变量。比如，在经济环境中，一个国家的人均可支配收入和人口结构；在文化环境中，一个国家或一个地区的时尚和流行趋势；在政治环境中，一个国家的政治体制、政局和法律体系。

第二步，确定重要的环境信息来源和选择恰当的预测工具，对宏观环境因素变化的趋势进行预测。比如，中国的人均可支配收入和人口结构在未来一段时间内会发生什么变化？某一地区在衣着上的流行趋势是什么？怎样形成的？会如何演变？一个国家的政局稳定吗？未来会怎样发展？

第三步，预测宏观环境因素的变化对有关关键环境因素变化趋势的影响。比如，中国的人均可支配收入和人口结构发生变化以后，关键消费者会随之发生什么变化？关键竞争者会随之发生什么变化？关键供应者会随之发生什么变化？等等。

第四步，预测对企业以及企业营销活动的影响。比如，中国的人均可支配收入和人口结构发生变化并使关键消费者、关键竞争者和关键供应者发生变化之后，会对企业以及企业的营销活动产生什么影响？

第五步，将预测结果整合于企业的营销战略和营销战术决策中，用于指导企业的营销管理活动。比如，如果关键消费者、关键竞争者和关键供应者发生某种变化，企业需要采用什么样的营销战略和营销战术加以应对？为了实现企业的营销战略和营销战术，企业应该如何开展市场营销活动？如何监督和执行？

由此可见，企业的市场预测是企业制定营销战略和营销战术的重要前提。企业进入这个市场而不进入那个市场、选择这个细分市场而不选择那个细分市场、进行这种定位而不进行那种定位、使用这样的营销组合策略而不使用那样的营销组合策略，一个重要的依据就是企业对市场的预测。一旦这个前提变了，即企业对市场的预测发生了改变，企业的营销战略和营销战术以及整个的营销管理工作可能都需要跟着发生转变。

二、市场预测的程序

对市场进行预测，可分为确定预测对象、制订预测方案、收集数据资料、选择预测方法、预测组织实施和评估预测结果等六个步骤，如图 8-1 所示。注意，图 8-1 与图 2-5（即第二章第四节市场调查与预测的程序）并无不同。图 8-1 是从预测的角度对图 2-5 的内容重新做了一个编排。

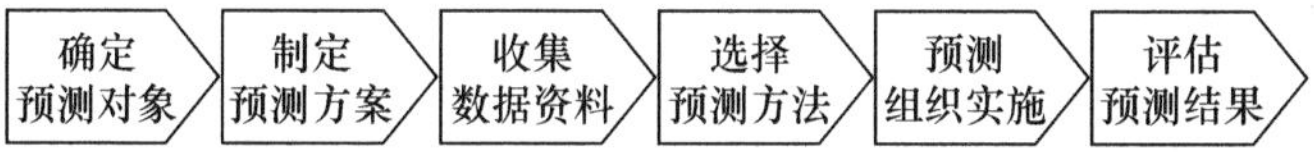

图 8-1　市场预测的程序

（一）确定预测对象

预测对象是指某事物需要预测的项目或指标。例如，要预测市场上某种商品的需求在一定时期内的变动趋势，预测对象就可以是这种商品在这一定时期内的总需求量以及不同品种、规格、型号等的需求量等项目。确定预测对象，是开展市场预测工作的第一步。有了明确而具体的预测对象，研究人员才能够设计合理的调查方法收集数据，也才能够选择合适的预测方法进行预测。

（二）制订预测方案

预测对象确定以后，根据预测项目的难易程度，研究人员需要制订可行的预测方案。预测方案的内容包括工作日程安排、调查和预测方法的选择及理由、人员配置、预测的费用和预算等。预测方案的编制过程和具体内容与第二章第五节“市场调查与预测的方案策划”相似，不同在于：制订预测方案时，研究者的关注点是用历史数据推断未来，因此更注重收集历史序列数据。相对来讲，收集历史序列数据更加困难。

（三）收集数据资料

如前所述，市场预测要以市场调查收集的数据资料为基础。收集数据资料的过程就是市场调查的过程。本书此前所讲的市场调查、市场测量、问卷设计和样本设计的方法，都可以、也需要应用在这里。不过，预测需要更多的历史序列数据，而收集这种数据则是为预测收集数据资料的重点和难点所在。是否能够找到可靠而适用的历史序列数据，常常是预测能否成功的关键。

（四）选择预测方法

预测方法的选择，在收集数据资料之前，就应该予以考虑，因为采用不同的预测方法和预测模型，要求的数据资料是不同的。比如，如果只是做一个定性预测，可能没有必要花很大的气力去收集量化的数据。相反，如果要做一个定量预测，尤其是做一个时间序列的定量预测，那么就要求研究者不但要收集量化数据，而且尽可能掌握完整的历史数据。当然，预测方法也可以事后选择，即根据掌握的数据资料，决定选择什么工具进行预测。

（五）预测组织实施

预测的组织实施，是进行预测的具体操作过程。对相同的预测对象，运用不同的预测方法，有可能取得大体一致的预测结果，也可能得到本质不同的预测结果。因此，在做一些重要的市场预测时，可以多采用几种方法进行预测，一方面使预测结果之间相互印证，另一方面也可以明确不同预测结果成立的条件，以便决策者判断选择。

（六）评估预测效果

预测效果的评估，就是要判定预测结果的可信程度以及是否切合实际。这需要根据统计检验的结果和相关人员的直观判断来进行。预测效果的评估结果一方面是研究者对预测活动的经验总结，会影响他们在未来进行市场预测时的组织活动和工具选择，另一方面也会对企业选择市场调查与预测机构有重要的影响。

三、市场预测的类型

市场预测的方法多种多样，但是按照使用的预测工具，可以分为两大类，即定性预测和定量预测，如图 8-2 所示。

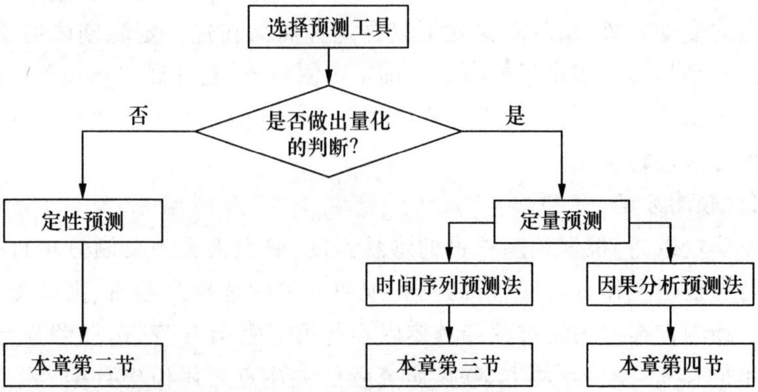

图 8-2　市场预测的工具

定性预测法又称判断预测法，就是预测者凭着自己的知识和经验，运用个人的逻辑推理和判断能力,对未来事物的发展状况或运动变化趋势做出的定性预测。当预测影响因素复杂、主次难分或主要变量难以量化处理时,需要研究者或决策者凭借其经验、分析和判断能力,做出趋势性的定性预测。虽然定性预测只是对事物未来发展变化的大趋势做一个判断,但是它简便易行,当缺乏量化数据时是唯一可以使用的方法。定性预测法又可以分为个人直观判断法、集体经验判断法和专家判断法三种。本章第二节将对其加以介绍。

定量预测则是根据调查得来的数据或历史统计资料,运用统计工具和数学工具,对事物的发展变化进行量化推断的预测方法。定量预测用得好,不仅可以得到量化的预测结果,而且因为用数据说话,较少受个人的经验和分析判断能力的影响,所以预测结果会相对比较客观、可靠和准确。

常用的定量预测方法有两大类:第一类叫时间序列预测法,包括简易平均法、移动平均法、指数平滑法和季节变动分析法等。它利用预测对象(也称为预测对象)的历史时间序列,通过建立数学模型和进行统计分析,找出事物发展变化的模式,并据此外推预测对象的未来发展趋势,做出定量估计。其实质就是,利用事物发展变化在时间上呈现的趋势,预测该事物未来的发展变化。本章第三节将对其加以介绍。

第二类叫因果分析预测法,包括回归分析预测法、基数迭加法、比例推算法、投入产出法和经济计量模型等。因果分析预测法从研究事物之间发展变化的因果关系入手,通过统计分析建立数学模型,并据此对预测对象做出定量预测。本章第四节将对其加以介绍。

此外,市场预测还可以根据其他的标准分类。[2] 比如,根据预测的经济活动范围,分为宏观预测和微观预测。前者是从宏观经济管理的角度,对市场总体发展趋势做出的综合性预测,如社会商品购买力与社会商品供应量及其平衡状况的预测,主要商品的需求总量与供应总量及其平衡状况的预测等。后者则是从企业角度,对影响企业营销活动的市场环境以及企业本身生产经营活动的某些方面进行的预测,比如企业某种商品(包括品种、规格、花色等)的需求预测,企业市场占有率和销售预测等。

按预测的时间层次分,有短期预测、中期预测和长期预测。一般而言,短期预测指期限在一年以内的预测,中期预测指期限在一年以上五年以下的预测,长期预测指期限在五年以上的预测。

按预测的空间层次分,有国际市场预测和国内市场预测。国际市场预测是对世界范围内的市场动态以及各国进出口贸易行情的预测。国内市场预测专指对我国的市场状况所做的预测,它又分为全国性和地域性市场预测。

按预测的产品层次分,有单项商品预测、分类商品预测和总量预测。单项商品预测是指对某种具体商品进行的预测,如对钢材、水泥、彩电等商品的供求预测。单项商品预测还可以按不同的品种、规格、花色、款式等加以细分。分类商品预测是指对某一类商品进行的预测,如农产品预测、家电产品预测、化妆品预测等。总量预测是指以货币指标对各种商品的总供求量进行的预测。

第二节　定性预测法

定性预测法又称判断预测法，就是预测者凭借自己的知识和经验，运用个人的逻辑推理和判断能力，对未来事物的发展状况或运动变化趋势做出的定性预测。定性预测法又可以分为个人直观判断法、集体经验判断法和专家判断法三种。

一、个人直观判断法

个人直观判断法就是在企业经营活动中，有关人员凭借个人的经验和知识对事物的未来发展趋势做出判断。这种判断的准确性，很大程度上取决于预测者获取数据资料和进行逻辑推理的能力。个人直观判断法可以划分为两大类：相关推断法和对比类推法。

（一）相关推断法

相关推断法就是根据事物之间的相关关系，从已知经济现象及经济指标的发展趋势，来推断预测对象的未来发展动向。在运用相关推断法时，首先要依据理论分析或实践经验，找出与预测对象相关的各种因素，然后再根据事物之间内在的联系（如相关关系或因果关系），对预测对象进行推断。具体的推断方法有：从时间关系上进行推断、从相关变动方向上进行推断以及多因素综合推断。

1. 从时间关系上进行推断

某些经济现象在另一种经济现象出现变动后，经过一段时间会随之发生相应的变化，这种相关的变动关系，称为时间上的先行后行关系。它反映着因果联系的时间顺序性，原因在先，结果在后，相隔的时间称为滞后时间。例如，当农产品提价、职工工资提高以后，相隔一段时间，城乡购买力就会随之提高，市场上对于某些消费品的需求就会增加；婴儿出生人数增加，婴儿用品的市场需求量也会随之增加。

在市场预测中，可以根据这种先行后行关系，从已知的相关领先指标的变化情况来推断相对滞后的预测对象的变化情况。当然，从时间关系上进行推断，重要的是弄清楚滞后时间。这常常需要借助统计资料和统计分析进行计算。

2. 从相关变动方向上进行推断

在两个相关事物之间的变动关系中，不仅有时间上的先后，还有变动方向上的正向与负向关联性。当一个事物的数量增加会引起另一事物的数量也随之增加，则两者有正相关关系；当一个事物的数量增加会引起另一个事物的数量随之减少，则两者有负相关关系。可以利用事物之间这种正向或反向变化的关系与强度，来判断预测对象的变动趋向。例如，劳动生产率的提高会使单位产品的成本下降；工业总产值增加，利税总额也会随之增加。

3. 多因素综合推断

多因素综合推断，就是在综合分析影响预测对象的各个因素的基础上，对预测对象变化的趋势做出定性估计。运用这种方法推断，首先要找出对预测对象有影响的各种因素；然后，对每个因素进行分析，了解它们对于预测对象作用力的大小和方向；最后，对各个因素的作用做出综合性推断，用各因素的“合力”来推测预测对象的变化趋势。

（二）对比类推法

对比类推法就是把预测对象与其他相似的事物放在一起，通过相互对照来推断预测对象未来发展变化的趋势。常见的方法有两种：第一，不同国家或地区之间类似经济现象的推断；第二，不同产品之间类似情况的类推。

1. 不同国家或地区之间类似经济现象的推断

同一时期，不同国家的经济发展水平不同。一般而言，发达国家的经济发展状况和生活方式对落后国家有着很大的影响；一旦条件许可，发达国家以前的一些现象往往会在落后国家出现。不同国家之间类似经济现象的推断，就是把所要预测的事物同国外同类事物的发展过程或变动趋势进行类比，找出其中共有的变动规律性，以此来推断预测对象的未来变化趋向。例如，发达国家某些产品的市场寿命周期，在很大程度上可以用来类比推断这些产品在欠发达国家的市场寿命周期。

相似的对比类推，也可以用在同一个国家不同的地区之间。例如，城市居民的家庭用品，若干时间后，可能被农村居民所仿效而购买。当在城市推销某种产品不景气时，往往农村市场的开拓可能会给企业带来希望之光。又如，已知某种服装款式在沿海城市广为流行，就可以类推，内地某些城市也可能流行开来，只不过有个“时间差”而已。

2. 不同产品之间类似情况的类推

这种对比类推，以其他相近产品的发展变化情况来推断某种新产品的发展变化趋势。例如，生活水平的提高，人们越发注重自身的美感，特别是形体美。针对这种情况某些厂家生产出减肥茶、减肥食品等。当这些产品被消费者接受，受到消费者欢迎以后，可以预见其他类似的以减肥为诉求的产品，也会得到消费者的认可和欢迎。

二、集体经验判断法

集体经验判断法，就是企业领导人集合企业内外各方面人员，尤其是经营管理人员的工作经验和智慧，在过去和日常经济活动的基础上，进行座谈讨论，相互交换意见，共同研究，对市场发展趋向进行预测。个人的经验和判断能力具有很大的局限性。通过集体经验，集思广益，在一定程度上可以克服这种局限性，提高预测的质量。

这种方法的程序是：首先，让每个与会者自由地发表见解；然后，通过讨论找出预测的依据；最后，由预测的组织者综合大家的意见，进行分析权衡，做出预测。

为了使预测尽量客观，在运用这种方法进行预测时，可以运用主观概率法进行定量分析。例如，某连锁超市对某地区下一年度的糖果销售量进行预测。参加预测的人员有公司的店长两名、业务经理两名、企业外糖果批发部经理两名、糖果生产企业业务人员两名。他们共同分析和讨论了中国和该地区糖果市场销售的历史和现状，研究了消费者对糖果需求的心理变化。由于未来该地区糖果市场的销售情况具有较大的不确定性，因此他们在一致认为销售量将增长的基础上，每个人又提出了最高销售量、最可能销售量和最低销售量及其主观概率，如表 8-2 所示。

表 8-2　某连锁超市对某地区下一年度糖果销售量的估算　　单位:吨

参与人员	估计值						期望值
	最高量	概率	最可能量	概率	最低量	概率	
店长 A	2 500	0.3	2 200	0.5	2 000	0.2	2 250
店长 B	2 450	0.2	2 200	0.6	1 900	0.2	2 190
业务经理 C	2 400	0.2	2 180	0.6	1 800	0.2	2 148
业务经理 D	2 400	0.1	2 100	0.7	1 900	0.2	2 088
批发部经理 E	2 300	0.2	2 000	0.6	1 700	0.2	2 000
批发部经理 F	2 300	0.1	2 100	0.5	1 800	0.4	2 000
业务人员 G	2 300	0.2	2 150	0.6	1 800	0.2	2 110
业务人员 H	2 250	0.2	2 000	0.6	1 700	0.2	1 990

表中的期望值按照下面的公式计算:

$$\text{期望值} = \text{最高量} \times \text{概率} + \text{最可能量} \times \text{概率} + \text{最低量} \times \text{概率}$$

比如,公司经理 A 的期望值为:

$$2\,500 \times 0.3 + 2\,200 \times 0.5 + 2\,000 \times 0.2 = 2\,250(\text{吨})$$

将表中的期望值视为各参与人员的预测值,计算其简单算术平均数或加权平均数,就可以形成一个预测方案。当预测组织者认为不同参与人员预测结果的参考价值不同时,可以采用加权平均数计算预测值,反之则用简单算术平均数。比如,用加权平均数,令两位店长的权数为4、两位业务经理的权数为3、两位批发部经理的权数为2、两位业务人员的权数为1,则有

$$\frac{2\,250 \times 4 + 2\,190 \times 4 + 2\,148 \times 3 + 2\,088 \times 3 + 2\,000 \times 2 + 2\,000 \times 2 + 2\,110 + 1\,990}{4 + 4 + 3 + 3 + 2 + 2 + 1 + 1}$$

$$= 2\,128.4(\text{吨})$$

因此,此连锁超市对某地区下一年度的糖果销售量的预测值为 2 128.4 吨。读者可自己用简单算术平均数计算预测,比较二者有什么不同。

三、专家判断法

专家判断法,就是根据市场预测的目的和要求,向有关专家提供一些背景资料,然后请他们就某事物未来发展变化的趋势做出判断。在具体运用中,又有两种基本形式:一是专家会议法,二是德尔菲法。

(一)专家会议法

专家会议法就是邀请有关方面的专家,通过共同讨论的形式,达成共识,做出预测。这种方法可以发挥专家的智慧,寻找预测的依据和逻辑,做出较为理智的判断。但是,由于是面对面的讨论,与会者的个性、心理状态、在组织中职位的高低以及说服能力等都会影响预测效果。特别是一些"权威",往往左右他人的意见,使专家会议法的效果打折扣。因此,会场上平等自由的气氛,是采用专家会议法进行预测的一个基本要求。

比如,一家企业即将向市场投放某种新产品,生产部门和营销部门对这种新产品的看法发生分歧。生产部门认为销售前景看好,可以进行批量生产;而营销部门则认为,这种

新产品过去没有销售过,没有历史销售资料可以借鉴,对销售前景看不准,是否进行批量生产最好不要太早下结论。为了使大家统一认识,这家企业邀请了有关方面的专家开会讨论,包括产品设计和生产方面的专家、推销专家、经营管理专家以及市场调研机构的专家等。为了使会议开得富有成效,企业准备了一些背景资料,如产品的质量、成本、价格、同类产品销售情况等。在会议上,企业采用了各种方法以保证与会者畅所欲言,自由争辩。最后,预测组织者在广泛听取各方面意见的基础上,综合每位专家的意见,整理出有关新产品的竞争能力与市场需求的材料,并对该产品市场未来的销售状况做出判断和推测。

(二)德尔菲法

德尔菲法(Delphi method)是为了避免专家会议法容易被"权威"意见左右的不足而采用的一种预测方法。为了使不同专家的意见能够充分地表达,这种方法要求专家们背靠背而不是面对面地做出集体判断。

德尔菲是古希腊的地名,相传希腊神在此降服妖龙,后人用德尔菲比喻神的高超预见能力。20 世纪 40 年代末,美国兰德公司借用这个地名作为替美国空军做某项预测的代号,德尔菲法由此得名。20 世纪 50 年代以后,被用于市场预测。

运用德尔菲法的大体过程如下:第一,由预测组织者选出专家小组成员,一般 10 至 15 名;第二,用问卷向专家小组的每一位成员征求预测意见,并请求他们说明预测的依据;第三,依据专家们的答复,将专家们的意见进行归纳和整理;第四,将归纳和整理的结果以匿名的方式反馈给各位专家,进行第二轮意见征询,要求他们根据新的资料,修改他们的预测和预测的根据。如此反复,直到获得比较一致的意见为止。

例如,一家企业运用德尔菲法对某型号洗衣机投放市场后的年销售量进行预测。预测前选择了产品设计专家 3 人,营销专家 5 人,批发业务代表 5 人,零售代表 5 人,消费者代表 3 人。分别向他们发出预测的征询意见表,经过三次意见反馈,专家们的判断意见如表 8-3 所示。

表 8-3 洗衣机年销售量预测 单位:万台

专家成员		第一轮			第二轮			第三轮		
		最低量	最可能量	最高量	最低量	最可能量	最高量	最低量	最可能量	最高量
产品设计专家	A	25	60	70	25	65	75	25	70	75
	B	35	70	80	35	65	80	35	65	76
	C	20	50	60	30	50	65	30	60	67
营销专家	A	25	60	70	35	60	70	35	60	70
	B	34	70	80	35	65	75	35	65	75
	C	20	55	60	30	55	60	35	55	65
	D	25	60	70	35	60	70	35	60	70
	E	45	70	80	45	70	80	40	60	80

（续表）

专家成员		第一轮			第二轮			第三轮		
		最低量	最可能量	最高量	最低量	最可能量	最高量	最低量	最可能量	最高量
批发业务代表	A	20	50	60	30	55	65	30	55	65
	B	25	60	70	35	50	70	35	55	70
	C	35	70	80	35	70	80	30	60	80
	D	20	45	60	30	55	60	35	55	65
	E	25	60	70	35	60	70	30	65	75
零售代表	A	35	70	80	35	70	80	35	70	80
	B	30	50	60	30	50	60	34	56	66
	C	25	60	70	35	60	70	30	55	70
	D	35	60	80	35	60	80	30	55	75
	E	20	50	60	30	50	60	34	55	65
消费者代表	A	25	50	70	35	50	70	30	55	75
	B	35	70	80	30	65	80	30	55	80
	C	40	50	60	35	55	65	30	55	65

可以用简单算术平均法对表8-3中所列21位专家的第三次反馈意见进行处理，得以下预测值：

$$最低销售量的预测值 = 683 \div 21 = 32.5238 \approx 33(万台)$$

$$最可能销售量的预测值 = 1\,241 \div 21 = 59.0952 \approx 59(万台)$$

$$最高销售量的预测值 = 1\,509 \div 21 = 71.8571 \approx 72(万台)$$

如果未来市场出现各种情况的主观概率分别为0.2、0.6、0.2，那么最后的预测方案就可以通过计算期望值综合确定：

$$33 \times 0.2 + 59 \times 0.6 + 72 \times 0.2 = 56.4(万台)$$

即这种洗衣机的综合预测值为年销量56.4万台。

德尔菲法有如下三个特点：一是匿名性，通过背靠背地表达意见，能够消除预测参与者表达意见的心理压力，使他们独立思考，独立判断；二是反馈性，每个专家，可以多次提出和修改自己的意见，也有助于他们了解其他预测人员的意见和预测依据，开拓思路；三是统计性，可以对专家意见和预测结果做出定量的统计归纳，使结果趋于一致。

第三节　时间序列预测法

时间序列预测法，利用预测对象的时间序列数据，通过建立和拟合数学模型，找出事物发展变化的规律，并据此外推，做出定量估计。根据分析方法的不同，时间序列预测法又可分为：简易平均法、移动平均法、指数平滑法、趋势外推预测法、季节趋势预测法等。

一、简易平均法

简易平均法就是把一定观察期内各观察值的某种平均数作为下一期预测值的预测方

法，包括简单序时平均法、加权序时平均法、几何平均法等。

简单序时平均法和加权序时平均法是把一定观察期内各观察值的简单算术平均数或加权算术平均数作为下一期的预测值。简单序时平均法实际上是加权序时平均法的一个特例，当令加权序时平均法中各时期的权数为 1 时，就是简单序时平均法。加权序时平均法计算公式为：

$$X_{n+1} = \frac{\sum_{i=1}^{n} W_i X_i}{\sum_{i=1}^{n} W_i} \qquad \text{（公式 8-1）}$$

式中，X_{n+1}为下一期的预测值；n 为观察的时期数，也即时间序列数据的个数；i 为 n 中的第 i 个时期；W_i为时间序列数据中的第 i 个数据的权数；X_i为时间序列数据中的第 i 个数据。在使用公式 8-1 进行预测时，研究者为各个数据赋权具有一定的随意性，但总的原则是：越靠近预测期的历史数据应给予越大的权数。这是因为离预测期越近的历史数据，对预测的启示意义越大，也越重要。一般而言，研究者会根据各个时期的历史数据由近及远地依次赋予递减的权数。当各时期的权数为 1 时，就是简单序时平均法。它实际上是假设各个时期的数据对于预测的作用相同。所以，如果事物呈现某种上升或下降的趋势，就不宜采用这种方法进行预测。

几何平均法用时间数据的几何平均数作为预测值，公式如下：

$$X_{n+1} = \sqrt[n]{\prod_{i=1}^{n} X_i} \qquad \text{（公式 8-2）}$$

式中，X_{n+1}、n、i 和 X_i的含义同上，$\prod$ 为连乘号。它常用于预测事物的发展速度。

例如，表 8-4 是某钢铁厂某种型号钢材近五年的月销售数据，现在让我们用这三种方法来预测该钢铁厂该种型号钢材 2014 年的月销售额和年销售额。

表 8-4　某钢铁厂某种型号钢材近五年的月销售数据及月销售预测值　　单位：万元

月份	年份					2014 年月预测值
	2009	2010	2011	2012	2013	
1	110	99	109	109	108	107.0
2	110	108	104	114	116	110.4
3	120	116	109	120	120	117.0
4	106	120	118	119	117	116.0
5	108	109	110	107	114	109.6
6	98	114	108	99	120	107.8
7	111	120	116	106	119	114.4
8	116	119	120	118	107	116.0
9	119	107	117	108	99	110.0
10	107	99	106	116	106	106.8
11	110	106	112	120	118	113.2
12	116	118	117	117	119	117.4
合计	1 331	1 335	1 346	1 353	1 363	1 345.6

先用简单序时平均法。首先,将2009年至2013年销售数据按月代入公式8-1,计算2014年各月销售额的预测值,如表8-4最后一列所示。比如,2014年1月份销售额的预测值计算如下:

$$X_6 = \frac{1}{5}\sum_{i=1}^{5} X_i = \frac{1}{5}(110 + 99 + 109 + 109 + 108) = 107$$

然后,各月的销售额相加就得2014年年度销售额的预测值1 345.6万元。当然,2014年年度销售额的预测值,也可以通过将2009年至2013年的年度销售额代入公式8-1计算得出,如下:

$$X_6 = \frac{1}{5}\sum_{i=1}^{5} X_i = \frac{1}{5}(1\,331 + 1\,335 + 1\,346 + 1\,353 + 1\,363) = 1\,345.6$$

如果仅看各月销售额的预测值,在这一例子中使用简单序时平均法似乎问题不大。但是,当看年度销售额和预测值时,我们就发现问题了,因为预测对象的年度数据呈现明显的上升趋势。此时,使用简单序时平均法预测,预测误差会很大。那么,用加权序时平均法会如何呢?

令2009年至2013年的权数依次为0.1、0.1、0.2、0.2和0.4。根据公式8-1则有

$$X_6 = \frac{\sum_{i=1}^{5} W_i X_i}{\sum_{i=1}^{5} W_i} = 1\,331 \times 0.1 + 1\,335 \times 0.1 + 1\,346 \times 0.2$$

$$+ 1\,353 \times 0.2 + 1\,363 \times 0.4 = 1\,351.6$$

很显然,在这种情况下,用加权序时平均法获得的预测值大于用简单序时平均法获得的预测值。不过,因为年度销售额是以一个比较固定的比例增长的,所以用加权序时平均法获得的预测值还是偏小。下面,我们看用几何平均法进行预测会得到什么结果。

用几何平均法进行预测,先计算每一年年度销售额较前一年的环比增长率,即某一年的年度销售额与前一年年度销售额之比。经过计算,2010年至2013年年度销售额的环比增长率分别为1.003、1.008、1.005、1.007。将其代入公式8-2中,有

$$X_5 = \sqrt[4]{\prod_{i=1}^{4} X_i} = \sqrt[4]{1.003 \times 1.008 \times 1.005 \times 1.007} = 1.00575$$

因为这里的X_5是2010年至2013年年度销售额环比增长率的平均值,所以用它乘以2013年的年度销售额,就可以得到2014年年度销售额的预测值,为

$$1\,363 \times 1.00575 = 1\,370.84$$

即2014年的年度销售额大约为1 370.84万元。显然,用几何平均法所得的预测值更符合本例题的数据分布情况。

二、移动平均法

移动平均法是按相等的时间间隔和顺序对时间序列数据依次计算平均数,并把计算结果排成新的动态数列,以此反映预测对象的变化规律,进行定量预测的方法。移动平均法与简易平均法最大的区别是:简易平均法只适合于预测呈直线变化的事物,而移动平均

法则可以用来预测呈曲线变化的事物。

在股市中，人们经常讲日 k 线、五日均线、十日均线和三十日均线等。其中的五日均线、十日均线和三十日均线就是分别以五日、十日和三十日为时间间隔而计算出的股市指数或收盘价的移动平均值，如示例 8-1 所示。

示例 8-1

股指 k 线图

图 8-3 所显示的是 2013 年 8 月 2 日深圳成分股指数 k 线图。图中，除了 k 线(即直方图)，还有四条曲线，依次为五日均线(MA5)、十日均线(MA10)、二十日均线(MA20)和三十日均线(MA30)。这四条均线描述了深圳成分股指数五日、十日、二十日和三十日的上升或下降趋势。当然，这些均线可能在 k 线的上方，那意味着股指正在下跌途中；也可能在 k 线的下方，那意味着股指正在上升途中。

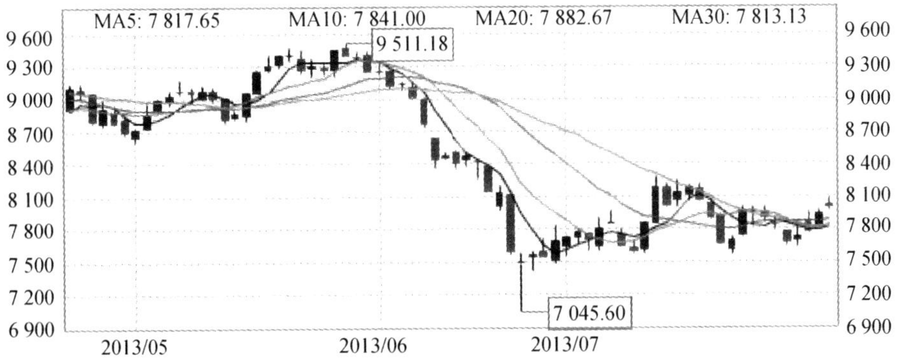

图 8-3 2013 年 8 月 2 日深圳成分股指数 k 线图

(资料来源：http://finance.sina.com.cn/realstock/company/sz399001/nc.shtml，2013 年 8 月 2 日读取)

移动平均法能够部分地消除事物变化的随机波动，起到修匀历史数据和揭示事物变动趋势的作用。根据移动的次数，移动平均法可分为一次移动平均法和二次移动平均法。

(一) 一次移动平均法

一次移动平均法，就是通过计算一次移动平均数和观察不同移动期数预测的准确性选定移动期数，用一次移动平均值直接进行预测的方法。计算公式如下：

$$M_{t+1}^{(1)} = \frac{\sum_{i=t-n+1}^{t} W_j X_i}{\sum_{j=1}^{n} W_j} = \frac{W_1 X_{t-n+1} + W_2 X_{t-n+2} + \cdots + W_n X_t}{W_1 + W_2 + \cdots + W_n} \quad \text{(公式 8-3)}$$

式中，$M_{t+1}^{(1)}$ 为时间为 t 的一次移动平均数的预测值；X_i 为时间序列数据中的第 i 个数据；n

为移动期数；W_j为移动期数中第 j 个数据的权数；t 为时间序列数据的个数。当 $W_j=1$ 时，被称为简单移动平均法；当 $W_j \neq 1$ 时，被称为加权移动平均法。

表 8-5 是 1989 年到 2005 年中国社会消费品零售总额的变动情况。下面，以此为例，用简单移动平均法说明如何使用一次移动平均法预测 2006 年中国社会消费品零售总额。

表 8-5　用一次移动平均法预测 2006 年中国社会消费品零售总额

年份	零售总额(亿元)	三年的移动平均值		五年的移动平均值	
		预测值	预测误差	预测值	预测误差
1989	8 101.4				
1990	8 300.1				
1991	9 415.6				
1992	10 993.7	8 605.70	2 388.00		
1993	14 270.4	9 569.80	4 700.60		
1994	18 622.9	11 559.90	7 063.00	10 216.24	8 406.66
1995	23 613.8	14 629.00	8 984.80	12 320.54	11 293.26
1996	28 360.2	18 835.70	9 524.50	15 383.28	12 976.92
1997	31 252.9	23 532.30	7 720.60	19 172.20	12 080.70
1998	33 378.1	27 742.30	5 635.80	23 224.04	10 154.06
1999	35 647.9	30 997.07	4 650.83	27 045.58	8 602.32
2000	39 105.7	33 426.30	5 679.40	30 450.58	8 655.12
2001	43 055.4	36 043.90	7 011.50	33 548.96	9 506.44
2002	48 135.9	39 269.67	8 866.23	36 488.00	11 647.90
2003	52 516.3	43 432.33	9 083.97	39 864.60	12 651.70
2004	59 501.0	47 902.53	11 598.47	43 692.24	15 808.76
2005	67 176.6	53 384.40	13 792.20	48 462.86	18 713.74
2006	未知	59 731.30		54 077.04	

第一步，确定移动期数。移动期数的多少，可以由预测者根据情况选取。由于移动期数的确定有比较大的随意性，所以研究者常常需要通过观察移动平均数与真实值之间的差值(即预测误差)，来选择移动期数。这里，我们令移动期数 $n=3$ 和 $n=5$。

第二步，根据历年实际数据，分别以三年和五年为期，计算一次移动平均值。比如，第一个一次移动平均值(包括 $n=3$ 和 $n=5$ 两种情况)用下面的方法计算：

$$M_{3+1}^{(1)}=\frac{\sum_{i=1}^{3}X_i}{3}=\frac{8\,101.4+8\,300.1+9\,415.6}{3}=8\,605.7$$

$$M_{5+1}^{(1)}=\frac{\sum_{i=1}^{5}X_i}{5}=\frac{8\,101.4+8\,300.1+9\,415.6+10\,993.7+14\,270.4}{5}=10\,216.24$$

其余类推。最后得到的那两个移动平均值，即 59 731.30 亿元和 54 077.04 亿元，就是 2006 年中国社会消费品零售总额的预测值。

第三步，根据预测平均误差选定最终预测值。比如，我们在表 8-5 第四列和第六列中计算了用两个移动期数预测的预测误差，将其平均可得：

三年的移动平均值的预测平均误差 = 7 621.4214

五年的移动平均值的预测平均误差 = 11 708.1317

由此，我们可以确定，在这一个例子中，用三期的移动平均数预测较为准确。因此，在本例中，我们应该选择 59 731.30 亿元（$n=3$ 的预测结果）作为预测值。当然，我们可以采用多个期数计算移动平均值，看哪一个预测最准确，然后进行选择。当预测误差不是同方向（即有正有负）时，最好用均方误差（MSE）来判断预测的准确性。均方误差的计算公式为：

$$\mathrm{MSE} = \frac{1}{n}\sum_{i=1}^{n} E_i^2 \qquad \text{（公式 8-4）}$$

式中，E_i 为第 i 个预测值的预测误差，它等于真实值与预测值之差，如表 8-5 第四列和第六列所示。

第四步，绘图，根据移动平均值画出移动平均线。如果我们对数据的变化趋势不关心，在移动期数已定的情况下，预测值的计算本是很简单的事情，只要把最后 n 个数据的平均数作为预测值就可以了。用一次移动平均法进行预测的目的，不仅仅是计算预测值，还要通过观察移动平均数的变化趋势，把握预测对象的变化规律。这就需要绘制能够表现预测对象变化规律的图形，画出与图 8-3（示例 8-1）中那些均线相似的曲线。请根据表 8-5 中的预测值，画出中国社会消费品零售总额变动的三年均线和五年均线。你能说出三年均线和五年均线都透露了哪些信息吗？

（二）二次移动平均法

二次移动平均法，就是在做了一次移动平均求出变动趋势值的基础上，再对其变动趋势值进行移动平均，求出二次移动平均值，并以此为基础建立直线方程进行预测。二次移动平均法欲建立的直线方程如下：

$$\hat{X}_{t+T} = a_t + b_t T \qquad \text{（公式 8-5）}$$

式中，$\hat{X}_{t+T}$ 为第（$t+T$）期的预测值；t 为一次与二次移动平均值的时间，通常为本期；T 为本期到预测期的时期数；a_t 和 b_t 为参数，二者的计算公式为：

$$a_t = 2M_t^{(1)} - M_t^{(2)} \qquad \text{（公式 8-6）}$$

$$b_t = \frac{2}{n-1}\left(M_t^{(1)} - M_t^{(2)}\right) \qquad \text{（公式 8-7）}$$

式中，$M_t^{(1)}$ 和 $M_t^{(2)}$ 分别为 t 时间的一次和二次移动平均数，n 为移动期数。

比如，再用 1989 年到 2005 年中国社会消费品零售总额的变动数据，使用二次移动平均法预测 2007 年中国社会消费品零售总额。参数的计算过程和预测步骤如表 8-6 所示。

表 8-6 用二次移动平均法预测 2007 年的中国社会消费品零售总额

年份	零售总额（亿元）	一次移动平均值（$n=3$）	二次移动平均值（$n=3$）	a_t	b_t	预测值
1989	8 101.4					
1990	8 300.1					
1991	9 415.6	8 605.70				
1992	10 993.7	9 569.80				
1993	14 270.4	11 559.90	9 911.80	13 208.00	1 648.10	
1994	18 622.9	14 629.00	11 919.57	17 338.43	2 709.43	
1995	23 613.8	18 835.70	15 008.20	22 663.20	3 827.50	16 504.20
1996	28 360.2	23 532.30	18 999.00	28 065.60	4 533.30	22 757.29
1997	31 252.9	27 742.30	23 370.10	32 114.50	4 372.20	30 318.20
1998	33 378.1	30 997.07	27 423.89	34 570.25	3 573.18	37 132.20
1999	35 647.9	33 426.30	30 721.89	36 130.71	2 704.41	40 858.90
2000	39 105.7	36 043.90	33 489.09	38 598.71	2 554.81	41 716.61
2001	43 055.4	39 269.67	36 246.62	42 292.72	3 023.05	41 539.53
2002	48 135.9	43 432.33	39 581.97	47 282.69	3 850.36	43 708.33
2003	52 516.3	47 902.53	43 534.84	52 270.22	4 367.69	48 338.82
2004	59 501.0	53 384.40	48 239.75	58 529.05	5 144.65	54 983.41
2005	67 176.6	59 731.30	53 672.74	65 789.86	6 058.56	61 005.60
2006	未知					68 818.35
2007	未知					77 906.98

第一步，确定移动期数。如前所述，移动期数的多少，可以由预测者根据情况选取。这里，我们令移动期数 $n=3$。

第二步，根据历年实际数据，以 3 年为期，计算出一次移动平均值。

第三步，根据一次移动平均值，以 3 年为期，计算出二次移动平均值。计算方法与计算一次移动平均值相同。比如，第一个二次移动平均值用下面的方法计算：

$$M_3^{(2)} = \frac{1}{3}\sum_{i=1}^{3} M_i^{(1)} = \frac{8\,605.7 + 9\,569.8 + 11\,559.9}{3} = 9\,911.8$$

其余类推。

第四步，利用公式 8-6 和公式 8-7，求出参数 a_t 和 b_t。比如，第一组参数为：

$$a_3 = 2M_3^{(1)} - M_3^{(2)} = 2 \times 11\,559.9 - 9\,911.8 = 13\,208.0$$

$$b_3 = \frac{2}{3-1}(M_3^{(1)} - M_3^{(2)}) = 11\,559.9 - 9\,911.8 = 1\,648.1$$

其余类推。

第五步，将各年的参数 a_t 和 b_t 代入线性方程（公式 8-5），得各年的预测值。比如，第一组参数为：

$$\hat{X}_5 = a_3 + b_3 \times 2 = 13\,208.0 + 1\,648.1 \times 2 = 16\,504.2$$

其余类推。最后得到的那个预测值，即 77 906.98 亿元，就是 2007 年中国社会消费品零售总额的预测值。

三、指数平滑法

指数平滑法，也称指数移动平均法和指数修匀法[3]。它是根据历史资料的上期实际数和预测值，用指数加权的办法进行预测。其实质是一种以特殊的等比数列为权数的加权移动平均法，优点是只要有上期实际数和上期预测值，就可计算下期预测值，可以节省处理数据的时间，方法简便。根据平滑次数，指数平滑法可分为一次指数平滑法与多次指数平滑法。

一次指数平滑法，以预测对象的本期实际值和本期预测值为基数，分别给两者以不同的权数，计算出指数平滑值，作为下期预测值。一次指数平滑法的预测公式为：

$$S_{t+1}^{(1)} = \alpha X_t + (1 - \alpha) S_t^{(1)} \qquad \text{（公式 8-8）}$$

式中，$S_{t+1}^{(1)}$ 代表指数平滑值，即下期预测值；X_t 代表本期实际值；$S_t^{(1)}$ 代表本期预测值；$\alpha(0 \leqslant \alpha \leqslant 1)$ 是平滑系数。

多次指数平滑法，是二次指数平滑法，三次指数平滑法，乃至 n 次指数平滑法的统称。在市场预测中，主要应用二次指数平滑法。二次指数平滑法的原理与二次移动平均法类同。它对时间数列进行了一次指数平滑以后再做一次指数平滑，求得二次指数平滑值，并利用一次指数平滑值与二次指数平滑值之间的滞后偏差演变规律，建立起线性方程，用于预测。二次指数平滑值的计算公式为：

$$S_t^{(2)} = \alpha S_t^{(1)} + (1 - \alpha) S_{t-1}^{(2)} \qquad \text{（公式 8-9）}$$

式中，$S_t^{(2)}$ 代表 t 时期的二次指数平滑值；$S_t^{(1)}$ 代表 t 时期的一次指数平滑值；$S_{t-1}^{(2)}$ 代表 t 前一时期的二次指数平滑值；$\alpha(0 \leqslant \alpha \leqslant 1)$ 是平滑系数。二次指数平滑法欲建立的直线方程与公式 8-5 相同，只是 a_t 和 b_t 参数的计算公式略有不同：

$$a_t = 2S_t^{(1)} - S_t^{(2)} \qquad \text{（公式 8-10）}$$

$$b_t = \frac{\alpha}{1 - \alpha}\left(S_t^{(1)} - S_t^{(2)}\right) \qquad \text{（公式 8-11）}$$

比如，再用 1989 年到 2005 年中国社会消费品零售总额的变动数据，使用二次指数平滑法预测 2006 年中国社会消费品零售总额。参数的计算过程和预测步骤如表 8-7 所示。

表 8-7　用二次指数平滑法预测 2006 年中国社会消费品零售总额

年份	零售总额（亿元）	一次指数平滑值（$\alpha=0.8$）	二次指数平滑值（$\alpha=0.8$）	a_t	b_t	预测值
1989	8 101.4	8 101.40	8 101.40			
1990	8 300.1	8 260.28	8 228.50	8 292.06	127.12	
1991	9 415.6	9 184.54	8 993.33	9 375.75	764.84	8 546.30
1992	10 993.7	10 631.87	10 304.16	10 959.58	1 310.84	10 905.43
1993	14 270.4	13 542.70	12 894.99	14 190.41	2 590.84	13 581.26
1994	18 622.9	17 606.86	16 664.49	18 549.23	3 769.48	19 372.09
1995	23 613.8	22 412.41	21 262.82	23 562.00	4 598.36	26 088.19
1996	28 360.2	27 170.64	25 989.08	28 352.20	4 726.24	32 758.72
1997	31 252.9	30 436.45	29 546.98	31 325.92	3 557.88	37 804.68
1998	33 378.1	32 789.77	32 141.21	33 438.33	2 594.24	38 441.68
1999	35 647.9	35 076.27	34 489.26	35 663.28	2 348.04	38 626.81
2000	39 105.7	38 299.81	37 537.70	39 061.92	3 048.44	40 359.36
2001	43 055.4	42 104.28	41 190.96	43 017.60	3 653.28	45 158.80
2002	48 135.9	46 929.58	45 781.86	48 077.30	4 590.88	50 324.16
2003	52 516.3	51 398.96	50 275.54	52 522.38	4 493.68	57 259.06
2004	59 501.0	57 880.59	56 359.58	59 401.60	6 084.04	61 509.74
2005	67 176.6	65 317.40	63 525.84	67 108.96	7 166.24	71 569.68
2006	未知					81 441.44

第一步，确定初始值和平滑系数。初始值一般可用最早的观察值或最早的前几个观察值的平均数代替。平滑系数则需要通过测试得出。这里，我们用最早的观察值代替初始值，令平滑系数 $\alpha=0.8$。

第二步，根据历年实际数据和公式 8-8，计算出一次指数平滑值。这里要注意，因为计算的是一次指数平滑值，而不是用一次指数平滑值作为预测值，所以式中的 $S_{t+1}^{(1)}$ 要变为 $S_t^{(1)}$，而式中的 $S_t^{(1)}$ 要变为 $S_{t-1}^{(1)}$。比如，第二个一次指数平滑值为：

$$S_2^{(1)} = 0.8X_2 + (1-0.8)S_1^{(1)} = 0.8\times 8\,300.1 + 0.2\times 8\,101.4 = 8\,260.28$$

第三步，根据一次指数平滑值和公式 8-9，计算二次指数平滑值。比如，第二个指数平滑值用下面的方法计算：

$$S_2^{(2)} = 0.8S_2^{(1)} + (1-0.8)S_1^{(2)} = 0.8\times 8\,260.28 + 0.2\times 8\,101.4 = 8\,228.50$$

第四步，利用公式 8-10 和公式 8-11，求出参数 a_t 和 b_t。比如，第一组参数为：

$$a_2 = 2S_2^{(1)} - S_2^{(2)} = 2\times 8\,260.28 - 8\,228.50 = 8\,292.06$$

$$b_2 = \frac{0.8}{1-0.8}(S_2^{(1)} - S_2^{(2)}) = 4\times(8\,260.28 - 8\,228.50) = 127.12$$

第五步，以各年的参数 a_t 和 b_t 代入线性方程（公式 8-5），得各年的预测值。比如，第一组参数为：

$$\hat{X}_3 = a_2 + b_2\times 2 = 8\,292.06 + 127.12\times 2 = 8\,546.30$$

最后得到的那个预测值,即 81 441.44 亿元,就是 2006 年中国社会消费品零售总额的预测值。

四、趋势外推预测法

趋势外推预测法,就是利用时间序列所具有的直线或曲线趋势,通过建立预测模型进行预测的方法。常用的预测模型分直线型和曲线型,其中曲线型预测模型又分为很多种。在市场预测中常用的预测模型有:

- 直线方程:$Y = a + bX$
- 二次曲线方程:$Y = a + bX + cX^2$
- 指数曲线方程:$Y = ab^X$
- 简单修正指数曲线方程:$Y = K + ab^X$
- 戈珀茨曲线方程:$Y = Kab^X$
- 逻辑曲线方程:$Y = \dfrac{K}{1 + e^{f(X)}}$
- 三次曲线方程:$Y = a + bX + cX^2 + dX^3$
- 幂函数曲线方程:$Y = aX^b$
- 双曲线方程:$\dfrac{1}{Y} = a + \dfrac{b}{X}$

在这些方程中,a、b、c 和 d 是参数;X 为自变量,表现为按自然数顺序编号的时间序数;Y 为因变量,表现为预测对象按照时间排列的数据。趋势外推法,就是通过预测对象和时间的对应关系,用拟合方程的方法寻找参数,建立预测模型,进行预测。这里用拟合直线方程的方法说明其原理。

例如,已知某企业某种产品 1999 年至 2012 年的销售额数据如表 8-8 所示,请用趋势外推预测法预测该企业此种产品 2013 年的销售额。

表 8-8 某企业某种产品 1999 年至 2012 年的销售额 单位:百万元

年份	1999	2000	2001	2002	2003	2004	2005	2006	2007	2008	2009	2010	2011	2012
时间序数(X_i)	1	2	3	4	5	6	7	8	9	10	11	12	13	14
销售额(Y_i)	133	150	143	177	218	236	263	295	299	330	404	433	531	534

趋势外推预测法的第一步,是做数据的散点图。以横轴代表年份、纵轴代表销售额作图,将 1999 年至 2012 年的销售额绘入图中,结果如图 8-4 所示。

第二步,判断散点图的线性特征,选择适当的预测模型。在本例中,散点图呈明显的直线特征,所以应该用直线方程,即 $Y = a + bX$。

第三步,求出参数 a 和 b 的值。求参数最常用的方法,是最小二乘法。它依据最小二乘原则(拟合直线方程所确定的理论值与对应各点的观察值之差的平方和最小),利用微分学中的极值原理,通过建立联立标准方程,求解线性方程的参数。直线方程中参数 a 和 b 的计算公式为:

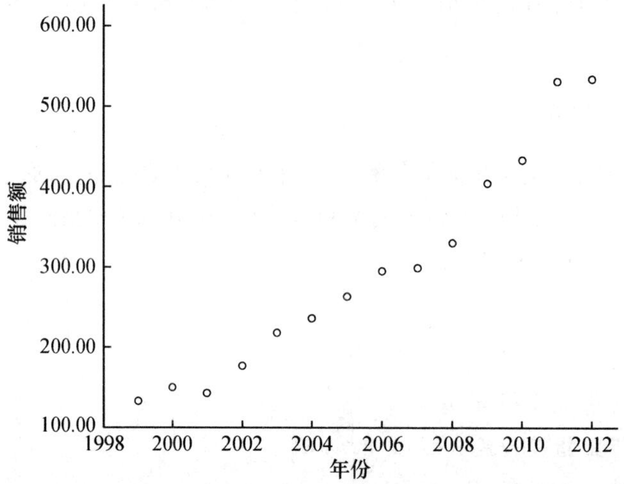

图 8-4　散点图

$$a = \frac{1}{n}\sum_{i=1}^{n} Y_i - b\frac{1}{n}\sum_{i=1}^{n} X_i = \bar{Y} - b\bar{X} \qquad \text{（公式 8-12）}$$

$$b = \frac{n\sum_{i=1}^{n} X_iY_i - \left(\sum_{i=1}^{n} X_i\right)\left(\sum_{i=1}^{n} Y_i\right)}{n\sum_{i=1}^{n} X_i^2 - \left(\sum_{i=1}^{n} X_i\right)^2} \qquad \text{（公式 8-13）}$$

式中，a 和 b 是参数；X_i为第 i 个时期的时间序数（注意：X_i可以是 1,2,3,…,n 这样的时间序数，为了使其和为零，也可以是 $-7,-6,-5\cdots\cdots5,6,7$ 这样的时间序数）；Y_i为预测对象第 i 个时期的观察值；n 为观察期数。经过计算得：

$$a = 59.044$$

$$b = 31.613$$

第四步，将 a 和 b 代入直线方程（$Y = a + bX$）中，得如下预测模型：

$$Y = 59.044 + 31.613X$$

第五步，用预测模型预测该企业此种产品 2013 年的销售额。将 $X = 15$ 代入预测模型，即有

$$Y = 59.044 + 31.613 \times 15 = 533.239（百万元）$$

即该企业此种产品 2013 年的销售额大约为 5.33 亿元。

曲线型预测模型进行趋势外推的步骤完全相同，只是计算参数的方法比较复杂。好在现在有电脑帮助，复杂的计算过程本身已经不是问题。因此，使用趋势外推预测法的关键，是判断好趋势，选出适当的预测模型。

五、季节趋势预测法

季节趋势预测法，也称季节指数法，是指根据预测对象每年重复出现的周期性季节变动指数，预测其季节或月度变动趋势。它可以用来预测生产、销售、原材料储备、预计资金周转需要量等方面的季节性变动。季节变动的主要特点是：每年都重复出现，各年同月

(或季)具有相同的变动方向,变动幅度一般相差不大。对呈季节性变动的预测对象进行预测时,要求收集的时间序列数据应以月(或季)为单位,并且至少需要有3年以上的观察数据。这里我们举例说明这种方法的应用。

例如,表8-9是A企业B商品四年销售量的分季资料。如果第五年第一季度的销售量为10吨,那么请预测第五年其他三季度的销售量。

表8-9　A企业B商品四年销售量的分季资料与季节指数的计算　　单位:吨

	季度				全年合计
	一季度	二季度	三季度	四季度	
第一年	5	8	13	18	44
第二年	6	10	14	18	48
第三年	8	12	16	22	58
第四年	15	17	19	25	76
合计	34	47	62	83	226
平均数	8.5	11.75	15.5	20.75	14.125
季节指数	60.18%	83.19%	109.73%	146.90%	400%

第一步,先根据已知的季度销售量计算季节指数。季节指数(SI)的计算公式是:

$$SI = \frac{\text{各季(月)平均数}}{\text{各季(月)总平均数}} \times 100\%$$　(公式8-14)

这里需要注意,在计算季节指数时,若以季为周期,则一年的季节指数之和应为400%;若以月为周期,则12个月的季节指数之和应为1 200%。如果计算时由于四舍五入产生误差,使季节指数之和不等于相应标准(如400%或1 200%)时,需要用比例法将其调整为标准形态。

第二步,根据计算出的季节指数和预测年度已知的季销售量,求出第五年的季平均数。在本例中,已知第五年第一季度的销售量为10吨,因此第五年的季平均数为:

$$\text{第五年的季平均数} = 10 \div 60.18\% = 16.62(\text{吨})$$

第三步,根据第五年的季平均数和其他各季度的季节指数,求出各季的预测值。在本例中,第五年各季的预测值为:

$$\text{第五年第二季度的销售量} = 16.62 \times 83.19\% = 13.82(\text{吨})$$

$$\text{第五年第三季度的销售量} = 16.62 \times 109.73\% = 18.24(\text{吨})$$

$$\text{第五年第四季度的销售量} = 16.62 \times 146.90\% = 24.41(\text{吨})$$

第四节　因果关系分析预测法

因果关系分析预测法,是根据事物之间的因果关系,知因测果。它从研究事物之间发展变化的因果关系入手,通过统计分析建立数学模型,并据此进行定量预测。市场调查与预测中常用的因果关系分析预测法有回归分析预测法、基数迭加法、比例推算法和投入产出分析预测法等,以下各节将对它们做一一介绍。

一、回归分析预测法

回归分析预测法,利用统计分析,把两个或两个以上变量之间的相关关系模型化,建立起回归方程,用以推算因变量随自变量变动的数值、程度和方向。根据回归方程中自变量(即元)的多少,它又可以分为一元回归预测和多元回归预测。

一元回归的预测模型与前面所讲的趋势外推预测法的预测模型(第八章第三节)以及求解参数的方法完全相同,唯一的不同是:趋势外推预测法预测模型中的自变量是时间序数,而一元回归预测模型中的自变量则是另外一个与预测对象(因变量)相关的非时间序数变量。因此,趋势外推预测法可以被看做以时间序数为自变量的一元回归预测法,也因此趋势外推预测法对于预测值的求解过程,完成适用于一元回归预测。另外,因为时间序数是唯一的自变量,所以趋势外推预测法只是一元的,没有多元的。关于一元回归预测法的应用,可参考趋势外推预测法,这里不再详述。

多元回归预测法,在利用统计资料进行多元回归分析(第七章第四节)的基础上,通过建立多元回归预测方程,用两个及两个以上已知的变量(自变量)来估算预测对象(因变量)。多元回归预测方程,是用来表达一个因变量与多个自变量之间相关关系的数学模型,可分为多元线性回归方程和多元非线性回归方程两大类。其中,多元线性回归方程是市场预测中最常用的。与多元线性回归分析相似,多元线性回归预测方程的表达式如下:

$$\hat{Y} = b_0 + \sum_{i=1}^{n} b_i X_i \qquad \text{(公式 8-15)}$$

式中,$\hat{Y}$ 为因变量的预测值,X_i为第 i 个自变量(也称解释变量),b_0为截距,b_i为第 i 个自变量的回归系数,n 为自变量的个数。其中,参数 b_0和 b_i需要通过应用最小二乘法原理对历史数据进行拟合推算。

用多元线性回归方程预测的步骤如下:

第一步,筛选自变量。某个市场变量(预测对象)往往受到许多因素(解释变量)不同程度的影响,如果不加鉴别,把所有自变量选入回归预测模型,会出现自变量之间高度共线性问题,这会降低预测结果的准确性。因此,建立一个具有良好预测效果的多元回归方程,必须慎重地筛选自变量。筛选自变量应当注意掌握以下几点:

- 所选自变量必须对因变量有显著影响,即它能提高回归方程的拟合优度。
- 所选自变量应该具有较为完整的量化资料,虽然有时可用一些虚拟变量(0—1 变量),但是一般难以量化的因素不选入。
- 入选的自变量与因变量之间应具有理论意义上的内在因果联系,而不仅仅是形式上的相关。
- 为了尽可能地避免自变量之间的多重共线性问题,入选的自变量之间的相关程度不应高于自变量与因变量之间的相关程度。

逐步回归分析法可用于自变量的筛选。这个方法的基本思路是:将偏回归平方和显著的自变量逐个地引入,每引入一个新的自变量,对原已选入的自变量逐个进行检验,发现偏回归平方和变为不显著的,应予剔除。这种方法计算过程比较复杂,一般要运用电脑和相关的软件(如 SPSS)计算。

第二步,对统计资料进行多元回归分析,求解参数 b_0 和 b_i。这一过程的推导很复杂,这里不做介绍。参数的具体求解则需要借助于电脑和统计软件(如 SPSS)进行。

第三步,对多元回归方程进行统计检验,最终选定用于预测的自变量。一是检验因变量与多个自变量之间是否线性相关,即进行回归方程的显著性检验;二是分别判定每个自变量对因变量的影响程度,也就是要对回归系数进行显著性检验。前者用 F 检验,后者用 t 检验(参看第七章第四节)。F 检验如果没有通过,则整个方程不能用于预测;而 t 检验不能通过的自变量,也要从预测方程中删除。

第四步,将最终选定自变量的系数代入,建立预测方程,进行预测。

示例 8-2 显示了在进行多元线性回归预测时,如何应用 SPSS 软件计算参数、建立预测方程和进行预测。

示例 8-2

应用 SPSS 软件进行多元回归预测

打开教材附件中的数据文件"DATA7 多元回归预测",出现图 8-5 一样的画面。其中,Year 是时间序数,Marketing 是企业在营销方面的投入(单位:百万元),brandF 是企业品牌知名度的测量值,ProdnT 是企业在生产技术设备方面的投入(单位:百万元),SaleQ 是企业产品销售总额(单位:百万元)。注意,所有的货币额都是在剔除了价格上涨因素以后的货币额。企业想知道,在下一年度,如果企业在营销方面、生产技术设备方面分别投入 600 万元和 2 亿元,并且在企业品牌知名度的测量值上增加 10 个百分点,企业的销售额会有怎样的变化。

	Year	Marketing	brandF	ProdnT	SaleQ
1	1	4.79	4.70	152.00	441.00
2	2	4.97	4.90	92.00	449.00
3	3	4.50	4.48	93.00	408.00
4	4	5.58	5.39	225.00	528.00
5	5	4.66	4.63	69.00	426.00
6	6	5.52	5.37	265.00	533.00
7	7	4.50	4.51	50.00	421.00
8	8	4.68	4.56	126.00	442.00
9	9	4.33	4.36	37.00	389.00
10	10	3.70	3.64	33.00	335.00
11	11	4.25	4.25	23.00	371.00
12	12	3.24	3.22	6.00	281.00
13	13	4.03	4.06	16.00	347.00
14	14	4.23	4.23	38.00	379.00
15	15	4.50	4.47	39.00	408.00
16	16	4.79	4.72	100.00	446.00

图 8-5 多元回归分析预测

点击分析(A)→ 回归(R)→线性(L)…,弹出对话窗如图 8-6 所示。

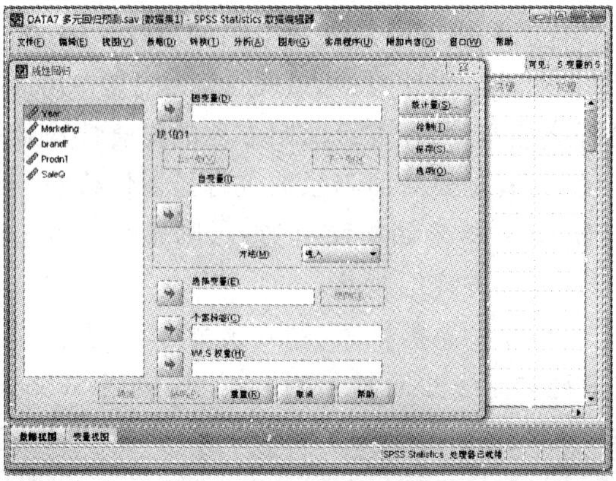

图 8-6　多元回归分析预测

将列在对话窗左侧的 SaleQ 点入右侧的“因变量(D)”框中,将其他变量点入右侧的“自变量(I)”框中,然后在“方法(M)”中选择“向后”,点“确定”键,即得分析结果如表 8-10a 至表 8-10c 所示。

表 8-10a　多元回归分析结果:模型汇总

模型	R	R^2	调整 R^2	估计的标准误
1	0.993[a]	0.987	0.986	8.29292
2	0.993[b]	0.987	0.986	8.22974

a. 预测变量:(常量), ProdnT, brandF, Marketing。
b. 预测变量:(常量), ProdnT, Marketing。

表 8-10b　多元回归分析结果:Anova[c]

模型		平方和	df	均方	F	Sig.
1	回归	322 147.806	3	107 382.602	1 561.416	0.000[a]
	残差	4 332.671	63	68.773		
	总计	326 480.478	66			
2	回归	322 145.849	2	161 072.925	2 378.212	0.000[b]
	残差	4 334.629	64	67.729		
	总计	326 480.478	66			

a. 预测变量:(常量), ProdnT, brandF, Marketing。
b. 预测变量:(常量), ProdnT, Marketing。
c. 因变量:SaleQ。

表 8-10c　多元回归分析结果：系数[a]

模型		非标准化系数		标准系数	t	Sig.
		B	标准误差			
1	（常量）	-59.166	9.420		-6.281	0.000
	Marketing	102.502	9.015	0.916	11.370	0.000
	brandF	1.526	9.042	0.013	0.169	0.867
	ProdnT	0.079	0.016	0.096	5.030	0.000
2	（常量）	-58.965	9.273		-6.359	0.000
	Marketing	103.980	2.101	0.929	49.490	0.000
	ProdnT	0.079	0.015	0.096	5.107	0.000

a. 因变量：SaleQ。

表中有两个模型，二者的拟合优度（表 8-10a 中的 R^2）相同，同为 0.987，意即方程中的自变量能够解释因变量 98.7% 的变化。两个模型的 F 值（表 8-10a）均显著大于 0（Sig. =0.000），说明两个模型中的自变量作为一个整体对因变量的变化确有显著影响。第一个模型中有三个自变量，即 Marketing、brandF 和 ProdnT，第二模型中有两个自变量，即 Marketing 和 ProdnT（表 8-10b）。其中，第一个模型中的 brandF 对因变量的影响是不显著的，因此在第二个模型中通过 Backward 程序，把它删除。在第二个模型中，剩下的两个自变量均对因变量的变化有显著影响，且 Marketing 的影响作用大于 ProdnT。

根据以上回归分析的结果，以 Marketing 和 ProdnT 二变量的系数为参数，我们可以建立下面这样一个预测模型：

$$\hat{Y} = -58.965 + 103.98\text{Marketing} + 0.079\text{ProdnT}$$

将相关的数据代入这个预测模型中，我们可以得到在下一年度企业销售额的预测值为：

$$\hat{Y} = -58.965 + 103.98 \times 6 + 0.079 \times 200 = 580.715\text{（百万元）}$$

意即，如果企业在营销方面投入 600 万元，在生产技术设备方面投入 2 亿元，企业的销售额按不变价格计算会达到 58071.5 万元。

二、基数迭加法

基数迭加法，是指在分析影响预测对象各种因素的基础上，通过确定各因素的影响程度来进行预测的一种方法，也叫因素分析法。影响程度指各因素引起预测对象变化的百分比，可以通过对历史资料的分析得出。因素分析法的计算公式为：

$$\hat{Y}_{t+1} = Y_t(1 + A\% + B\% + C\% + D\% \cdots) \qquad \text{（公式 8-16）}$$

式中，$\hat{Y}_{t+1}$ 表示 $(t+1)$ 期预测对象的预测值；Y_t 表示 t 期预测对象的实际值；$A\%$ 表示预测对象受第一个因素的影响程度；$B\%$ 表示预测对象受第二个因素的影响程度；依此类推。

由公式可见，基数迭加法的预测值，实际上是通过对上期实际值加减若干个上期实际值的百分比而得到，上期实际值 Y_t 实际上是个基数。基数迭加法由此而得名。由于计算公式中包含了影响预测对象的各种因素，因而能较好地反映预测对象的实际变动情况。

例如，已知某空调设备制造公司2012年销售中央空调750套。市场调研人员通过对历史统计资料的研究估计出，未来各因素的影响销售量的程度为：商品质量的提高和价格的降低可使销售增加30%；国家经济政策的变动（如紧缩）可能降低销量10%；由于规格不全而失去部分顾客，可能使未来销售量减少5%；居民收入的增加可使未来销售量增加20%；同类产品的竞争可能会使销售量减少8%。

要预测2013年企业空调的销售量，可将以上数据代入公式8-16，得：

$$\hat{Y}_{2013} = 750 \times (1 + 30\% - 10\% - 5\% + 20\% - 8\%) = 952.5(\text{套})$$

用基数迭加法进行预测的最大优点是简单、方便，但是确定各因素的影响程度则是难点，也是决定预测值精确度的关键。因此，在估计各因素的影响程度时，要综合分析各种历史资料和经济发展趋势，慎重考虑各种因素，提高预测准确性。

三、比例推算法

在经济现象之间往往存在着一种相关的比例关系，比如从配套商品的主件需求量能推出零部件的需求量；从一个地区的人口构成可以推算出该地区对婴幼儿用品或老年人保健用品的需求量。比例推算法，就是利用商品之间这种相关的比例关系进行预测的一种方法。由于用于预测的比例关系是通过分析统计资料计算而得，排除了人为的主观因素，所以预测结果具有较高的可信度。

例如，某公司从1993年开始生产和销售A、B、C和D四种配套产品。截至2012年年底的销售数据如表8-11所示（教材附件中的数据文件“DATA8 比例推算法”）。如果公司2013年计划实现销售收入12 000万元，问A、B、C和D四种产品大致应该生产和销售多少？

表8-11　某公司配套产品的销售预测

年份	销售额（万元）				合计	占比（%）			
	A	B	C	D		A	B	C	D
1993	225	178	92	102	597.00	37.69	29.82	15.41	17.09
1994	250	179	136	145	710.00	35.21	25.21	19.15	20.42
1995	291	278	176	156	901.00	32.30	30.85	19.53	17.31
1996	351	298	204	180	1 033.00	33.98	28.85	19.75	17.42
1997	433	326	236	227	1 222.00	35.43	26.68	19.31	18.58
1998	520	412	298	276	1 506.00	34.53	27.36	19.79	18.33
1999	664	505	345	351	1 865.00	35.60	27.08	18.50	18.82
2000	775	565	385	358	2 083.00	37.21	27.12	18.48	17.19
2001	823	635	408	345	2 211.00	37.22	28.72	18.45	15.60
2002	916	749	444	377	2 486.00	36.85	30.13	17.86	15.16
2003	1 063	891	547	439	2 940.00	36.16	30.31	18.61	14.93
2004	1 230	1 020	589	514	3 353.00	36.68	30.42	17.57	15.33

（续表）

年份	销售额（万元）				合计	占比（%）			
	A	B	C	D		A	B	C	D
2005	1 297	1 069	622	604	3 592.00	36.11	29.76	17.32	16.82
2006	1 422	1 169	657	568	3 816.00	37.26	30.63	17.22	14.88
2007	1 571	1 309	682	627	4 189.00	37.50	31.25	16.28	14.97
2008	1 883	1 473	804	718	4 878.00	38.60	30.20	16.48	14.72
2009	2 401	1 836	1 107	884	6 228.00	38.55	29.48	17.77	14.19
2010	3 224	2 406	1 669	1 208	8 507.00	37.90	28.28	19.62	14.20
2011	3 562	3 000	2 055	1 557	10 174.00	35.01	29.49	20.20	15.30
2012	3 662	3 244	2 286	1 738	10 930.00	33.50	29.68	20.91	15.90
年平均						36.17	29.07	18.41	16.35

利用比例推算法进行预测，首先要计算配套产品之间的比例关系。观察公司从 1993 年到 2012 年的销售数据容易看出，虽然公司的销售额有了大幅度的增长，但是 A、B、C 和 D 四种产品的销售比例却是基本固定的。经过计算得出：A、B、C 和 D 四种产品的年销售比例大致为 36.17%、29.07%、18.41% 和 16.35%。

然后，根据计划实现的年销售收入 12 000 万元，计算预测值，得：

A 产品的生产和销售额 = 12 000 × 36.17% = 4 340.4（万元）

B 产品的生产和销售额 = 12 000 × 29.07% = 3 488.4（万元）

C 产品的生产和销售额 = 12 000 × 18.41% = 2 209.2（万元）

D 产品的生产和销售额 = 12 000 × 16.35% = 1 962.0（万元）

由以上计算过程可以看出，比例推算法与上一节所讲的季节趋势预测法极为相似，不同之处在于：季节趋势预测法是根据预测对象的季节变动比例进行预测，而比例推算法则是根据相关产品的比例关系进行预测。

四、投入产出分析预测法

投入产出分析预测法，是国民经济（或地区、部门）综合统计分析和计划综合平衡的重要工具。它于 20 世纪 30 年代产生于美国，后来很快推广到世界各国。美国政府 1952 年利用 1947 年的投入产出表，做过一个全面的经济预测，为侵朝战争的军备计划服务。美国马里兰大学的一个预测组织，在 15 个私人公司和一些政府机构的资助下，从 20 世纪 60 年代开始，利用投入产出模型进行美国经济的长期预测研究。这个模型将美国经济分为 185 个部门，对美国 15 年（1971—1985 年）的经济发展做了长期预测。此后，投入产出分析预测法在世界各国得到了较为广泛的应用。中国从 1960 年开始进行投入产出法研究，1976 年编制出中国 1973 年国民经济 61 类主要产品的投入产出表。目前，中国已编制出不少地区性投入产出表，开始应用于国民经济的各种计划工作和经济预测之中。

投入产出分析预测法将国民经济各部门的投入与产出之间建立起数量依存关系。当报告期投入产出表编制完成后，把各个消耗系数按照预测区间划定的未来时间情况进行计算，就可以用来预测今后若干年（预测区间）经济发展的状况。

根据预测对象及需要的不同,投入产出表的表示与投入产出模型的类型可以有不同的分类。比较重要的一种分类,是按照计量单位分为实物型投入产出表和价值型(或称货币型)投入产出表两大类。价值型投入产出表中所有指标均以产品价格作为计量单位,而实物型投入产出表中的大部分指标以实物单位作为计量单位。目前世界上大部分投入产出表都是价值型投入产出表。此外,还可以编制劳动投入产出表、固定资产投入产出表、能量投入产出表等。

由于建立投入产出表所需数据非常庞大,涉及很多部门,计算过程又非常复杂,所以投入产出分析预测法主要用于国民经济各部门、各地区的预测,很少用于企业的预测。因此,我们这里只介绍它的概念,对其具体的预测过程则不详细介绍。有兴趣的读者,可以参看相关书籍。

本章小结

市场预测是在市场调查的基础上,运用科学的方法或数学模型分析调查数据或资料,对未来一定时期影响市场营销活动的各种因素及其变化趋势所进行的推测和估计。它的目的,是为企业制订营销计划和进行营销决策提供依据。

企业对于宏观环境因素变化所做出的预测以及据此所做出的关于企业营销关键影响变量可能发生变化的推断,是企业制定营销战略和营销战术的重要前提。一旦这个前提变了,企业的营销战略和营销战术以及整个的营销管理工作可能都需要跟着发生转变。

市场预测的程序,可分为确定预测对象、制订预测方案、收集数据资料、选择预测方法、预测组织实施和评估预测结果等六个步骤。

市场预测的方法按照使用的预测工具,可以分为定性预测和定量预测两大类。定性预测法就是预测者凭着自己的知识和经验,运用个人的逻辑推理和判断能力,对未来事物的发展状况或运动变化趋势做出的定性预测。定量预测则是根据调查得来的数据或历史统计资料,运用统计工具和数学工具,对事物的发展变化进行量化推断的预测方法。

定性预测法又可以分为个人直观判断法、集体经验判断法和专家判断法三种。

个人直观判断法就是在企业经营活动中,有关人员凭着个人的经验和知识对事物的未来发展趋势做出判断。个人直观判断法可以划分为两大类:相关推断法和对比类推法。

集体经验判断法,是企业领导人集合企业内外各方面人员,尤其是经营管理人员的工作经验和智慧,在过去和日常经济活动的基础上,进行座谈讨论,相互交换意见,共同研究,对市场发展趋向进行预测。

专家判断法是根据市场预测的目的和要求,向有关专家提供一些背景资料,然后请他们就某事物未来发展变化的趋势做出判断。在具体运用中,又有两种基本形式:一是专家会议法,二是德尔菲法。专家会议法就是邀请有关方面的专家,通过共同讨论的形式,达成共识,做出预测。德尔菲法是为了避免专家会议法容易被“权威”意见左右的不足而采用的一种预测方法。运用德尔菲法的大体过程如下:第一,由预测组织者选出专家小组成员;第二,用问卷向专家小组的每一位成员征求预测意见,并请求他们说明预测的依据;第三,依据专家们的答复,将专家们的意见进行归纳和整理;第四,将归纳和整理的结果以匿名的方式反馈给各位专家,进行第二轮意见征询,要求他们根据新的资料,修改他们的预测和预测的根据。如此反复,直到获得比较一致的意见为止。

时间序列预测法是利用预测对象的时间序列数据,通过建立和拟合数学模型,找出事物发展变化的规律,并据此外推,做出定量估计的方法。根据分析方法的不同,时间序列预测法又可分为:简易平均法、移动平均法、指数平滑法、趋势外推预测法、季节性趋势预测法等。

简易平均法就是把一定观察期内各观察值的某种平均数作为下一期预测值的预测方法,包括简单序时平均法、加权序时平均法、几何平均法等多种。

移动平均法是按相等的时间间隔和顺序对时间序列数据依次计算平均数,并把计算结果排成新的动态数列,以此反映预测对象的变化规律,进行定量预测的方法。移动平均法能够部分地消除事物变化的随机波动,起到修匀历史数据和揭示事物变动趋势的作用。根据移动的次数,移动平均法可分为一次移动平均法和二次移动平均法。

指数平滑法是根据历史资料的上期实际数和预测值,用指数加权的办法进行预测,其实质是一种以特殊的等比数列为权数的权移动平均法。根据平滑次数,指数平滑法可分为一次指数平滑法与多次指数平滑法。

趋势外推预测法是利用时间序列所具有的直线或曲线趋势,通过建立预测模型进行预测的方法。常用的预测模型分直线型和曲线型,其中曲线型预测模型又分为很多种,如二次曲线方程、指数曲线方程、简单修正指数曲线方程、戈珀茨曲线方程、逻辑曲线方程、三次曲线方程等。

季节趋势预测法是指根据预测对象每年重复出现的周期性季节变动指数,预测其季节或月度变动趋势。

因果关系分析预测法,从研究事物之间发展变化的因果关系入手,通过统计分析建立数学模型,并据此进行定量预测。常用的因果关系分析预测法有回归分析预测法、基数迭加法、比例推算法和投入产出分析预测法等。

回归分析预测法,利用统计分析,把两个或两个以上变量之间的相关关系模型化,建立起回归方程,用以推算因变量随自变量变动的数值、程度和方向。根据回归方程中自变量(即元)的多少,又分为一元回归预测和多元回归预测。

基数迭加法是指在分析影响预测对象各种因素的基础上,通过确定各因素的影响程度来进行预测的一种方法。

比例推算法是利用商品之间存在的相关比例关系而进行预测的一种方法。

投入产出分析预测法是通过在国民经济各部门的投入与产出之间建立数量关系(编制投入产出表)的基础上,进行国民经济预测或部门经济预测的方法。

参考文献

[1] Pearce, J. A. and Robinson, R. B. *Strategic Management: Formulation, Implementation and Control* (4th edn.)[M], Boston: Irwin, 1991, 162.

[2] 李华、胡奇英:《预测与决策教程》,北京:机械工业出版社,2012 年版,第 19—20 页。

[3] 叶树滋:《市场调查与商情预测》,北京:中央广播电视大学出版社,1985年版,第50—62页。

练习与思考

1. 请用事例说明市场预测在企业营销决策中的重要作用。
2. 简述市场预测的程序。
3. 定性预测与定量预测有何区别?各适用于什么条件?
4. 定性预测常用的方法有哪些?各有什么特点?
5. 请描述如何用德尔菲法进行预测。

6. 请根据表8-12给出的数据,分别用简单序时平均法、加权序时平均法、几何平均法、一次移动平均法、二次移动平均法和指数平滑法预测A企业D产品2014年的销售额,并说明不同方法预测结果的特点。

表8-12 A企业D产品2000年至2013年的销售额 (单位:百万元)

年份	2000	2001	2002	2003	2004	2005	2006	2007	2008	2009	2010	2011	2012	2013
销售额	140	153	143	167	208	236	263	295	299	360	434	453	521	534

7. 请自己动手查找"中国社会消费品零售总额"的数据,用一次移动平均法、二次移动平均法和指数平滑法对2014年、2015年和2016年的中国社会消费品零售总额进行预测,并与实际数据进行比较,计算预测误差。

8. 请根据表8-13提供的数据,绘出散点图,并选择一种适用的数学模型,预测该企业2014年的销售额。

表8-13 某企业2000年至2013年销售额增长情况 (单位:万元)

年份	2000	2001	2002	2003	2004	2005	2006	2007	2008	2009	2010	2011	2012	2013
销售额	785	806	937	1 059	1 301	1 380	1 907	2 003	2 225	2 727	3 437	4 246	4 846	5 277

案例分析

案例8-1 FC公司瓶装饮料的销售预测[①]

表8-14是FC公司瓶装饮料的历史销售数据和企业进行市场调查所得到的相关数据。其中,品牌偏好指数从1到7,1表示极不喜欢这个企业的瓶装饮料品牌,7表示极为喜欢;品牌知名度从1到7,1表示这个企业的瓶装饮料品牌知名度很差,7表示品牌知名度很高。

① 由作者根据企业营销中的实际问题编写。

表 8-14　某企业饮料的销售数据和调查数据

年份	销售量(万箱)	品牌偏好指数	品牌知名度
1987	335	3.70	3.64
1988	371	4.25	4.25
1989	281	3.24	3.22
1990	347	4.03	4.06
1991	379	4.23	4.23
1992	408	4.50	4.47
1993	446	4.79	4.72
1994	426	4.62	4.64
1995	432	4.74	4.65
1996	304	3.47	3.47
1997	300	3.42	3.46
1998	342	3.82	3.83
1999	540	5.62	5.60
2000	567	5.82	5.77
2001	499	5.21	5.14
2002	545	5.62	5.55
2003	475	5.00	5.00
2004	455	4.73	4.70
2005	486	5.10	4.95
2006	433	4.72	4.64
2007	437	4.70	4.64
2008	393	4.35	4.30
2009	442	4.73	4.68
2010	418	4.44	4.45
2011	495	5.20	5.09
2012	445	4.73	4.61
2013	421	4.49	4.45

根据这些数据,FC 公司希望了解未来几年其瓶装饮料的销售情况。如果它希望通过加强营销活动扩大品牌知名度和提高消费者对公司品牌的偏好程度,当品牌偏好指数和品牌知名度一定时,企业的销售量可望达到多少?

小组讨论

1. 用二次移动平均法预测 FC 公司瓶装饮料 2014 年和 2015 年的销售量。
2. 用二次指数平滑法预测 FC 公司瓶装饮料 2014 年和 2015 年的销售量。
3. 以品牌偏好指数和品牌知名度为自变量预测,当这家公司通过加强市场营销活动将品牌偏好指数和品牌知名度提高到5.2和6.1时,该公司瓶装饮料的销售量可望达到多少?

4. 比较三种预测方法所得到的结果,说明它们各自的特点和适用情况。

案例8-2 移动电话市场规模预测①

2002年,在一些经济较为发达、移动电话市场普及率较高的省、市,移动公司提出了移动电话潜在市场专题调查和预测的需求。商情公司通过分析中国移动电话市场的演进特征,比较不同地域移动公司的调研需求类型,预计2003年将有相当多的移动公司需要对潜在市场进行研究。下面根据商情公司的市场预测案例,介绍三种不同类型的定量预测方法:购买意向预测法、横截面数据预测法和时间序列数据预测法。

一、购买意向预测法

在购买意向预测法中,访问员通过向被访者出示购买意见量表,询问被访者会不会在未来一年内购买移动电话?这种方法在市场调查中经常使用。

Q21:请问,在未来一年中,你购买移动电话的可能性有多大?

1. 肯定购买
2. 可能购买
3. 可能不会买
4. 肯定不会买

研究表明,购买意见量表能在一定程度上预测客户对移动电话的购买情况。这种方法最明显的优点是量表容易制作且只要求被访者对他们购买移动电话的可能性做一个主观判断。但是,为了提高该种方法预测的准确性,需要研究人员根据以往的经验把被访者在量表上的回答转换成对购买可能性的估计。因为,一个明显的事实是,每位表示肯定会购买移动电话的被访者,在未来一年里并不一定都会去购买;而表示肯定不会购买移动电话的被访者,他们当中少数人在未来一年里反而购买了移动电话。

商情公司具有五年的移动电话市场调查数据积累,对部分潜在移动电话用户进行了跟踪研究,取得了非常宝贵的量表购买与实际购买之间的转换数据。例如,在对某省移动电话潜在用户进行跟踪调研中,他们发现:

在访问时表示"肯定购买"的被访者中有48%在未来一年中实际购买了移动电话;

在访问时表示"可能购买"的被访者中有16%在未来一年中实际购买了移动电话;

在访问时表示"可能不会买"的被访者中有7%在未来一年中实际购买了移动电话;

在访问时表示"肯定不会买"的被访者中有3%在未来一年中实际购买了移动电话。

今年,商情公司对该省潜在市场再一次进行了调查。调查数据表明,在该省目标用户群中,表示在未来一年中"肯定购买"的为2%,"可能购买"的为6%,"可能不会买"的为32%,"肯定不会买"的为60%。因此,未来一年该省潜在移动电话市场规模(比例)为:

$$2\% \times 48\% + 6\% \times 16\% + 32\% \times 7\% + 60\% \times 3\% = 5.96\%$$

① 根据刘先球2003年3月10日在《商情联合市场研究公司》(http://www.cnii.com.cn/sqlh/index.htm)网上公布的研究报告改写。2007年5月18日读取。

也即，在 100 个被调查人中，约有 6 个潜在用户会购买。该省人口总数约为 2 400 万，则该省未来一年移动电话潜在市场规模约为 143 万。

二、横截面数据预测法

横截面数据预测法是一种很有解释力的方法，在给出未来潜在移动电话市场规模的同时，也揭示出哪些因素是影响潜在移动电话市场的关键因素，以及这些因素对移动电话市场发展的影响程度；因而，移动公司有可能通过改变这些影响因素的表现值，改变潜在移动电话市场规模。但是，在使用该方法时，对投入变量的选择极为重要。

商情公司在给沿海某发达城市做市场规模预测时，就采用了这种方法。通过对该市移动电话用户数与相关变量的探索性分析，我们了解到影响该市移动电话普及率变动的关键因素是人均国民收入和移动电话购买和使用成本，且它们之间的关系为非线性关系。为此，在回归前，我们先对投入变量和产出变量进行了对数变换。最终的回归方程如下：

$$\ln(\text{普及率}) = 8.246 + 0.622\ln(\text{人均国民生产总值}) - 2.204\ln(\text{服务成本})$$

$$R^2 = 0.843$$

用求出的普及率乘以该市人口总数，然后扣除该市到 2002 年年底的用户数，最终得出 2003 年该市将新增移动电话用户 44 万。

三、时间序列数据预测法

依时间顺序排列起来的一系列观测值称为时间序列。时间序列数据与横截面数据不同的是，时间序列数据有一定的先后次序，各观测值之间是不独立的，因而对时间序列数据不能用普通的统计方法处理，需要用专门的预测模块。就移动电话行业而言，由于它具有典型的创新扩散特征，巴斯模型能很好地拟合这类增长曲线。2002 年 7 月，商情公司在预测 2002 至 2005 年全国移动电话用户规模时，采用了巴斯扩散模型预测法。

$$F(t) = \frac{1 - e^{-(p+q)t}}{1 + \frac{q}{p}e^{-(p+q)t}}$$

式中，$F(t)$ 为历年移动电话普及率；p 为创新系数；q 为扩散系数。

表 8-15 显示了中国历年移动电话用户数的变化情况。据此，我们求得 p、q 参数值分别为 0.00011 和 0.76444，并进行预测。预测结果与误差也显示在表 8-15 中。

表 8-15 全国历年移动电话用户数预测 （单位：万户）

年份	实际用户数	估计用户数	估计误差
1991	5	6.15	-1.15
1992	18	19.37	-1.37
1993	64	47.71	16.29
1994	157	108.44	48.56
1995	363	238.19	124.81
1996	685	513.72	171.28
1997	1 323	1 091.41	231.59
1998	2 386	2 270.77	115.23
1999	4 330	4 552.73	-222.73

（续表）

年份	实际用户数	估计用户数	估计误差
2000	8 453	8 542.67	-89.67
2001	14 522	14 422.80	99.20
2002	—	21 220.87	—
2003	—	27 185.60	—
2004	—	31 278.50	—
2005	—	33 636.11	—

预测结果显示，到2002年年底中国移动电话用户数将达到2.1亿，与2001年同期相比增长约6 800万；这种快速增长的态势将继续保持到2003年年底；预计到2003年年底，中国移动电话用户数将达到2.7亿，与2002年同期相比增长约5 800万；但到了2004年及以后，中国移动电话用户增长速度将逐渐放慢；预计到2004年年底，用户数将达到3.1亿，与2003年同期相比增长约4 000万；而到2005年年底，预计用户数将达到3.4亿，与2004年同期相比增长约2 300万。

小组讨论

1. 你们知道案例中介绍的三种方法如何使用吗？请具体说明。
2. 这三种方法如何归类？
3. 你们觉得用横截面数据进行预测可行吗？为什么？应该注意什么问题？
4. 请检验案例中用巴斯扩散模型进行预测的结果。

第九章

报告的编写与陈述

【知识要求】

通过本章的学习，掌握以下要点：

- ◆ 市场调查与预测报告的内容构成和基本格式；
- ◆ 专业性报告与简要报告的区别；
- ◆ 编写市场调查与预测应该注意的问题；
- ◆ 抄袭的表现；
- ◆ 报告中常用统计图的制作方法；
- ◆ 报告的陈述和演示。

【技能要求】

通过本章的学习，要求学生能够做到：

- ◆ 了解市场调查与预测报告的内容构成和写作格式；
- ◆ 按照写作格式撰写合格的专业性报告与简要报告；
- ◆ 清楚编写市场调查与预测应注意的问题；
- ◆ 举例说明什么是可接受的引用，什么是不可接受的引用；
- ◆ 制作 PPT 演示稿；
- ◆ 用 PPT 进行陈述和演示。

市场调查与预测报告也叫市场调研报告或市场研究报告,是市场调查与预测的最终研究成果。它根据调查的事实材料和数据对所研究的问题,做出系统性的分析说明,得出结论性意见。它的重要性在于:第一,对于许多的决策者或决策执行者来说,市场调查与预测报告是他们与项目沟通的唯一途径,他们对于项目所研究问题的估价在很大程度上取决于他们所能看到或听到的报告内容;第二,研究报告是市场调查与预测工作的结果,市场调查与预测被重视的程度取决于研究报告能够帮助企业进行正确决策的程度。大部分决策者对于整个调查、预测过程的细节并不关心,他们所关心的是研究结果所提供的信息满足决策需要的程度。本章分为以下四个主要内容:第一,市场调查与预测报告的内容;第二,市场调查与预测报告编写中应注意的问题;第三,报告中常用的几种统计图;第四,报告的陈述与演示。

第一节 报告的内容构成

根据阅读对象不同,市场调查与预测报告可分为两种:一种是供研究人员阅读的专业性报告,另一种是供各级领导阅读的简要报告。专业性报告的读者,是那些对整个研究设计、分析方法、分析结果以及各类统计工具有兴趣的专业人士,他们对市场调查与预测的方法和技巧有相当的了解。简要报告的读者,主要兴趣在于听取专家的建议,所以并不想细致地了解研究的整个过程。

专业性报告的内容,包括市场调查与预测的目的、调查方法、抽样方法、分析与预测的方法与结果以及对于研究结果的说明和对策建议。另外,主要的统计数据资料、图表和参考文献目录,也应作为附录放在报告的后面。简要报告的内容,虽然为了增强研究结果的可信度,也需要对调查、抽样、分析和预测方法做简要说明,但其重点在于说明市场调查与预测的结果、结论和建议。

一份完整的市场调查与预测报告,应该包括标题、摘要、前言、调查与预测方法、分析与预测结果、结论与建议等内容。当然,根据报告对象(读者或听众)的不同,其中的一些内容可省略。

一、标题

市场调查与预测报告的标题是由调查与预测的目的、内容与范围来决定的。不同类型的报告标题,所强调的内容和重点不同。

(一)产品调查与预测

产品调查与预测的目的,是了解产品的供需情况,制订企业的产品策略。调查与预测内容包括该项产品的供需总量,消费者对产品质量、性能、价格、交货期及技术服务的意见,该产品处于寿命周期的哪个阶段,现有产品扩展市场的可能性,以及市场对于创新产品的需求情况。报告标题应突出产品名称,并对产品某个方面的侧重点有所反映,比如"青岛啤酒国内市场的调查与预测""2014 年中国钢铁市场预测报告""2013 至 2017 年中国 PE 塑料颗粒市场发展前景预测报告”。

（二）消费者需求调查与预测

消费者需求调查与预测的内容，主要是某类或某项产品的消费者需求总量、消费构成以及消费者的购买动机与购买行为等。例如，某一类产品的消费者属于哪种消费层次？年龄特点、收入水平、地区分布、购买动机等情况如何？消费量有多大？有哪些消费习惯？等等。拟定这类调查与预测报告的标题，通常采用直接叙述的方式，如“北京市居民消费结构的调查与预测”“海尔小家电产品顾客满意度研究”“移动电话市场规模的调查与预测”“上海日用小商品短缺情况的调查与预测报告”。

（三）营销活动调查与预测

营销活动调查与预测的目的，在于为企业制订营销策略提供依据。营销活动调查与预测的内容，包括企业产品的营销实绩与趋势分析，营销渠道、销售价格的分析预测、营销活动的费用和效率的分析预测，广告等促销活动的经济效果分析，售后服务的方式及其效果分析，以及消费者对营销活动的意见调查等。拟定这类调查与预测报告的标题要突出重点，如“出口商品包装不容忽视”，“某公司广告促销活动的效果分析”，“市场导向对于企业营销绩效的影响研究”。

（四）市场环境调查与预测

市场环境调查与预测的内容，包括对市场有重大影响的政治环境、经济环境、科技环境和竞争环境的调查与预测，涉及国家的经济政策、投资政策、能源政策、经济发展速度以及能源、交通发展状况，新技术、新工艺、新材料的发展趋势及应用状况，竞争企业的生产能力、产品质量、生产成本、市场占有率及推销策略等。拟定这类调查与预测报告的标题要突出环境因素，如“进入 WTO 对于中国零售业的影响”“国家的新能源政策对于电力企业发展的影响”“网络环境下陕西省旅游业发展状况的分析与预测”。

二、摘要

摘要是整个研究报告的一个概括性的介绍，目的是让相关人员可以迅速地了解研究报告的主要内容、主要的研究结论与建议。有时，为了给那些不愿意阅读全部细节的决策人员提供信息，报告撰写人需要写一个相对比较长的执行摘要，内容包括：研究问题和目的，研究所使用的方法，主要的研究结论和行动建议。示例 9-1 是一个市场调查报告的摘要，其中概括性地说明了该项调查的背景和内容[1]。

示例 9-1

TK 牌手机公司西安市场的调查报告：摘要

近几年来，手机市场得到了迅猛的发展。手机产品也从奢侈品变为生活必备品。因此，如何在日益繁荣并且竞争日趋激烈的中国手机市场占据一席之地并且谋求长久的发展，是每一个中国手机厂商必须考虑的问题。本报告是受 TK 牌手机公司的委托，为其进行西安市场的营销策划所做的调研报告。本项目通过问卷调查、访谈以及网络、报刊查阅等方式获取数据,应用相关的统计工具进行分析,探讨了西安手机市场今后几年的发展趋势,并对西安手机市场的未来市场容量进行了预测。希望能对TK牌手机在西安的营销策划提供有参考价值的信息。

资料来源:改写自辛成的EMBA论文《西安手机市场调研报告》(指导老师:庄贵军),西安交通大学,2005年。

三、前言

市场调查与预测报告的前言又称"引言",主要目的是说明研究问题(即调查与预测要回答的核心问题)和研究意义(即为什么要进行这一项调查与预测)。如果是学术研究,这里需要简要介绍研究的背景,并说明研究的理论意义和实际应用价值;如果是应用研究,这里则要扼要介绍调查与预测的缘由、主旨,调查的时间、地点、范围以及预测的对象。示例9-2是一个市场调查报告的前言部分,其中明确地说明了该项调查的背景和研究问题[1]。

示例9-2

TK牌手机公司西安市场的调查报告:前言

目前,移动通讯终端(手机)行业的发展处于一个非常关键的阶段。在市场繁荣的背后,各种问题严重困扰着这个行业。其中最为核心的问题是市场信息不对称,从而造成对未来市场的发展趋势判断失误。

手机同质化程度较高,差异化程度不够;核心技术如主板、TFT彩色显示屏、高分辨率摄像头等被国外品牌厂商垄断;手机高端市场被诺基亚、摩托罗拉、三星等垄断;消费市场进入换机时代,特别是城市消费者新购机人群逐年呈下降趋势;产品质量、售后服务、品牌知名度等和国外品牌尚有差距。

以上这些情况造成了TK牌手机公司目前存在的主要问题:竞争加剧,竞争对手增多且较集中、市场份额下降、品牌知名度不高。

该公司西安分公司的财务数据显示,销售数量和销售收入呈逐年增长。但有一个问题却一直困扰该公司,那就是该公司西安手机的市场份额却呈下降趋势。为扭转这一局面,该公司特委托我们做西安手机市场的调研报告,为其下一步在西安市场上的营销策划方案提供信息。

本研究报告就是在这种背景下针对西安手机市场进行的调查与分析,为TK牌手机的营销决策提供信息。要了解的具体内容是:在西安市场上,竞争对手有哪些?市场容量有多大?市场份额有多少?消费者的购买倾向在哪里?哪些人在购买手机?购买手机集中在什么价位?

资料来源:引自辛成的EMBA论文《西安手机市场调研报告》(指导老师:庄贵军),西安交通大学,2005年。

这一段话虽然不长,但是却很难写。如果是应用型研究,这就相当于基于决策问题界定调查与预测问题;如果是学术研究,这里就需要根据前人研究中存在的问题,界定自己的研究问题。若研究问题界定不清,后面的内容就失去了落脚点。因此,这段话虽然放在报告的前面,但往往是在研究完成以后,经过反复推敲才能写出来的。

四、调查与预测方法

前言之后,介绍研究方法,内容包括数据收集方法、抽样方法、分析方法和(或)预测方法。这是读者判断一项研究结果是否可靠、可信的主要依据,因此要写得尽量详细。当然,如果报告的对象(如那些只想知道研究结果的决策人员)对于研究方法没有兴趣,这一部分要写得简单一点。示例9-3是从我们的一篇研究论文[2]中摘出来的一段,可以作为参考。

示例 9-3

品牌原产地困惑的影响作用研究:研究方法

(一)样本

本研究的调查对象是浙江的大学在校学生。调查采用人员访问的方式进行。接受过短期培训的四对调查人员,分别在四个校区连续五个晚上走访学生宿舍,各负责向100名学生发放并收回问卷。根据便利原则而不是被调查者的特性(如男女或年龄)选择样本,被选中的学生当着调查人员的面填写问卷。为了鼓励学生认真填写问卷,我们为每一份合格问卷的填写者提供一个学生很喜欢的仿皮手机袋作为奖励。所有发出的400份问卷全部收回。

(二)产品种类和品牌的选择

为了选择合适的产品检验研究假设,在正式调查之前,我们先进行了一个小样本前期调查(pilot study)。让一组年轻人发表他们对于一些产品品牌的看法。这些品牌覆盖了七个产品类别:牙膏、洗发水、瓶装水、啤酒、休闲服、运动鞋和手机。之所以选择这些产品,是因为作为调查对象的大学生经常使用和购买这些产品。另外,在本调查进行之时,这些产品的每个类别中都有许多本土和境外品牌在中国市场上参与竞争。

按照此前一些相关研究的经验,调查中所用的品牌都经过下面步骤选出:首先,走访一些超市和百货店,记录下这些超市和百货店所经营的以上七种产品的所有品牌名称;然后,把写有每种品牌名称的清单交给商场经理,让他们帮助挑选出其中知名度相对较高的。这是为了保证调查对象最低限度要知道被选中的品牌,否则他们无法回答问卷中的问题。七种产品一共选择了67个品牌,每一类产品中都有5—14个品牌。

(三)问卷和量表

问卷有十页长,包含多种不同的表量和问题。以下,只说明与本研究有关的量表和问题。

在问卷中,我们根据产品种类列出了前面确定好的67个品牌;然后,请被调查者针对其中的每一个品牌分别从知名度、性价比和喜好程度等方面用等级量表(1 = 非常低,7 = 非常高)进行评价;再次,请他们依次判断各品牌是否是本土品牌(1 = 本土品牌,2 = 境外品牌);最后,在每一类产品的品牌名单后面,请他们回忆并填写在过去六个月里,他们购买过以上品牌中的哪一些品牌。

在数据分析之前,我们先综合 400 个独立的观察值计算出每一个品牌在每一个指标或变量上的平均值(知名度、性价比和喜好)、百分比(对于某一本土品牌或境外品牌的误判)与总和(在过去六个月里对于某一个品牌的购买)。结果对应于这 67 个品牌,我们得到了 67 组数据。后面的分析就建立在这 67 组数据上。

本研究涉及品牌原产地困惑、品牌性价比、品牌知名度、品牌喜好以及消费者对于本土品牌和境外品牌的购买状况等变量。品牌原产地困惑(WR)用被调查者在进行品牌原产地判断(即判断各品牌是否是本土品牌)时出错的百分比来表示:被调查者在判断一个品牌原产地时出错的百分比越大,就说明他们对于这个品牌的原产地困惑越大。品牌性价比(VL)、品牌知名度(FM)和品牌喜好(LK)分别用 400 个被调查者关于 67 个品牌在性价比、知名度、喜好程度等方面评价的平均值来测量。消费者的购买状况(BUY)则用在过去六个月里,400 个被调查者购买过某一品牌的人数表示。比如,在过去六个月里,400 个被调查者中有 152 位在过去的六个月里购买过中华牌牙膏,那么消费者的购买状况(BUY)就记为 152;有 62 位购买过 Jasonwood 服装,那么消费者的购买状况(BUY)就记为 62。

(四)分析方法

我们先以消费者的品牌喜好程度(LK)为因变量,以品牌性价比(VL)、品牌知名度(FM)和品牌原产地困惑(WR)以及品牌知名度(FM)和品牌原产地困惑(WR)的交叉项(FM * WR)为自变量,分别对 34 个本土品牌和 33 个境外品牌的调查数据进行层次回归。在没有交叉项的模型中,品牌性价比(VL)和品牌知名度(FM)的 VIF 值均小于 10,说明多重共线性不是一个严重的问题。然后,再以消费者的品牌购买(BUY)为因变量,以品牌喜好(LK)和品牌原产地困惑(WR)为自变量,分别对 34 个本土品牌和 33 个境外品牌的调查数据进行层次回归。

资料来源:庄贵军、周南、周连喜:《品牌原产地困惑对于消费者喜爱与购买本土品牌和境外品牌的影响》,《财贸经济》,2007 年第 2 期,第 98—104 页。

五、分析与预测结果

这是调查与预测报告的核心部分,具体内容应视调查与预测的目的而定。比如,若调查与预测的是市场的一般供需状况,分析的内容就可能是:某种产品的市场总需求量和饱和点;有无替换产品存在或可供开拓;市场的销售发展趋势;产品市场地区划分和地区分布;本企业产品在同行业中的市场占有率;本企业产品在各地区市场上的占有情况;未被开发和占领的市场;不同地区可期望的销售量以及广告费用与销售力量的合理分配。

若进行产品调查,分析的可能就是下面这些内容:现有产品线的扩充或收缩;产品设计;产品的功能与用途;产品使用与操作安全;产品牌号和商标设计;产品外观与包装;产品系列与产品组合;产品生命周期;探索产品新用途;产品售前售后服务;保持适当库存。

若进行的是产品价格调查,分析的内容如下:影响价格变动的因素分析;产品需求弹性计算;不同价格政策对产品销售量的影响分析;产品的合理价格及新产品的定价策略;产品生命周期不同阶段的定价原则;类似产品的合理比价。

若进行广告效果调查,分析内容如下:产品寿命周期不同阶段的广告目标;合理的广告计划与预算;最能激发消费者购买动机的广告媒体;广告效果的测定。

若进行营销渠道调查,分析的内容如下:各类中间商的选择与评价;各地区市场销售网点分析;销售成本分析;销售渠道的拓宽。

若进行市场竞争情况调查,分析内容往往包括:竞争对手的产品设计性能、包装和售后服务等情况;竞争对手的产品生产成本与定价策略;竞争对手的产品广告费用与广告策略;竞争对手的销售渠道;未来市场竞争情况。

总之,分析预测的结果是应用统计工具或定性分析技巧对于数据或资料处理结果的一个归纳和总结。它要与前面的研究问题和研究方法相匹配,整合为一个逻辑严密的整体。此外,在必要时,还要对一些分析和预测的结果做出合理的解释。

六、结论与建议

在分析与讨论(解释)的基础上,得出研究结论,并针对管理者的决策问题提出建议。

根据前面的分析结果和对于分析结果的讨论或解释,研究报告要对整个项目的结果做一个总结,得出研究的主要结论。在总结中不要重复每一项研究结果,而要回顾主要的发现,并再一次说明这些发现的重要性。在研究结论部分,要特别注意与报告的前言部分相呼应:前面提出了什么问题,通过怎样的研究程序,研究者是否回答了前面的问题,如何回答的。

针对管理者的决策问题提出建议,是市场调查与预测的目的所在。因此,这里要对应于前言部分的决策问题,提出解决决策问题可以采取的对策方案或者给出研究结果可能的使用方法。

七、附录

市场调查与预测报告的真实可靠性,要依据调查与预测方法的科学性以及数据资料的可靠性来判断。因此,研究者在撰写报告时,为了提高报告的真实可靠性,需要在报告中提供尽量多的研究细节和原始资料。但是,对于很多人来讲,阅读这些细节是令人生厌的。权衡利弊,将这些细节放入附录中是一个好办法。在附录中,研究者可以详细说明抽样方法,给出调查中使用的问卷和数据分析时使用的分析工具。另外,也可以附上一些能够增加研究报告可信度的资料。

第二节　编写报告应注意的问题

编写调查与预测报告要注意多方面的问题,概括而言,主要有四个方面的问题:报告的对象、报告的简明性和全局性、报告的客观性和有效性以及避免抄袭。

一、报告的对象

因为研究报告的主要目的是报导调查和分析预测的结果，为决策提供可靠的信息，所以它必须满足决策者对于信息的要求。大多数决策者喜欢清晰而简短的研究报告。他们感兴趣的是研究结果能否帮助，以及在多大的程度上能够帮助他们进行决策。因此，在编写研究报告时，编写者必须始终围绕着研究目的，明确说明研究结果与决策者所需要的信息有怎样的关联。要尽量避免让读者或听者自己寻找信息与决策问题之间的联系，这就要求编写者不但知道研究的结果是什么，而且要理解研究结果的实际应用价值。因此，编写者要明确地了解研究的目的和意义，根据研究问题和决策问题来组织材料。

二、报告的简明性和全面性

报告的简明性指报告的内容简单明了，言之有物；报告的全面性指报告的内容包含了整个研究项目的主要内容。一份好的研究报告，要写得既简明又全面；语言简练，重点突出。这是很困难的，在很大程度上取决于报告编写者的写作水平。全面性并不意味着研究报告必须包括研究项目所发现的每一个细节，它只意味着研究报告应该包括那些重要的部分。一个部分是否重要，要看它与研究目的的关系。按照法庭上常讲的一句老话去做是一个简单的方法："先告诉人们你要说什么，然后说你要说的，最后再总结你刚刚说过的。"[3]

当然，语言简练、言之有物、重点突出、繁简适当，是写好文章的共同要求。一般而言，在写研究报告时应该做到：

- 紧扣主题，围绕着主题选择和使用材料；
- 善于选材，与主题关系不大的材料，能简则简；
- 善于运用统计数据和事实说话，少讲空话、大话、套话。

三、报告的客观性和有效性

研究报告必须客观地报道研究结果，任何歪曲或欺骗的行为都是不道德的，并且可能对企业的营销决策和营销管理产生恶劣的影响。不过，这并不意味着研究报告应该写得枯燥乏味；研究报告中的内容也应该有效地组织在一起，用人们乐于接受的方式报道，使研究结果让人感觉有趣、有用。

为了使报道客观有效，在研究报告中应尽量使用客观描述性的语句和短句子，避免使用生僻的专业术语和过分夸张的词汇。另外，还要尽量写得有趣。比如，用一两个有趣的事例或问题，把研究的主题引出来。比如，示例 9-4 就是在报告一项学术研究[2]的结果时，我们曾经使用过的开场白，效果很好。

示例9-4

品牌原产地困惑的影响作用研究:引言

当看到好迪、风影、TCL、高邦、奋牌和喜力这些品牌名称的时候,如果问你其中哪些是中国本土的品牌,哪些是境外的所谓"洋品牌",你能在多大的程度上做出正确判断呢?如果再问你奥尼(洗发香波)和JASONWOOD(服装)呢?你若是不能很自信地做出正确判断,就说明你对于品牌的原产地有困惑。

一些土生土长的中国品牌,由于起了一个洋名字,使许多消费者误以为它们是"洋货",从而产生了品牌原产地困惑。这样的例子,还能举出来很多。我们这里感兴趣的是:消费者关于品牌原产地的困惑对于他们喜爱与购买本土品牌和境外品牌有怎样的影响?

此前的一些研究发现,大多数欠发达国家或地区的消费者偏爱来自发达国家或地区的品牌,因为这些"洋品牌"常常代表着高质量的产品和时尚的生活方式。不过,近些年随着一些欠发达国家或地区的经济崛起,境外品牌的相对市场地位正在下降。这一点在中国表现得尤为明显,中国的消费者在购买某些产品时,已经把一些本土品牌列为首选。

对这一转变,学者们给出了不同的解释,包括政府干预和对本国企业的政策保护、本土品牌质量的改进、本土品牌低廉的价格、本国企业竞争力的不断提高和"洋品牌"在消费者心目中象征价值的降低。其中,一个有趣的说法是:一些本国企业有意或无意地使用具有"洋品牌"特征的品牌名称和广告宣传,来迷惑消费者,以此推销它们的产品。本国企业的这种"迷惑战术"使得欠发达国家或地区的消费者对一些本土品牌的原产地产生了相当大的困惑,从而提高了他们对于这些品牌的喜好和购买(因为误认为它们是"洋货"),挤压了真正的"洋品牌"的市场。

这种说法到底在多大程度上反映真实情况?我们的文献检索没有发现有人对此进行过专题研究,更没有人以中国的数据实证性地回答过这一问题。因此,本文的目的,就是在中国的环境下,以在中国内地调查获得的数据来检验消费者关于品牌原产地的困惑对于他们喜爱与购买本土品牌和境外品牌的影响,从而部分地回答这一问题。

另外,更重要的是,本文的讨论与研究结果对于企业的品牌实践和市场营销活动有一些有意义的启示。比如,上面所讲的中国本土企业的"迷惑战术"(即有意或无意地使用具有"洋品牌"特征的品牌名称和广告宣传迷惑消费者)成效如何?哪些企业适合于采用这种战术?哪些不适合?再比如,如果"迷惑战术"有作用,拥有境外品牌的企业应该怎样做?是在营销中强调自己的出身?还是"以毒攻毒",反其道而行之,实施"洋品牌"的本土化?本研究的结果以及对于结果的讨论,有助于回答这些问题,或在这些问题上给人以启示。

本文首先提出假设;其次,介绍研究方法。再次,利用市场调查收集到的数据对假设进行检验,并对检验结果进行讨论。最后,得出结论。

资料来源:庄贵军、周南、周连喜:《品牌原产地困惑对于消费者喜爱与购买本土品牌和境外品牌的影响》,《财贸经济》,2007年第2期,第98—104页。

有时,研究人员会遇到研究结果不易被接受的情况,比如当研究结果与决策者的经验和判断相矛盾的时候,或者研究结果暗指决策者以前的决策欠明智的时候。这时,不能为了迎合决策者而破坏报告的客观性,研究者有责任客观地报道研究结果,并使决策者相信这个研究结果是真实的。当然,这并不意味着研究者不能使用一些沟通技巧以决策者可以接受的方式报道研究结果,也不意味着决策者必须接受研究结果,彻底否定他们自己的经验判断。

四、避免抄袭

这是一个很重要的问题。研究需要参考和借鉴前人的文献、资料和方法,但是不能抄袭。否则,轻者违反业内的道德规范,被人发现后受到谴责;重者则可能因为侵权,发生版权纠纷,需要承担法律责任。因此,当引用别人的文字或观点时,一定要有清楚标注,避免有意或无意的抄袭行为。

根据艾尔-巴比的描述[3],以下是有关避免抄袭的基本法则:第一,"不能在不使用引号及给出完整出处的情况下,一字不漏地使用别人的文字"。一般而言,不要照抄别人作品中超过连续的 8 个词而不注明出处。第二,重叙别人著作中的文字而不标明出处的(即让人感觉是他自己的东西)时,从严格意义上来讲,也是抄袭。第三,把别人的观点当成是自己的观点来使用,即使用了跟原作者完全不一样的文字来描述而不注明出处,也令人无法接受。

示例 9-5 是艾尔-巴比书中的例子[3],很清楚地说明了什么是可以接受的引用,什么是不能接受的引用。

示例 9-5

可以接受与不能接受的引用

原作品:增长的定律(Gall, 1975)

系统就如婴儿:一旦你们有了它,就永远拥有它,它们不会消失。相反,它们最显著的特征就是持续性,而且,它们不只是持续地存在,它们还会增长。在它们增长的同时,还会侵蚀。帕金森(Parkinson)用粗略的方法描述了系统的生长潜力,例如,一般行政系统的年平均增长率为 5% 到 6%,且与完成工作的多寡无关。时至今日,帕金森的观点仍是对的,我们必须尊重的是他严肃地开辟了这个重要的研究领域。但是帕金森并没有认知到一般性系统定律,即"帕金森定律"。

系统本身倾向以 5% 至 6% 的比例增长。

同样,上述定律不过是一般性的宇宙起源式的系统理论基础而已。

系统倾向于扩张,以至于充满已知的宇宙空间。

以下是几种可以接受的引用：

(1) 盖尔(Gall,1975,p.12)在他的作品中有趣地将系统比喻为婴儿："系统就如婴儿：一旦你们有了它，就永远拥有它，它们不会消失。相反，它们最显著的特征就是持续性，而且，它们不只是持续地存在，它们还会增长。"

(2) 盖尔(Gall,1975)警告我们，系统就像婴儿，一经创造，就始终存在。更糟的是，他提醒我们，系统会持续地扩张，越来越大。

(3) 有学者认为，系统会自然地倾向于持续存在、增长与侵蚀(Gall,1975)。

参考文献

Gall, John (1975). Systematics: How System Work and Especially How They Fail. New York: Quadrangle, 12—14.

以下是同种不可接受的引用：

(1) 在本文中，我要探讨在组织中创造的社会系统的一些特征。第一，系统就如婴儿：一旦你们有了它，就永远拥有它，它们不会消失。相反，它们最显著的特征就是持续性，而且，它们不只是持续地存在，它们还会增长。(直接引用别人作品，而不使用引号或提供出处。)

(2) 在本文中，我要探讨在组织中创造的社会系统的一些特征。第一，系统十分像婴儿：一旦你们有它，它就属于你们了，它们不会消失。相反，它们会持续存在，它们不仅持续存在，实际上，它们还会增长。(重写别人著作中的文字，但将其视同自己的。)

(3) 在本文中，我要探讨在组织中创造的社会系统的一些特征。我注意到一旦你们创造了一个系统，它似乎就不会消失。恰恰相反，事实上，它们倾向于增长。从这个观点出发，我们可以说系统非常像孩童。(重述别人的观点，但视同自己的观点)

资料来源：艾尔-巴比：《社会研究方法基础(第八版)》，邱泽奇译，北京：华夏出版社 2002 年版，第 398—400 页。文字有修改。

不过，对抄袭的判断常常有一些灰色地带。比如，有的观点就像公共产品一样，不属于任何人。另外，有的观点确实是你自己的，但是不知道已经有人将其写成文字了。一般而言，如果研究报告只是一家公司内部使用而不拿出去发表，抄袭不是很严重的问题；但是如果拿出去发表，即使是一些灰色地带，也需要特别注意。避免在灰色地带出问题最好的办法，就是多掌握一些文献，在研究报告发表之前多让相关人员提意见。

第三节　报告中常用的几种统计图

好的图表胜过千言万语。因此，在研究报告中，只要需要就可以使用图表传达信息。这里介绍在研究报告中常用的三种统计图，即饼形图、柱形图和线形图。

一、饼形图

饼形图(pie chart)是用以表示部分与整体关系以及数量比例的统计图。比如，表 9-1

中的数量关系可以表示成图9-1。图9-1非常清楚而直观地表示出了某公司所属的6个商店某月销售额之间的差异。

表9-1　某公司商店某月的销售额　　单位:百万元

商店名称	销售额	总销售额占比(%)
A	9	6.4
B	21	15.0
C	53	37.9
D	13	9.3
E	43	30.7
F	1	0.7
总计	140	100.0

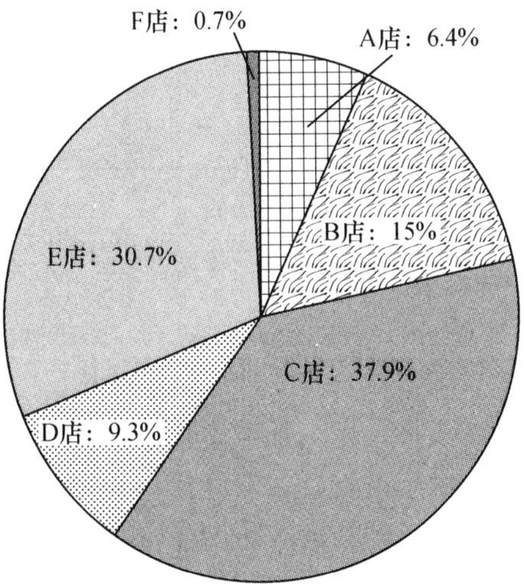

图9-1　饼形图:某公司所属商店的月销售额

在饼形图中,各个部分的面积占总面积的比例等于各商店销售额在总销售额中所占的比例。因此,饼形图很直观地告诉了读者不同构成成分在总体中所占的比例,读者也很容易通过看图而了解一个事物的构成情况。不过,当要表示的事物构成很复杂,比如多于七个成分时,不宜使用饼形图,因为那样做,会把"饼"分得太小。另外,饼形图不能用于表示一个事物跨时期的变化情况,此时可以选择柱形图或线形图。

二、柱形图

柱形图(bar chart)也叫直方图,是用竖直的柱子来表示数据,如绝对数、相对数和差异。比如,表9-2显示的是1997—2002年中国管理软件市场的规模和增长速度,将其中的市场规模转换成柱形图就成为图9-2。

表 9-2　1997—2002 年中国管理软件市场的规模和增长速度

	1997	1998	1999	2000	2001	2002
市场规模(亿元)	25.80	35.10	48.00	58.70	65.00	86.50
增长率(%)		36.05	36.75	22.29	10.73	33.08

数据来源:管忠,西安交通大学已通过的 MBA 论文[4]。

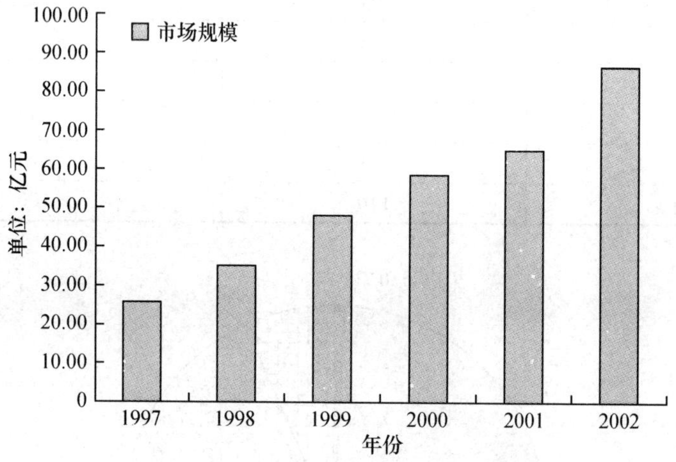

图 9-2　柱形图:1997—2002 年中国管理软件市场的规模

三、线形图

线形图(line chart)是用线条将一组数据点连接起来而形成的一种事物跨时期变化的图形。当把几条连线放在一张图中进行比较时,可以明显地看出事物变化的趋势,从而做出简单的预测和推断。图 9-3 是根据表 9-2 给出的 1997—2002 年中国管理软件市场规模的增长速度而绘制的线形图。

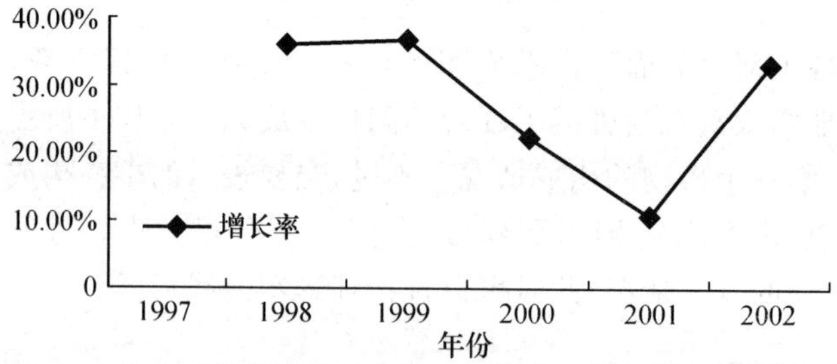

图 9-3　线形图:1997—2002 年中国管理软件的市场增长率

线形图可以由柱形图经过转换得来。在下面几种情况下,一般使用线形图而不使用柱形图:第一,当数据的时间跨度比较大的时候;第二,当几方面的数据放在一起进行比较时;第三,当绘图的主要目的在于显示变化趋势时;第四,预测时。

实际上,线形图和柱形图可以结合使用。比如,图 9-4 就将线形图和柱形图结合起来,不仅使我们清楚地看出 1997—2002 年中国软件产品市场规模的变化趋势,也清楚地看出其变化速度。

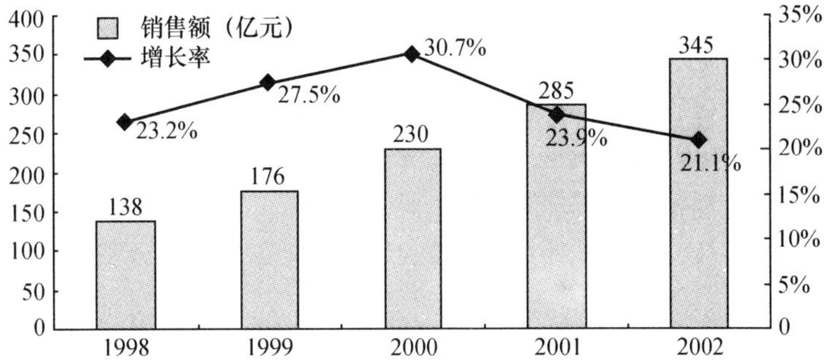

图 9-4　1998—2002 年中国软件产品市场规模与增长

第四节　报告的陈述和演示

市场调查与预测报告，除了以书面的形式提交给委托人或企业管理层以外，还要向委托人或企业管理层进行口头报告，即陈述和演示。这一陈述和演示过程，有助于委托人或管理层理解和接受书面报告的内容和结果。委托人或管理层所关心或疑惑的相关问题，可以在陈述和演示过程中加以说明和讨论。因为委托人或管理者对研究项目的了解主要建立在陈述和演示的基础上，所以其重要性不可低估。

一、陈述和演示应注意的特殊问题

做好陈述和演示的关键，在于充分的准备。因为陈述和演示要适合于特定的受众，所以陈述人事先需要了解受众，确定受众的工作与教育背景、兴趣和对项目的关切程度。陈述人要了解陈述和演示的内容，根据报告内容，准备详细的陈述和演示提纲，并反复练习。陈述人还要能够熟练运用图表等视觉手段和各种媒体工具进行演示。此外，在陈述和演示之前，有可能的话，研究的组织者应该与委托人或企业管理层进行沟通，以得到他们的支持和理解。

在陈述和演示过程中，陈述人要注意控制自己的发音、音量、音调、音质和语速，要“讲”而不要“念”；借助于故事和例子，使陈述和演示变得有趣；还要注意使用身体语言，比如用手势和目光进行交流、描述、强调或鼓励；以一个简短而有力的结尾作为结束。

在正式的陈述和演示结束后，要给听讲人留下一些时间提问和进行解答。当对研究结果的解释发生分歧时，陈述人要认真听取反方的意见，即使反方理解有误，也要以理服人，礼貌地指出其错误之处；当错误在自己一方时，不要狡辩，承认并尽量改正错误。

以下是成功陈述和演示的要点：

- 熟练掌握演示工具（如电脑多媒体、投影仪）的操作；
- 陈述人一定要对报告内容非常熟悉，因此在报告之前要多练习，最好有人在旁指导；
- 要讲而不是念研究报告或相关的材料；
- 要遵循陈述和演示的规律，先概括地说明你准备向听众讲些什么，然后讲你

要讲的,最后总结你所讲的;

- 多用图表进行说明,好的图表胜过千言万语;
- 可以使用动作、手势增加听众的注意力,但不宜过多、过大;
- 要注意陈述和演示的风度,为此穿着要显示职业化特征,不能太随意;
- 语言表达要清晰、生动和有逻辑性;
- 与听众沟通,而不是向听众灌输,这需要很好的演讲技巧。

示例9-6是一篇学术论文的演示大纲。虽然讲的是学术研究,但是用同样的逻辑准备应用型研究的演示大纲也没有太大的问题。其中的关键,是要把陈述人想表达的意思说清楚,并且要让听者听懂。

示例9-6

演示大纲:国货意识、品牌特性与消费者本土品牌偏好

一、什么是国货意识?

我们的定义:一个国家的国民或消费者出于对本国或本民族的热爱以及对外国货可能给本国利益造成伤害的忧虑而对于源自本国企业的品牌之认同和推崇的程度。

是本土品牌,而不是 made in China。

与消费者民族中心主义(consumer ethnocentrism)类似。

本文不用消费者民族中心主义而用国货意识,有两个原因:第一,国货意识的内涵与消费者民族中心主义的内涵基本一致,可以被看做 consumer ethnocentrism 的意译;第二,国货意识是中国本土词汇,中国人一看就知其意,而消费者民族中心主义是外来词,如果不做详细的解释,中国人根本不知道它指什么。

二、研究问题

在国际上,消费者民族中心主义及其对于消费者行为的影响是消费者行为研究中的一个重要方向,有很多研究成果,理论回顾可参看王海忠(2002)。在中国虽然也受到重视,如有很多关于如何加强中国消费者国货意识的讨论,但是基于科学方法进行的实证研究却非常少。

近些年,王海忠等人(2002;2004)做了一些有益的探索,但在研究方法与内容上还存在一些缺陷:第一,在检验国货意识对于消费者购买意向与行为的影响作用时,没有控制品牌特性(如知名度、质量和性价比)、消费者特性(如年龄、性别、收入和个性)等因素,这些因素对于消费者的品牌偏好、进而对于消费者的购买意向与行为有重要影响;第二,对于国货意识的检验仅限于价格相对较高的家用电器类产品。

本项目的第一个研究问题:当加入这些因素时,国货意识对于消费者购买意向与行为的影响还是显著的吗?

本项目的第二个研究问题:在中国,国货意识对于消费者购买意向与行为的影响是局限在个别价格相对较高的产品上,还是一个普遍现象?

三、模型与假设

研究假设:

H1:在其他情况相同时,消费者的国货意识越强,越偏爱本土品牌。

H2:在其他情况相同时,消费者越是认为本土品牌的相对知名度高,越偏爱本土品牌。

H3:在其他情况相同时,消费者越是认为本土品牌的相对质量高,越偏爱本土品牌。

H4:在其他情况相同时,消费者越是认为本土品牌的相对性价比高,越偏爱本土品牌。

H5:在其他情况相同时,消费者的国货意识越强,越倾向于多购买本土品牌,少购买境外品牌。

H6:在其他情况相同时,消费者越是偏好本土品牌,越倾向于多购买本土品牌,少购买境外品牌。

四、研究方法

样本:浙江一所大学四个不同校区的400名大学在校学生。

七个产品种类:牙膏、洗发水、瓶装水、啤酒、休闲服、运动鞋和手机;67个品牌,每一类产品中都有5至14个品牌。

问卷和表量:国货意识量表的信度检验。

其他量表:消费者本土品牌偏好(LIKE);相对品牌特性,即消费者认为本土品牌相对于境外品牌的知名度(KNOW)、质量(QUALITY)、性价比(VALUE);消费者对于本土品牌和境外品牌的购买状况(BUY)。

五、检验结果

检验H1至H4

检验H1至H4

数据分析结果倾向于支持H2、H3和H4,不支持H1。

检验H5和H6

数据分析结果倾向于支持H6,不支持H5。

六、对研究结果的讨论和解释

关于国货意识的影响作用:三种解释。

关于品牌特性和消费者本土品牌偏好的影响作用:几点结论。

七、理论贡献和实际应用

八、局限与今后的研究方向

资料来源:庄贵军、周南、周连喜:《国货意识、品牌特性与消费者品牌认知与本土品牌偏好:一个跨行业产品的实证检验》,《管理世界》,2006年第7期,第85—94页。

二、用PowerPoint进行陈述与演示

PowerPoint(PPT)是微软公司推出的Microsoft Office办公软件中的一个组件,专门用于制作和播放幻灯片形式的演示文稿。它能够制作出集文字、图形、图像、声音以及视频

剪辑等多媒体元素于一体的演示文稿，把自己所要表达的信息组织在一组图文并茂的画面中。PPT 广泛运用于各种会议报告、产品演示和学校教学之中。制作的演示文稿不仅可以在投影仪或计算机上使用，也可以打印出来，制作成胶片，随处使用。

示例 9-7 是本书作者制作的一个 PPT 演示文稿。由此，读者可以大致了解 PPT 演示文稿的特点。

示例 9-7

演示文稿：国货意识、品牌特性与消费者本土品牌偏好

以下是用 PowerPoint 制作的 PPT 演示文稿。图 9-5 是 PPT 文件的第一页，显示了研究报告的题目、作者和作者的电子邮件联系方法。

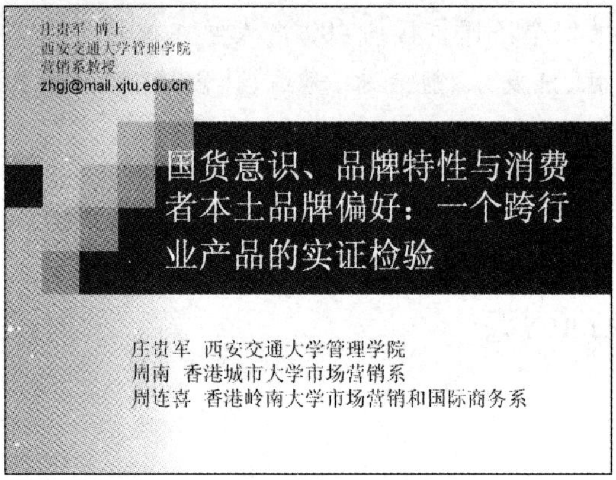

图 9-5 PPT 文件的第一页

图 9-6 是整个 PPT 文件中的第 5 页，显示的是研究问题的提出。

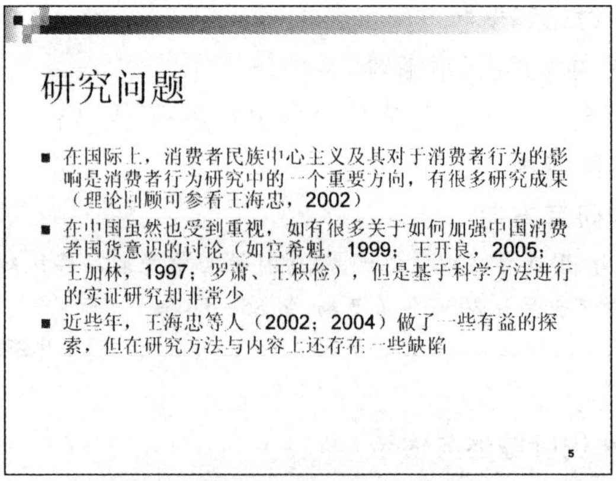

图 9-6 PPT 文件中研究问题的提出

图 9-7 是整个 PPT 文件中的第 15 页，显示的是统计分析的结果。

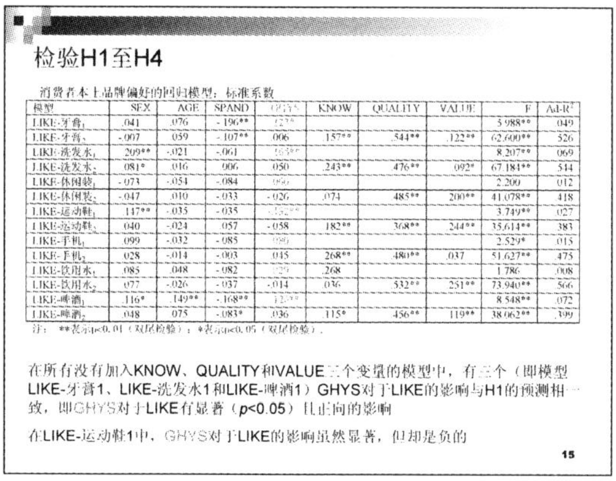

检验H1至H4

消费者本土品牌偏好的回归模型：标准系数

模型	SEX	AGE	SPAND	[illegible]	KNOW	QUALITY	VALUE	F	Ad-R^2
LIKE-牙膏$_1$	.041	.076	-.196**	[illegible]				5.988**	.049
LIKE-牙膏$_2$	-.007	.059	-.107**	.006	.157**	.544**	.122**	62.600**	.526
LIKE-洗发水$_1$	.209**	-.021	-.061	[illegible]				8.207**	.069
LIKE-洗发水$_2$	.081*	.016	.006	.050	.243**	.476**	.092*	67.184**	.544
LIKE-休闲装$_1$	-.073	-.054	-.084	[illegible]				2.200	.012
LIKE-休闲装$_2$	-.047	.010	-.033	-.026	.074	.485**	.200**	41.078**	.418
LIKE-运动鞋$_1$	.147**	-.035	-.035	[illegible]				3.749**	.027
LIKE-运动鞋$_2$	.040	-.024	.057	-.058	.182**	.368**	.244**	35.614**	.383
LIKE-手机$_1$	.099	-.032	-.085	[illegible]				2.529*	.015
LIKE-手机$_2$	.028	-.014	-.003	.045	.268**	.480**	.037	51.627**	.475
LIKE-饮用水$_1$	.085	.048	-.082	[illegible]	.268			1.786	.008
LIKE-饮用水$_2$	.077	-.026	-.037	-.014	.036	.532**	.251**	73.940**	.566
LIKE-啤酒$_1$	.116*	.149**	-.168**	[illegible]				8.548**	.072
LIKE-啤酒$_2$	.048	.075	-.083*	.036	.115*	.456**	.119**	38.062**	.399

注：**表示p<0.01（双尾检验）；*表示p<0.05（双尾检验）。

在所有没有加入KNOW、QUALITY和VALUE三个变量的模型中，有三个（即模型LIKE-牙膏1、LIKE-洗发水1和LIKE-啤酒1）GHYS对于LIKE的影响与H1的预测相一致，即GHYS对于LIKE有显著（$p<0.05$）且正向的影响

在LIKE-运动鞋1中，GHYS对于LIKE的影响虽然显著，但却是负的

15

图 9-7 PPT 文件中统计分析的结果

资料来源：根据庄贵军、周南、周连喜发表在《管理世界》2006 年第 7 期的论文《国货意识、品牌特性与消费者品牌认知与本土品牌偏好：一个跨行业产品的实证检验》制作。

使用 PPT 再辅之以投影仪进行陈述和演示，可以达到事半功倍的效果。用这样的方法陈述和演示，不但能够节约时间和用纸，还能够帮助陈述人“讲报告”而不是“念报告”（用大纲式的文字提示内容），使报告更加生动、活泼（通过加一些有趣的画面）、直观和形象。此外，还给人一种职业化（professional）的感觉，有利于得到听者的信任。

关于 PPT 演示文稿的制作方法，超出了本书的内容范围。需要了解的读者，可以参看相关的教材或辅导书[6][7]。

本章小结

市场调查与预测报告是市场调查与预测工作的最终成果。它是许多决策者或决策执行者与项目沟通的唯一途径，是他们对于研究项目所研究问题的估价的主要依据。

根据阅读对象不同，市场调查与预测报告可分为专业性报告和简要报告两种。专业性报告的读者，是那些对整个研究设计、分析方法、分析结果以及各类统计工具有兴趣的专业人士。简要报告的读者，主要是那些兴趣在于听取专家建议的管理决策者。

专业性报告的内容，包括市场调查与预测的目的、调查方法、抽样方法、分析与预测的方法与结果以及对于研究结果的说明和对策建议。简要报告的内容，重点在于说明市场调查与预测的结果、结论和建议。

一份完整的市场调查与预测报告，包括标题、摘要、前言、调查与预测方法、分析与预测结果、结论与建议等内容。

编写调查与预测报告要注意多方面的问题，概括而言，主要有四个方面的问题：报告的对象、报告的简明性和全局性、报告的客观性和有效性以及避免抄袭。

因为报告的主要目的是报道调查和分析预测的结果，为决策提供可靠的信息，所以它

必须满足决策者对于信息的要求。在编写研究报告时，编写者要围绕着研究目的展开，明确说明研究结果与决策者所需要的信息有怎样的关联。

一份好的研究报告，要写得既简明又全面；语言简练，重点突出。先告诉人们你要说什么，然后说你要说的，最后总结你说过的。

研究报告必须客观地报道研究结果，同时有效地将内容组织在一起，用人们乐于接受的方式报道，使研究结果让人感觉有趣、有用。

要避免抄袭。其中的关键，一是自觉遵守研究的道德规范，二是明确正确引用与不当引用的区别，并严格执行。

在研究报告中，只要需要就可以使用图表来传达信息。好的图表胜过千言万语。在研究报告中经常使用的统计图有饼形图、柱形图和线形图。

对于市场调查与预测报告的陈述和演示，有助于委托人或管理层理解和接受书面报告的内容和结果，也可以使研究者有机会对书面报告中的一些不太清楚的内容加以说明。做好陈述和演示的关键，在于充分的准备。另外，还要把握陈述和演示的要点。

PowerPoint（PPT）是微软公司推出的 Microsoft Office 办公软件中的一个组件，是专门用于制作和播放幻灯片形式的演示文稿。使用 PPT 和投影仪进行陈述和演示，可以达到事半功倍的效果。

参考文献

[1] 辛成：《西安手机市场调研报告》，西安交通大学已通过 EMBA 论文，指导老师：庄贵军，2005 年。

[2] 庄贵军、周南、周连喜：《品牌原产地困惑对于消费者喜爱与购买本土品牌和境外品牌的影响》，《财贸经济》，2007 年第 2 期，第 98—104 页。

[3] 艾尔-巴比（Earl Babbie）：《社会研究方法基础（第八版）》，邱泽奇译，北京：华夏出版社 2002 年版，第 398—400 页。

[4] 管忠：《金蝶郑州分公司营销策略的研究》，西安交通大学已通过 MBA 论文，指导教师：庄贵军，2005。

[5] 庄贵军、周南、周连喜：《国货意识、品牌特性与消费者品牌认知与本土品牌偏好：一个跨行业产品的实证检验》，《管理世界》，2006 年第 7 期，第 85—94 页。

[6] 亢琳：《PPT 制作——新手指南针》，北京：印刷工业出版社，2012 年版。

[7] 王诚君：《中文 PowerPoint 2007 实用教程》，北京：清华大学出版社，2008 年版。

练习与思考

1. 市场调查与预测报告的内容构成和基本格式是什么？
2. 专业性报告与简要报告有什么区别？
3. 抄袭都有哪些表现形式？如何在报告中避免抄袭行为？
4. 请举例说明什么是可接受的引用，什么是不可接受的引用。
5. 请阅读一篇论文，然后查阅后面的参考文献，找出可接受的引用或不可接受的引用。

6. 请将案例 9-1 和 9-2 制作成 PPT 演示稿,在课堂上进行陈述和演示。

7. 在一个或一组同学陈述和演示时,请其他同学从 1 到 7(1 = 很差,7 = 很好,其他 = 介于很好与很差之间)为演示人或小组从演示风度、组员合作、逻辑清晰度、语言表达能力、生动、沟通、问题回答和总的感觉等八个方面打分,然后看哪个人或哪个小组做得最好。

案例分析

案例 9-1　基于二次指数平滑法的客车市场预测①

中国客车行业的市场竞争非常激烈,对市场未来走势的判断,在企业运营管理中的作用越来越重要,在很大程度上影响着企业认知机会和把握机遇的能力。本案例应用中国客车行业 2007—2011 年的销售数据,应用二次指数平滑法,对中国客车市场的需求状态进行了分析和预测。研究发现,中国客车市场的需求呈一种趋势性的季节变化,需求量不仅逐年增长,而且季节性变化特征也十分明显。

教材附件:案例 9-1 基于二次指数平滑法的客车市场预测。

小组讨论

1. 这是一项什么性质的报告?
2. 你觉得这一预测报告对什么人有用?为什么?
3. 你觉得这一预测报告有什么优点和缺点?

案例 9-2　购物中心顾客行为的调查报告②

购物中心是一种大型的零售设施或零售网点,在西方被称为 shopping center,也叫 shopping mall。购物中心通常由开发商承建,而后将经营面积或店铺出租给零售商或其他类型的服务经营者,由承租者从事商品与服务的经营活动。开发商与经营者之间是一种租赁关系。开发商收取租金,并向经营者提供相应的服务。

本案例对西安世纪金花购物中心的顾客行为进行了研究。回答三个主要问题:(1) 购物中心的顾客都是什么人?(2) 不同顾客群体间的惠顾行为都有什么差别?(3) 哪些因素对他们的购买行为有显著性影响?

调查与分析的结果表明:第一,高学历者、中青年和本地人是购物中心的主要惠顾群体。第二,不同顾客群体在惠顾动机、购物的计划性和惠顾购物中心的频率等惠顾行为方面是有差异的。第三,影响顾客在购物中心购买行为的因素主要有购物的计划性(包括购

① 原文以“基于二次指数平滑预测法的客车市场预测”为题发表于《客车技术与研究》,2013 年第 3 期第 54—56 页,作者:白瑶瑶。案例原文由教材附件提供,也可由“中国知网(CNKI)系列数据库”获取。

② 原文以“购物中心的顾客行为:调查、比较与检验”为题发表于《管理世界》2001 年第 1 期,作者:庄贵军、周南、李福安、曾仕龙。案例原文由教材附件提供,也可由“中国知网(CNKI)系列数据库”获取。

物动机)、逗留时间、经常性和性别。第四,影响食品购买的因素与影响其他产品购买的因素有所不同。除逗留时间对二者均有影响以外,经常性和年龄只对食品的购买与否有显著影响,而计划性和性别只对其他产品的购买有显著影响。另外,对惠顾过程的满意与否可能更多地对购买其他产品有影响,而对食品购买的影响程度则很小。本研究在理论上有助于我们了解消费者在购物中心的行为特点,在实践上则有助于购物中心的开发商、购物中心的实际经营者和购物中心产品的供应商根据顾客的行为差异和自己的目标市场制订更为有效的营销策略。

教材附件:案例 9-2 购物中心的顾客行为调查、比较与验证。

小组讨论

1. 这是一项什么性质的报告?报告的内容都由哪几部分组成?
2. 如果向决策层报告,你们觉得哪些部分可以省略?
3. 这一报告都用了什么图表?这些图表都起什么作用?

附　录

附录 A　二位随机数字表

69	47	26	60	28	33	65	51	63	91	41	07	85	54	48	47	89	89	28	16	53
36	14	60	08	90	71	30	34	43	18	96	70	86	34	51	06	51	11	14	03	33
62	16	07	76	94	09	32	30	74	76	86	78	75	52	70	37	57	13	08	29	32
75	46	96	99	49	03	54	14	38	20	58	77	01	14	85	16	66	99	28	95	46
32	53	72	54	45	60	27	95	50	61	94	74	24	19	78	12	00	75	85	97	32
66	09	42	47	16	57	33	42	44	67	41	75	32	43	09	79	78	39	01	27	21
12	56	30	19	62	47	50	43	45	05	13	13	79	58	36	73	10	71	17	77	56
93	63	44	66	76	44	76	82	75	38	09	46	79	96	66	80	57	46	23	99	32
99	96	86	08	57	19	62	73	25	37	61	76	95	17	07	61	40	57	34	44	54
92	95	55	56	71	43	33	26	00	73	43	15	01	66	82	74	35	10	28	92	17
88	77	70	08	13	16	60	87	60	67	80	97	39	58	27	90	59	22	75	49	43
71	43	59	44	65	08	48	18	95	88	73	16	98	95	53	70	49	86	71	25	87
81	71	50	68	32	00	95	95	39	17	83	77	07	95	65	90	61	10	52	48	74
85	35	17	54	65	57	99	07	07	65	21	93	79	91	42	77	75	10	96	19	13
97	98	88	17	00	58	81	12	61	35	25	42	21	18	68	84	37	73	30	88	85
40	50	04	89	66	51	21	91	82	71	15	80	17	88	38	27	49	65	30	34	49
22	73	51	48	82	14	87	85	46	89	19	46	67	54	20	61	33	11	68	14	55
21	29	99	31	69	64	45	42	00	84	18	46	43	44	30	16	40	07	95	26	63
18	09	80	67	79	82	33	35	05	92	31	34	64	39	62	35	51	99	31	87	41
26	72	96	60	46	44	75	28	54	62	38	92	97	05	53	34	53	64	56	43	93
66	28	80	86	71	43	11	46	59	63	17	27	36	56	92	37	11	11	86	57	44
62	99	58	99	85	78	25	10	31	75	63	00	87	08	78	22	12	12	52	85	49
55	60	57	69	48	19	41	83	50	67	59	12	99	19	02	00	28	19	08	11	96
76	62	89	95	48	58	09	12	03	61	59	06	54	85	46	84	63	96	51	96	65
94	66	26	20	23	40	59	39	40	32	15	16	54	81	79	63	12	78	47	16	58
50	73	51	48	98	54	66	93	14	37	81	30	87	07	65	99	55	12	72	94	81
94	11	04	04	22	92	49	83	08	57	01	85	53	53	23	75	41	14	29	11	66

（续表）

97	87	81	59	36	66	29	96	73	78	67	53	01	98	78	74	15	70	42	62	68
46	50	73	23	03	04	37	49	13	66	97	24	11	63	83	18	23	87	99	66	21
43	85	00	91	54	39	67	34	53	17	21	10	43	16	80	81	09	79	08	82	51
18	20	00	87	87	11	61	72	26	45	62	83	74	27	48	29	35	71	96	66	24
68	94	94	68	84	27	04	78	14	17	14	84	79	82	01	96	90	62	31	73	19
04	19	46	04	41	94	03	09	64	84	26	45	84	77	37	82	23	36	75	78	06
18	58	79	01	03	59	56	25	50	68	29	21	93	72	00	20	31	12	49	91	03
26	87	32	08	99	64	30	36	58	90	58	70	80	67	30	42	75	00	20	65	26
90	20	49	76	36	22	43	33	57	79	13	28	77	43	95	15	19	29	43	38	90
68	93	78	50	75	23	01	32	08	15	82	88	68	41	71	56	17	53	39	40	70
23	61	67	72	61	78	97	23	52	21	04	28	70	85	52	07	48	39	83	91	49
36	81	30	45	20	87	66	57	46	10	63	90	44	51	16	34	99	76	34	99	29
64	82	04	03	25	82	97	21	68	67	47	59	76	41	65	23	03	25	96	48	23
67	92	73	22	99	94	89	62	03	72	78	24	18	67	17	97	70	95	77	12	27
05	45	92	49	35	00	70	97	89	69	11	90	73	09	40	37	10	16	23	31	67
33	29	57	36	32	45	53	75	40	28	99	21	70	95	70	42	17	58	80	35	02
91	42	82	67	44	48	86	50	23	86	56	80	70	72	60	10	71	43	46	05	08
24	98	47	67	18	87	74	90	59	94	35	56	47	21	76	38	48	64	71	93	50
62	91	99	52	60	90	70	65	91	82	81	09	39	55	97	31	79	48	61	18	48
74	58	79	34	74	09	90	75	69	72	05	17	86	75	39	43	84	44	89	66	61
76	88	26	52	23	09	90	35	96	91	04	09	24	83	47	12	27	77	65	87	07
40	32	79	41	51	66	56	78	85	99	92	43	96	55	24	50	07	25	50	35	77
15	32	70	90	68	94	21	44	85	64	37	87	37	68	64	14	45	65	33	14	33
14	03	62	04	19	90	20	87	62	99	75	87	38	39	63	70	30	92	95	93	65
10	16	42	17	06	50	75	65	87	66	47	88	93	43	63	18	79	80	71	72	36
76	10	61	42	98	08	79	97	47	21	36	73	41	15	98	69	51	74	85	37	84

附录 B 单尾的正态分布表

Z 值	0.00	0.01	0.02	0.03	0.04	0.05	0.06	0.07	0.08	0.09
0.0	0.5000	0.5040	0.5080	0.5120	0.5160	0.5199	0.5239	0.5279	0.5319	0.5359
0.1	0.5398	0.5438	0.5478	0.5517	0.5557	0.5596	0.5366	0.5675	0.5714	0.5753
0.2	0.5793	0.5832	0.5871	0.5910	0.5948	0.5987	0.6026	0.6064	0.6103	0.6141
0.3	0.6179	0.6217	0.6255	0.6293	0.6331	0.6368	0.6406	0.6443	0.6480	0.6517
0.4	0.6554	0.6591	0.6628	0.6664	0.6700	0.6736	0.6772	0.6808	0.6844	0.6879
0.5	0.6915	0.6950	0.6985	0.7019	0.7054	0.7088	0.7123	0.7157	0.7190	0.7224
0.6	0.7257	0.7291	0.7324	0.7357	0.7389	0.7422	0.7454	0.7486	0.7517	0.7549
0.7	0.7580	0.7611	0.7642	0.7673	0.7704	0.7734	0.7764	0.7794	0.7823	0.7852
0.8	0.7881	0.7910	0.7939	0.7967	0.7995	0.8023	0.8051	0.8078	0.8106	0.8133
0.9	0.8159	0.8186	0.8212	0.8238	0.8264	0.8289	0.8315	0.8340	0.8365	0.8389
1.0	0.8413	0.8438	0.8461	0.8485	0.8508	0.8531	0.8554	0.8577	0.8599	0.8621
1.1	0.8643	0.8665	0.8686	0.8708	0.8729	0.8749	0.8770	0.8790	0.8810	0.8830
1.2	0.8849	0.8869	0.8888	0.8907	0.8925	0.8944	0.8962	0.8980	0.8997	0.9015
1.3	0.9032	0.9049	0.9066	0.9082	0.9099	0.9115	0.9131	0.9147	0.9162	0.9177
1.4	0.9192	0.9207	0.9222	0.9236	0.9251	0.9265	0.9279	0.9292	0.9306	0.9319
1.5	0.9332	0.9345	0.9357	0.9370	0.9382	0.9394	0.9406	0.9418	0.9429	0.9441
1.6	0.9452	0.9463	0.9474	0.9484	0.9495	0.9505	0.9515	0.9525	0.9535	0.9545
1.7	0.9554	0.9564	0.9573	0.9582	0.9591	0.9599	0.9608	0.9616	0.9625	0.9633
1.8	0.9641	0.9649	0.9656	0.9664	0.9671	0.9678	0.9686	0.9693	0.9699	0.9706
1.9	0.9713	0.9719	0.9726	0.9732	0.9738	0.9744	0.9750	0.9756	0.9761	0.9767
2.0	0.9772	0.9778	0.9783	0.9788	0.9793	0.9798	0.9803	0.9808	0.9812	0.9817
2.1	0.9821	0.9826	0.9830	0.9834	0.9838	0.9842	0.9846	0.9850	0.9854	0.9857
2.2	0.9861	0.9864	0.9868	0.9871	0.9875	0.9878	0.9881	0.9884	0.9887	0.9890
2.3	0.9893	0.9896	0.9898	0.9901	0.9904	0.9906	0.9909	0.9911	0.9913	0.9913
2.4	0.9918	0.9920	0.9922	0.9925	0.9927	0.9929	0.9931	0.9932	0.9934	0.9936
2.5	0.9938	0.9940	0.9941	0.9943	0.9945	0.9946	0.9948	0.9949	0.9951	0.9952
2.6	0.9953	0.9955	0.9956	0.9957	0.9959	0.9960	0.9961	0.9962	0.9963	0.9964
2.7	0.9965	0.9966	0.9967	0.9968	0.9969	0.9970	0.9971	0.9972	0.9973	0.9974
2.8	0.9974	0.9975	0.9976	0.9977	0.9977	0.9978	0.9979	0.9979	0.9980	0.9981
2.9	0.9981	0.9982	0.9982	0.9983	0.9984	0.9984	0.9985	0.9985	0.9986	0.9986
3.0	0.9986	0.9987	0.9987	0.9988	0.9988	0.9989	0.9989	0.9989	0.9990	0.9990

注：表中数字表示正态分布中右尾 Z 值左边的面积。通过转化，本表也可以用于处理双尾的问题。比如，我们要查双尾置信概率为 95% 时的 Z 值。首先，把置信概率转化为单尾的，即 $0.95 \div 2 + 0.5 = 0.975$，然后先在表中找到 0.975，再看与其相对应的列与行，可得双尾置信概率为 95% 时的 Z 值是 1.96。

附录 C　单尾的 t 分布表

*d*f	α				
	0.100	0.050	0.025	0.010	0.005
1	3.078	6.314	12.706	31.821	63.657
2	1.886	2.920	4.303	6.965	9.925
3	1.638	2.353	3.182	4.541	5.841
4	1.533	2.132	2.776	3.747	4.604
5	1.476	2.015	2.571	3.365	4.032
6	1.440	1.943	2.447	3.143	3.707
7	1.415	1.895	2.365	2.998	3.499
8	1.397	1.860	2.306	2.896	3.355
9	1.383	1.833	2.262	2.821	3.250
10	1.372	1.812	2.228	2.764	3.169
11	1.363	1.796	2.201	2.718	3.106
12	1.356	1.782	2.179	2.681	3.055
13	1.350	1.771	2.160	2.650	3.012
14	1.345	1.761	2.145	2.624	2.977
15	1.341	1.753	2.131	2.602	2.947
16	1.337	1.746	2.120	2.583	2.921
17	1.333	1.740	2.110	2.567	2.898
18	1.330	1.734	2.101	2.552	2.878
19	1.328	1.729	2.093	2.539	2.861
20	1.325	1.725	2.086	2.528	2.845
21	1.323	1.721	2.080	2.518	2.831
22	1.321	1.717	2.074	2.508	2.819
23	1.319	1.714	2.069	2.500	2.807
24	1.318	1.711	2.064	2.492	2.797
25	1.316	1.708	2.060	2.485	2.787
26	1.315	1.706	2.056	2.479	2.779
27	1.314	1.703	2.052	2.473	2.771
28	1.313	1.701	2.048	2.467	2.763
29	1.311	1.699	2.045	2.462	2.756
30	1.310	1.697	2.042	2.457	2.750
35	1.306	1.690	2.030	2.438	2.724
40	1.303	1.684	2.021	2.423	2.704
50	1.299	1.676	2.009	2.403	2.678
60	1.296	1.671	2.000	2.390	2.660
120	1.289	1.658	1.980	2.358	2.617
∞	1.282	1.645	1.960	2.326	2.576

注:对应于一个特定的自由度,表中数字表示右尾对应的临界值。

附录D χ^2分布表

df	α									
	0.995	0.990	0.975	0.950	0.900	0.100	0.050	0.025	0.010	0.005
1	0.0000	0.0002	0.0010	0.0039	0.0158	2.7055	3.8415	5.0239	6.6349	7.8794
2	0.0100	0.0201	0.0506	0.1026	0.2107	4.6052	5.9915	7.3778	9.2103	10.5966
3	0.0717	0.1148	0.2158	0.3518	0.5844	6.2514	7.8147	9.3484	11.3449	12.8382
4	0.2070	0.2971	0.4844	0.7107	1.0636	7.7794	9.4877	11.1433	13.2767	14.8603
5	0.4117	0.5543	0.8312	1.1455	1.6103	9.2364	11.0705	12.8325	15.0863	16.7496
6	0.6757	0.8721	1.2373	1.6354	2.2041	10.6446	12.5916	14.4494	16.8119	18.5476
7	0.9893	1.2390	1.6899	2.1673	2.8331	12.0170	14.0671	16.0128	18.4753	20.2777
8	1.3444	1.6465	2.1797	2.7326	3.4895	13.3616	15.5073	17.5345	20.0902	21.9550
9	1.7349	2.0879	2.7004	3.3251	4.1682	14.6837	16.9190	19.0228	21.6660	23.5894
10	2.1559	2.5582	3.2470	3.9403	4.8652	15.9872	18.3070	20.4832	23.2093	25.1882
11	2.6032	3.0535	3.8157	4.5748	5.5778	17.2750	19.6751	21.9200	24.7250	26.7568
12	3.0738	3.5706	4.4038	5.2260	6.3038	18.5493	21.0261	23.3367	26.2170	28.2995
13	3.5650	4.1069	5.0088	5.8919	7.0415	19.8119	22.3620	24.7356	27.6882	29.8195
14	4.0747	4.6604	5.6287	6.5706	7.7895	21.0641	23.6848	26.1189	29.1412	31.3193
15	4.6009	5.2293	6.2621	7.2609	8.5468	22.3071	24.9958	27.4884	30.5779	32.8013
16	5.1422	5.8122	6.9077	7.9616	9.3122	23.5418	26.2962	28.8454	31.9999	34.2672
17	5.6972	6.4078	7.5642	8.6718	10.0852	24.7690	27.5871	30.1910	33.4087	35.7185
18	6.2648	7.0149	8.2307	9.3905	10.8649	25.9894	28.8693	31.5264	34.8053	37.1565
19	6.8440	7.6327	8.9065	10.1170	11.6509	27.2036	30.1435	32.8523	36.1909	38.5823
20	7.4338	8.2604	9.5908	10.8508	12.4426	28.4120	31.4104	34.1696	37.5662	39.9968
21	8.0337	8.8972	10.2829	11.5913	13.2396	29.6151	32.6706	35.4789	38.9322	41.4011
22	8.6427	9.5425	10.9823	12.3380	14.0415	30.8133	33.9244	36.7807	40.2894	42.7957
23	9.2604	10.1957	11.6886	13.0905	14.8480	32.0069	35.1725	38.0756	41.6384	44.1813
24	9.8862	10.8564	12.4012	13.8484	15.6587	33.1962	36.4150	39.3641	42.9798	45.5585
25	10.5197	11.5240	13.1197	14.6114	16.4734	34.3816	37.6525	40.6465	44.3141	46.9279
26	11.1602	12.1981	13.8439	15.3792	17.2919	35.5632	38.8851	41.9232	45.6417	48.2899
27	11.8076	12.8785	14.5734	16.1514	18.1139	36.7412	40.1133	43.1945	46.9629	49.6449
28	12.4613	13.5647	15.3079	16.9279	18.9392	37.9159	41.3371	44.4608	48.2782	50.9934
29	13.1211	14.2565	16.0471	17.7084	19.7677	39.0875	42.5570	45.7223	49.5879	52.3356
30	13.7867	14.9535	16.7908	18.4927	20.5992	40.2560	43.7730	46.9792	50.8922	53.6720
40	20.7065	22.1643	24.4330	26.5093	29.0505	51.8051	55.7585	59.3417	63.6907	66.7660
50	27.9907	29.7067	32.3574	34.7643	37.6886	63.1671	67.5048	71.4202	76.1539	79.4900
60	35.5345	37.4849	40.4817	43.1880	46.4589	74.3970	79.0819	83.2977	88.3794	91.9517
70	43.2752	45.4417	48.7576	51.7393	55.3289	85.5270	90.5312	95.0232	100.4252	04.2149
80	51.1719	53.5401	57.1532	60.3915	64.2778	96.5782	101.8795	106.6286	112.3288	116.3211
90	59.1963	61.7541	65.6466	69.1260	73.2911	107.5650	113.1453	118.1359	124.1163	128.2989
100	67.3276	70.0649	74.2219	77.9295	82.3581	118.4980	124.3421	129.5612	135.8067	140.1695

注:对应于一个特定的自由度,表中数字表示右尾面积对应的临界值。

一版后记

作为一名大学老师接触市场调查与预测这门课，是 20 多年以前的事。1984 年从大学毕业留校以后，教研室让我重点准备的第一门课就是市场调研。当时的参考资料和文献非常少，我翻遍了学校的图书馆，也只找到了四五本以“市场调查”、“市场研究”以及“市场调查与商情预测”命名的书。其中记得比较清楚的，是中国香港的闵建蜀和游汉明二人合编的那本《市场研究：基本方法》、中国台湾樊治育编的《市场调查》以及中国内地叶树滋编的《市场调查与商情预测》。后来到香港城市大学读博士，经常与游汉明见面，还和他提起过这本书。以上这几本书使我对市场调研有了基本的认识。不过，使我得益最大的，还是一本由 Tull 和 Hawkins（1980）编的名为 *Marketing Research* 的英文原版教材。这本书使我知道了，原来市场调查中会出现那么多不同类型的误差，原来市场调查中的测量那么重要，原来数据分析与市场调查中的测量有那么紧密的关系。当然，后来又读过 Churchill 的经典教材 *Marketing Research：Methodological Foundations*，对市场营销研究方法的认识更加深入。

在当时，因为外国的教材还没有办法大面积采用，港、台的教材在语言上不太适合中国内地的学生，中国内地的教材又有些浅，不适合营销专业的学生使用，所以为了给我们系（当时的陕西财经学院贸易经济系）中国最早开办的营销专业的学生上课，我决定自己编写教材。以 Tull 和 Hawkins 的教材为基本框架，结合我手头能够找到的教材和资料，用了整整两年的时间，编出了一本 30 多万字的名为《市场研究：原理与方法》的教材。那 30 多万字可是一个字一个字用钢笔写出来的，而且写了两遍（一遍是誊写）。付出的辛劳，可想而知。

教材编出以后，先是做成油印教材，在学校内部使用。之后，在 1992 年受陕西省自学考试中心的委托，由我们系的老师编写一套适合于自学考试的教材，《市场调查与预测》就是其中的一本，我也被选中作为该书的主编。于是，在那本油印教材的基础上，又用了一年时间，我们编出了《市场调查与预测》，在 1993 年 10 月由陕西人民教育出版社出版。遗憾的是，在稿件校对期间，我正在成都为出国进修进行英语强化训练，所以稿件由别人校对，工作做得很粗，错漏之处很多。当我拿到已经出版的书时，一边看，我一边脸红：这样的书怎么能拿出去见人呢？然而，错误已经铸成，能做的就是以后小心。所以到现在，只要是以我名义发表的东西，我都要亲自校对。

尽管那本书存在很大的瑕疵，但是框架和内容是很好的。我们不但以它作为陕西省自学考试的教材，也作为市场营销专业的教材。另外，还做过企业培训的教材。使用的效果，得到学生和企业的肯定。

后来，因为出国做访问学者，到香港攻读博士学位，再没有时间顾及这本书。再后来，这本书好像自己有了生命，脱离了我自己在市场上流动起来。我发现了好几个盗版。

20多年过去了，我已经从一个毛头小伙子变成了一个有着很多经验的中年学者。当初对于市场调研的学习使我在后来的研究工作中受益匪浅。再回过头来看那本书，它虽然存在着很多错误，也很幼稚，但是它却是我走向成熟的起点。我很珍视它。当然，我也有一个夙愿，就是再编这样一本教材，不但纠正以前的错误，还要把我这些年研究的经验和体会也编进去。

从香港学成回来以后，有多家出版社联系过我，想让我以原来那本书为基础，再编一个版本。出于各种各样的原因，我一直没有答应；另外，也有口头答应而没有兑现的。

2006年年初，北京大学出版社的编辑何耀琴找到我，说希望我以"市场调查与预测"为题通过北京大学出版社申报一项教育部国家"十一五"规划教材。考虑到和北京大学出版社很好的合作关系，我勉强答应了。说是勉强答应，因为我不抱希望。我想有那么多人申请，怎么就会批给我呢？另外，手头有太多的事情要做，在我们现有的考核机制下，编教材是吃力不讨好的事情，我不愿意把太多的精力放在这里。

不过，让我没有想到的是，申请竟然被批下来了。真是无心插柳柳成荫啊！于是，我不得不放下手头其他的事情，专心致志地编写这本书。历时8个月，每天工作10个小时，在原有教材的基础上，重写了这本书。

本书能够出版，需要感谢很多的人。首先要感谢北京大学出版社的何耀琴编辑，没有她的耐心劝说和努力争取，起码在近期内我不会花这么多时间写这样一本书，也不可能获得教育部国家"十一五"规划教材的立项支持。另外，她在编辑方面所给予的专业帮助也是这本书得以顺利出版的保证。其次，要感谢我的硕士生导师贾生鑫教授，是他把我留在学校，引导我进入市场营销的学术领域，并分配我承担市场调研的教学工作。再次，感谢我在攻博时的两个导师，Neil Herndon博士和周南教授，是他们俩引导着我应用规范的研究方法进行学术研究，使我对于市场调研方法有了更深入的体会。另外，感谢我的学生王勇，他做了很多的秘书工作，使我能够较少地受外界干扰，静心写作。最后，感谢教育部国家"十一五"规划教材的立项支持和我们在教材中所引用著述的作者们，没有这一支持和著述者们先前的努力，我也无法很好地完成本书的写作。

由于作者水平所限，错误在所难免，热忱欢迎各方面的批评和指教。

庄贵军

2007年7月8日

于古城西安大雁塔下

教师反馈及教辅申请表

北京大学出版社本着“教材优先、学术为本”的出版宗旨，竭诚为广大高等院校师生服务。为更有针对性地提供服务，请您按照以下步骤在微信后台提交教辅申请，我们会在 1~2 个工作日内将配套教辅资料，发送到您的邮箱。

◎手机扫描下方二维码，或直接微信搜索公众号“北京大学经管书苑”，进行关注；

◎点击菜单栏“在线申请”—“教辅申请”，出现如右下界面：

◎将表格上的信息填写准确、完整后，点击提交；

◎信息核对无误后，教辅资源会及时发送给您；
如果填写有问题，工作人员会同您联系。

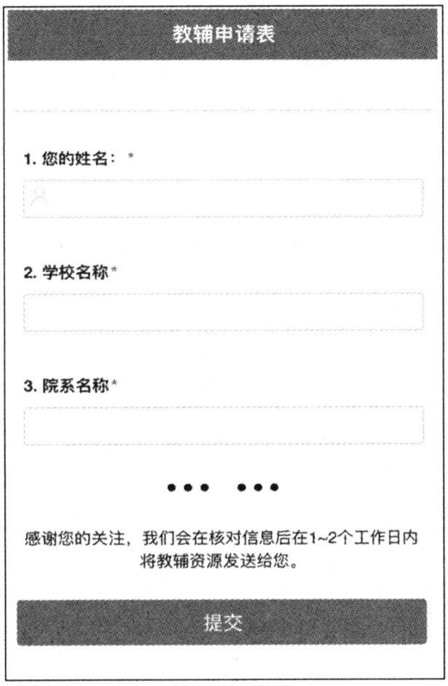

温馨提示：如果您不使用微信，您可以通过下方的联系方式（任选其一），将您的姓名、院校、邮箱及教材使用信息反馈给我们，工作人员会同您进一步联系。

我们的联系方式：

通信地址：北京大学出版社经济与管理图书事业部北京市海淀区成府路 205 号，100871
联 系 人：周莹
电　　话：010-62767312 /62757146
电子邮件：em@pup.cn
Q Q：5520 63295（推荐使用）
微信：北京大学经管书苑（pupembook）
网址：www.pup.cn